发现的魅力

2016

FAXIAN DE MEILI

思想政治理论课实践教学优秀成果撷英

主　编：肖香龙

副主编：周　勇　方啸天

红旗出版社

红旗出版社
RED FLAG PRESS
推动进步的力量

图书在版编目（CIP）数据

发现的魅力：思想政治理论课实践教学优秀成果撷英.2016／肖香龙主编.—北京：红旗出版社，2018.5
ISBN 978-7-5051-4617-4
Ⅰ.①发… Ⅱ.①肖… Ⅲ.①高等学校—思想政治教育—教学研究—中国—文集 Ⅳ.①G641-53
中国版本图书馆 CIP 数据核字（2018）第 070430 号

书　　名　发现的魅力：思想政治理论课实践教学优秀成果撷英.2016
主　　编　肖香龙
出 品 人　唐中祥　　　　责任编辑　刘险涛　周艳玲
总 监 制　李仁国　　　　封面设计　文人雅士
出版发行　红旗出版社　　地　　址　北京市沙滩北街 2 号
邮政编码　100727　　　　编 辑 部　010-57274526
E-mail　hongqi1608@126.com
发 行 部　010-57270296
印　　刷　天津爱必喜印务有限公司
开　　本　710 毫米×1000 毫米　1/16
字　　数　442 千字　　　印　　张　27.75
版　　次　2018 年 5 月北京第 1 版　2018 年 5 月天津第 1 次印刷
ISBN 978-7-5051-4617-4　　定　　价　78.00 元

欢迎品牌畅销图书项目合作　联系电话：010-57274627
凡购本书，如有缺页、倒页、脱页，本社发行部负责调换。

目　录

G20 杭州峰会与新科技调研

红色文化传承与发展调研

传统文化保护与传承调研

青年学生学习生活调研

01 G20 杭州峰会与新科技调研

G20 杭州峰会对中国纺织品的影响

G20 杭州峰会作为中国 2016 年的外交主会场，吸引了全世界的目光。杭州峰会也将实现众多创举，这些都会对世界经济产生重要的影响。纺织品在我国的贸易占比中，有着举足轻重的地位。通过采访调查、观看展会的主要形式，从丝绸、纺织品贸易以及纺织品创新等角度剖析 G20 杭州峰会对我国纺织品及纺织行业的影响。

2016 年 9 月 4 日，全世界瞩目的 G20 杭州峰会在古香古色的丝绸名城——杭州召开。备受瞩目的中国丝绸在此次峰会上大放异彩，大到浙江西子宾馆的西湖全景丝绸壁画，小到晚宴上的丝绸菜单、节目单和嘉宾收到的纪念礼。这些别具匠心的丝绸之作，无疑把中国丝绸之美展现给全世界。在经历了 G20 杭州峰会之后，中国包括丝绸行业在内的纺织行业将受到怎样的影响？又将在越来越汹涌的全球化浪潮中何去何从？

一、G20 杭州峰会于丝绸

所谓 G20 杭州峰会是一个国际经济合作论坛，属于布雷顿森林体系框架内非正式对话的一种机制，由原八国集团以及其余十二个重要经济体组成。G20 杭州峰会旨在推动以工业化的发达国家和新兴市场国家之间就实质性问题进行开放及有建设性的讨论和研究，以寻求合作并促进国际金融稳定和经济的持续增长。被 13 世纪意大利旅行家马可 · 波罗赞叹为“世界上最美丽华贵之城”的杭州能够有能力承办这场国际盛会，离不开杭州深厚的文化底蕴和强盛的综合实力。

我们有幸采访到了《丝绸》杂志的副社长李启政老师，讨论了丝绸的发展受G20杭州峰会的影响程度。从与李老师的对话中，我们知道，G20杭州峰会在短期内带动了丝绸的消费，但是从长远来看，不会有太大的影响。近几年来，中国的纺织品出口贸易逐年下降，从世界第一的位置下降到了第三，G20杭州峰会对丝绸的外贸不会有太大影响，相比较而言，可能会促进内销。从长远来看，未来五到十年丝绸会有一个很好的发展前景。如何发展丝绸产业，这将会引起更多人的思考。

"创新"是G20杭州峰会的四大主题之一，丝绸作为中国的名片之一，就不得不在创新上下功夫。提到丝绸，多数人第一反应就只有服装、丝巾，在杭州峰会上，"万事利"等公司抓住机遇，让丝绸在创新中大放异彩。将丝绸产品延伸开发运用到艺术品、装饰品、生活用品上，这是一种创新；在丝绸上进行了文化创意、时尚设计、高端制造品质等元素的跨界融合，让丝绸不单单只是拥有一些简单的花纹，这是另一种创新。G20杭州峰会结束后，仅一个多月的时间，万事利推出的与G20杭州峰会相关的丝巾、手包等产品销量已超10万件，销售额超5000万元。丝绸文化创意获得市场认可，在创新转型中初尝甜头的企业，更会在"后峰会时代"的发展中侧重于丝绸产业的转型升级。

从李老师访谈中得知，丝绸的创新不仅仅在品牌时尚和文化方面，将丝绸与其他面料进行混纺和交织，也是很好的创新。丝绸是一种高端不耐用且昂贵的面料，普通大众几乎没有人去买真丝的衣服穿，但是将丝绸与其他面料融合便很好地将丝绸的缺点掩盖，突出了它的优点，价格也不那么贵了，就算是普通老百姓也能买来穿。当然，丝绸的创新也面临瓶颈问题。一方面，丝绸的性价比很低，而且加工产业链较长，花费的人力物力较多，所以，尽管丝绸价格昂贵，但是企业的利润还是很少。另一方面就是丝绸在纺织行业所占的比例较小，资本和厂家的投入不高，设备较为落后，有的企业用的还是几十年前的老设备，再加上旧的生产模式，这样严重影响到丝绸的创新。

丝绸的贸易也是我们应该了解的部分，中国、欧盟、美国、英国、日本、印度、土耳其、巴西、印度尼西亚、澳大利亚和泰国，是世界丝绸贸易最重要的参与者，其贸易总额超过全球贸易的百分之九十。2015年，欧盟、印度、中国和土耳其仍是丝绸商品的主要供应者，市场份额占比较大，但中国较前一年相比下降了 0.35%，原因主要有以下这些：第一，丝类和绸缎作为原料性商品，受产地和加工能力限制，各国产品种类、档次和质量等存在一定差异，出口下降主要是后续制成品生产减少所致；第二，制成品是丝绸出口的主要产品，也竞争最为激烈，特别是中国与印度、土耳其和印尼等新兴出口国在质量、品牌和价格等方面基本属于同一水平，市场也以欧盟、美国和日本为主；中国丝类出口处于垄断地位，绸缎出口也具有较强的影响力，但制成品出口处于相对劣势地位，市场份额不到 14%。

丝绸文化是杭州文化的物化代表，它显示着杭州发展的独特优势。丝绸作为一个城市甚至是一个国家的记忆符号，有责任去继承发展创新。希望中国的丝绸在以后的发展中继续发扬 G20 杭州峰会的创新精神，提高竞争能力，重新屹立在丝绸强国之林。

二、G20 杭州峰会于纺织品贸易

G20 杭州峰会将世界的目光瞩向中国纺织品中的重要成员——丝绸。那对于中国总体的纺织品贸易而言，G20 杭州峰会又会对其带来怎么样的机遇与挑战？为此，我们小组采访了担任《现代纺织经济与纺织品贸易》课程的主讲教师陈慰来老师为我们答疑解惑。

《二十国集团数字经济发展与合作倡议》中提到要进一步释放数字经济，促进信息通信技术领域的投资，促进电子商务的发展，这将对中国纺织品的贸易产生较大的影响。

信息化的建设，用高新技术改造传统纺织品的带动性因素，它关系到生产过程、管理过程与营销过程的现代化。目前我国的信息化滞后，使得纺织行业的快速反应能力不强，这将影响到我国行业的国际竞争能力。当前，我国电子商务发展正进入密集创新和快速扩张的新阶段，例如陈慰来老师说，淘宝双十一中，纺织品销售额占总交易额的重要比例，促进电商的发展，也有利于纺织品的销售。G20 杭州峰会提出的促进电子商务的政策，将有利于构建良好的电子商务发展环境。面对瞬息万变的国际市场的纺织企业来说，更需要通过网络结识新的合作伙伴，第一时间掌握行业资讯。要将自身的品牌推向全世界，电子商务是不可缺少的途径之一。纺织企业需要建立网站，以产品展示为核心，精心进行网页策划，为品牌传播营造氛围，还要由目前提供信息型网站逐步向开展在线交易的电子商务型网站转化，再围绕产品进行营销推广、网站推广。利用电子商务与国际接轨，扩大市场资源，提高国际竞争。

《二十国集团全球贸易增长战略》中提出要加强世贸组织的作用，进一步采取措施降低贸易成本，并鼓励所有世贸组织成员全面实施《贸易便利化协定》，这将会使全球的贸易成本降低 15%，将让传统劳动密集型行业，例如服装、纺织、机械加工等明显受益，因为关税降低、通关时间减少等将显著提高企业利润。从这点来说，贸易便利化对纺织品的国际贸易起促进的作用。

我国是纺织品出口的第一大国，主要得益于廉价的劳动力和原料及良好的纺织工业基础，但是随着人口红利的逐渐消失，劳动人口减少，劳动力价格、原材料价格的上涨，劳动密集型的纺织行业已经逐渐向非洲、亚洲其他国家转移。如印度、越南、孟加拉国、缅甸等，他们将纺织品出口作为参与国际竞争的支柱产品。近年来，中国的纺织品贸易受越南、缅甸、孟加拉国等国家的冲击很大。而 G20 杭州峰会在《二十国集团全球贸易增长战略》中提出，鼓励发展中国家和低收入国家、中小型企业参与全球价值链，加强与发展中国家的合作。这对中国的纺织品贸易是利大于弊还是弊大于利很难去评判。

一方面，我国虽然受益于贸易便利化给纺织企业带来的积极影响，但是对于刚起步的发展中国家来说，他们的受益程度更大。相较于中国，他们拥有更加适合纺织制造的条件。这会对我国纺织品贸易出口额造成更大的冲击。发达国家的先进技术、国际知名品牌、成熟的市场营销网络很大程度上抵消了我国的成本竞争优势；我国的价格优势在下降，越南、缅甸、孟加拉国等发展中国家比中国更具成本优势。《二十国集团全球贸易增长战略》的提出，很有可能使得我国靠“量”而不是靠“质”所获得的国际市场份额可能被其他国家所挤占。

另一方面，国内生产要素价格的上涨，纺织产业的转移，这将提供我国将重心放在纺织产品向高档化，个性化，时尚化发展的一个契机。我国可以在科研创新方面加大力度，提高技术设备水平，使得产品有高附加值，让我国纺织行业在创新中另辟蹊径。目前国内纺织仪器大多集中在中低端水平而且产能高度过剩，在国内纺织仪器市场供大于求的现状下，出口是必然的选择。新兴的发展中国家有着明显的市场需求，起步阶段对纺织仪器的技术和品质也处于中低端，是我国纺织仪器行业产业转移和技术输出的重要契机。当前，在世界纺织服装贸易中，各个产业链的中心是消费者，更快、更便宜是纺织服装营销影响的两个重要因素。G20 杭州峰会成员市场规模大、产业层次高、投资环境好、经济合作空间广，全球化的进一步发展将更有利于资源的合理配置，促进各国的纺织品贸易；有利于加快全球产业链和全球价值链体系的战略布局，有利于加快中国纺织跨国公司的发展。从这点来看，G20 杭州峰会是一个机遇。

三、G20 杭州峰会于纺织品的创新

在创新方面，带有鲜明中国印记的“创新增长蓝图”这一纲领性文件首次列入 G20 杭州峰会重点议题，还将推出“创新行动计划、新工业革命行动计划、数字经济”3 份配套的行动计划。科技创新成为本届 G20 杭州峰会的最大亮点。2016 年 9 月初，为配合 G20 杭州峰会宣传，央视纪录片频道、CCTV 新闻网对李加林教授进行了专访。央视《新闻联播》以“科技引领文化产业转型升级”为题，在长达两分多钟的报道中介绍了我校——浙江理工大学的超大纹针电子提花实验室以及专访节目。

中国是纺织品生产和出口的大国，中国纺织行业自身经过多年的发展，竞争优势十分明显，具备世界上最完整的产业链，最高的加工配套水平，但由于上下游的共同挤压、劳动力成本的不断升高、国内消费低迷、服装消费增速持续回落，纺织行业向人工成本更低的东南亚国家转移的趋势已不可逆。在内外交困的背景下，纺织行业的盈利水平难以继续维持。近两年，国内外的经济形势都发生了很大变化，棉纺织行业也面临着收储、抛储、税费等政策的变化。要想改变我国纺织行业的尴尬处境，必须要以科技创新为核心进

行产业转型升级。

科技创新将会为我国传统的纺织行业向高端化、智能化、绿色化、服务化不断转型升级提供助力。如推动纤维领域化纤行业不断调整优化结构，推动纺织高性能纤维的研制与发展。纺织工业领域也将通过创新技术，如纺织品 CAD 设计软件的开发，改造装备机械的加工工艺，缩小与国际前沿水平的差距。

同时，G20 杭州峰会提出要促进电子商务的发展，跨境电商也在峰会上受到关注。这将促使纺织业与互联网营销的进一步融合，推动了企业运营方式的创新。在之前对陈慰来教授的采访中，他表明纺织品以前的营销模式主要是以实体店为主，随着电子商务的发展，以后的实体店也可能会和 VR 之类的虚拟穿戴结合起来，比例会逐渐加大，但实体也不会消亡。促进电子商务，使纺织品营销模式有创新的发展，也必然会推动虚拟穿戴服务等软件的开发。纺织行业的创新必然需要大量的高科技人才，G20 杭州峰会承诺采取促进创新的战略和政策，支持科技创新投资，支持科技创新技能培训，促进科技创新人才流动，加强与研究所、高校等机构培养人才的合作。

四、杭州纤维艺术三年展

为了进一步了解 G20 杭州峰会对我国纺织品的影响力，我们小组部分成员于 2016 年 10 月 16 日在浙江美术馆参观了第二届杭州纤维艺术三年展。

2016 年秋季，杭州市作为东道主召开 2016 年 G20 杭州峰会的同时，第二届杭州纤维艺术展在浙江美术馆、中国丝绸博物馆、中国美术学院美术馆举办。国际性城市与国际性项目双轨并行，给展会带来更多的国际视野与文化活力。

这次的展会的主题为“我织我在”，将“编织”作为三年展的主题概念。分为“针言 · 箴言”“身体 · 身份”“织造 · 铸造”“现场 · 现象”四个部分。在杭州这座古老的丝绸之府和现代化的休闲都市，再一次在空间与时间的大维度范围内从纤维艺术的角度进行关于历史、人文、生活、环境、网络、科技的全球性对话。

什么是纤维？有人说纤维是一种面料，是为了制造纺织品而存在的原料；有人说纤维代表的是一种理解世界的方式，是人类文明的一种载体；有人说纤维艺术就是用毛线之类的东西编织或者摆成各种造型；有人说纤维艺术拓展了纤维本身的物理属性、符号意义、象征能力。

G20 杭州峰会的主题是构建创新、活力、联动、包容的世界经济，纤维艺术展也与其有相似之处。在展会上，既有波兰的纤维艺术、意大利的战利品之书，又有中国传统的牡丹刺绣；有古老的编织手艺，又有现代的织物技术。各种不一样的文化碰撞出来的精彩，在展会中展现淋漓。“‘杭州纤维艺术三年展’是一座连接东西、连接古今的桥梁”，浙江美术馆馆长斯舜威说，“我们不能用传统的艺术概念来做展览，而是要打开眼光，开阔胸襟，要有包容的情怀。”引进纤维艺术展，希望的就是改变中国固守成规的艺术观念，用我们无法想到的观念来冲击我们被束缚已久的思维，从而达到创新，即使有很多外国的东西我们还不能理解。

“杭州纤维艺术三年展”是一个载体，它的意义不仅仅在于艺术，它是综合性的。也就是说，提到纤维艺术展，我们不由自主地去重温旧梦，重温丝绸辉煌的旧梦。早在东周时期，我国就已经生产出了至今都让人惊叹的丝绸制品，可如今，最高端的丝绸艺术却并不在中国。这些年来，我国的丝绸行业走向低谷，我们拿着微薄的利益将丝绸作为一种工业产品出口；到了别人的手里经过了加工，丝绸成了品牌，成了艺术。不得不让我们深思，我们与别人的差距到底在哪里。

我们引以为豪的绫罗绸缎尚且如此，而靠“量”不靠“质”的中国纺织品的未来该何去何从？或许，我们得将纺织品上升到艺术的层次，用艺术的角度，联合世界发展的目光，包容别人优秀的思维观念，用创新带动纺织品的活力。

记得在展会的墙壁上贴着这么一首诗，“我们深深依赖着交织的线。我们穿着。我们亲密地依存着。我们欣赏着，我们需要他们。线在空间中穿梭，绕着我们的脚，环绕着我们运动着的身体。我们住在里面：帐篷、窗帘、浴巾、荧幕。面具。把线拉紧，折弯、压紧、打结、锁边，去捕鱼，拉一个索套，捕一只兔子。”——希拉·习克斯纤维是什么？纤维是组成织物的原料。织物是什么？织物是我们的第二层皮肤。

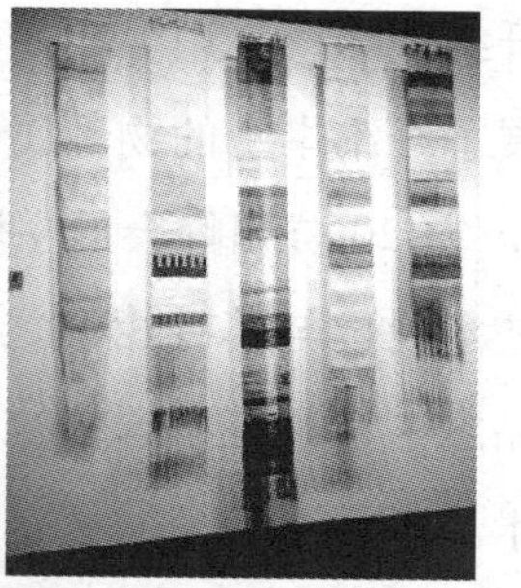

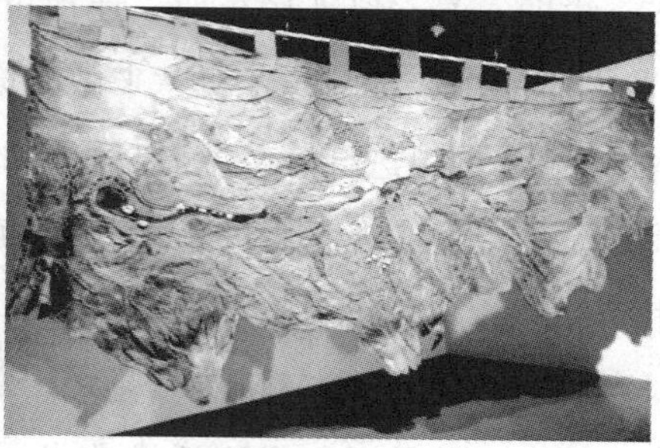

五、总结

在此次实践活动中，为了更好地了解 G20 杭州峰会对纺织品的影响，我们进行了对老师的采访和去美术馆看展览等实践调查，使我们收获良多。G20 杭州峰会对中国纺织品有多大的影响，目前还只是粗浅的分析。是利还是弊，是机遇还是挑战，还有待商榷。希望中国的纺织行业能借助 G20 杭州峰会的平台，使丝绸等纺织品在创新中释放活力，在可持续发展的道路上前行与努力。同时也需认识到，我们自己身在纺织工程这个专业，需要对专业知识有深刻了解并灵活的运用，为将为以后的纺织品行业发展提供智力支持。

【附录】

1. 对李启政老师有关丝绸方面的采访稿

时间：2016 年 11 月 8 号

地点：浙江理工大学 1 号行政楼 513

被采访人物：李启政，男，中共党员，中级编辑，博士。《丝绸》杂志的副社长。在教学、科研方面有出色表现。参与编写浙江省高校重点建设教材等工作。

魏旭巍：李老师，你好！感谢你在百忙之中接受我们的采访。今年 G20 杭州峰会成功在杭州召开，丝绸又一直都是杭州的文化象征，所以我们想向您请教一些关于丝绸方面的问题。我们了解到 G20 杭州峰会的到场嘉宾都收到了两份特别的礼物，其中一份就是万事利的真丝围巾，尤其在 G20 国宴的现场，台签、菜单、节目表、邀请函全都是杭州丝绸，丝绸元素几乎随处可见，老师您认为丝绸为什么会这么受欢迎呢？

李老师：其实你讲的有些笼统，G20 杭州峰会一共提供了三种礼包。G20 国礼包是由凯喜雅公司提供，B20 礼品包是由万事利公司提供，还有一个媒体礼品包由达利公司提供。为什么丝绸会这么受欢迎呢？在我看来，首先我国的丝绸产品登上了国际化舞台，它的制造水平和制造工艺处于很高的水平；第二是丝绸代表着杭州这座城市的精神，优雅，美丽；第三就是利用丝绸做成的台签，桌布更能彰显我国的创新水平，毕竟 G20 杭州峰会的四大主题之一就是创新。

魏旭巍：是的，丝绸一直因为它的典雅和优美瞩目。那本次 G20 杭州峰会几乎吸引了全国人民的关注，会不会因为本次峰会，使得丝绸的整个市场包括价格、销售趋势以及进出口贸易方面受到影响呢？

李老师：影响是肯定会有的，G20 杭州峰会在短期内会带动丝绸消费的热潮，特别是丝绸礼品市场的销售，但是丝绸的价格应该不会受到太大的影响，毕竟丝绸是一种比较高端的产品，普通的可能大众消费得起，但是像那些名牌，如爱马仕、香奈儿、LV 等，并不会因为 G20 会议的开展而销售增多，所以价格的话，会有影响，但是影响不会很大。进出口贸易方面，2014年我国丝绸的出口量是排在第三，落后于印度和欧盟，并且由于西方经济不景气，丝绸的出口量不断下降，G20杭州峰会虽然对丝绸关注度比较大，但是进出口贸易不是一个峰会就能决定的，短期内会有影响，但是以长远来看，影响并不大，相反是内销可能增长。但是目前看来，未来5到10年，丝绸会有一个很好的发展前景。

魏旭巍：老师分析得很详细，那我国目前的丝绸水平居于什么地位呢？

李老师：我国丝绸资源非常庞大，占据80%的资源，几乎处于垄断地位，每年产量在10万吨左右，丝绸行业的产品链最长，跨度最广，首先要从农业开始养蚕，然后是手工业，再到工业，最后转战消费市场，因此它的产业链很长。但是前面也说了，我国的出口量并不是全国第一，就是说我国目前是丝绸大国，但不是丝绸强国，因此，丝绸还需要再深加工，做自己的品牌。

魏旭巍：需要在品牌加工方面努力，我明白了！当G20杭州峰会遇上丝绸时尚，我们也需要进行传承和创新。有人说：丝绸借助G20进行创新，需要在文化创意、时尚设计、高科技方面进行跨界，创新的方向应该是技术与创意，而不是滥用丝绸，大搞品牌文化，您同意吗？

李老师：也不尽然，有的人认为不需要创新，丝绸就是高贵的象征，我们需要做的就是把它的高贵体现出来；但有的人就觉得需要创新，把它的优点凸显，把缺点掩盖。这是两种不同的观点。比如说嘉兴有个企业叫雅莹，它是专注于服装，也经常应用丝绸在服装中，最后打出品牌效益，做得也很好。丝绸毕竟是一种高端不耐用的商品（相对于化纤来说），丝绸整个行业的提升，不能仅仅局限于高端，混纺、交织就是一个不错的方向。另外，丝绸可以看作是一种文化，一种符号，它拥有着特别的意义，如何提升丝绸的竞争力和创新力量，可以往这方面发展。

魏旭巍：老师的观点很新颖！我们常说创新是从根本上打开增长之锁的钥匙。老师认为丝绸方面是否存在创新意识不足或者创新实力不够的问题呢？

李老师：瓶颈当然是存在的。首先是性价比低的问题，丝绸的价格是40万元/吨，棉的价格是4－5万元/吨，化纤的价格是2－3万元/吨，中间的差距就有十几倍，所以将丝绸引入低端领域比较困难。第二就是前文说过的产业链很长，企业的利润很低，爱马仕围巾便宜的也要上万，但是丝绸价格是1400－2300 元/百斤，你想想养蚕的农民利润有多低。第三就是领域问题，丝绸只占纤维的千分零点八到千分之一，资本和厂家投入不高，所以设备都很落后，有的企业用的还是几十年以前的老设备，再加上旧的生产模式，丝绸想扩大是不容易的。现在也有人提出工厂化养蚕，同时进行产业模式变革，设备如果能跟上的话，扩张会相对容易。

魏旭巍：原来中间还有这么多问题啊！那如果我们想去了解丝绸，有哪些专业的网站和杂志呢？

李老师：《丝绸》杂志社算一家，其他还有《辽宁丝绸》、《四川丝绸》、《上海丝绸》、《现代丝绸科技与技术》、中国丝绸网等，你们多去看看，了解一下信息。

魏旭巍：谢谢老师的解答！

采访/魏旭巍　文/罗姝月、魏旭巍　图片/罗姝月

2. 对陈慰来老师有关纺织品贸易的采访稿

时间：2016 年 11 月 14 日

地点：浙江理工大学 17 号楼 121 办公室

被采访对象：陈慰来老师

采访人物简介：陈慰来，男，研究生毕业，现任浙江理工大学副教授，担任纺织经济与贸易课程的主讲教师，近年来科技工作也十分出色。主持、

承担项目十余项，发表论文6篇。

邱老师：《浙江日报》上有一篇文章说：“据不完全统计，9月到10月上旬，万事利推出的与G20杭州峰会相关的丝巾、手包等产品销量已超10万件，销售额超5000万元。”你在上课的时候提到一个丝绸原料价格上涨的现状，是不是意味着丝绸的销量与价格是受到G20杭州峰会的影响？

陈老师：并不完全是受G20的影响，G20只是影响的其中一个因素，可能有这种预期，整体上商品的价格都在上涨，而丝绸算是涨得比较厉害的，从2016年年初的33万涨到40万，货币超发，没有太好的投资渠道，使得这些商品被炒了起来。

邱老师：《二十国集团数字经济发展与合作倡议》中提到要进一步释放数字经济，促进信息通信技术领域的投资，促进电子商务的发展，这是否会对我国的纺织品贸易产生有利影响？

陈老师：像淘宝的双十一，对商品包括纺织在内的销售都是有好处的。在淘宝的销售当中，纺织品占了一个很大的比重，所以促进电子商务的发展，对纺织品的贸易是有好处的。

邱老师：促进电子商务的发展，是否会使纺织品营销模式有创新的发展？例如开发微试（VTRY）（基于AR和VR的虚拟试穿戴）的移动软件服务，来大大降低退货率，提高浏览量与购买量的转化率。是否说明了以后会越来越多类似这样的推动电商的进一步发展的创新来推动纺织品营销成为“互联网+”的模式？

陈老师：可能会有。纺织品以前的营销模式主要是以实体店为主，以后实体店可能会和VR之类虚拟的产业结合起来，比例会逐渐加大，但实体也不会消亡，虚拟到一定的程度也可能会产生瓶颈。像纺织品这类的东西，如果是衬衫、西装这类的标准件有一定的标准尺码，可以在网上购买，但像时装这类的纺织品很难有标准的说法，你的X和他的X在不同的厂家做出来是不一样的，这个可能还是需要实体店的。实体一定会存在，因为对于高档的奢侈品一般不太会在网上销售。

邱老师：《二十国集团全球贸易增长战略》中提出要加强世贸组织的作用，进一步采取措施降低贸易成本，并鼓励所有世贸组织成员全面实施《贸易便利化协定》，这将会使全球的贸易成本降低15%，将让传统劳动密集型行业，例如服装、纺织、机械加工等明显受益。G20 杭州峰会在《二十国集团全球贸易增长战略》中提出，鼓励发展中国家和低收入国家、中小型企业参与全球价值链，加强与发展中国家的合作。对我国纺织行业及纺织品贸易是利大于弊？还是弊大于利？

陈老师：是弊大于利还是利大于弊，这很难说，中国的纺织品贸易受越南、缅甸、孟加拉等国冲击很大，这是一个现实。所以全球化对贸易量大的国家未必有好处，因为成本提高了，可能对刚开发展的国家是有好处的。今年我国的纺织品贸易出口压力很大，贸易出口额受很大的影响，所以对中国来说未必是件好事。

采访/邱微　文/邱微　图片/孙紫薇

纺织工程 15（2）班：邱微、张玲、孙紫薇

纺织工程 15（1）班：罗姝月、魏旭巍、周梓博

指导教师：范冰川

G20 杭州峰会期间杭州空气质量改善情况调查报告

2016 年中国 G20 杭州峰会的完美落幕，向世界展现了杭州的江南韵味，中国的魅力风采。空气质量对人们的生活及健康都产生重大影响，逐渐受到公众的重视。近年来随着人民生活水平的提高，人们越来越追求一个舒适健康的生活环境，G20 杭州峰会的成功举办，让杭州市政府乃至中央政府对杭州及其周边的城市进行了相关的整治，极大地提高了杭州的空气质量，本文正是基于对杭州市 G20 期间空气质量的情况及其改善情况，进行相关的研究，以探讨政府措施对空气质量改善产生的重大影响。

G20 杭州峰会于 2016 年 9 月 4 日、5 日在杭州顺利举办。G20 杭州峰会是一个国际经济合作论坛，于 1999 年 12 月 16 日在德国柏林成立，属于布雷顿森林体系框架内非正式对话的一种机制。G20 杭州峰会旨在推动以工业化的发达国家和新兴市场国家之间就实质性问题进行开放及有建设性的讨论和研究，以寻求合作并促进国际金融稳定和经济的持续增长。

峰会的顺利举办也让世界看到了一个不一样的中国。除了经济建设方面有了突破性的进展外，其他很多方面也有相当不错的改善。无论是政府抑或是企业都付出了行动来帮助峰会的顺利召开。其中，在空气质量方面尤为突出。

空气质量良好对于人类以及人类的日常生活都很重要。一个成年人每天需要呼吸 2 万多次，吸入空气 20 公斤左右，比一天摄入的食物和水分多 10 倍多。人不吃饭可以活 20 天，不喝水可以活 7 天，不睡觉可以活 5 天，但如果不呼吸只能活 10 分钟！由此也可以看出空气质量良好的重要性。

改革开放以来，我国经济持续、稳定、快速发展，综合国力不断提高，人民的生活水平也不断提高。但是，在发展经济的时候，我们并没有过多的关注环境，导致环境逐渐恶化。虽然近几年，随着国民素质的提高，人们也逐渐懂得可持续发展的理念，但是前期经济发展对环境所造成的影响仍然十分严重。杭州作为长江三角洲中心城市之一，在他高速的经济发展背后，其对环境所造成的影响可想而知。

其中空气质量尤为严重，生活在杭州的居民总是会被雾霾等空气污染影响。作为 G20 杭州峰会的举办城市，为了能更好地接待其他国家的领导人，杭州在为 G20 杭州峰会准备阶段时，对空气的治理倾注了很多精力。

一、数据收集与分析

（一）官方数据

AQI 是空气质量指数（Air Quality Index）的简称，是定量描述空气质量状况的无量纲指数。我国将 AQI 指数分为六类，其数值越大、级别和类别越高、表征颜色越深，说明空气污染状况越严重，对人体的健康危害也就越大，针对单项污染物还规定了空气质量分指数，具体划分标准见表 1，本文将运用 AQI 指数的变化状况，来反映 G20 杭州峰会前后杭州市空气质量的变化情况，从而来探究 G20 期间空气质量改善的原因。

表 1　AQI 指数范围及相应空气质量等级

AQI	0 ~ 50	51 ~ 100	101 ~ 150	151 ~ 200	201 ~ 300	>300
空气质量状况	优	良	轻度污染	中度污染	重度污染	严重污染
空气污染级别	一级	二级	三级	四级	五级	六级

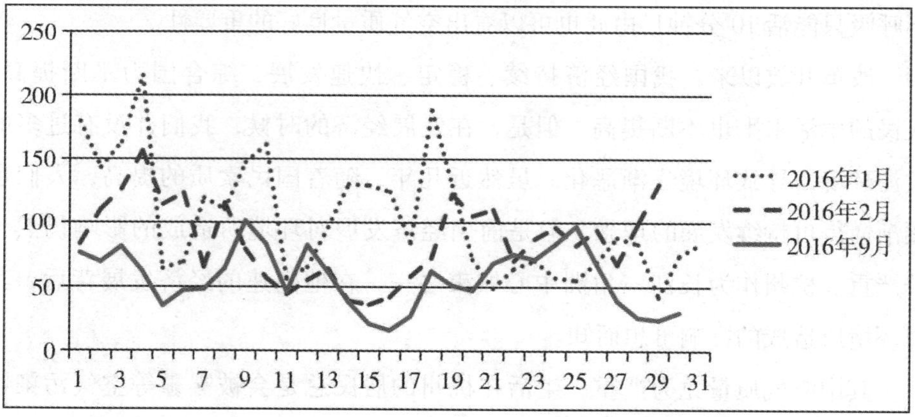

图1　杭州2016年1、2、9月份空气质量指数趋势

数据来源：杭州空气质量指数查询。

从图表中可以看出，2016年9月份空气质量指数大多在100以下，即空气等级在良好及以上，属于适合人们去室外活动的时间。而同年2月，空气质量指数大多在50－100的范围内，即处于空气质量等级为良和轻度污染的情况，2016年1月甚至偶尔出现空气质量指数大于150的情况，即空气质量等级为中度污染、甚至重度污染。

分析了2016年1、2、9月份空气质量指数趋势，我们再来研究G20杭州峰会期间的空气质量指数趋势。

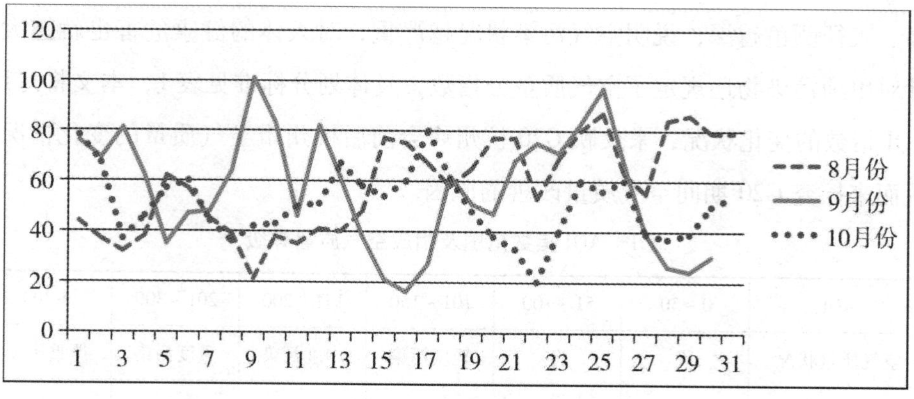

图2　杭州2016年8、9、10月份空气质量指数趋势

数据来源：杭州空气质量指数查询。

从统计数据图表可以看出，杭州2016年8、9、10月份空气质量指数趋势的纵坐标的间距变为20，远远小于图1中的间距。其中7、9、10月份空气质量指数普遍集中在 20－80，属于优和良这两个等级。

从两图的分析对比，可以清楚地发现 G20 杭州峰会期间，杭州空气质量明显好转，空气质量总体情况大大改善。

（二）社会调查

本次社会调查采用问卷的形式，设置了一份问卷，针对各岗位人员及学生展开调查，并实地考察周边空气质量状况。问卷内容主要包括“造成空气污染的原因”“G20 杭州峰会期间空气质量是否改善”等方面问题。调查问卷主要在浙江理工大学及其周边发放，调查对象为校内学生及校务工作人员，共发放 100 张，成功收回 98 张，无效问卷 2 张，问卷回收率为 98%，问卷有效率为 97.9%。

1. 受访者关注空气质量的情况

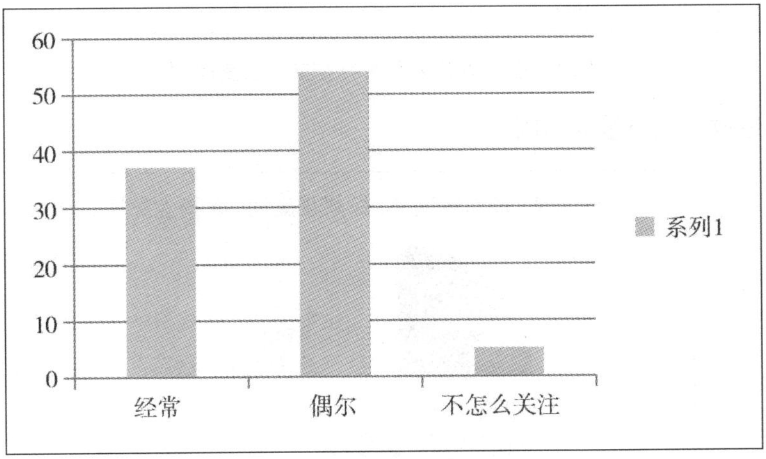

图 3　受访者关注空气质量情况

受访者中有 37 人经常关注空气质量问题，54 人偶尔关注空气质量问题，可以看出大多数人对我们赖以生存的空气较为关注，这是生活在地球村里的我们的本能反应。

2. 受访者对空气质量的感知程度

调查中，92 人认为杭州市存在空气质量问题，以压倒性的数量战胜了不存在，说明大多数生活在杭州的居民，特别是生活在下沙的居民认为杭州存在较大的空气质量问题，需要政府企业共同来改善大家赖以生存的环境。

既然存在空气质量问题，那么主要导致空气污染的因素，在受访看来又有哪些呢？

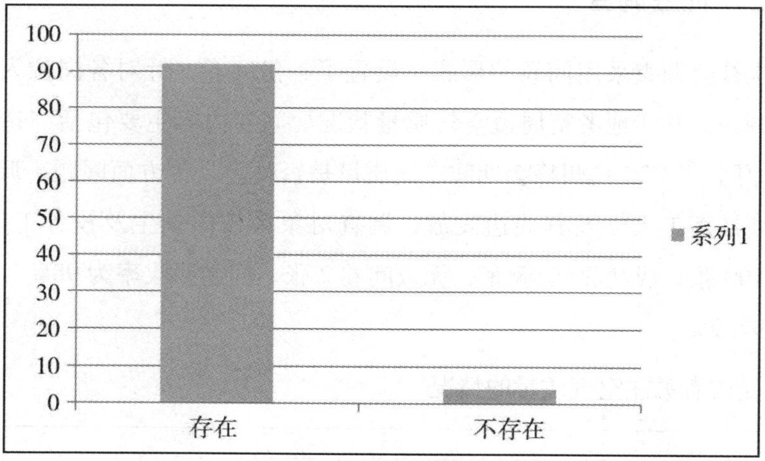

图 4　受访者认为是否存在空气质量问题

3. 造成空气质量的原因

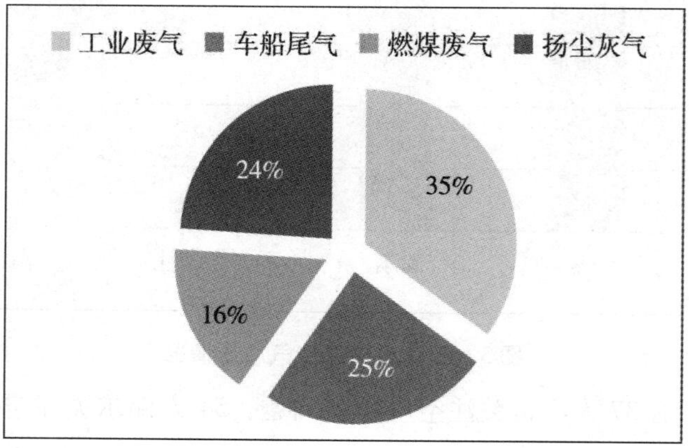

图 5　造成空气污染的原因

由图表可以看出，35% 的受访者认为空气污染由工业废气造成，正如大家所知，下沙本身是一个工业园区，周围有较多的工厂，所以 4 个因素中工业废气所占比重最大。而车船尾气、扬尘灰气、燃煤废气分别为 25%、24%、16%。

而这次调查的重点便是“你认为 G20 杭州峰会期间空气质量的是否有所改善”“G20 杭州峰会为杭州空气质量做出怎样的贡献”。

从调查数据中可以发现，有 77 人认为 G20 杭州峰会期间杭州空气质量有所改善，19 人认为没有改善。大多数人认为，G20 的成功举办，政府的限行，关停重污染企业对杭州空气质量改善做出了较大的贡献。

犹记 G20 杭州峰会期间，各大媒体镜头下美丽的杭州，优良的空气质量衬托出了恬静、婉约的江南气质。朋友圈里随处可见的蓝天白云、灿烂霞光，西湖的通透见底的湖光山色，出门时可以呼吸到的清新空气，无一不在反映杭州空气质量的好转。在全体杭州人的共同努力下，杭州的空气交出了一张令人满意的成绩单。

根据环保部门统计，2016 年 1－6 月，杭州环境空气优良天数累计 123 天，比 2015 年、2014 年、2013 年同比分别增加 12 天、18 天和 16 天。市区 PM2.5 平均浓度 57.3 微克/立方，比去年同比降低 4.8 微克/立方，下降 7.7%，实现逐年连续下降。2016 年 5 月至 7 月，杭州的 PM2.5 月平均浓度依次是 45、36、26；去年同期是 55、42、32。所以 G20 杭州峰会在杭州空气质量改善方面，做了较大的贡献。

二、相关举措

2016 年 9 月 4 日、5 日，G20 杭州峰会在杭州成功的举办。为了能够展现一个国际花园城市，杭州在环境改善方面做了巨大的努力。杭州着力提升城市环境改善标准，按照洁化、绿化、序化、亮化、美化要求，打好环境整治组合拳，在场馆建设同时把城市有机更新、城市管理运行、水环境、大气环境全部考虑进去，给人们耳目一新的感觉。

（一）会前保障阶段

1. 推进燃煤烟气治理

燃煤烟气的产生，烟煤锅炉是主要的贡献者。杭州市全面推进淘汰和治理大、中、小燃煤锅炉工作。一是关停“大”锅炉，完成萧山电厂、半山电厂燃煤机组关停，实现全市燃煤火电机组“清零”；二是基本淘汰“小”锅炉，即10蒸吨/小时以下（含）的锅炉；三是关停改造“中”锅炉（10蒸吨/小时以上工业锅炉和热电燃煤锅炉）。

2. 加强工业废气治理

杭州市加强工业废气治理，促进工业经济转型升级。完成“脏、乱、差”和“低、小、散”企业（小作坊）整治148家，其中改造提升30家，关停淘汰118家。

3. 做好车船尾气治理

杭州市连续打出组合重拳治理车船尾气。首先，全市实行机动车增量控制。其次，督促市区储油库落实油气回收。再则，推进公交车清洁化之前的燃油客车全部被新能源客车替代。引导出行方式转变，完善自行车交通系统建设。

4. 强化扬尘灰气治理

城市建设产生的扬尘扬灰，是PM2.5的重要组成部分。为此，杭州市采取多项措施进行整治。一是强化建筑工地扬尘控制。2016年1月~3月，共抽查在建工程项目2862个，签发限期整改通知书2039份，签发停工通知单108份。截至4月底，累计1046个工地已安装工地可视化管理系统；二是推进绿色混凝土搅拌站建设；三是加强城市道路扬尘控制。对扬尘污染较重的道路增加了洒水和冲洗频次，查处违法运输车辆等等。

5. 打造绿树成荫的宜居环境

为助力G20杭州峰会，扮靓美丽家园，让森林拥抱城市，让绿色融入生活，加快森林杭州建设进程，2016年，全市完成造林更新4.3万亩，建设珍贵彩色健康森林1万亩；新增城区绿化450万平方米、屋顶绿化6万平方米，建设4000平方米以上公园绿地30处；开展平原绿化1.3万亩、“四边”绿化220公里，着力打造绿树成荫、春花秋叶的城乡宜居环境，四季分明、林相丰富的森林景观绿道。

（二）会期保障阶段

1. 加强城市道路清扫扬尘治理

全面推行城市公共区域清扫保洁全覆盖，增加核心区、严控区、管控区三大区域内重污染条件下的机械洒水频次，加强城市道路清扫前的喷洒、运输中的密闭和车辆设备的冲洗，确保不产生二次扬尘。按照保障要求适当提高城市道路清扫洒水强度和频次。

2. 加强施工扬尘污染控制和混凝土搅拌站控尘

按照《浙江省城市建筑工地与道路扬尘管理办法》，严格落实建筑工地施工扬尘管理措施，禁止现场搅拌混凝土，做好车辆进出冲洗，做好裸露地面、土方、拆除工程的覆盖、绿化工作，严禁粉尘类建筑材料露天放置，做好运输土方、沙石等车辆封闭覆盖，施工现场落实洒水清扫制度或采取雾化降尘措施。

3. 控制相关尘源

核心区城市内禁止道路运输渣土、沙石等产生扬尘。严控区和管控区内实现容易产生扬尘的渣土、沙石、物料等密闭化运输，严禁抛洒滴漏。核心区、严控区、管控区内实现裸地扬尘无组织排放有效治理，混凝土搅拌站等装修作业和物料堆场等落实控尘措施。未达到“绿色混凝土搅拌站”标准的混凝土搅拌站实施停产。核心区和严控区内建筑工地、房屋拆除、装修作业等管控工地按期全部停工，混凝土搅拌站停产，并做好相应降尘措施；管控区内从事土石方、渣土运输、拆除的建设工地按期停工。各地建设系统行业主管部门要根据要求抓紧界定本辖区内停工工地、停产混凝土搅拌站清单，并负责通知到各停工停产点，落实主体责任人员，做到 24 小时专人盯守，杜绝擅自施工行为。

4. 加强交通管制

G20 杭州峰会期间杭州交通实行“三限”，以减少交通尾气以及交通堵塞。G20 杭州峰会期间的“三限”：第一限是限时，在峰会活动的相关时间内，要采取交通管制的措施；第二限是限量，在峰会期间，公安交警部门会对交通流量采取一定的限制措施；第三个是限行，如单双号通行等等。考虑到限行对市民的影响，交警部门提前组织运行的方案，以保证市民交通顺畅。

三、总结

G20 杭州峰会是世界经济与国际经济合作一个重要的转折点，它给了世界第二大经济体——中国，一个更好地展现自己的大国风采的机会。作为发展中国家之一，中国这几年 GDP 增速保持在 7% 左右，然而在经济快速发展的同时，是不能以环境破坏为代价的。

习近平总书记就曾在 2015 年 11 月 30 日开幕的巴黎气候大会上称，中国将从人类共同利益的角度，将气候变化视为重大战略问题，对应对气候变化高度重视。而近几年 PM2.5、雾霾的广泛认知，更加表达了人民对良好生活环境的诉求。面对 G20 杭州峰会这场国际重大会议，政府，相关企业在环境保护，空气治理方面都做出了相应的表率。然而，空气质量不仅是特殊时刻要关注的事宜，更是与我们生活息息相关，需要时时关注的事宜。

G20 杭州峰会之所以选择杭州，是因为它底蕴深厚、美丽繁荣、开放大气、活力包容。G20 同时造就了杭州，它的基础设施得到了更好地提升，交通变得更加便利发达，国际知名度大大提升。而对于每时每刻都在呼吸着杭州空气的居民和游客们来说，沁人心脾的空气和澄净通透的湖光山色则是这场峰会带来的无价馈赠。G20 杭州峰会让我们的空气质量有了一个改善的好机会，让我们的生活更加美好，我们看得到蓝天白云，看得到晴空万里。

既然 G20 杭州峰会创造了一个良好的契机，让全民共同为维护环境做出努力，而后 G20 时代更希望政府、相关企业、我们自身都做出相应的表率，不仅为杭州、为浙江省、更为中国、为世界的清新空气奉献出自己的一分力量。

【附录一】

关于 G20 杭州峰会期间杭州空气质量调查问卷

您好，我们是浙江理工大学的社会实践小组队员，正在做杭州市居民对 G20 杭州峰会期间空气质量意识的调查，希望能得到您的支持和配合。

本调查不用填写姓名和单位，答案无对错之分，请您不必顾虑。希望您能在百忙之中抽出一点时间填写这份调查问卷。谢谢您的配合和支持！

浙江理工大学社会实践小组

2016 年 11 月

1. 你的年龄是？［单选题］［必答题］

   ○18 岁以下　○18 – 25 岁　○25 岁 – 35 岁　○35 岁 – 50 岁
   ○50 岁以上

2. 你的性别是？［单选题］［必答题］

   ○男　○女

3. 你在杭州居住的年数？［单选题］［必答题］

   ○不足一年　○一至三年　○三至五年　○五年以上

4. 你平常会关注空气质量问题吗？［单选题］［必答题］

   ○经常　○偶尔　○不怎么关注

5. 你觉得杭州存在空气质量问题吗？［单选题］［必答题］

   ○存在　○不存在

6. 杭州空气质量对你生活的影响［单选题］［必答题］

   ○影响较大　○有一点影响　○没有影响

7. 你认为造成空气质量问题的原因是什么？（你认为最主要的两个原因）［多选题］［必答题］

   □工业废气　□车船尾气　□燃煤烟气　□扬尘灰气
   □其他________________

8. 你认为以下各物质中，会导致空气污染的有［多选题］［必答题］

□二氧化硫　　□PM10　　□PM2.5　　□氮氧化物

□一氧化碳　　□光化学烟雾　　□其他________

9. 你认为 G20 杭州峰会期间杭州空气质量有没有改善？［单选题］［必答题］

○有　　○无

10. 你认为 G20 杭州峰会期间的空气质量改善是因为哪些举措？［填空题］

____

11. 你了解杭州的“五气共治”吗？［单选题］［必答题］

○了解　　○不了解

12. G20 杭州峰会结束后，你觉得杭州的空气质量有反弹吗？［单选题］［必答题］

○有　　○无

【附录二】

社会调研过程记录

15 经贸 3 班：舒畅、缪雨露、王佳梅、王靓雯、吴鸿洁、张新

指导教师：毕昌萍

G20 杭州峰会与数字媒体的发展

G20 杭州峰会二十国领导人峰会在杭州成功举办，对杭州的影响是巨大的。它影响了人民的生活，促进了旅游业的发展，对杭州的一些新兴产业也产生了巨大的影响，特别是为数字媒体技术行业带来了无穷的动力。在 G20 杭州峰会召开期间，许许多多的活动都运用到了数字媒体，让这个诞生 10 年余的行业在全世界面前大放光彩。可见 G20 杭州峰会与数字媒体的融合，是时代进步的必要选择。

一、G20 杭州峰会中的数字媒体

数字媒体是指以二进制数的形式记录、处理、传播、获取过程的信息载体。这些载体包括数字化的文字、图形、图像、声音、视频影像和动画等感觉媒体，和表示这些感觉媒体的表示媒体等，以及存储、传输、显示逻辑媒体的实物媒体。

G20 杭州峰会（二十国领导人峰会）是一个国际经济合作论坛，是推动以工业化的发达国家和新兴市场国家之间就实质性问题进行开放以及有建设性的讨论和研究，以寻求合作并促进国际金融稳定和经济持续增长。无论是会前，与会时还是会后宣传，各个地方都需要运用到数字媒体。

（一）G20 杭州峰会文艺晚会中的数字媒体技术

首先，最受世人关注的就是 G20 杭州峰会文艺晚会了。在文艺晚会上，数字媒体的运用淋漓尽致。《天鹅湖》节目就是采用了 3D 全息投影技术。3D

全息投影技术是一种虚拟成像技术，记录并再现真实的三维图像。全息投影技术不仅可以产生立体的空中幻象，还可以使幻象与表演者产生互动，一起完成表演，产生令人震撼的演出效果。

增强现实技术，是一种实地计算摄影机影像位置以及角度，加上相应图像、视频、3D 模型的技术，这种技术是在屏幕上把虚拟世界套在现实世界并进行互动。G20 杭州峰会晚会上的“大扇子”就是运用了这种技术，以及 AR 虚拟现实技术。让虚拟和现实相结合，体现出如梦似幻的场景。

G20 杭州峰会的文艺晚会可以说是全球晚会的一次史无前例的创新，将科技与现实相结合，古代和现代相联通，将数字媒体的优势发挥得淋漓尽致。在视觉、听觉、感觉上告诉我们原来科技还可以这么玩。

（二）G20 杭州峰会会议期间的数字媒体技术

除了文艺晚会，在整个 G20 杭州峰会与会期间也运用了各种各样的数字媒体。会议前期和非正式会议时，数字媒体的应用也十分广泛。在会议开始以前两个月，广大群众就可以从各大媒体上得知 G20 杭州峰会在杭举办的消息，并能看到国际博览中心的恢宏以及周边设施的完善。整个西湖边上所有的高楼大厦都绚烂无比，数字媒体创造的灯光秀每晚准时上演，即使夜晚也有色彩和阳光。这些宣传的资料、视频以及实时 VR 技术成像，都是运用了数字媒体。G20 杭州峰会还运用了数字媒体的技术在会议开展前收集来自全球的评价数据，对整个会议流程、场地等要素进行完善。

在整个会议期间，中央电视台创新运用 AR 技术播报 G20 杭州峰会。在 G20 特别报道中，AR 新闻报道模式利用计算机生成逼真的视觉虚拟环境，实现视觉上人机交互，在真实环境中体验“身临其境”的新闻报道效果。正式会议时，各国媒体的实时报道，也是运用了数字媒体的实时记录和传输能力，使会议的要义和重点可以及时展示在全球人民面前。将本次以“创新、活力、联动、共享”为主题的 G20 杭州峰会思想用最具有效率和效果的方式呈现。

（三）G20 杭州峰会中安保工作的数字媒体技术

除了宣传和艺术晚会，数字媒体在 G20 杭州峰会整个会议的其他方面也有许多运用。比如：在安保措施方面，采用全程智能摄像机，工作人员可以通过远程平台完全自主或遥控方式，代替巡检人员进行巡检，及时发现电力运行设备的缺陷。而且不受严寒酷暑等恶劣天气影响，可辅助人工实现24小时不间断巡视；人脸识别系统，为保障峰会期间的安全，杭州的许多场所入住管理流程中都增加了这项技术，通过最新的人脸识别技术验证身份。

在G20杭州峰会结束以后，G20的余热依旧，数字媒体的运用也依旧。在数字媒体的运用下，G20不再仅是一个经济会议，更为科技行业带来了发展与进步的空间，也将数字媒体这个新兴行业展现在世界面前。

二、G20杭州峰会与数字媒体的相互影响

（一）数字媒体技术对G20杭州峰会的影响

G20杭州峰会作为一个全世界的峰会，它不仅仅是一个会议，它也是一个中国向全世界展现自己的机会。对于G20杭州峰会的宣传，除了传统的文字、平面图片、视频报道外，还加入了网络直播、全景VR等新型传播手段。此次G20杭州峰会的报道，采用了视频现场直播的方式，形成文字、图片、图表、视频、H5等多种载体，报纸、网站、微博、微信公号、新闻客户端等多种终端的立体传播态势，全程全景直播峰会的盛况。这些报道都来自数字媒体技术的支持，以新信息时代的方式来向大众展示G20杭州峰会，形式更多更创新，受众人群更广。

倘若本次G20杭州峰会没有的数字媒体技术的支持，中国该怎样向世界展现自己呢，也不能令外媒说出“前所未见”“我们还没见过这样的G20”，更无法彰显出我们大国的风范。随着科技的发展，一个国家的技术能力在综合国力的体现中担任着不可替代的角色。数字媒体技术的作用主要是展现我们中国的水平，向外国宣传中国的风采文化，技术越高自然越令人震撼，令人印象深刻。数字媒体的发展，不仅可以使我们国家更有利地向外国展现自己各个方面实力水平，更可以引领世界数字媒体技术的沟通与发展。在G20杭州峰会期间，不得不提的就是《最忆是杭州》G20文艺晚会了。有中国特

色的扇子，令人惊艳的天鹅湖……整场晚会可以说是用文化和技术支撑起来的。晚会将文化与技术相结合，向国际展现了大国风采。

（二）G20 杭州峰会对数字媒体技术的影响

对于大部分人来说，数字媒体是一个看起来很高端的词汇，离我们的生活很远。什么是数字媒体？数字媒体能干些什么？数字媒体跟我们的日常生活有什么关系吗？经过 G20 杭州峰会，数字媒体渐渐走入了人们的视线，人们会开始想 G20 这么精彩的文艺晚会都是运用什么技术做出来的，会对数字媒体这个觉得永远不会接触的词汇开始有了好奇。就这样，人们开始了解，这个看起来很高级的词汇其实在我们的生活中无处不在。

在数字媒体这个行业，更多的人才就代表着更多的创意更多的想法，就意味着数字媒体技术将可能在更多的领域发挥它的作用。只有让更多人知道、了解、投入到数字媒体技术这个领域来，我国数字媒体行业才会有所发展。也让从事这个行业的人对数字媒体技术的发展充满了信心，会更有激情地投入到数字媒体技术行业中去。如果说数字媒体对 G20 杭州峰会的宣传起了巨大的作用，那么 G20 杭州峰会对数字媒体的发展也起了不可替代的作用。

三、数字媒体的发展趋势及建议

多媒体技术的发展日新月异，总的来说有两个发展方面。一是与网络的联系更加紧密，二是多媒体终端更加智能，并且各个终端走向统一的趋势更加明显。由于技术的进步，特别是信息化步伐加快，进入信息化社会必不可免。数字媒体技术将我们的日常工作带入了一个新的领域，让人们可以用更快的速度处理文件，以更快的节奏进行工作。因特网就是在这种情况下不知不觉地改变了我们的生活。从目前的计算机技术以及多媒体的发展状况来看，数字化社会将会在不久的将来实现。

在这科技日新月异的时代，数字技术早已领衔着科技在人们身边飞奔。为了紧跟时代脚步，现提出如下建议：

1. 国家应加强数字媒体类专业技术人才的培养

在我国，虽然技术开发人员数量很多，但是总体水平和发达国家相比还是处于劣势，尤其是一些高、精、尖领域的人才少之又少，这也是导致过去几十年一直依靠着引进外国产品来维持我国数字技术发展的主要原因，因而大力加强数字媒体类专业人才的培养符合我国国情，更符合国家利益。

2. 数字媒体类技术人员应当提高创新能力

未来，创新能力是一个国家是否能引领世界的主要标准。创新能使得一个国家长期屹立于某一个领域而为自身的发展也提供了源源不断的经济。尤其是在这个被“数字”所包围的大数据、大信息时代，数字媒体类技术人员的创新能力更能体现出一个国家的综合国力。

3. 高校应更加注重实践

大数据时代所注重的是对信息的处理、储存等十分考验一个人实际操作水平的时代。高校应该更加着力于学生实践能力的培养，在提供给学生众多理论知识的同时，又应当多一点实践方面的课程。教师在培养学生的同时，也应当要注意因材施教，充分发挥一个学生的潜能。

未来的发展离不开科技，科技的发展离不开人才。数字媒体作为一门“新兴”的学科，自然拥有无限的潜能来开拓、创造科技上的奇迹。

四、调查结果与分析

为了充分了解 G20 杭州峰会前后，人们对数字媒体的认知情况，我们小组进行了一次和数字媒体有关的问卷调查（问卷见附页）。在调查后针对其中主要的几点做出了如下总结：

1. 被调查者主要来源于20岁左右的人群

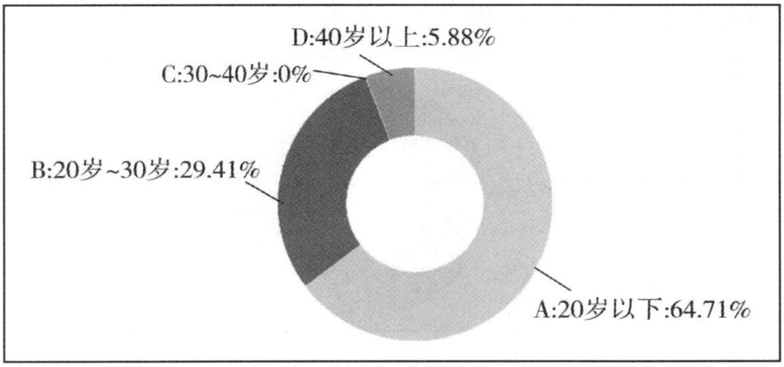

图1　问卷调查人群分布

这次调查的人群和以往不同，在参加此次调查问卷的人员中，年龄在20岁以下的人群占到了64.71%，20－30岁的人群占到了30%左右，而40岁以上的人群仅占到了5.88%，因此本次问卷主要集中在20岁左右的人群中，可见在新兴媒体上，20岁左右的人群的参与积极性比较高（如图1所示）。

2. 被调查者对数字媒体都存在一个模糊的概念

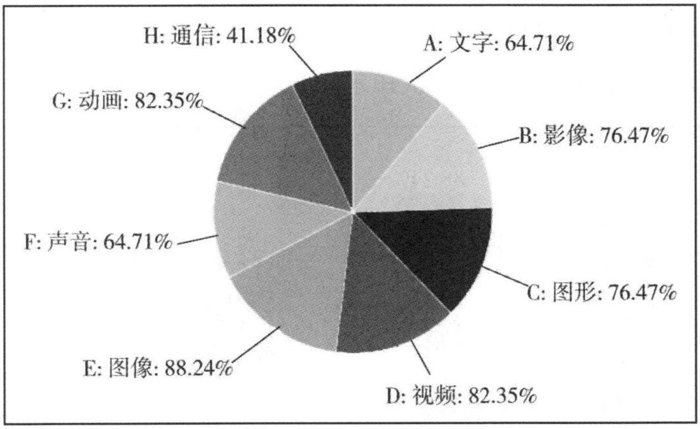

图2　被调查者对数字媒体的认知度

为了解被调查者的初步印象，我们将数字媒体的概念提早抛出。

根据调查结果，我们绘制了饼图，从该图中我们可以发现，在大部分人的印象中，数字媒体都主要偏向于：影像、视频、图像、动画这四大类，分别所占比例都在75%以上，而通信和文字所占的总比例较少。这表明大部分人对数字媒体的印象都是停留在剪辑、photoshop等有关的产业，而忽略了数字媒体在其他方面的发展，尤其是在通信领域的发展（如图 2 所示）。

3. 被调查者普遍对 G20 杭州峰会有关注

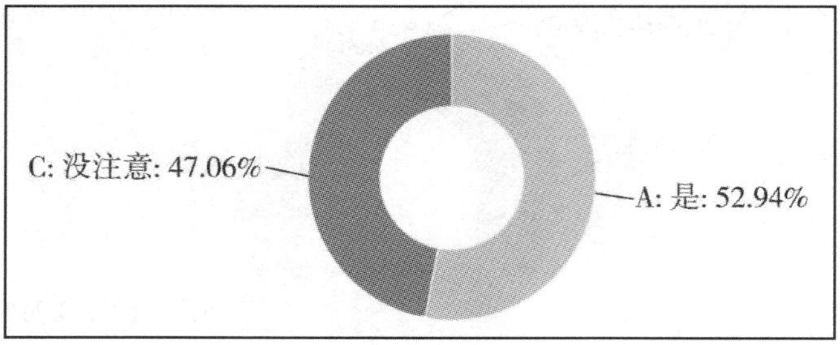

图 3　被调查者对 G20 杭州峰会的关注度

众所周知，G20 杭州峰会在前期的宣传力度十分巨大，不仅国家投入了大量资金打造 G20 媒体产业，不少微信、微博里也不断推送着 G20 走向全民化的浪潮。因此，我们在问题中特别放入了和微信、微博有关的推送内容。

根据这次调查显示，在这次的圆环图中发现，虽然大部分人对 G20 杭州峰会的推送都不曾注意，但是从没有看到过和 G20 有关推送的人数为 0。这不仅说明了大家对 G20 普遍都存在着认知，也从侧面反映出了社会、国家对举办 G20 杭州峰会尤为重视（如图 3 所示）。

4. 在数据储存方面上存在着认知差异

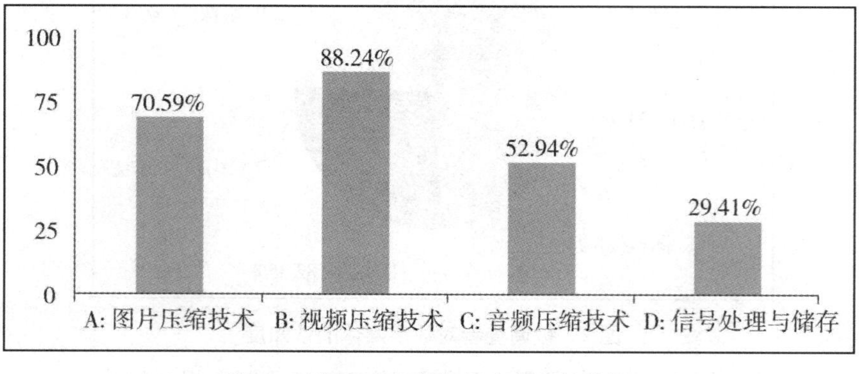

图 4　被调查者在数据储存方面的认识

为了增加被调查者对数据储存方面的认知，增加了数据储存类的选项。

从图表中可以观察，在选项主要集中到某个具体概念的时候，大部分人在选项上可能产生了犹豫。虽然总体所占比例的前几名基本不变，总体也都倾向于图片压缩、视频压缩和音频压缩，但是，每一类技术之间的比例差距非常大，每一种几乎以百分之二十的速度在下滑。这再次表明了大部分人对数字媒体认知的偏差十分巨大（如图 4 所示）。

5. 被调查者普遍对 G20 杭州峰会表演中所展示的“扇子”表示赞同

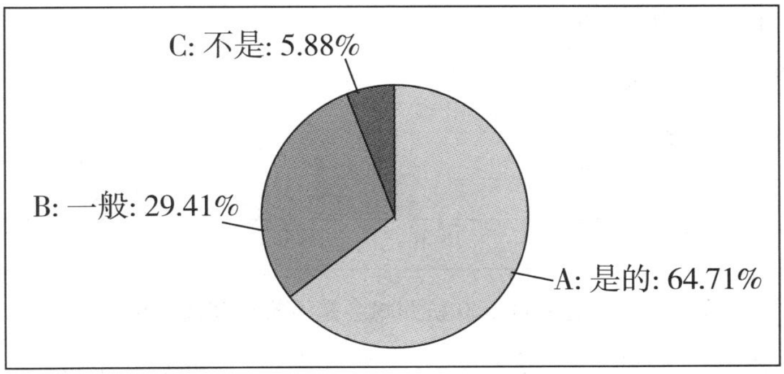

图 5　被调查者对扇子设计的评价

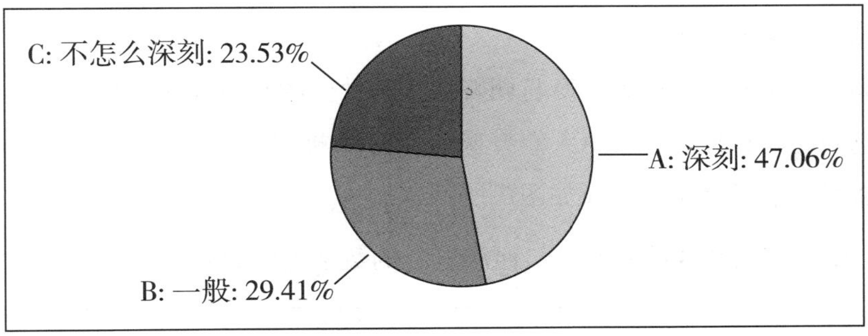

图 6　自动控制领域是否属于数字媒体的评价

本次调查问卷中有三个问题牵扯到和 G20 杭州峰会文艺晚会的“扇子”有关的内容。我们也重点对与“扇子”有关的方面进行了分点剖析、探讨。在问卷中询问是否对 G20 杭州峰会文艺晚会中的“扇子”印象中，大部分人都对它感到印象深刻，只有少部分人觉得印象不深刻。同时，在问询 G20 文艺晚会中的“扇子”的样式是否新颖时，大部分人对它的设计、外形有很高的评价。因此，以上两问通过表格的形式我们可以更清晰地看出，人们对 G20 文艺晚会中的“扇子”评价很高，也侧面表现出人们对 G20 的认知、认同程度高（如图 5、图 6 所示）。

6. 被调查者普遍认为 G20 杭州峰会推动了社会就业

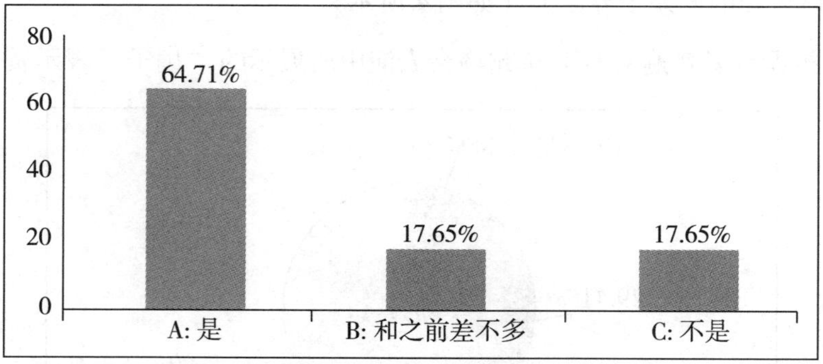

图 7　被调查者对 G20 杭州峰会是否推进了就业的看法

G20 杭州峰会的建筑、设计、图形构造等一系列设施需要大量的人力、物力、财力。而在目前劳动就业"过量"的大背景下，G20 杭州峰会的举办可以减轻社会就业压力。

调查结果显示：认为 G20 杭州峰会推动社会就业的占 64.71% 的比例，而其他选项之间相近。这表明人们普遍认为 G20 杭州峰会期间，促进了社会就业，适当缓解了就业压力（如图 7 所示）。

7. G20 杭州峰会后人们对"西湖里"的数字媒体的认知

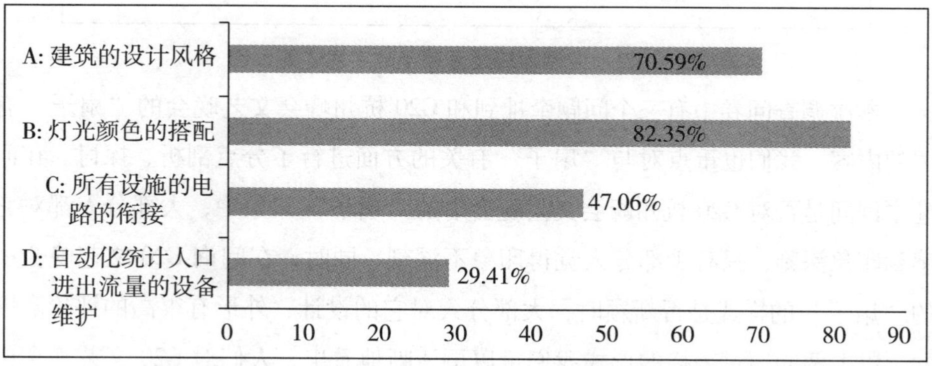

图 8　G20 杭州峰会后人们对"西湖里"的数字媒体的认知情况

G20 杭州峰会期间对西湖进行了很多的整改、创新，对许多陈旧设备进行了大规模的维修。在参与此次调查的人群中，我们详细询问了西湖中和数字媒体有关设施、设备，其中我们刻意避开了之前反复提起的选项，而生成了 4 个不同于前面的新选项。

调查结果显示，选择灯光颜色搭配的占 82.35%，建筑设计风格占 70.59%，设备电路的衔接和自动化设备则分别占 47.06% 和 29.41%，这表明了，人们普遍了解数字媒体在设计上的造诣（如图 8 所示）。

8. 被调查者对 G20 杭州峰会都有很高的评价

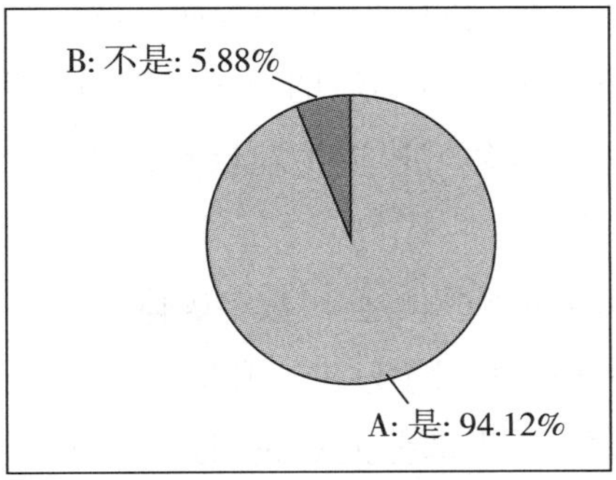

图 9　G20 杭州峰会是否让生活变得多元化

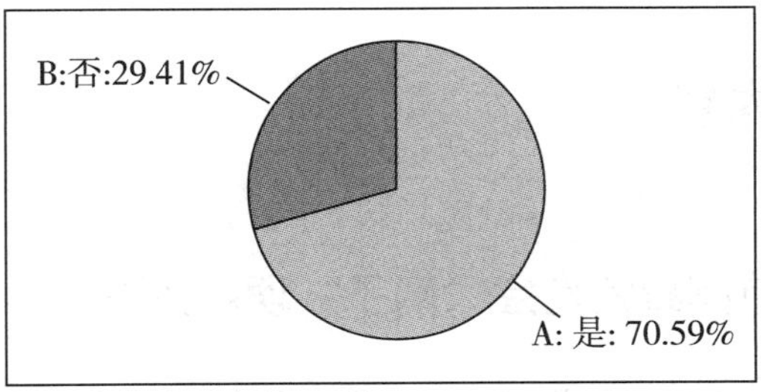

图 10　G20 杭州峰会是否推进了世界一体化的进程

经调查显示，在调查询问 G20 杭州峰会对推进世界一体化的作用时候，70.59% 的被调查者普遍表示认同。同时在询问 G20 杭州峰会是否让我们生活变得多元化的时候，94.12% 的被调查者也表示认同。两者同时都表明了人们对 G20 的普遍认同，和对其作用的高度评价（如图 9、图 10 所示）。

本次调查问卷设计说明：

在调查开始之初，我们小组内进行了许多的讨论。为了让问卷变得更加全面，在问卷成型后，让周边的同学过目，并对不足之处进行修改，也同时希望被调查的人能够填写完该问卷后能更加理解 G20 杭州峰会和数字媒体。

问卷的开头是询问性别、年龄，但是着重点是询问被调查者心里对数字媒体的初步印象，为的是在做完该问卷以后重回这个问题，能更加深刻的了解数字媒体。

问卷的中心是把数字媒体划分成许多方面，对每个点进行着重分析。首先询问人们是否看过有关G20杭州峰会的推送，来体现出数字媒体在信息传播上的作用，其次，采用多个多选题，将数字媒体的每个方面都划分出一个选项，例如：数据压缩方面、音频和视频剪辑、图片处理等等，从而让读者反复阅读这些信息，潜移默化的记住这些方面。然后紧接着抛出G20杭州峰会文艺晚会中的“扇子”和G20前后的西湖，利用这两个主题的联系，我们对设计、自动控制、电路等领域构造出题目和选项，让问卷中心变得更加圆润、完善。

问卷的末尾是询问G20杭州峰会对数字媒体、生活、社会、世界的影响，用这四个方面来总结G20，并对主题进行升华。

在问卷的最后一题中，大部分人对我们这次的问卷感到满意和认同，同事也表示，他们对数字媒体也有了初步的了解或是进一步地加深。

五、采访内容

（一）G20杭州峰会晚会“扇子”项目负责人

沈旭峰，是浙江理工大学信息学院数字媒体技术专业07级的学生，是浙理数媒的第一届学生，也是G20杭州峰会文艺晚会《美丽的爱情传说》舞台背景“扇子”的项目负责人。前段时间沈旭峰师兄回到母校，为我们讲解了G20杭州峰会扇子背后的故事。师兄从开始接下这个项目，到每一步的修改，每一步的变化，向我们展示了这些扇子的产生过程。

（二）数字媒体技术专业老师

1. 从 G20 杭州峰会文艺演出看新媒体技术在舞台艺术中的应用

新媒体技术是指利用计算机、互联网、数字影像等科技手段作为技术支持和媒介进行艺术创作。它能把声音、文字、图像及虚拟现实等技术与舞台表演完美结合起来，改变了传统的对舞台的界定、观演模式和表演模式，为舞台艺术创造了无限可能。新媒体技术下的舞台比传统的框架舞台更富艺术感。数字化技术的发展给舞台艺术增添了活力，成为人们生活中不可或缺的表现形式，如三维动画、全息成像技术、数字投影、影视特效等，让传统的舞台艺术在数字化的时代下有着新的发展空间，新媒体技术的应用是 G20 杭州峰会这场盛宴设计中不可忽视的元素。

2. G20 杭州峰会文艺晚会上天鹅湖和折扇节目用到了哪些数字媒体技术?

天鹅湖展现的虚实结合美轮美奂的演出效果，用到了全息投影技术。全息投影是一种虚拟成像技术，它能再现物体真实的三维图像，不仅可以产生立体的空中幻象，还可以使幻象与表演者产生互动，一起完成表演，产生令人震撼的演出效果。其中《天鹅湖》中由真实演员与虚拟影像虚实互动结合。梁祝里的数字化背景的扇子使用了模型、动画和渲染。新媒体技术在舞台艺术中的应用，不仅给观众呈现了一个空前华丽、视觉震撼的舞台，还催生了许多基于多媒体技术下的全新表演形式。

3. G20 杭州峰会文艺晚会让全世界惊艳，让更多的人注意到了数字媒体，这对数字媒体的发展前景有什么促进作用吗?

数字媒体技术的发展，已成为舞台艺术的支撑，带给演员和观众全新的审美冲击，开创新的表演和观演模式。同时数字媒体技术也应用于越来越多的行业和领域。

4. 数字媒体技术现在发展的越来越好，这对我们专业有什么影响吗？

数字媒体技术专业面临的机遇和挑战，要更好地培养适合市场的专业化人才。

5. 在 G20 杭州峰会的前景下，您对我们专业的同学有什么想说的吗？

数字媒体技术涉及领域非常广泛，我们的培养目标也充分考虑到了数字媒体技术的专业特点，培养技艺复合型人才，划分了不同的模块方向，希望大家能够充分发挥自己所长，在数字媒体的领域内找到适合自己的发展道理。

【附录】

关于 G20 杭州峰会与数字媒体的问卷调查

尊敬的先生、女士：

您好！我是来自浙江理工大学的调查员。为了更好地让人们了解 G20 杭州峰会对数字媒体的影响，明确数字媒体的前景和方向，我们特此展开了这次调查，您的填写内容与建议将会是我们本次调查的宝贵信息。十分感谢您在百忙之中抽空来填写这份调查问卷。

1. 您的性别？

   A. 男　　B. 女

2. 您的年龄？

   A. 20 岁以下　　B. 20－30 岁　　C. 30－40 岁　　D. 40 岁以上

3. 您心里的数字媒体是包括哪些方面的呢？（可多选）

   A. 文字　　B. 影像　　C. 图形　　D. 视频

   E. 图像　　F. 声音　　G. 动画　　H. 通信

4. G20 杭州峰会前期的宣传内容十分丰富：包括 QQ、微信、百度，这些推送的内容的制作都离不开数字媒体类人员的维护，请问您是否看到过这些有关 G20 的推送内容呢？

   A. 是　　B. 不是　　C. 没注意

5. G20 杭州峰会前期，广大媒体也已经对 G20 做了广泛的播报，其中也不乏数字媒体类的技术人员，请问您觉得其中那几个选项是属于数字媒体的范畴呢？

   A. 视频、音频剪辑　　B. 经过 PS 处理的图片

   C. 电视信号的传播　　D. 网页的维护

6. 在宣传的同时，数据储存也是其中的重要一环，其中，数字媒体的技术人员也在其中扮演者十分重要的角色，请问您觉得那些方面是属于数字媒

体呢？

A. 图片压缩技术　　B. 视频压缩技术

C. 音频压缩技术　　D. 信号处理与储存

7. 在 G20 杭州峰会的举办阶段，许多网站、电视都推出了直播间，甚至游戏中也出现了和 G20 主题有关的活动。请问这是否推动 G20 走向全民化？

A. 是　　B. 不是

8. 我们都知道 G20 杭州峰会文艺晚会里那把惊艳的“大扇子”，请问您是否对他印象深刻呢？

A. 深刻　　B. 一般　　C. 不怎么深刻

9. 该把“扇子”由许多的专业人士共同完成，其中数字媒体技术的人员在其中扮演着扇子的形象设计的角色。您是否觉得他们的设计很新颖呢？

A. 是的　　B. 一般　　C. 不是

10. 扇子在运作的同时，需要许多很精密的操作，这涉及自动控制、电路等各个领域。请问以上领域是不是属于数字媒体的范畴呢？

A. 是　　B. 不是

11. G20 杭州峰会期间，所有的设备都需要大量的人力、物力、财力去维护。其中，召集人力是否在某种程度上能推动了社会就业呢？

A. 是　　B. 和之前差不多　C. 不是

12. G20 杭州峰会前后的西湖增多了许多新的“风景”，请问下面哪几项属于和数字媒体有关的呢？

A. 建筑的设计风格　　B. 灯光颜色的搭配

C. 所有设施的电路的衔接　　D. 自动化统计人口进出流量的设备维护

13. G20 杭州峰会结束后，中国的国际地位更加巩固，其中媒体的宣传也渗透到了各个国家。请问您是否觉得数字媒体推进了世界的一体化进程呢？

A. 是　　B. 否

14. 您觉得数字媒体是否让我们的生活变得更加多元化呢？

A. 是　　B. 不是

15. 经过 G20 杭州峰会后，你数字媒体有没有新的认识和想法？

A. 很大　　　B. 一般　　　C. 没有

16. 填完该份问卷以后，您觉得您对数字媒体的了解有进一步加深吗？

A. 有　　　B. 很模糊　　　C. 没有

请您对数字媒体的发展提供一些宝贵的建议：____________________

数字媒体技术 15（2）班：房竹青、杜恺珺

计算机科学与技术 15（3）班：赵晨江

指导教师：吴彩强

G20 杭州峰会下的杭城交通生活

——探究杭州 G20 杭州峰会对交通设施建设与道路管理的影响

G20 杭州峰会（即二十国领导人峰会）于杭州成功召开，一方面昭示着我国国际影响力的提高与杭城人文建设与设施建设并行的成就，另一方面更意味着 G20 杭州峰会在筹办与举办阶段所施行的多项举措取得了成效。在方方面面渗透并影响着杭州地区的各项基础建设工作，并同时在物质文明建设和精神文明建设工作中发挥作用，影响并一定程度上改变了杭州市居民生活。本文研究 G20 杭州峰会对杭州市城市发展与市民生活的整体影响，交通生活在 G20 举办阶段的变化和后 G20 时期杭城交通的状况。

一、绪论

（一）引言

二十国集团（G20 杭州峰会）领导人第十一次峰会于 2016 年 9 月 4 日至 5 日在浙江省杭州市成功举办，本次峰会以“构建创新、活动、联动、包容的世界经济”为主题，促使与会的 20 个成员国在政治、经济贸易、文化传播等多个议题上产生了共识。同时，G20 杭州峰会在筹办与举办期间施行的各项举措，如同一个有力的“撬动点”，将杭州迅速推向世界舞台的风口浪尖，使杭州的全球知名度得到了显著提升，为实现城市发展“脱胎换骨”注入了强劲动力。在 G20 杭州峰会筹备过程中，日益彰显“国际范”的杭州，建设世界名城的目标逐渐清晰，必须抓住窗口期、找准突破口，借势顺势加快城市国际化，建设世界名城。

而在此基础上，杭州市为保证会议安排严谨有度、安全保障严密稳妥、市民生活井然有序，交通基础设施的建设与道路管理的合理安排必不可少。根据新闻报道显示，2016 年杭城交通以 G20 杭州峰会为圆心，实行了一系列工程措施。其中，23 个峰会交通基础设施项目、21 个安全检查站建设在 6 月底前全面完成；各入城口综合整治 4 月份完成扫尾；G20 期间对杭州市区车辆进行“三限”；会议期间浙江各高速路段施行单双号限行举措等。各有关部门、地方统一思想、各司其职、精心组织，为会议工作能够有条不紊地进行提供交通保障。

毫无疑问的是，这些交通设施建设、道路管理与杭州市的建设、发展息息相关，更与大众生活紧密相连。因此，我们更旨在通过对杭州市在 G20 杭州峰会期间交通设施建设与道路管理的相关状况进行研究反映城市建设与发展成效，收集普罗大众的全面性、多元性看法，对 G20 杭州峰会期间某些政策举措做出更客观性的判断。获取杭州居民对杭城交通满意度情况的第一手资料，对已实施的相关交通举措做出反馈，反映其实际收效，同时为相关部门的后续工作积极建言献策。

（二）研究方法及思路

我们将新闻报道、已有文献作为第二手资料的获取媒介，主要寻找通过互联网、报纸媒体等渠道对 G20 杭州峰会前期及举办期间关于杭城交通生活及浙江省内较大交通举措进行信息搜集与整合。

1. 杭州交通总投资 5700 亿元建设 300 余个项目

杭州交通发展安排综合重大项目 300 余个，总投资约 5700 亿元，其中“十三五”期内完成投资 3500 亿元，绕城西复线、运河二通道、千黄高速、临金高速等一大批重点项目都将开工建设。

公路网方面，全面开工建设杭州绕城高速公路西复线、千黄高速、临金高速、杭绍甬高速、杭绍台高速联络线，基本建成“一绕、一环、十一射、三连”900 公里高速公路骨架网络；继续改建和完善市域干线公路，完善提升 7 条国道、16 条省道组成的 2000 余公里国省道干线公路网络。

航道网方面，建成并运营富春江船闸改造工程，全面开工京杭运河浙江段三级航道整治工程（京杭运河二通道），完善“一港、三干、四支”内河航道网络，贯通钱塘江、京杭运河、杭甬运河对接海上丝绸之路和长江经济带的主通道，形成高水平的江河海联运体系。新增 500 吨级以上泊位 52 个。

2. 杭州市 G20 杭州峰会期间交通管制图

3. 问卷调查与分析，制作图表

我们设计了一份题为“关于 G20 杭州峰会对杭州交通管理及设施建设的影响的调查问卷”，并发放网络问卷 53 份，收回有效问卷 53 份；发放线下问卷 50 份，收回有效问卷 50 份。通过问卷中设置的“您对 G20 杭州峰会期间的交通管理措施如‘限行、限量、限时’的看法如何?”“您认为 G20 杭州峰会过后在哪些交通建设与管理方面有了明显改进?”等问题，明确学生、教师、杭州居民等群体对一些代表性交通举措的态度与看法，并将信息数据化，将各题答案整合绘制成图表，作为本次研究假设和提出结论的重要依据（完整问卷见附录）。

4. 实地访问调研

除了问卷调查、整合新闻文献资料等间接搜集信息的途径之外，我们更走出校园，通过采访更多的杭州市居民进行调研反馈，以采访形式与其进行关于杭城交通生活方面的交流，并整理成珍贵的第一手文字资料，作为我们最后得出结论与建议的依据。

二、论证与分析

（一）杭城交通设施建设与道路管理成效

1. 开展交通治堵工作

交通拥堵，是杭州成为现代化人口大都市后面临的无法避免的问题，在 G20 杭州峰会期间必须得到长期、有效的治理，而相关部门也针对特殊时间实行不同的管控力度，同时在 G20 杭州峰会筹备阶段为杭城城市发展做好长足的规划，将长期工程与短期整治相结合，有效缓解城市拥堵。

据相关报道："道路交通建设部门对 108 个市政交通基础设施开展建设整治，33 个入城口进行整治提升，续建地铁 2、4、5、6 号线，新增了过街设施 58 处"。

经过我们对部分市民的采访，大部分市民表示，G20 杭州峰会会议期间"杭州道路中整齐的标牌、清晰的标线让人一目了然，来往车辆通行效率明显提高"。

而经过整治，杭城公交系统也进行了全面升级改造，公交出行在杭州更加方便："在杭州火车东站更新了站内站外导视牌，增设了英文标识；公交集团新辟公交线路45条，更新了新能源公交车675辆以及公共自行车1万辆；杭州萧山机场公路改建工程高架桥也正式通车，运力比原机场路提高一倍。"

2. G20杭州峰会期间杭州交通实行"三限"

由于在G20杭州峰会期间，各会议公布时间、地点都略为分散，且会议流程安排紧密，为保证与会人员顺利参加所有会议流程，维持会议的正常开展，杭州市相关部门对交通流量与部分区域采取了"三限"措施。

第一限是限时，在峰会活动的相关时间内，要采取交通管制的措施；

第二限是限量，在峰会期间，公安交警部门对交通流量采取一定的限制措施，如会限制外地车牌的机动车进入杭州的限行区域；

第三个是限行，实施限行的部分区域有环城北路、天目山路以南、钱江新城以西等原本路段车流量就较大或有较多会议车辆经过的区域。

相关部门也考虑到，"三限"会给市民的出行造成一定的影响，所以公安交警部门提前组织交通运行的方案，并提前一周以上发布"三限"措施的实施细则，希望得到市民们的广泛支持。对此，在我们采访的过程中，被采访者如是说："三限出台后，确实影响了正常出行，但一想到是为峰会做牺牲，也就理解了。"当然也有被采访者表达了对该类举措的改进意见："希望相关部门能在出台三限措施的同时出台一套其他的有利市民生活的应急交通出行方案，避免带给正常工作的居民不必要的麻烦。也要通过广播、电视等媒体及时发布道路管制信息，有的时候开车都快要开到了，才发现交通管制，只能绕路走。"

3. 重大交通基建及立体交通建设

据杭州日报8月讯，杭州萧山机场公路自2014年5月起实施改建，公路全线施工计划三年内完成。改建后，将很大程度缓解钱江三桥以南，尤其是原本下三桥去机场到滨江转盘处的拥堵问题，同时往返机场也将更加便捷。这种将高速公路与地面公路相连接的改建方案，不仅是为本次G20杭州峰会服务，也是杭州城市建设、便利市民生活的一项长远举措。

同时，作为城市名片的入城口也得到了深入建设。杭州的 33 个入城口综合整治项目已全面开工，整治内容是对道路两侧各 30 至 50 米宽新建绿化，辅以围挡、亮灯、景观造型和标识系统完善提升，打造以常绿植被为主干、繁花缤纷的开花色叶为特点的花之长廊。

4. 安保措施全面启动

为了确保峰会绝对安全，杭州对治安、交通、消防等领域隐患排查和专项治理已进行多时。在高铁站、机场等人流量较大的入站口集指纹识别、电子芯片读取、人像自动采集、快速扫描录入、多光源查验等功能于一体的智能验证台已投入使用。

而从我们小组成员自身的体验来看，在 G20 杭州峰会期间，乘坐途径杭州或终点站为杭州站的动车、高铁都需经过两次安检，同时在 G20 杭州峰会期间，杭州站明显加强了巡逻巡视等安保工作，工作人员与志愿者一同有条不紊地接待国内国际旅客。同时，为保证工作效率，杭州火车东站开设了更多的检票进站口，重新合理安排了排队检票的位置。

这些举措在我们的采访和问卷调查中都受到了大众的广泛好评，认为其在后 G20 杭州峰会时期仍在发挥作用，为人们的日常出行提供便利与安全保障，着实是惠民利民的工程。

（二）杭城市民对 G20 杭州峰会期间各项交通设施建设的满意度反馈

该题共统计有效答案 100 份，认为在 G20 杭州峰会筹备过程中进行的道路改造、维修等工程是“长期举措”的有 58 人；认为其“一般，无可厚非”的有 32 人；认为其只是“临时工程”的有 10 人。说明在样本分析中，一半以上的人赞同并支持 G20 杭州峰会筹备过程中的道路改造、维修等基础工程，虽然这些工程在短时间内影响了他们的正常出行，但作为一项长远的惠民利民措施，得到了大多数民众的认可与理解；而也有相当一部分人，由于日常出行方式与频率的问题，认为道路改造与重建影响了他们的正常生活，特别是在 G20 杭州峰会时期，将其理解为政府追求政绩、相关部门临时起意的“面子工程”。说明在 G20 杭州峰会筹备期间，我们仍需做好劝导与引导工作，要道路改造但也要有应急方案，避免影响人民正常生活。

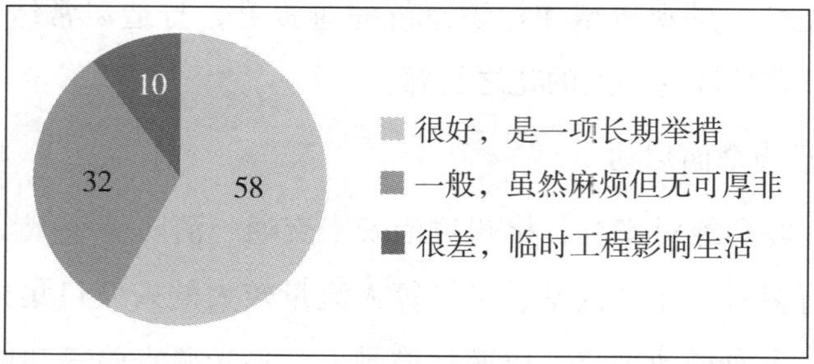

图 1　您对 G20 杭州峰会筹备过程中进行的道路改造、维修或重建等工程有何看法？

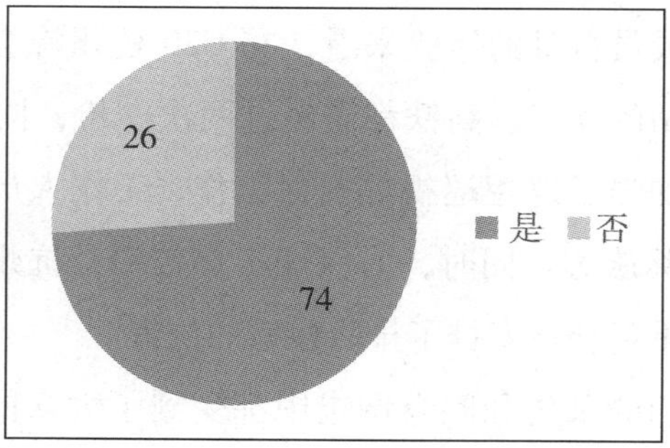

图 2　您认为承办 G20 杭州峰会后杭州的交通基础设施建设状况是否有所提高？

该题共统计有效答案 100 份，认为在承办 G20 杭州峰会后杭州的交通基础设施建设状况是“有所提高”的有 74 人；认为其“并没有提高或甚至后退”的有 26 人。说明对大部分民众来说，G20 杭州峰会期间的交通基础设施建设是有所收效的，并在后 G20 杭州峰会时期发挥了其应有作用，并不是只是应付一时的工程，特别是“安排公交线路”这一项，在我们的调查访问中，也受到了绝大多数受访者的好评，扩大公交运营线路，是上班族与学生族最切实体会的有效措施；而“增设地铁口”也在人流量普遍较大的杭州市各地铁站发挥了其疏导、引流作用，提高了出行效率、节省了出行时间。也有一部分人对 G20 杭州峰会后杭州的交通基建呈否定态度，说明在这个阶段，交通部门并不能放松警惕，要时刻将人民满意度转化为对后期基建方案的基础。

（三）杭城人民对 G20 杭州峰会期间各项道路管理措施的满意度反馈

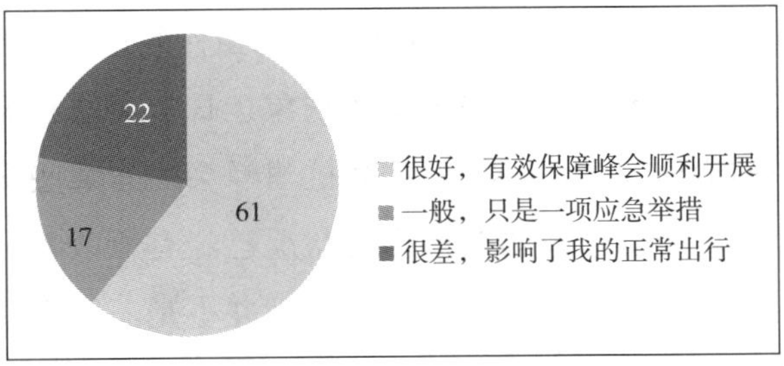

图 3　您对 G20 杭州峰会期间的交通管理措施如“限行、限量、限时”的看法如何？

该题共统计有效答案 100 份，认为在 G20 杭州峰会期间的“三限措施”是“有效保障峰会顺利开展的很好的措施”的有 61 人；认为其“只是一项应急举措”的有 22 人；认为其“影响了正常出行”的有 17 人。说明在 G20 杭州峰会这样一个大背景下，大部分民众对三限措施持有较为全面的认识和较为乐观的态度，三限措施在最大限度地不影响人民正常生活的情况下，保障了峰会的有序顺利开展，发挥了其理想作用；但也有相当一部分民众指出了三限措施的不足，认为其没有长远考量的必要性，只是因峰会而生的一项应急措施，反而在车流量本身较大的杭城造成了不必要的麻烦，“包括高速，出入浙江省的高速都实行了单双号限行的举措，让我们这些跑长途的货运司机很烦恼”被采访者在接受我们的调研时说。同样的，对于杭州居民来说，这样的限行、限流措施不可避免地影响了他们的正常出行与出游计划，因此对其产生了消极的排斥态度。因此，作为三限措施制定者的相关部门更要考虑其负面性，提前为民众准备好出行的应急预案并在交通广播中播放，作为三限措施的实施者更要考虑民众心态，真正做到“利为民所谋”。

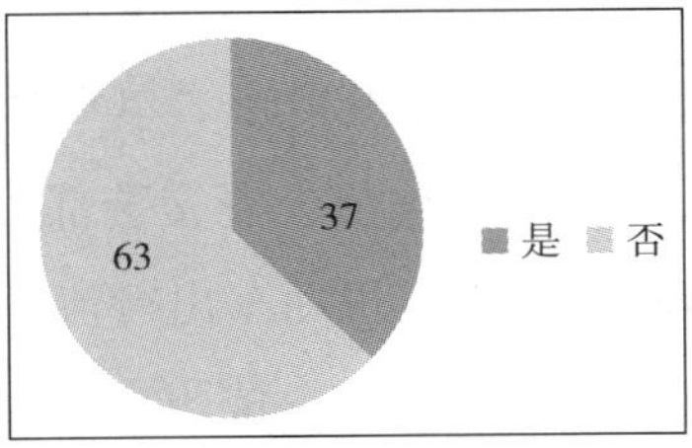

图 4　您认为承办 G20 杭州峰会过后杭州的交通出行状况是否有所改善？

该题共统计有效答案100份，认为在G20杭州峰会承办过后杭州交通出行状况“有所改善”的有37人；认为其“并没有改进”的有63人。在这道题的统计中，我们发现了在杭州城市交通管理中存在的问题，如“交通拥堵”“乱闯红绿灯”等仍亟待解决。绝大部分人认为虽然经过了G20杭州峰会期间各项交通措施的整治，但这些道路不文明现象、日常交通状况并没有得到改善，仍需要长期的治理方案，因此对G20杭州峰会期间某些交通举措感到失望；也有一部分人认为杭州市的交通出行状况已经有所改善，但有关部门仍需加强整治力度，将眼光放长放远，交通治理并不是一蹴而就的事，而是需要整个社会群体的一同努力。

（四）G20杭州峰会期间各项交通举措对出行方式、精神文明建设的影响

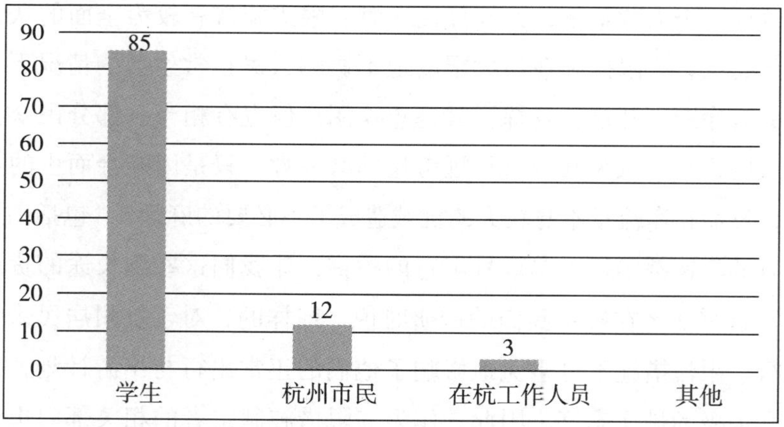

图5　峰会期间对绿色出行的要求是否影响了您目前的出行方式？

该题共统计有效答案100份，认为在G20杭州峰会期间对绿色出行的要求影响了自身出行方式的有11人；认为其没有影响的有89人。

今天（2016年8月29日）是杭州实施“单双号限行”等机动车临时交通管理措施实施的第二天。记者从杭州公安交警部门了解到，今天早高峰全市道路延续昨日良好运行状态，全市机动车出行流量下降55%左右，未出现明显拥堵节点。由于单双号限行的影响，杭州市政府一直鼓励市民选择绿色出行如地铁、公交、自行车等出行方式，而在G20杭州峰会期间，也有一部

分人选择了可能略显不变的出行方式，峰会期间的交通措施也从一定程度上发挥了推动作用，为整体改变民众的出行观念做出了贡献。从数据上来看，虽然改变出行方式的人并不多，但从整体上来看，这十分之一的人已经转变了理念，对整个杭城的绿色出行来说是一个有益信号。

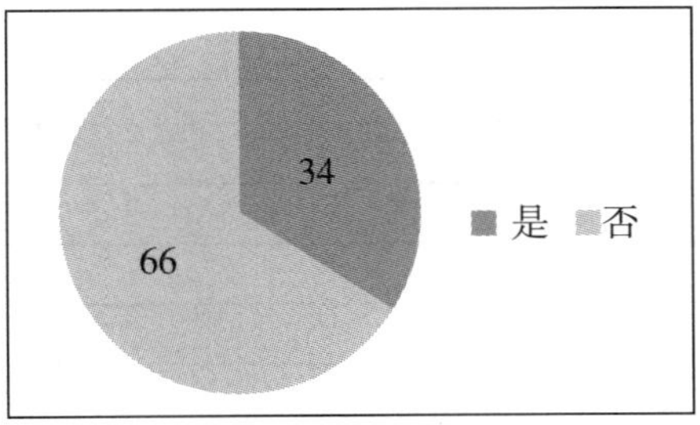

图 6　您在 G20 杭州峰会筹备和举办过程中，是否受到相关的交通安全知识的宣传吗？

该题共统计有效答案 100 份，认为在 G20 杭州峰会期间受到相关交通安全知识宣传的有 34 人；认为没有受到的有 66 人。从数据来源来看，由于大多受调查者为在校生，因此受过相关交通安全知识宣传的人数较多，但在我们访问的过程当中，由两位在杭务工人员说道："我们受到交通安全知识宣传大多是在公交站点的宣传栏上或是在广播、电视上。"因此，在本次峰会期间，杭州市交通安全知识宣传确实做到了一定程度上的落实。而在校园当中，也有许多交通安全知识课堂与讲座的开展。但从数据反映的程度上来看，有大部分受访者认为没有受到相关知识的宣传，说明宣传力度并不强，且民众的接受力不强，这是相关部门需要反思的一点。

交通安全知识宣传不仅是民众思想道德修养建设的要求，更是精神文明建设的重要部分。如何在 G20 杭州峰会期间展现中国人民的优秀姿态与优良作风，必须通过提升其日常思想道德素质来实现。

三、总结

（一）整体满意，但仍需改进

从问卷数据与调研情况来看，作为学生群体的我们和受访的大部分杭州市民对目前的杭城交通总体状况有较高的满意度，认为目前杭城交通的便利性与舒适性是有目共睹的。但不可忽视的是，目前杭城交通仍存在许多问题，包括亟待解决的“交通拥堵”“乱穿马路”等问题；杭城地铁的建设也正在进行当中，因此杭城交通网覆盖面仍然较小；公交站点的设置与人流量的把握仍需长期方案来解决。

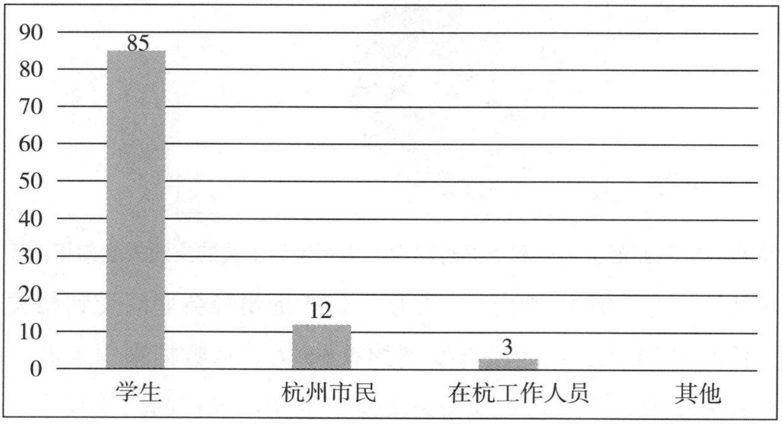

图7　参与调查的人员身份

而在峰会前后的对比当中，有一半的受访群众认为峰会为杭州的交通带来了积极影响，但也有相当一部分受访者认为峰会对交通状况带来的改变可有可无甚至更糟。因此相关部门必须做好建设工作的反馈，如果方案仅仅是为了峰会而施行，得不到大众的支持认可，就失去了其长期性和实用性。在后G20杭州峰会时期的交通建设与道路管理进程中，必须做好群众调研工作，有关部门与当地群众一同努力，不断完善方案不断推动建设，避免问题的累积，对峰会的某些交通措施有所汲取有所抛弃，使其更好地为杭城社会建设做出贡献。

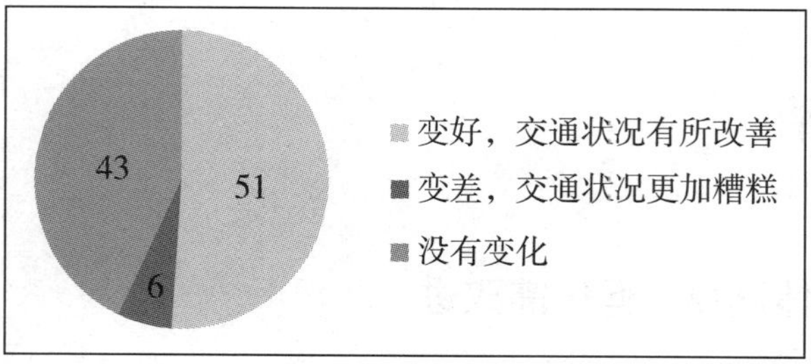

图8　您认为承办G20杭州峰会过后的杭州与承办前相比，有着怎样的变化？

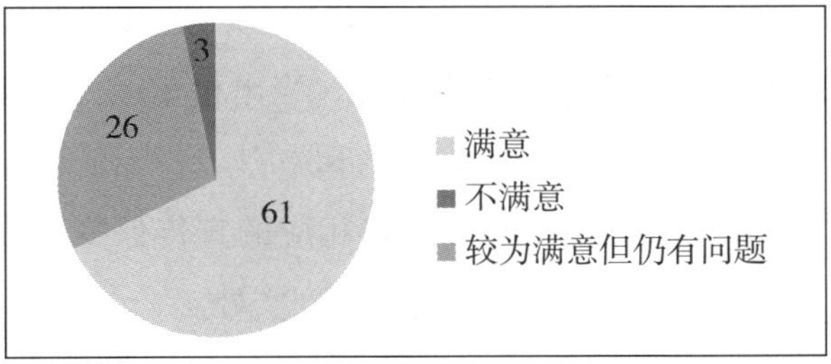

图 9　您对杭州目前的交通管理与设施建设状况是否满意?

(二) 必须做好便民利民的应急交通出行方案

相当一部分民众指出了三限措施的不足，认为其没有长远考量的必要性，只是因峰会而生的一项应急措施，反而在车流量本身较大的杭城造成了不必要的麻烦，“包括高速，出入浙江省的高速都实行了单双号限行的举措，让我们这些跑长途的货运司机很烦恼”被采访者在接受我们的调研时说。同样的，对于杭州居民来说，这样的限行、限流措施不可避免地影响了他们的正常出行与出游计划，因此对其产生了消极的排斥态度。因此，作为三限措施制定者的相关部门更要考虑其负面性，提前为民众准备好出行的应急预案并在交通广播中播放，作为三限措施的实施者更要考虑民众心态，真正做到“利为民所谋”。

比如在保障峰会顺利进行，社会交通总体运行状况良好的同时，杭州交通部门可以加强公交线路配置、延长地铁运营时间、提高出租车出车比例。

在交通管制期间，杭州公交车通过增加运力、加密班次等措施予以保障。在安保圈管制区域内设置特别线路。8 月 20 日起，开通了 1 条环湖公交换线驳运线和 3 条转驳摆渡线，驳运安保圈管制区域内的居民和工作人员。8 月 28 日至 9 月 6 日期间，因全市实行单双号管制措施，为保障市民基本出行将全市各主要线路分为 3 个级别，其中，A 级线路 63 条，运力增加 8% −10%；B 级线路 57 条，运力增加 5% −6%；C 级线路 35 条，运力增加 2% −3%。解决了峰会运输保障与市民出行的矛盾。杭州地铁 3 条运营线路加大运力保障，8 月 28 日至 9 月 6 日期间，杭州地铁线网每天延长运营服务时间半小时，地铁 1、2、4 号线末班车起点站发车时间由 22 时 30 分延后至 23 时。期间将视客流情况加开列车，加大行车密度。会议期间，出租车出车率保证在80%以上，安排了1000辆出租车进行在点保障，当出租车运力不足时，及时调配周边空驶车辆快速前往，及时支援各重点部位。”

在这些应急措施实行之前，必须做好相应的宣传保障工作，让民众切实了解这些举措，真正将为群众着想的措施落到实处。

（三）以长期发展为目标、以短期惠民的工程更受支持

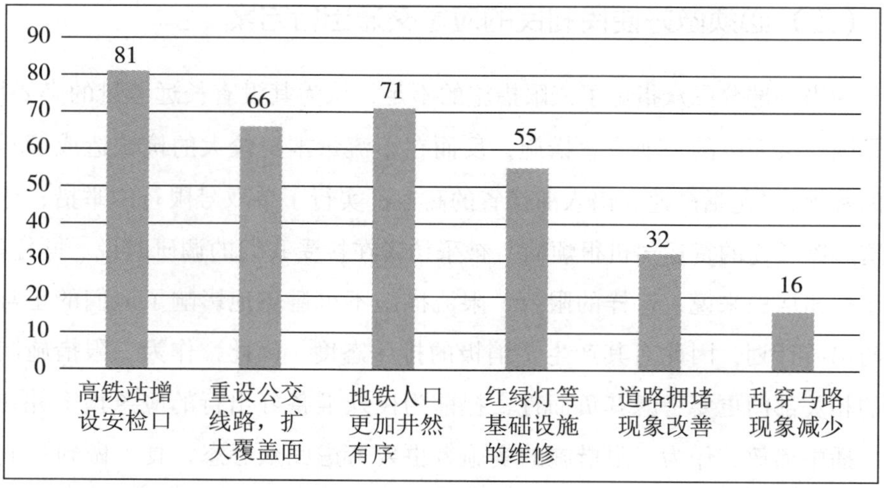

图10　您认为G20杭州峰会过后在哪些交通建设与管理方面有了明显改进？

“但是你不得不承认的是，备战G20杭州峰会，杭州的交通正在不断提速，上天入地，通行的便捷度大大增加。通过整治，路面变得更加平整了；地铁建设全面推进，出行的选择更多了；重大工程完工，城市的快速路也越来越多了……我的工作有一半的时间是往半山跑的，以前我知道石祥路往东去都会堵，所以会直接往好运路那边绕，走到拱康路那边，大概40分钟左右，现在高架开通，只要20来分钟。在莫干山路的这个T型半互通立交，能让从城北一带过来的车子，迅速上到高架来，原本打结的莫干山路口终于通气了。所以说，留石高架路开通，和中河高架、秋石高架、德胜高架都能转换，对于城北城西来往城东、市中心，确实添了一条很实用的快速路。半个小时跨越一座城，现在看看，似乎并非一句广告语。”这些重大长期交通基础设施建设将在未来几十年内为杭城居民的出行发挥作用，同时也为杭州步入

国际化都市行列发挥作用。

杭城交通生活包括城市道路（私家车、公交车）、高架公路、环城高速、动车高铁线路等，而在这些交通部分中，人们对“高铁站增设安检口”“重设公交线路，扩大覆盖面”“地铁入口秩序”这些更为深入人民生活的举措满意度和印象度更高。根据访问我们得知，这些举措不仅是切实惠民的短期措施，更是在长期发挥效用的措施，因此受到群众的广泛欢迎。因此有关部门在制定相关政策举措时，除了要立足当下，解决眼前的问题，更要放眼未来，以长期发展为蓝图，做出更多有实用性、通用性的城市交通规划方案，获得人民认可。

（四）物质文明建设与精神文明建设并行

精神文明建设包括思想道德建设和教育科学文化建设两个方面，渗透在整个物质文明建设之中，体现在经济、政治、文化、社会生活的各个方面。在交通建设方面，坚持物质建设与精神文明建设并行。

一方面，提高思想道德建设。从根本上提高民众的思想道德意识，可以杜绝“抢路”“乱穿马路”等道路不文明现象的出现，也将整体提升杭城的城市印象。这需要相关部门不断落实交通安全知识的宣讲，在校园、社区、各组织中设立交通安全知识讲座或课堂，定期发放相关文件资料，敦促各级人员重视民众道德修养与精神文明的建设。

另一方面，继续加强文化教育建设。这一举措目前已经在杭城乃至浙江的各中小学、高校中得到广泛开展，必须坚定不移地坚持，从小提高群众的安全交通修养水平。同时对在目前道路交通中有违法违章现象的司机进行定期、频繁的交通安全知识教育，惩罚与教育双管齐下，改变其思想观念，预防交通安全事故的再次发生。

【附录】

关于 G20 杭州峰会对杭州交通管理及设施建设的影响的调查问卷

1. 您的身份？［单选题］［必答题］

○学生　　○杭州市民　　○在杭工作人员　　○其他

2. 您对杭州目前的交通管理与设施建设状况是否满意？［单选题］［必答题］

○满意　　○较为满意但仍有问题　　○不满意

3. 您对 G20 杭州峰会期间的交通管理措施如“限行、限量、限时”的看法如何？［单选题］［必答题］

○很好，有效保障峰会顺利开展　　○一般，只是一项应急举措

○很差，影响了我的正常出行

4. 您对 G20 杭州峰会筹备过程中进行的道路改造、维修或重建等工程有何看法？［单选题］［必答题］

○很好，是一项长远举措　　○一般，虽然麻烦但是无可厚非

○很差，临时工程影响生活

5. 您在 G20 杭州峰会筹备和举办过程中，是否受到相关的交通安全知识的宣传吗？［单选题］［必答题］

○是　　○否

6. 您认为承办 G20 杭州峰会过后杭州的交通出行状况（如拥堵、乱穿马路等）是否有所改善？［单选题］［必答题］

○是　　○否

7. 您认为承办 G20 杭州峰会后杭州的交通基础设施建设状况（如增设地铁口、安排公交线路等）是否有所提高？［单选题］［必答题］

○是　　○否

8. 您认为 G20 杭州峰会过后在哪些交通建设与管理方面有了明显改进？［多选题］［必答题］

□高铁站增设安检口　　　　　□重设公交线路，覆盖面更广

□地铁入口更加井然有序　　　□红绿灯等交通设施得到妥善维修

□道路拥堵现象改善　　　　　□胡乱穿马路等现象减少

9. 您认为承办 G20 杭州峰会过后的杭州与承办前相比，有着怎样的变化？［单选题］［必答题］

○变好，交通状况有所改善　　○变差，交通状况更加糟糕

○没有变化

10. 峰会期间对绿色出行的要求是否影响了您目前的出行方式（如从开车转变为地铁上下班）？［单选题］［必答题］

○是　　　○否

11. 请问您对杭州的交通管理及设施建设还有哪些方面的意见？（如增设交通治安岗亭、继续进行大型道路工程建设、进行交通安全知识培训等）［填空题］

____

15 级经贸 2 班：谈佳辉、余翔、赏盈廷、汪雅茹、吴毅婷

15 级服工 2 班：卓静雪　15 级经贸 1 班：吴黠　15 级服工 1 班：刘一鸣

指导教师：毕昌萍

关于 G20 杭州峰会“浙理小青荷”调查

二十国集团第十一次峰会于 2016 年 9 月 4 日至 5 日在中国杭州举办。这表明了中国在全球经济发展中起到了巨大作用，也表明了杭州作为电子商务之都所展现出来的经济活力。这是一次中国向世界展示大国形象的机会，也是杭州向世界展示风采的机会。峰会的圆满闭幕，得益于各行各业人员的共同努力与配合。而这其中更离不开那些为峰会默默服务的数百万志愿者们，在这百万志愿者中，4021 名中外大学生志愿者尤其引人注目，他们用他们贴心、高质量的服务展现了中国青年大学生的活力，成为一道亮丽的风景线。浙江理工大学约有 190 余名学生参与此次峰会的志愿服务，在峰会结束不足两个月，我们从背景信息、服务动机、工作情况、心理状况、自我评价五个方面对我校“浙理小青荷”这一群体进行了详细的调查。

一、基本情况

G20 杭州峰会志愿者，又被称之为“小青荷”，名字取自宋代诗人杨万里描写杭州的诗句“接天莲叶无穷碧，映日荷花别样红”，其中“青荷”也音同“亲和”。这些志愿者是从浙江大学、浙江工业大学、浙江理工大学等 15 所浙江省内院校选拔，选拔时特别注重语言能力，优先从德语、法语、西班牙语、阿拉伯语、印尼语等小语种专业中挑选，重点考虑大二、大三、研究生、博士生群体。2015 年 12 月 9 日至 2016 年 2 月 1 日，将完成高校志愿者的报名工作；2016 年 3 月 9 日前，经过首轮面试选定 6000 名赛会志愿者预招募人选名单，之后开展包括志愿者理念、礼仪、基本国情、国家外交、峰会情况等的通用培训；4 月 15 日前，经过二轮面试提交 4500 名志愿者名单；6 月 30 日前，做好志愿者配岗、岗位演练等工作，复核确定志愿者名单；8 月 27 日前，完成组织招募的全部计划任务，具体人数按实际需求而定。之后开展集中式培训，并做好志愿服务协议签订、志愿者录用通知书及证件领取及保管、发放等工作。其中我校约有 190 余名志愿者入选成为此次峰会志愿者，男女比例约为 1∶3，我校志愿者主要承担境内媒体注册记者接待，地铁公安分局、消防公安分局、出入境管理局协助等工作。

二、目的及意义

G20 杭州峰会是举国盛事，对于中国来说乃至世界来说都有不可估量的意义，而我们调查的对象指向直接为此次峰会服务的我校大学生志愿者们，通过调查我校志愿者的背景资料、服务动机、工作情况、心理状况、自我评价等方面的情况，掌握我校 G20 杭州峰会志愿者在此次服务过程中所呈现出来的诸多特点，通过发掘这些共同点以及对不同问题的交叉分析，不仅能够从一个独特的侧面反映出这场峰会更多的细节，也能以后杭州举办大型活动如 2017 年全国学生运动会、2018 年短池游泳锦标赛、2020 年世界游泳锦标赛、2022 年亚运会等在志愿者管理方面提供借鉴，同时也能够厘清峰会对我校志愿者的各方面的影响，为学校领导提供更详尽关于大型志愿服务应对工作展开的建议，为我校学子今后参加其他大型活动的志愿服务提供经验。

三、调查情况

由于浙江理工大学学生人数有 27000 余人，志愿者共计 190 余人，占比尚不足 1%，采用线下调查的方式困难极大，且容易由于样本数量少而不具有代表性，因此我们决定主要采取网络调查问卷的形式，其次还与其中几位志愿者进行深入的交谈了解情况。网上调查问卷回收了 62 份，占我校全部“小青荷”数量的1/3左右，数据代表性比较强，可信度较高。其中有效问卷为62份，问卷有效率高达100%，即使是采取网络调查的方式，依旧遇到样本不易获得的问题，在此感谢传播问卷的我校经管学院学生邹春燕、姚伊甸，理学院的学生高洁以及热情填问卷的“浙理小青荷”们。

四、结果分析

（一）背景分析

我们所调查的“浙理小青荷”中男生为人数为17人，女生为45人，男女比例接近1∶3，与官方公布的数据吻合，进一步说明了调查的可信度。同时，从这里我们也可以得知，即使是我校男女比例大致均衡的情况下，女生人数却远多于男生人数，可能与女生细心、更乐于与人交流、服务他人的性格特征有较大的关系。

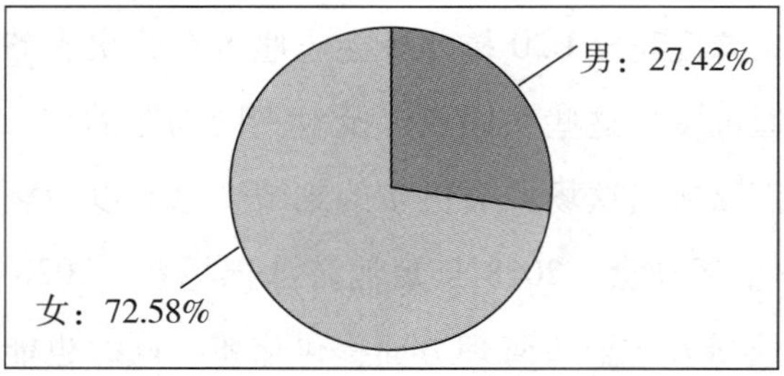

图1　“小青荷”男女比例

调查发现“浙理小青荷”中浙江本地人的比例为58.06%，非浙江人为41.94%，而我校浙江本地人的人数不足一半，这可能与浙江本地人对于峰会在家乡举办有更强烈的自豪感以及凭借对杭州更为了解而在选拔过程中占优势有关。由于志愿者的选拔是在上学期结束的，因此在研究生此栏志愿者的年级可能会有部分偏差，而从总体上来看，志愿者主要以本科生为主，本科生中以大一、大二为主（也就是现在的大二、大三学生）。结果见图2：

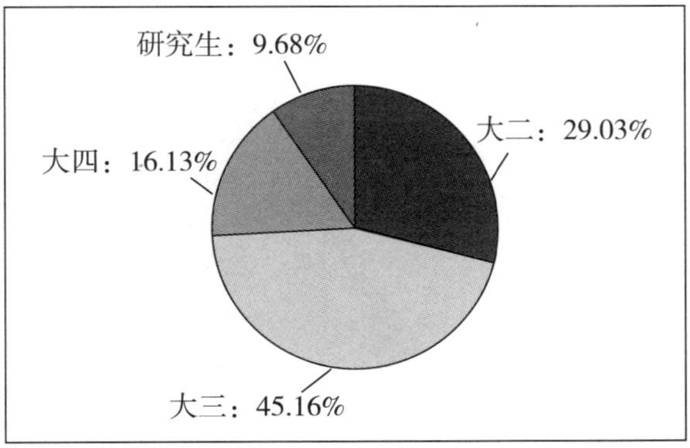

图 2 “小青荷”各年级比例

浙江理工大学虽然是一所以理工为主的大学，且理工科在校学生人数远多于其他专业学生，但经我们调查发现，志愿者中，理工科人数却少于其他类别之和，与文科非语言类比例相当。由此可见，学习文科者可能更愿意与人交流，服务他人，以及语言优势、专业特征等方面可能使其在选拔过程中更具优势。另外，语言类也占据较大比例，可能与其专业优势有较强的联系。

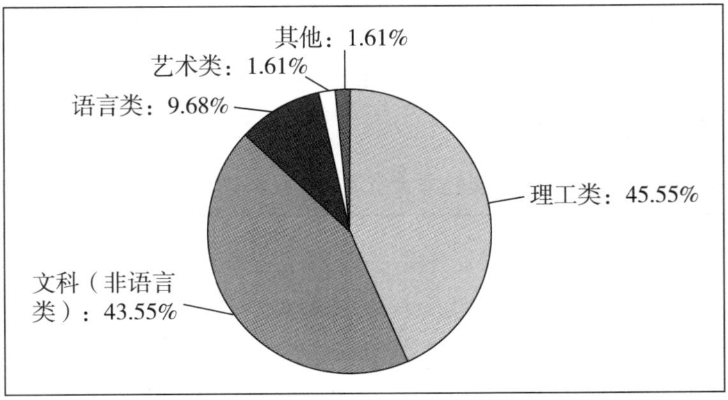

图 3 专业分布情况

在调查中发现，志愿者大学期间担任学生干部的比例非常高，详细情况见图 4：

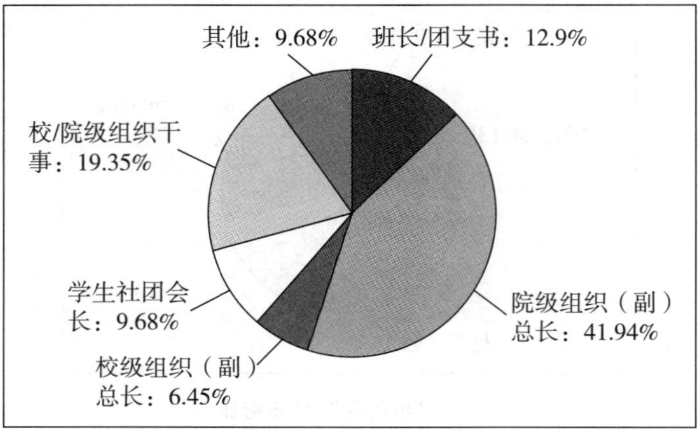

图4　担任学生干部情况

调查的志愿者中有近30%的学生为中共党员，其余均为共青团员，可见，那些平时积极承担学生工作，参加各类活动的学生较其他学生来说，参加峰会志愿者的积极性要高得多。在“浙理小青荷”中，有约74.19%的人是某个志愿者协会成员或者注册志愿者，而就在G20杭州峰会之前参加志愿活动的情况来说，58.06%的人此前有过1－5次的志愿服务，22.5%有5－10次的志愿服务，12.9%的人有10次以上的志愿活动，只有6.45%的人从未参加过志愿活动。而当与是否愿意参加其他非大型活动志愿服务问题进行交叉分析的时候，得到如下结果：

表1　关于是否愿意参加其他非大型活动志愿服务与志愿活动次数的分析

X/Y	时间、精力允许的情况会	不会，只参加大型活动的志愿服务	都不会再参加	小计
1－5次	31（86.11%）	5（13.89%）	0（0%）	36
5－10次	14（100%）	0（0%）	0（0%）	14
10次以上	8（100%）	0（0%）	0（0%）	8
从未	4（100%）	0（0%）	0（0%）	4

由表1可知，绝大多数人在时间、精力允许的情况下，还是很乐意参加其他志愿服务的，但是，从表中我们也可以发现，那些选择只参加大型活动的志愿者却不是那些从未参加过志愿活动的人，而是曾经有过少量几次志愿活动的人。由此，我们可以发现真正热心于志愿活动的学生是不论志愿活动大小而一如既往的参加，而那些只选择参加大型活动的志愿者可能在少量的

几次其他类型志愿活动中感到并不满意而选择不再继续坚持。

小结：我校具有以下特征的人群更倾向为成为此次峰会的志愿者：女生、浙江人、大一大二学生、文科类、担任学生干部、此前为志愿者、做过较多的志愿活动。此部分是对志愿者基本信息的分析，罗列出了峰会志愿者的一些基本特征。

（二）服务动机

表 2　关于志愿者服务动机的调查表

选项	小计	比例
对自己而言是一种挑战，希望挑战自我	48	77.42%
视作锻炼学习的机会，借此提升与完善自己	56	90.32%
希望为自己评奖评优及简历添彩，增加竞争力	30	48.39%
为自己的志愿者身份感到骄傲	32	51.61%
结交、认识更多志同道合的朋友	43	69.35%
把它当作暑期实践活动，收获更多的经验	18	29.03%
见到政界名流	5	8.06%
当成对社会的责任，对杭州、国家的责任	21	33.87%
展示自我，增强自己的信心	26	41.94%
本题有效填写人次	62	

从表 2 中可以看出，绝大部分志愿者参加此次服务的动机是比较好的，77.42% 的人认为这是一种挑战的机会，90.32% 的人把它视作为锻炼自己的机会，这些都是需要肯定的。不过值得注意的是，仍旧有约一半的志愿者选择评奖评优、增加竞争力以及为自己的志愿者身份感到骄傲，虽然这可能是其众多目的中的一两项，但是也反映出相当数量的志愿者将其视作谋取功利的手段，而不是纯粹地去服务。另外，只有大约三分之一的人选择把其当成对社会的责任，对杭州、国家的责任，其选择的人数比例比为自身带来益处相比要低得多，可见，部分志愿者对社会、国家责任意识较为淡薄。

（三）工作情况

在通过选拔这一方面，有 79.03% 的人认为通过选拔难度一般，16.13% 的人认为通过选拔困难，仅有 4.84% 的人认为通过选拔较为容易。从官方给出的数据来看，入选人数与报名人数的比例约为1∶6，可见竞争还是相当激烈的，从入选志愿者给出的评价来看，通过选拔不是一件难事，恰恰证明了他们具有较强的实力，能够顺利地通过选拔。在问到岗前培训的作用时，所有人都认为有必要进行，而对于要求方面，认为恰到好处的占比为58.06%，认为要求过高的11.29%，而认为要求不足的为30.65%，由此可见，岗前培训可能由于时间较为紧张，有近三分之一的没能得到相应的岗位培训，这可能对他们在工作岗位上工作情况造成影响。然而，经过与满意度交叉分析却发现，越是认为要求不足的人，对自我工作的满意度越高，而那些认为要求过高的人，反倒对自己的工作的满意度相比较而言要稍低。见表3：

表3　关于志愿者对工作满意度与岗前培训要求的看法的分析表

X/Y	非常满意	满意	一般	不满意	小计
有必要且恰到好处	9（25%）	26（72.22%）	1（2.78%）	0（0%）	36
有必要但是要求过高	1（14.29%）	5（71.43%）	1（14.29%）	0（0%）	7
有必要但是要求不足	9（47.37%）	8（42.11%）	1（5.26%）	1（5.26%）	19
没有多大必要	0（0%）	0（0%）	0（0%）	0（0%）	0

这可能与志愿者对自身的本身要求有关，越意识到训练的不足而在是实际工作中付出了更多的努力，造成他们成就感上升，对自己工作的满意度提高。但总体而言，从志愿者反馈的结果来看，此次杭州峰会的岗前培训做得还是比较好的，除了部分地方存在问题外。在担任的志愿工作方面，志愿者们主要承担境内媒体注册记者的接待工作以及地铁公安分局、消防支队、出入境管理局协助等工作，与我校官方公布的结果较为近似，不做赘述，详细情况见下图。

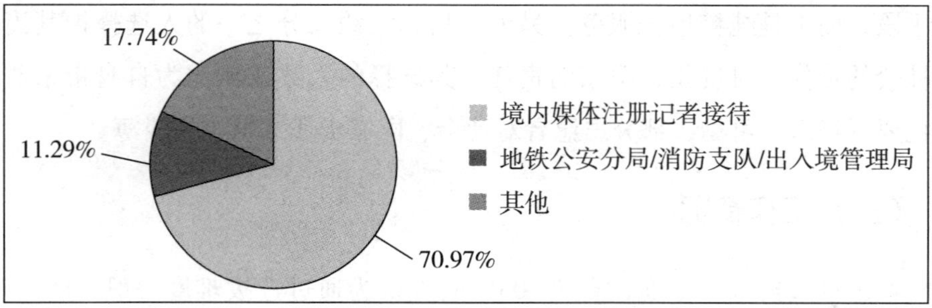

图5　志愿者们主要承担工作情况

就工作难度等级调查来看，70.97%的人认为稍微认真就能够做好，19.35%的人认为富有挑战性，9.68%的人认为比较容易，由此可见，通过选拔的我校志愿者有能力做好峰会志愿服务。

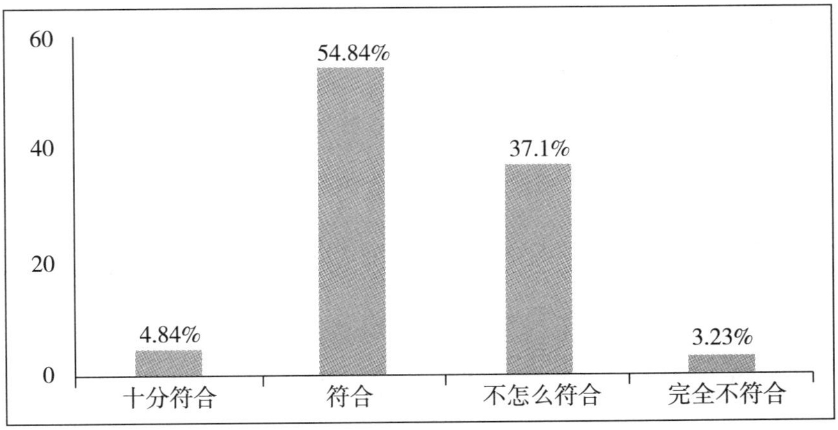

图 6　志愿者对工作预期与实际符合程度

在谈到工作预期与实际符合程度时，近60%的人认为自己的工作与预期工作相符合，有近40%的人认为不怎么符合，经过与对培训的要求的看法的交叉分析，从图7不难看出，越是认为要求不足的，他们对工作的预期就越与实际工作越不符合，而这部分与培训不到位相关。

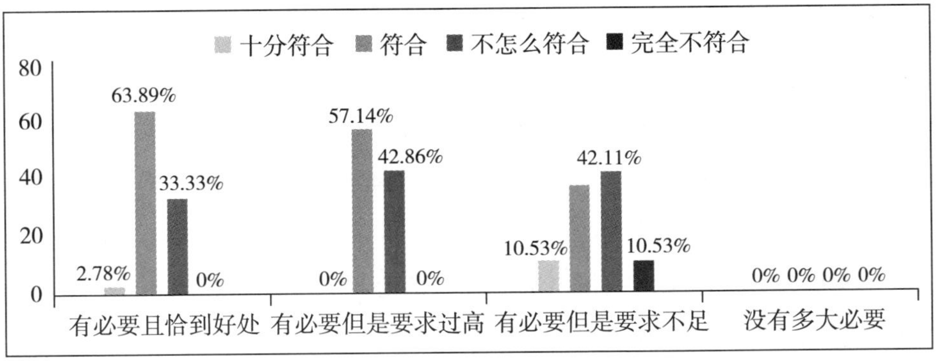

图 7　志愿者对工作预期与实际符合程度与培训要求看法的分析图

在被问到志愿者对工作环境与氛围的满意度时，如表4所示，平均得分高达4.22分，这说明志愿者在工作过程中还是十分满意的，证明了相关的管理部门对峰会的志愿者给予的工作条件比较好，从表中同时也能发现，被服务人员普遍对志愿者你能够给予充分的尊重与理解，而且志愿服务团体内部的气氛积极，但是也有少部分领导没能听从志愿者的意见，导致志愿者的满意度稍微有所下降。

表4　对工作环境与氛围的满意度统计情况

选项 题目	非常同意	同意	一般	不同意	非常不同意	平均分
您在服务时有一个积极的团队氛围	29（46.77%）	27（43.55%）	4（6.45%）	0（0%）	2（3.23%）	4.31
在服务中您感觉您与其他志愿者是平等的	30（48.39%）	22（35.45%）	4（6.45%）	4（6.45%）	2（3.23%）	4.19
您可以得到被服务人员的尊重与理解	36（58.06%）	23（37.1%）	1（1.61%）	0（0%）	2（3.23%）	4.47
您的领导听取您的意见	22（35.48%）	27（43.55%）	9（14.52%）	1（1.61%）	3（4.84%）	4.03
您的工作环境舒适	24（38.71%）	31（50%）	5（8.06%）	0（0%）	2（3.23%）	4.21
您的工作强度适中	21（33.87%）	30（48.39%）	9（14.52%）	0（0%）	2（3.23%）	4.1

小结：该部分通过调查分析我校志愿者工作的相关情况，包括选拔、培训、上岗工作以及满意度等问题，可以发现志愿者本身素质较硬，容易通过选拔，管理者对志愿者的培训差强人意，仍然存在培训不到位的情况，志愿者基本上都能承担自己的本职工作，对工作的满意度也比较高。

（四）心理状况

因为G20杭州峰会是国际性的大型会议，规格非常之高，因此作为峰会的志愿者，不同于一般的服务项目，志愿者可能会出现心理压力，为此我们进行了相关调查。调查发现，70.97%的志愿者表示开始时有，后来习惯了就没有了，25.8%的人表示对自己有信心，基本上没有，仅有3.23%的人表示一直都有压力，这体现出我校峰会志愿者的心理素质还是相当不错的，绝大部分能够以轻松的心态顺利完成工作。当被问到服务过程中是否快乐时，38.71%的人表示是非常快乐的，54.84%的人表示大多数时候快乐，剩余6.45%的人表示感情复杂说不清，这也表明了志愿者积极的心理状况以及较高的满意度，也能部分解释100%的志愿者都不后悔参加此次志愿服务。为保证峰会的正常召开，一共配备有4000多名大学生峰会志愿者，从总体上来说，他们的存在对峰会有十分重要的作用，当问及每个志愿者认为他的工作对峰会意义时，得到如下结果：

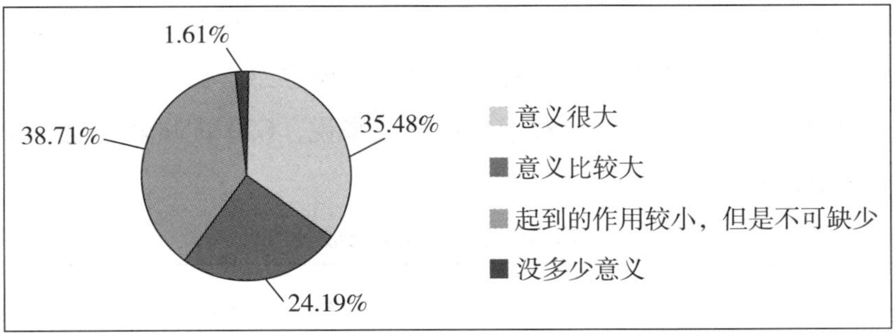

图 8　志愿者对此次志愿服务意义的评价

从图 8 中可以看出，志愿者对于自身的工作给予了充分的肯定，他们的工作确实对于峰会起到了较大的作用，不可或缺。

小结：我校的志愿者总体心理状况良好，抗压能力强，工作时态度积极，心情愉悦，对工作的认同感也比较强，并且用他们的切身行动为峰会做出了较大的贡献。

（五）自我评价

志愿者参加此次服务完成后，对自己在峰会服务的工作满意度如图 9 所示，不难看出，他们整体对自己工作的满意度较高，达到 90% 以上，从之前对工作的满意程度以及心理状况来看，不难解释这一结果，即他们处在好的工作环境中，同时也有对工作积极的心态，让他们的成就感较高。这一结果也能部分解释为什么所有人都不后悔参加此次服务。

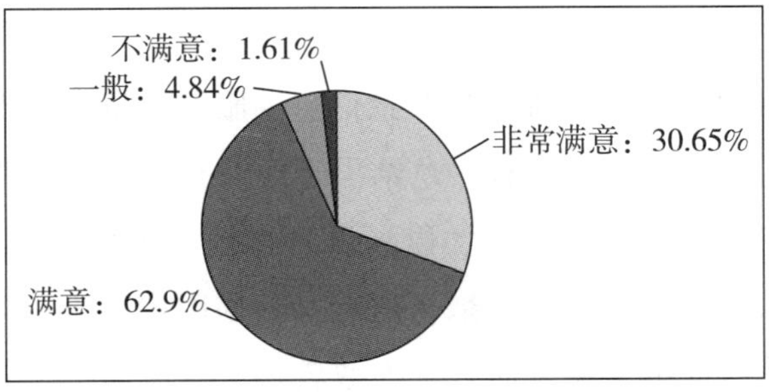

图 9　在峰会服务的工作满意度

在自我收获评价中，该题得分高达 4. 33 分（满分 5 分），且各部分得分较为均衡，志愿者通过这次服务收获良多，收获包括对信心的增强，经验的增长，交际圈的扩大，交际能力的增强，综合素质的提升以及对峰会、志愿服务、社会团体的认识的增强，总而言之，我校志愿者们在此次峰会中得到了很多的成长，很多的锻炼，对于他们个人来说，G20 杭州峰会是一个很好的机会，很好的平台。

表 5　志愿者通过这次服务收获情况

选项 / 题目	非常同意	同意	一般	不同意	非常不同意	平均分
增强了信心，积累了经验	31（50%）	25（40.32%）	4（6.45%）	0（0%）	2（3.23%）	4.34
扩展了交际圈，结交了更多的朋友	29（46.77%）	28（45.16%）	3（4.84%）	0（0%）	2（3.23%）	4.32
交际的能力变强，综合素质得到提升	27（43.55%）	26（41.94%）	7（11.29%）	0（0%）	2（3.23%）	4.23
对 G20 杭州峰会有了更好的认识	28（45.16%）	32（51.61%）	0（0%）	0（0%）	2（3.23%）	4.35
对志愿服务、社会团体有了更好的认识	30（48.39%）	30（48.39%）	0（0%）	0（0%）	2（3.23%）	4.39

小结：我校志愿者在自我工作及收获评价方面满意度较高，体现出了他们在峰会中表现优秀，成就感较高，同时，借峰会这一平台，他们也收获颇多：能力得到锻炼、自我更趋完善、综合素质得到提高，这对于他们来说将是一次不可多得的经历。

五、总结

通过此次对“浙理小青荷”从背景信息、服务动机、工作情况、心理状况、自我评价等五大方面的调查，总结出了在背景信息上的共同特点：即热衷于参加学生工作与志愿服务的，以浙江省本地人更倾向于参加志愿服务，同时女生参加人数远大于男生人数，这与其性格因素密不可分。另外，某些专业因其与工作特征更为契合而入选人数较多；服务动机上具有多样性，主要以提升自身综合素质为目的，整体上较为良好，不过也有较大部分带有功利化的目的，以及责任意识也有所欠缺；在工作情况上，大家工作环境与氛围比较满意，对工作也能胜任，整体认为工作难度不大，不过在岗前培训方面有些地方还有所欠缺；在心理状况上，志愿者的态度积极，工作过程中感到快乐，抗压能力也比较强，对自己工作的认可度也比较高；在自我评价方面，志愿者们对自己的志愿服务感到满意，他们也从中学到了很多不可多得的东西，提高了自身的素质，对于他们来说是一次很好的锻炼。

G20 杭州峰会招募高校志愿者是一项非常好的决策，不仅节省了许多的人力成本，为社会创造了经济价值，而且大学生志愿者作为杭州峰会的一张名片，向世界展示了中国大学生蓬勃的青春活力，中国年轻一代的精神风貌。“小青荷”用他们的微笑，用他们的热忱服务精神为峰会增添一道亮丽的人文风景线。大学生志愿者也从中收获了宝贵的经历，这对他们自身综合素质的提高以及民族自豪感的增强等方面都具有特殊的意义。

应用物理 15（2）班：聂志威

指导教师：唐灵魁

G20 杭州峰会对杭州市民生活的影响

今年的九月份在杭州召开了举世瞩目的二十国集团峰会。峰会在各国领导人的共同努力下取得多项成果的同时也对杭州市民的生活产生了不容小觑的影响。二十国集团峰会对杭州市民的影响表现在生活中的方方面面。本文主要从环境、交通、消费与就业等方面探讨 G20 杭州峰会对杭州市民生活造成的影响。

一、调查结果与现状分析

（一）消费与就业

众所周知，联系观和发展观是唯物辩证法的总观点，联系具有普遍性因此任何事物都不能孤立存在，都同其他事物处于一定的相互联系之中，整个世界是相互联系的统一整体，从自然界到人类社会任何事物都处普遍联系交互作用中，那么第 11 届 20 国集团峰会在杭州召开，作为主导全球经济风向的首脑级会议又将会与杭州市民的经济生活有着怎样的联系，下面从消费与就业两方面进行浅析。根据发放的问卷反馈结果来看，认为 G20 杭州峰会召开期间杭州物价上涨，房价上涨，就业机会增多的普遍较多，G20 杭州峰会的召开为杭州带来了招商引资的机遇，促进经济发展，提高了杭州市民生活水平，市民购买力增强，许多商品供不应求，使得物价上涨。各地的投资商增多，地价上涨，使得房价上涨。G20 杭州峰会的召开不仅吸引了世界各地的投资，而且杭州本地和周边的一些企业的发展更是势如破竹，因此它们急需劳动力和一些技术型人才，为杭州市民带来了许多就业机会。G20 杭州峰会的召开，改善了杭州市民的生活水平，使得市民对生存资料的需求比重下降，对发展资料，享受资料的需求比重上升，更加追求品质时尚的消费。杭州的许多民营企业抓住了 G20 杭州峰会带来的机遇积极引进外资从小规模的家族企业，扩大规模不断发展；一些高能耗，高污染的企业抓住此次机遇，积极调整产业结构，引进新能源，成功完成产业转型，为将来更长远的发展打下坚实的基础。这种发展也让杭州市民拥有更宽阔的就业和创业平台，更多元化的就业选择。

（二）环境影响

对于 G20 杭州峰会这一会议，全国上下都对其表示了极大关注。峰会举行对于中国发展的重要意义也促使杭州这一举行会议的主办方城市给予了极大的重视与相对应的实践行动。

Q6：G20 杭州峰会期间杭州发生哪些变化？

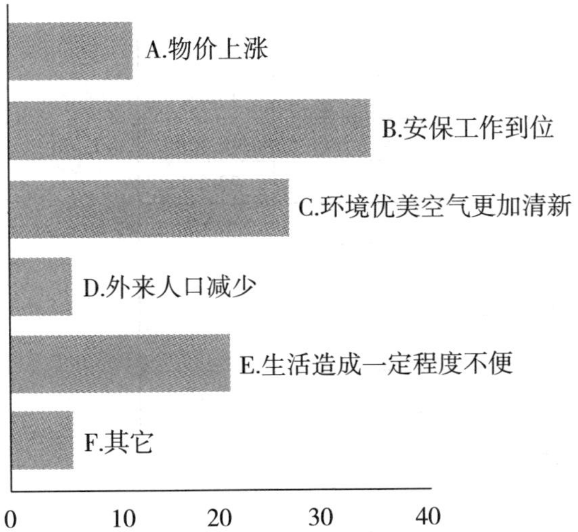

答案选项	回复情况
A. 物价上涨	12
B. 安保工作到位	35
C. 环境优美空气更加清新	27
D. 外来人口减少	6
E. 生活造成一定程度不便	21
F. 其他	6

Q6：G20 杭州峰会过后对您的生活产生了哪些影响？

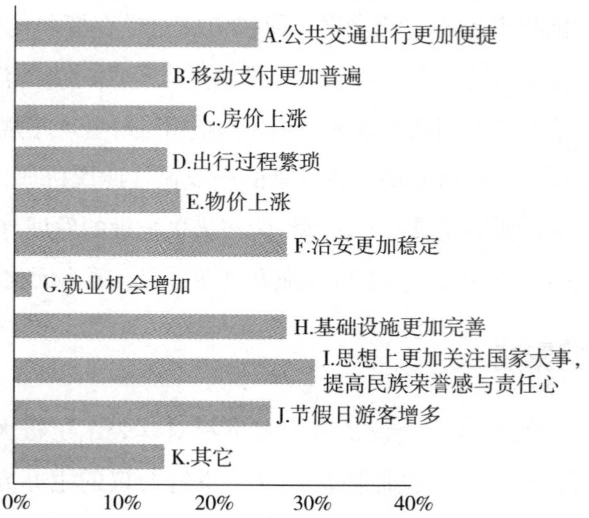

答案选项	回复情况
A. 公共交通出行更加便捷	24.2%
B. 移动支付更加普遍	15.1%
C. 房价上涨	18.1%
D. 出行过程繁琐	15.1%
E. 物价上涨	16.6%
F. 治安更加稳定	27.2%
G. 就业机会增加	1.5%
H. 基础设施更加完善	27.2%
I. 思想上更加关注国家大事，提高民族荣誉感与责任心	30.3%
J. 节假日游客增多	25.7%
K. 其他	15.1%
受访人数：66	

（调查数据图）

关于对于峰会举行时环境方面的要求，在举行这一会议前很久就已经开始了其整改治理的道路。从大方面来说，对于环境的整治主要体现在了空气环境、绿化环境、水环境及道路、街道环境这几方面。

在空气环境方面，为筹备 G20 杭州峰会杭州市政府提前做了充分整改，根据图表显示 2016 年空气质量优良率较 2015 年相比有所提升，其中二氧化硫和 pm20、pm2.5 等有害气体显著下降。从 4 月份开始，杭州的 pm2.5 指数开始处于正常状态，相比于之前常见的中度污染，重度污染而言，在空气质量方面有了明显改善。且在 G20 杭州峰会召开期间，为保证空气质量等级为优秀，为此杭州市政府采取了让杭州市及其周边地区工厂停工、休假、市内车辆限行、居民休假等措施大幅减少了污染物的排放，为空气质量的提升创造了有利条件。

在绿化环境方面，杭州市的街道、社区、景区等大部分地方都不同程度上扩大了绿化面积。例如杭州市的标志性景点——西湖：在绿化方面对生长浓密的植物进行适当修剪；颜色单调的区域加强了植物彩度；黄土露天的区域增补适合的植物。

在水环境方面，杭州市开展了河道治理，例如杭州市区重要的主干河道：备塘河，在对河道淤泥进行清理，拓宽河面，改善水质后，呈现一派生态自然风光。根据图表显示 2016 年与 2015 年同期相比高锰酸盐指数和总磷指数呈下降趋势，综合污染指数显著下降。此外杭州市还积极响应五水共治，提高生活水质量。

在道路、街道环境方面，加强了其基础设施建设和生态绿化建设。使居民出行环境和生活环境质量得到提高，且在街道美化建设方面做出的成效，使杭州市整体面貌更加精神富有活力。

G20 杭州峰会对于杭州的环境影响不仅体现在当时更为以后杭州的全面对外开放打下基础，使杭州这一国家名片能够更好地走出去。

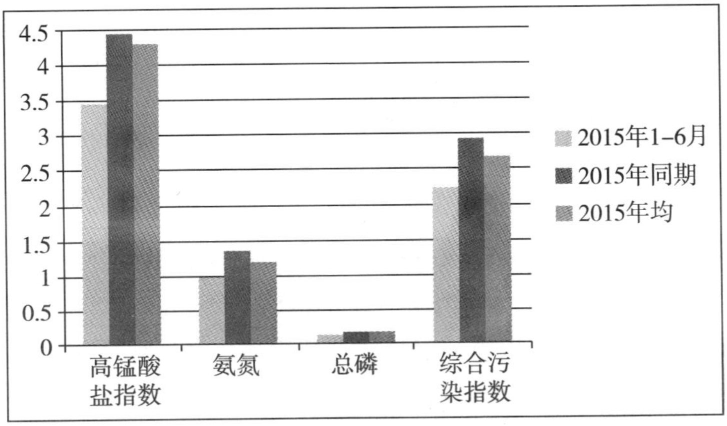

2015－2016 年水质情况统计图

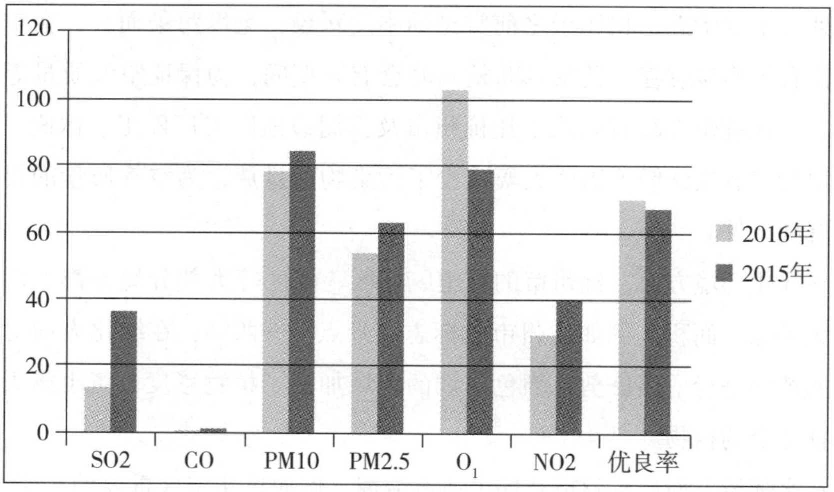

2015－2016 年空气质量情况统计图

（三）交通影响

2016 年 9 月 4 日至 9 月 5 日，G20 杭州峰会在浙江省杭州市举行，在 G20 杭州峰会准备期间，杭州市开通了留石高架，加快了城北和城西居民进城的速度；机场也开通了到达机场的快速路线，使往来机场的人们感受到便捷与舒心；秋石高架的投入使用，让居住在城南城北的市民在通行是多了一条可选择的交通线路，大大缓解了中和上塘的压力。同时为了确保会议期间的道路交通安全，8 月 28 日至 9 月 6 日，浙江省对机动车出行采取临时管制。就这一问题，我们对杭州市民进行了问卷调查

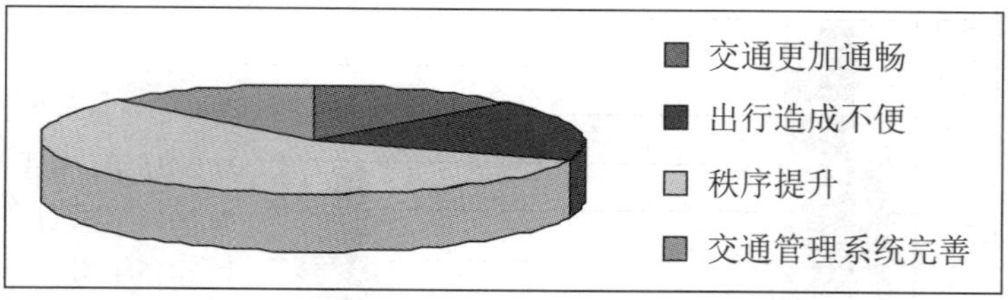

G20 杭州峰会举办对杭州居民交通出行的影响

（调查数据表）

我们对在杭居住三年以上的居民进行了调查，调查结果显示，大多数的居民都认为 G20 杭州峰会期间交通秩序提升明显，交通更为通畅。但临时的交通管制以及外出旅游是进行的安全排查也对居民的出行带来了一定的影响。

交通管制一方面是为了使 G20 杭州峰会期间的道路更为通畅秩序更加井然，使杭州能以更好的面貌去接待各国元首，另一方面更是为了排除不法分子在峰会期间进行恐怖活动，将风险降到最低。严格的排查在杭州居民的生活上造成了较大的影响，许多居民反映由于 G20 杭州峰会期间的管制，使快递无法顺利寄出或者接收。在峰会期间，杭州市内公交车部分通往景区的线路取消，使去景区的交通收到了限制，在一定程度上影响了杭州市的旅游业。

G20 杭州峰会的成功召开不仅提高了中国的国际影响力，更深刻影响了杭州市民的生活。G20 的召开，一定程度上改善了环境状况，完善了交通系统，激发了消费活力，缓解了就业压力。为杭州市民创造一个更加和谐美好的生活家园。

【附录】

关于 G20 杭州峰会的举办对杭州市民生活的影响问卷调查

1. 请问您的年龄（单选题＊必答）

○A. 18 以下　○B. 18－30　○C. 30－50　○D. 50 以上

2. 请问您的职业（单选题＊必答）

○A. 学生　○B. 自由职业者　○C. 个体经商　○D. 企业职工

○E. 其他

3. 你对 G20 杭州峰会了解程度如何（单选题＊必答）

○A. 完全不了解　○B. 粗略了解　○C. 比较了解　○D. 十分了解

4. 您是否长期（三年以上）居住在杭州（单选题＊必答）

○A. 是　○B. 否

5. 准备开展 G20 杭州峰会期间，对您的生活产生了什么影响？（多选题＊必答）

□A. 为准备 G20 杭州峰会的开展，工作单位加紧工作进程，工作紧张

□B. 各类安全排查对生活造成影响

□C. 交通，环境治理效率提高

□D. 市民素质一定程度上有所提高

□E. 其它

6. G20 杭州峰会期间杭州发生哪些变化？（多选题＊必答）

□A. 物价上涨　□B. 安保工作到位

□C. 环境更加优美空气更加清新　□D. 外来人口减少

□E. 生活造成一定程度不便　□F. 其他

7. G20 杭州峰会过后对您生活产生了哪些影响？（多选题＊必答）

□A. 公共交通出行更加便利　**□B. 移动支付更加普遍**

□C. 房价上涨　**□D. 出行过程繁琐**　**□E. 物价上涨**

□F. 治安更加稳定　**□G. 就业机会增加**

□H. 基础设施更加完善

□I. 思想上更加关注国家大事，提高民族荣誉感与责任心

□J. 节假日游客增多

□K. 其他

8. 您认为G20杭州峰会对大学生有什么影响（多选题 * 必答）

□A. 提供志愿者岗位，锻炼自身能力

□B. 为大学生提供更多就业机会

□C. 让大学生更加关注国家大事，提高主人翁意识

□D. 其他

9. 您对G20杭州峰会的看法（填空题 * 必答）

____

16人物形象设计：周茹奕、俞超静、赵家昕、章诗媛

指导教师：方啸天

G20 杭州峰会对杭州市民幸福指数的影响

第十一次 G20 杭州峰会在中国杭州举行，受到了多方关注。G20 杭州峰会是一个国际经济合作论坛。此次 G20 杭州峰会的主题是：“构建创新，活力，联动，包容的世界经济。”各国领导人聚集在杭州商讨，此次峰会的召开对中国产生了很大的影响。同时杭州作为历史文化重镇，商业贸中心被选为此次 G20 杭州峰会召开的场所也受到了很大的影响，比如经济，文化，交通，环境等等方面。杭州为更好地迎接 G20 杭州峰会进行诸多工程的改造：主干道建设，河道整治，城中村改造，空气治理等等，杭州市民享受到了 G20 的各种优惠，同时也有感受 G20 杭州峰会带来的生活上的不便。为了更好地了解 G20 杭州峰会对杭州市民的影响，采用问卷调查和街采的形式来调查分析

一、调研思路与方法

（一）调研思路

根据我们所确定的调研问题，小组讨论后确定了大致的调研方向——查阅资料，网络问卷调查，以及街采。

我们的小组进行的是分工合作，针对各个方面进行调查，并加以分析。同时我们决定针对大学生及在职工作人员这一部分的群体，设计了一份切合其心理的调查问卷，之所以选择这一部分群体，因为他们现在在杭州居住并且经历过 G20 杭州峰会，也因为他们的接触面与所了解的东西较多。我们选择同时采用网络问卷与街采两种方式来获得我们所需要的信息，并对填写好

的问卷进行回收和整理。同时根据问卷调查的情况，对于整理出的结果进行相应的分析，并发现其中的问题以及原因。

（二）调研方法与过程

在调研的过程中，我们在定下大致调研方向并且明确了各自的分工。首先我们就 G20 杭州峰会中出台的政策，对于市民有各类影响的事情，以及 G20 的召开背景和对于杭州的影响等方面小组明确分工去找相应的资料，并就所收集的资料进行对比以及更深入的分析。在此之后，我们将每个人调查过程中出现的难以把握的或者个人不好分析的问题一一列出并加以讨论。

根据我们对于书籍报刊网络的查询结果和提出的几点问题，我们多次进行了小组讨论，确定了问卷中的重要问题的设定，并根据我们小组的讨论结果设计了调查问卷的初稿，进行组内成员间与部分试验品的问卷填写，并根据填写后的情况对该调查问卷的部分问题进行了问题和选项的修改，针对个别语句表述不明确抑或句式杂糅的地方，再次进行了斟酌，然后用手机软件设计出问卷的最终形态并开始进行问卷的分发与回收。

而在街头采访过程中我们分工合作调查与走访了部分商城同一些在职工作人员聊天的过程中我们发现他们对 G20 杭州峰会表达了较为喜爱的态度，大多数人都较为积极的配合我们的调查，当然考虑到现代人生活节奏快的缘故，我们也选择了一部分较为简单的问题。

回收完问卷并整理好采访内容，由相关负责人将问卷结果以图表等可直观看出结论的形式表达，并且将采访的内容罗列出来。小组各个成员根据自己的心理分别对本次调研课题进行思考和分析后发表自己的见解，提出对于 G20 杭州峰会对杭州市民幸福感影响的相应的看法与建议。最后进行汇总筛选与总结，编写入调研报告中。

二、调查结果与现状分析

1. 调查的年龄

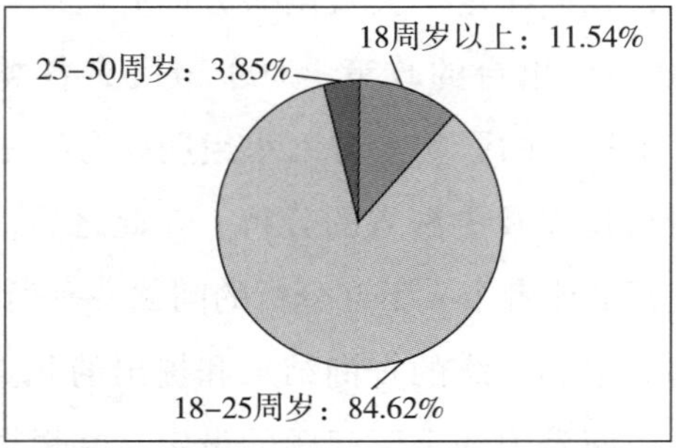

意图：这张图展示了我们为这个“G20 杭州峰会对杭州市民幸福感影响”所设置的人群调查，从这张表可以看出刚开始我们面向的几乎是全杭州市民，里面有爷爷奶奶，也有幼稚园的小朋友。

50 周岁以上：由于我们的问卷以网上征集为主，几乎没有用纸质问卷加上没有更好的深入调查导致了有效问卷中 50 周岁以上的人几乎没有。

25 – 50 周岁：占很小一部分，也是由于我们的调查方式和调查面向主要人群。

18 – 25 周岁：占很大一部分，因为我们所处的环境以及现实、社会种种原因导致的。

18 周岁以下：占较大一部分，也是由于我们的调查引起的。

2. 是否是杭州户口/本地人

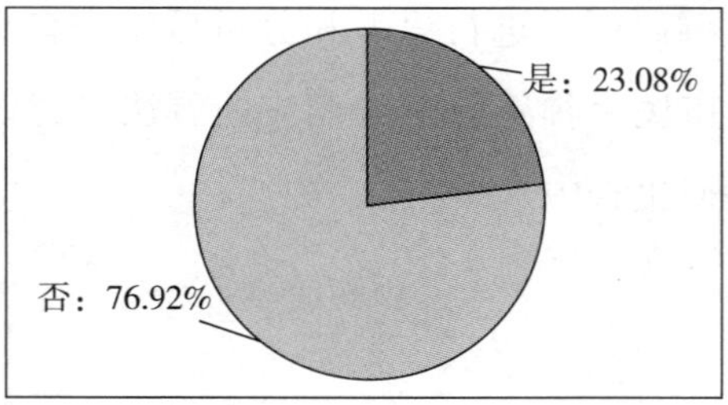

意图：因为杭州市一个外来人口相当多的城市，很多人是外来人口但是长居杭州，对 G20 杭州有着深刻体会。

3. 对于 G20 杭州峰会在杭州举办，你感到自豪吗？

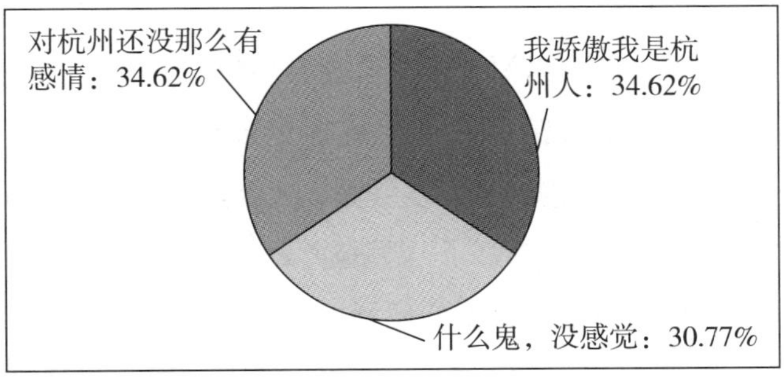

意图：通过调查了解人民对 G20 杭州峰会，对杭州的情感。

对杭州没那么有感情：跟“我骄傲我是杭州人”占的比例一样多，可以看对杭州对 G20 杭州峰会有很深感情并不多，但还是多少有点感觉的。

什么鬼，没感觉：是所有之中占比最少的，但也占了百分之三十多，也可以看出现在的大多年轻人对此类关注不大，对这些不感兴趣。

我骄傲我是杭州人：跟“对杭州没那么有感情”占的比例一样多，可以看对杭州有很深感情并不多，但也不少，也还是有很大一部分人对杭州、对 G20 杭州峰会有着深切的祝福，有着热切的期望，有着浓厚的、无以言说的、满满的自豪感。

4. G20 杭州峰会从筹办至今，对你的生活有哪些影响？

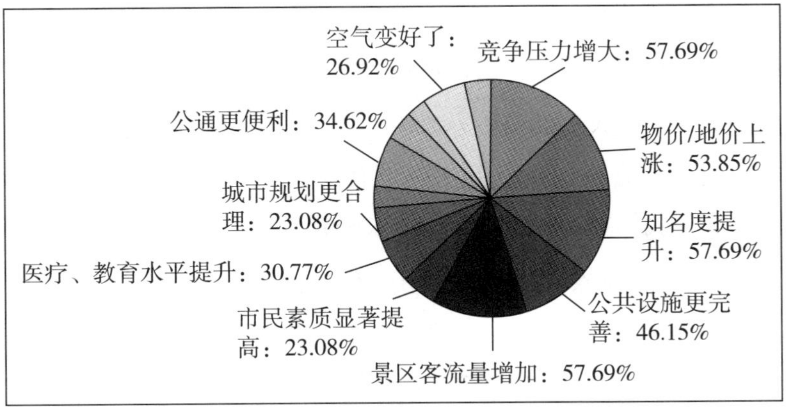

意图：此为多选题，意义在于可以让被调查者从多种角度回答问题，以便我们更直观地了解到 G20 杭州峰会对杭州市民的影响。

好的影响：从图中可以看出好的影响占了很大很大一部分，“交通更便利”方便人们出行，“知名度提升”让更多的人了解杭州、喜欢杭州，“公共设施更完善”给人们提供更便捷的服务，“景区客流量增加”给当地经济带来巨大发展，“市民素质显著提高”提高了城市形象，“医疗、教育水平提高”市民的权益得到进一步的保障，“城市规划更合理”使城市变得更加美好，“就业机会增多”就业难题得到进一步缓解，“治安更好”人民的生命财产安全得到进一步的保障，“空气变好了”雾霾离远了一些……这些种种昭示着市民们眼中G20杭州峰会给他们带来的便利、好处：人们的生活质量不断提高，精神世界也越来越丰富，家庭更加美满，社会更加和谐。人们在物质得到越来越多的保障的同时，精神世界也不断被建设着，这些都是G20杭州峰会所赋予杭州人们的。

坏的影响：从图中可以看出坏的影响占的是较小一部分，其中“物价\地价上涨”占了绝大一部分，可以看出“买房难”依旧是很严重的民生问题；“由于施工等造成生活的不便”虽占少数但还是要引起重视，比如说减少噪音；“竞争压力增大”也占了不小的比重，随着经济的发展压力的增大是在所难免的，即使民生不断地被建设，来自不同人有不同的感知，竞争压力的存在是在所难免的。

其他：很少人填了“其他”，证明不同人对G20杭州峰会对他们的生活造成的影响不仅仅局限于我们问卷所举例的，他们有自己的看法，又在他们眼中不一样的影响。

总结：G20杭州峰会对杭州市民生活的影响有好有坏，在我们的调查中好的占了绝大多数，人们对G20大多持积极态度，G20也确实给杭州市民带来前所未有的各种方便福利。但同时也有各种不好的影响，所谓福祸相依，两者总是一起，我们要克服困难，迎接未来新欣的、经过G20繁荣的杭州城。

5. 在G20杭州峰会之后这些影响还存在吗？

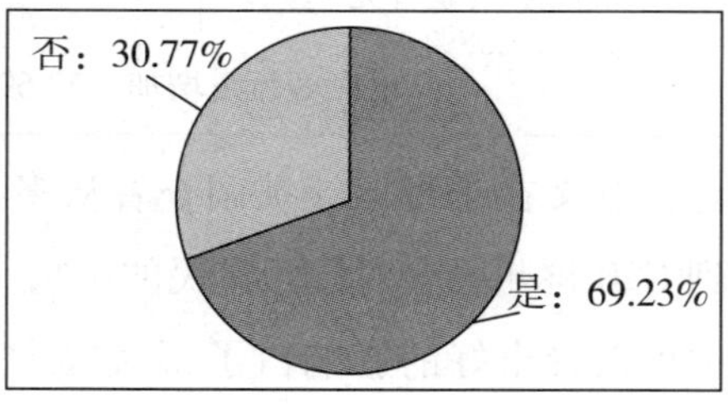

意图：为了更清楚、直观地知道 G20 杭州峰会前后影响的差异是否又发生严重的变化。

是：“是”占绝大多数，大多数人还是认为在 G20 杭州峰会结束后那些影响都还在。

否：“否”占较小部分，还是有小部分人认为在 G20 杭州峰会结束后那些影响已经不在了。

6. G20 杭州峰会以来，你居住在杭州感到幸福吗？

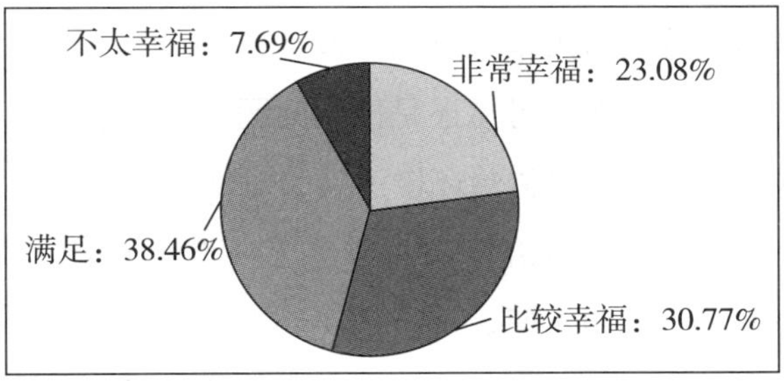

意图：为了可以直观、正确地表现出杭州市民的幸福感值数。

非常幸福：感到非常幸福的人占百分之二十三点多，证明还是有很多人是生活在浓浓的幸福之中的，证明 G20 杭州峰会的举办给人带来了浓重的幸福感中。

比较幸福：感到比较幸福的人占百分之三十多，证明人民生活的比较幸福，也占了很大的一部分比例，人们生活中也是幸福感居多，幸福感远远大于悲伤感。G20 杭州峰会给人们带去了幸福。

满足：占绝大部分，人民生活在幸福之中，但有时会遇到小困难，所以表示满足，但绝大多数时间是幸福的。

不太幸福：占极少部分，表示了只有很少一部分人觉得自己不太幸福，但他们的生活也还是存在幸福感。

简直待不下去：没有，也就是说觉得自己生活没有一点幸福感的人几乎没有。

总结：G20 杭州峰会的开展确确实实对杭州市民的幸福感或多或少有了一定的提升，人们生活好了，精神面貌好了，幸福感自然就上升。

7. 你认为在 G20 杭州峰会前后影响您幸福感的事

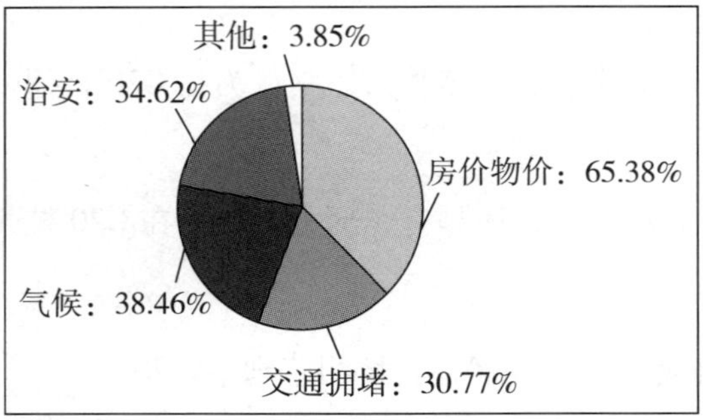

意图：找出影响杭州市民幸福感的因素。

房价物价：占最大比例，可见还是民生问题一大要素。

气候：G20 杭州峰会大力整治环境污染，对气候产生了一定影响

治安：G20 杭州峰会过后治安向前跨出了一大步，但在 G20 期间各种检查限制给市民造成了一定的不便。

交通拥堵：杭州也算得上是大城市，交通拥堵几乎是每个大城市的通病，即使 G20 杭州峰会过后依旧是需要大力整改的方面。

总结：G20 杭州峰会过后还存有很多令人民不幸福的因素。

8. G20 杭州峰会期间遇见过什么让您增加幸福感的事情吗？（部分答案）

意图：了解 G20 杭州峰会期间什么事件会增加市民幸福感。

总结：G20 杭州峰会在一定程度上给人民带来方便，提高市民幸福感

序号	答案文本
4	志愿者
5	没有
6	都在讲G20
7	没遇见
12	并没有，真的
14	过马路
23	没有
25	大家的热情和拼搏
26	暂时还没有，至少觉得生活有些方便了许多

三、总结

G20 杭州峰会的召开对杭州市民的生活产生了很多影响。大部分的人对杭州举办 G20 杭州峰会感到自豪，幸福感提升，其中提升幸福感的事情有交通更加便利了，公共设施更加完善了，景区客流量增加给当地带来丰富的经济效益，医疗教育水平提高了，城市规划更加合理，空气质量变好了等等。其中交通，治安和物价在杭州市民的幸福感中占比比较大。物价房价成为影响幸福感的主要因素，可见经济是影响人们幸福感的重要因素。只有少数人认为 G20 杭州峰会后居住在杭州不幸福，大部分人认为幸福。说明 G20 的召开对杭州市民的生活影响有利有弊，但主要以好的影响为主。有 20% 的受调查者认为 G20 杭州峰会后依旧存在这些影响，说明此次峰会的影响之深意义之重大。

服装设计 16（4）班：姚逸琳、于鑫宇、张晨、张宁宁

指导教师：方啸天

ofo 共享单车

——改变时代步伐的小黄车

近半年以来，共享单车的出现大大方便了人们的生活，为出行方式提供了多一种选择。以 ofo 摩拜单车为代表的共享单车品牌，在杭州，上海等城市逐渐兴起，这些贴近生活的创新方式，为生活带来了巨大的便利。这次我们以 ofo 小黄车为例，探究 ofo 的创新运营方式，并开展问卷调查，对当前共享单车发展现状进行分析。

一、ofo 小黄车概况

（一）ofo 共享单车

创立于 2014 年，是国内首家共享单车公司，首创无桩共享单车出行模式，致力于解决大学校园的出行问题，目前已完成 D 轮融资。ofo 以“ofo 共享单车”为核心产品，基于移动 App 和智能硬件开发，是目前中国规模最大的校园交通代步解决方案，为广大高校师生提供便捷经济、绿色低碳、更高效率的校园共享单车服务。同时协助高校回收改造废旧自行车，解决“僵尸车”问题。

2016 年 9 月 26 日，滴滴出行以数千万美元战略投资共享单车平台 ofo；12 月 8 日，ofo 在广州召开城市战略发布会，宣布正式登陆广州，与海珠区政府建立战略合作，2016 年内连接 6 万辆自行车；12 月 23 日，共享单车平台 ofo 宣布在硅谷、伦敦等地开启城市服务试运营。

2017 年 1 月，ofo 共享单车在北京、上海、成都、广州、深圳、天津、重庆等地开始应用；3 月，ofo 共享单车在兰州开始应用；4 月 27 日，ofo 正式接入滴滴出行；5 月 3 日，ofo 宣布正式进入第 100 座城市——拉萨。

（二）创始人员

戴威，ofo 创始人兼 CEO，青年创业者，毕业于北京大学光华管理学院。2014 年与 4 名合伙人创立 ofo，提出了“以共享经济＋智能硬件，解决最后一公里出行问题”的理念，创立了国内首家以平台共享方式运营校园自行车业务的新型互联网科技公司。

（三）城市共享计划

ofo 发布了“城市大共享”计划，欢迎全球的自行车品牌与生产商将自行车整车硬件和自行车服务接入 ofo，共同为用户提供差异化、个性化的自行车出行服务。未来用户将在 ofo 上体验到不同类型的自行车，满足多元需求。

ofo“城市大共享”计划同样面向城市用户，鼓励市民将闲置自行车共享出来，接入 ofo 平台为更多人提供服务。同时，把自己的自行车共享出来的市民，将获得 ofo 平台所有车辆的使用权，以 1 换 N。根据 ofo 在学校共享师生自行车的经验，此举将有效调动存量市场，提升闲置自行车使用效率，为城市节省更多空间。

ofo 创始人戴威表示，“ofo 希望用科学增量＋盘活存量的方式，调动城市闲置单车资源，推动绿色环保低碳出行，改善城市拥堵问题，让城市更美好”。

二、盈利模式和创新优势

（一）盈利模式

1. 小黄车所配置的机械密码锁，密码不会自动更改，因此每辆车都只有一个固定的密码。用户第一次扫描二维码获取密码后，可以记住密码，直接使用。另外，由于小黄车并未联网，对于自身是否成功上锁并不能感知和反馈。种种原因导致路边并未使用的小黄车大面积不上锁的现象。我们小组的成员不禁发问：如此一来，小黄车要如何盈利呢？

不久前，摩拜 CEO 王晓峰给出了关于盈利的答案："之所以还在不停地找投资者，就是因为没有清晰的盈利模式，希望别人给我钱，让我活下去，让我们跑得比别人快，然后一起找盈利模式。"

这种"活下去再找盈利模式"的企业思维在一定程度上反映出共享单车在发展路上的迷茫。小黄车亦是如此。因此，对于这个新生的巨婴，再多盈利模式的分析也只能是猜测和预测。尽管得不到盈利模式的具体样式，但我们可以从现有的、可知的 ofo 的资金来去途径展开讨论。

"来"：

（1）用户押金

（2）用户充值

（3）融资

"去"：

（1）单车制造

（2）单车维护

（3）平台维护

（小黄车的押金是 99 元/辆。庞大的用户基数使得缴纳的押金成为一笔可观的数额。社会上对 ofo 押金取向的质疑从没有停止过。把押金的投资到别处，可能给企业带来丰厚的回报，同时也存在着巨大的风险。投资的结果不可预知，倘若失败，用户押金丢失，将是极大的安全隐患。ofo 的 CEO 戴威曾发声，小黄车的押金一分钱未动，只是国家尚未出台相关政策，钱的去向才未能透明地呈现在公众面前。因此，我们假定 ofo 没有用押金进行投资，因此不把押金投资所得算在资金的“来”向里。)

基于这个三来三去的模型，我们可以预测，ofo 的盈利可以从以下几个方面入手：

一方面是降低单车制造成本。ofo 的运营理念是，做用户与单车的“连接”。故 ofo 并没有自己的工厂。ofo 一直重视成本问题，其车型基本是采取通用车型进行加工改造而成，成本控制在 300 元左右。

一方面是降低维护成本。小黄车由于是普通单车，一定程度上存在需要维护的问题。ofo 创始人戴威透露，算上人力和维修成本，每辆车每天的花费是几毛钱。但小黄车的损坏问题一直为人所诟病，修车师傅满大街的跑，而小黄车车胎没气，车把松动的问题一直屡见不鲜。降低维护成本，似乎明确地给 ofo 提出了这样一个要求，也即是唯一出路：提高车的质量。这样的要求似乎与第一点背道相驰，但自信算一算这笔账，不难发现，一定量的成本法的提高，会使小黄车的维护费用大大降低。综合来看，也是降低成本的一个好方法。ofo 也的确有所行动。如今，ofo 在尝试与更专业的自行车制造商进行合作。12 月 9 日，ofo 宣布进入深圳，与 700Bike 合作推出定制版小黄车将于近期在深圳投入使用，增加定位功能。截至现在，ofo 的投放量达到 23 万辆，是共享单车行业中最多的。

图为 ofo 联合 700Bike 合作的新款车型

（二）创新优势

尽管小黄车在现阶段存在诸多问题，可是其创新的空间和优势也是显而易见的。

1. 没有工厂，更加灵活

ofo 单车的制造全部依赖代工厂的实现，而其运营理念也是做人与单车之间的连接。这样一来，在实现产品升级时没有太多后顾之忧。

2. 小黄车现有数量多，用户群体大

小伙伴们骑共享单车出游，首先想到的肯定是 ofo 推出的小黄车。小黄车这一昵称，也是广大用户对 ofo 公司的认可。有了庞大的用户群体和较为积极的社会认可度，就有了用户黏性。即使小黄车未能再短期实现盈利，相信在今后的变革之中，也能保留下大部分的忠实用户，从而实现快速盈利。

3. 单车成本低，收取的押金费用较少

很多用户在选择共享单车时，首先会考虑到押金多少的问题。299 的价格，着实可以买下一辆普通的自行车了，虽然共享单车具有更加灵活易用的特点，可过高的押金问题也会成为消费的一大痛点。相比之下，ofo99 元/辆押金的设定就要亲民许多。甚至在支付宝上，信用积分超过 650 的用户可以免除押金，而且小黄车的创始人也曾放言，押金的问题会被慢慢消灭。由此可见，ofo 的使用门槛更低。

三、行业发展现状

（一）中国共享单车行业分析

共享单车的优势在于它更好地解决了用户“最后一公里”的出行痛点，成为市场的新卖点。它的实现主要受到政策、经济、社会的影响。

关于政策方面的影响，国家和地方政府对共享单车持正面积极态度并且加强相关政策，以带动共享单车的快速发展。在“两会”上，代表聚焦“共享单车”领域，建议国家支持“共享单车”经营模式的健康发展递交提案。在成都，率先出台了《关于鼓励共享单车发展的试行意见》，鼓励支持和引导共享单车规范有序发展，为市民提供便捷、绿色的出行方式。

关于经济方面的影响，整体经济呈温和上升趋势，智能手机的发展迅速。中国 2016 年 GDP 增 6.7%，经济总量呈上升趋势，并且 2016 年的智能手机渗透率已经达到 75.7%。中国经济的发展，移动互联网的发展以及智能手机的高渗透率，都为共享单车的发展奠定了良好的基础。

关于社会方面。由于城市拥堵，骑自行车出行可以节约不少时间。由于大家对环境问题越来越重视，骑自行车还符合了绿色出行的理念。

（二）中国共享单车市场研究

（1）城市布局：因为城市用户需求旺盛，主要覆盖一线城市以及部分发达的二线城市。比如，ofo 单车目前在全国进驻 33 座城市，ofo 正在迅速向二三线城市进行扩张。

（2）使用场景：使用场景较为单一，主要应用于上下班、景区游览、校园代步、休闲娱乐等场景。

（3）用户人群：主要集中于年轻上班一族、在校大学生等中青年群体，依赖移动互联网。

（4）运营成本：在研发阶段主要以软硬件采购成本、技术研发与生产费、网络运营商费用为主；在运营阶段以网络运营费用、广告营销费用、人力成本为主；在维修保护阶段以人力成本、车辆零配件维修费、调度运输费用为主。其中，维修保护的费用是一个重要的模块。

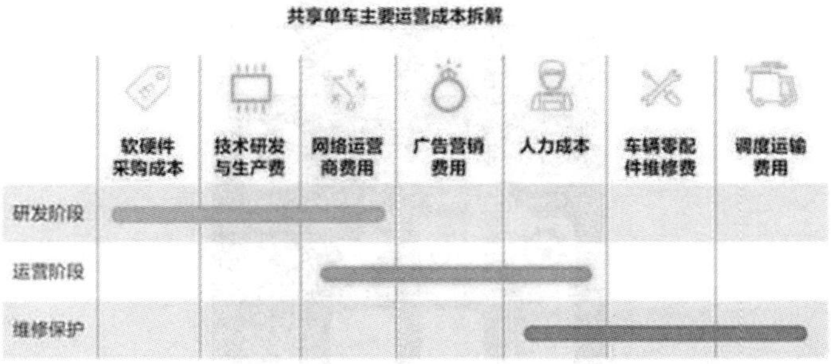

（5）自行车配置：GPS 智能锁是共享单车车辆最核心的部件，将直接影响用户的后期体验以及后期运维管理。

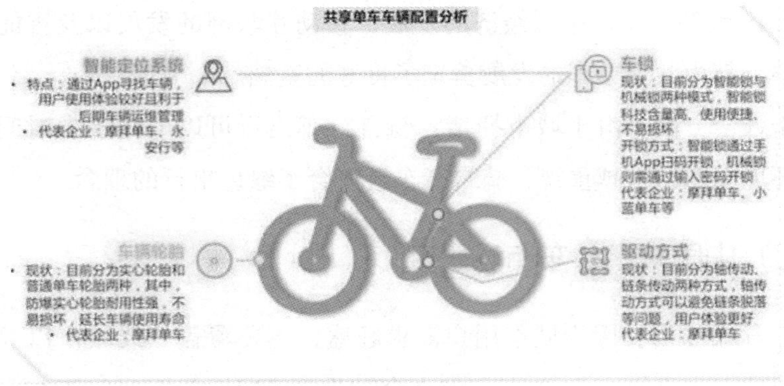

四、共享单车面临的问题

（一）同业竞争加剧

图中显示的都是共享单车的品牌。从互联网产品发展的阶段来看，自行车都过了产品业务模式的验证阶段，进入了快速扩张阶段，从一个城市快速扩张到另一个城市，这个阶段谁争取的地多，谁就有可能成为赢家。企业自身管理水平需要进一步提升。如 ofo 以大学生创业为主，对于绿色、共享等新理念理解较深，但是对于经营管理乃至社会公共管理存在提升空间。

（二）用户的忠诚度难以培养

1. 服务对象不明确：属于工具类产品的共享单车，是完全不挑用户，所有会骑自行车的人都是目标用户，这也导致用户群本身没有明显的群体属性。因而其用户也不会像群体属性明显的用户那样，对产品有比较强的认同感和归属感。

2. 投放量和调度效率不够。城市越大，需要的单车投放量也就越大，同时也导致扩张成本的急剧上升。各种情况，比如，太晚不方便骑车、太累不想骑车、突然下雨不方便骑车、找不到单车等因素会导致单车地理分布和用户需求地理分布错配，体现出调度力度不够。

（三）多重其他因素

1. 部分单车用户不爱惜车辆

2. 恶意竞争：共享单车的出现让黑车司机和摩的司机的利益受损，因而招致恶意报复，比如将单车拖到更偏僻的角落，甚至组织起人来进行破坏，让单车不可用。

3. 人为盗窃：相信大家也看到不少 ofo、摩拜等共享单车被私用的新闻报道。

五、关于共享单车创新运营模式的探究的调查问卷

（一）调查的基本情况

此次调查以问卷为主要形式，通过对共享单车相关问题的调查来分析当代以共享经济为主的创新运营模式。

问卷调查分为线下和线上。线下发放地点主要在下沙各大高校，发放对象为在校大学生。问卷共发放 150 份，成功回收 142 份，其中有效问卷 125 份，回收率为 94. 7% 。以下是调查数据分析：

1. 被调查人群中，15 – 24 岁的大学生群体占 91. 2% ，其他年龄段群体共

占8.2%。此次调查大学生群体占91.2%，居住地在沿海开放性城市的占53.6%，在北上广等一线城市的占24%，在一般中等城市的占19.2%，在其他地方的占3.2%。

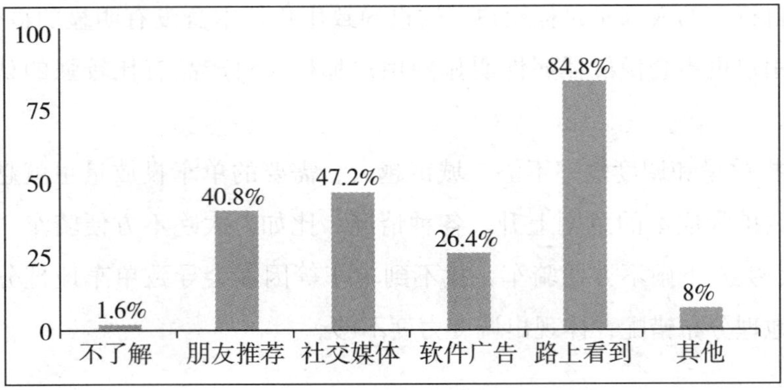

图1　了解共享单车的途径

2. 在关于了解共享单车的途径的调查当中，所有人中大部分通过停放在马路边的共享单车了解到此类车辆，属于直观感受；通过社交媒体和朋友推荐了解到共享单车的接近半数；广告在宣传渠道中也体现了一定的作用，很少有人不了解共享单车。以上说明了绝大部分人都对这种新型模式有所了解，有利于共享单车的持续发展。

3. 在对使用共享单车的情况的调查中，人们大部分在外出游玩和方便出行时使用共享单车；三分之一左右在进行超市购物、锻炼身体、换乘公共交通时会使用车。由此可见，共享单车在逐渐影响我们的日常生活，同时很大程度上具有灵活性。

选项	比例
外出游玩	62.4%
超市购物	28%
换乘公交或地铁	36%
锻炼身体	27.2%
方便出行	83.2%
其他用途	9.6%

图2　使用共享单车的情况

4. 在影响人们选择使用单车的因素方面，人们大都看重所需费用和便捷性，在所有人中有相当一部分在意单车的安全性和舒适度，少部分注重外观。由结果分析，绝大部分人是理性的，特别关注车的实用价值。

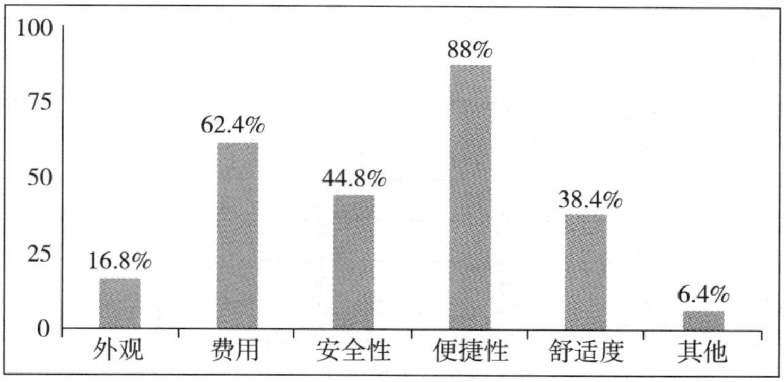

图 3　影响人们选择使用单车的因素

5. 在对共享单车收费标准的看法上，三分之二左右的人认为押金和收费标准合理，三分之一左右的人对押金和收费标准存在异议。以上说明目前使用共享单车所需的金额较为合理，大部分人能够接受。

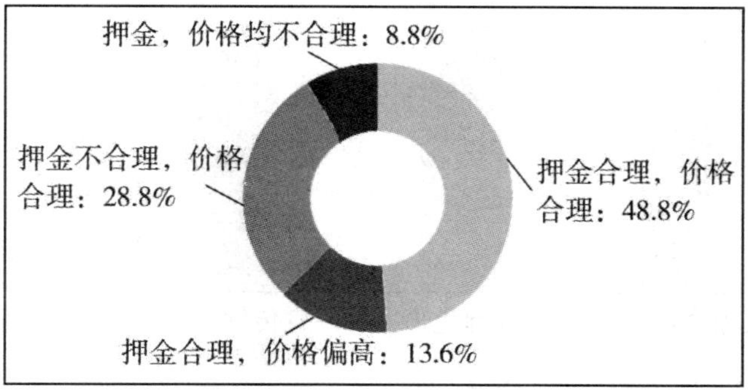

图 4　对共享单车收费标准的看法

6. 在使用共享单车过程中遇到的问题上，问题比较严重的依次是：高峰期车辆数量短缺，车辆被私自上锁、有破损、被恶意破坏以及车牌被卸。由此可见，在共享经济畅行的时代，我们不仅要创新模式，更重要的是提高全体国民素质，学会使用而不是占有。从过半数的人在对共享单车的整体满意度上的选择——“比较满意”，我们也可以看出，以上问题降低了人们的舒适体验感。因此，如何改进所出现的问题成了当务之急。

7. 在对共享单车推行的意义的讨论中，对于共享单车，人们的直观感受是它倡导绿色出行，也能缓解交通压力，同时骑车在锻炼身体方面有一定的帮助。

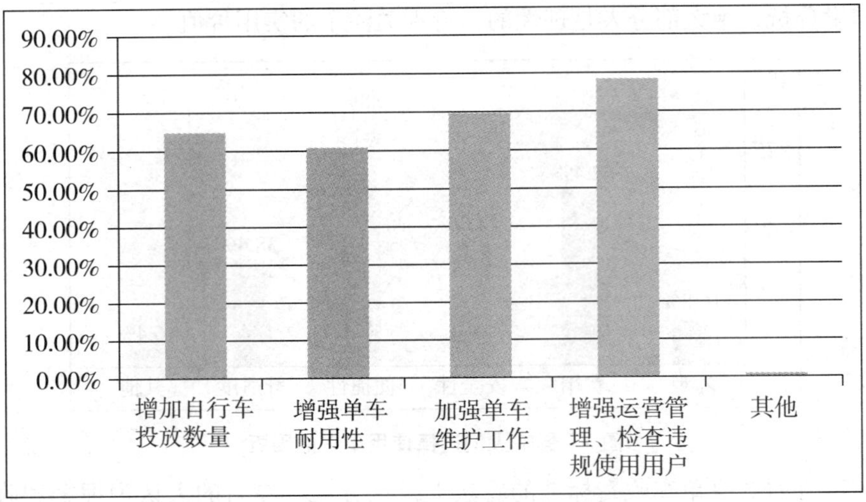

图 5　使用共享单车过程中遇到的问题

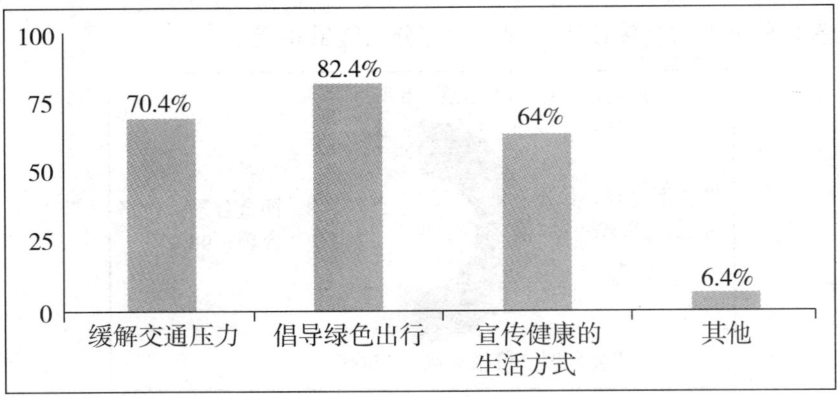

图 6　共享单车推行的意义

8. 在共享单车运营服务需要提升的方面上，人们更希望共享单车的运营方增加运营管理、检查违规使用用户，进一步加强单车维护工作，之后是增加车辆数量、改进车本身。由结果分析，人们认为单车的数量、停靠点、安全性有待提高，想要持续发展共享单车就需要解决这些实质性问题。

六、总结

作为“互联网 +”大环境下的创新产业，共享单车的投入使用与普及程度正在稳步提高，共享单车的步伐将持续走进跟多人的生活，为更多人的出行提供便捷的选择，为缓解城市交通压力，减少空气污染起到了明显的积极作用。但是，在发展过程中，还存在着由不同因素引起的问题，例如监管程度不足，投放地点与时间安排不够好等问题。但作为新兴产业，共享单车还拥有强大的发展潜力，相信在不久的将来，共享单车行业将发展到一个全新的层次。

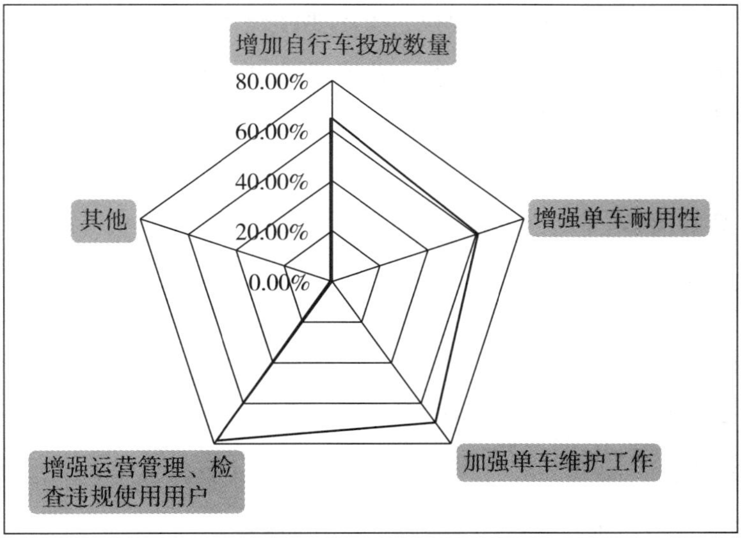

图 7　共享单车运营服务需要提升的方面

【附录】

关于共享单车创新运营模式的探究的调查问卷

近年来，城市道路交通日渐拥堵。在此背景下，方便实用的共享单车的出现，为广大居民出行提供了解决之道。共享单车是共享经济的一种新形态。由企业运营，无须“停车桩”建设，也不要办理租车卡，用智能手机即可完成借车、还车、缴费过程，同时服务范围广。为了进一步探究共享单车的创新运营模式，我们开展了如下调查活动。

一、您的信息

1. 您的性别：

A. 男　B. 女

2. 您的年龄：

A. 12 岁以下　B. 13 –24 岁　C. 25 –40 岁　D. 41 –60 岁
E. 60 岁以上

3. 您目前居住的城市类型：

A. 北上广等一线城市　B. 沿海开放性城市
C. 一般中等城市　D. 其他

4. 您的职业类别：

A. 学生　B. 公务员　C. 企事业工作人员
D. 个体经营者　E. 其他

二、共享单车创新运营模式

1. 了解共享单车的途径（多选）

A. 不了解　B. 朋友推荐　C. 社交媒体　D. 软件广告
E. 路上看到　F. 其他

2. 选择使用共享单车的情况（多选）

A. 外出游玩　B. 超市购物　C. 换乘公交或地铁
D. 锻炼身体　E. 方便出行　F. 其他用途

3. 影响您选择使用共享单车的因素（多选）

A. 外观　B. 费用　C. 安全性　D. 便捷性

E. 舒适度　F. 其他

4. 对共享单车收费标准的看法（多选）

A. 押金合理，价格合理　B. 押金合理，价格偏高

C. 押金不合理，价格合理　D. 押金，价格均不合理

5. 使用共享单车过程中遇到的问题（多选）

A. 车辆有破损　B. 车辆被私自上锁　C. 恶意损坏

D. 私卸车牌　E. 高峰期车子数量短缺　F. 其他

6. 您对共享单车的整体满意程度

A. 非常满意　B. 比较满意　C. 一般　D. 不满意

7. 共享单车推行的意义（多选）

A. 缓解交通压力　B. 倡导绿色出行

C. 宣传健康的生活方式　D. 其他

8. 共享单车运营服务需要提升的方面（多选）

A. 增加自行车投放数量　B. 增强单车耐用性

C. 加强单车维护工作　D. 增加运营管理，检查违规使用用户

E. 其他

9. 您对共享单车的发展有什么建议（填空题）

计算机科学与技术全英文：丁明子晗、王彦凌、曾治历

洪晓涛、林烨如、章哲斌

指导教师：陈书静、石俊华

关于3D打印技术的现状与创新的调查研究

已经热闹了五年的3D打印，尽管3D打印技术持续风靡，但是产业化应用并不理想，对于大多数上市公司来说，目前3D打印业务基本上还处于投入阶段，并未形成显著营收。随着国家政策的重视和推进，在未来的几年里，3D打印将会进入一个产业化的爆发期。本文主要介绍了3D打印技术的具体内容、发展历史、发展前景和其应用。从科技创新以及国家对创新的要求角度论述了创新3D打印技术的重要性。并从3D打印技术的目前状况出发，着重介绍了其目前的应用领域及其限制并提出了相应的改进方法。

创新是一个民族进步的灵魂，是国家兴旺发达的不竭动力。科学技术的本质是创新。要想真正缩小差距，赶超发达国家，关键靠创新。只有把科技进步的基点建立在增强自主创新能力和持续创新能力上，才能实现我国科学技术的跨越式发展，真正掌握发展的主动权。

一、3D打印技术科技创新的重要性

建设国际创新体系，是党中央、国务院为推进我国科技进步和创新，是科学技术在我国现代化建设中更好的发挥第一生产力的作用而做出的重大决策。现在，世界科技突飞猛进，日新月异。我国要在日趋激烈的国际竞争中掌握主动，必须提高科技创新的能力。“认真抓好引进先进技术的消化、吸收和创新。努力提高科技进步在经济增长中所占的含量。”

十八大以后党中央、国务院提出建设创新型国家，核心是把增强自主创新能力作为发展科技的战略基点，走出中国特色自主创新道路。这是国家发展战略的核心，是提高国际竞争力的关键。世界科技发展的实践告诉我们：一个国家只有拥有强大的自主创新能力，才能在激烈的国际竞争中把握先机、赢得主动。特别是在关系国民经济命脉和国家安全的关键领域，真正的核心技术是买不来的，必须依靠自主创新。

3D 打印技术作为新兴产业的一种，也需要我们对它的发展和创新，只有在发展过程中保持活力，不断创新淘旧才能使我国的 3D 打印技术走在世界前列。

二、3D 打印技术的起源发展与现状

3D 打印思想起源于 19 世纪末的美国，并在 20 世纪 80 年代得以发展和推广。中国物联网校企联盟把它称作“上上个世纪的思想，上个世纪的技术，这个世纪的市场”。该技术可用于珠宝，鞋类，工业设计，建筑，工程和施工（AEC），汽车，航空航天，牙科和医疗产业，教育，地理信息系统，土木工程，和许多其他领域。

三维打印通常是采用数字技术材料打印机来实现。最早的 3D 打印出现在 20 世纪的 80 年代，价格极其昂贵且所能打印的产品数量也少得可怜。2003 年以来三维打印机的销售逐渐扩大，价格也开始下降。

（一）国外情况

目前，在全球 3D 打印机行业，美国 3D Systems 和 Stratasys 两家公司的产品占据了绝大多数市场份额。此外，在此领域具有较强技术实力和特色的企业/研发团队还有美国的 Fab@ Home 和 Shapeways、英国的 Reprap 等。

3D Systems 公司是全世界最大的快速成型设备开发公司。于 2011 年 11 月收购了 3D 打印技术的最早发明者和最初专利拥有者 Z Corporation 公司之后，3D Systems 奠定了在 3D 打印领域的龙头地位。Stratasys 公司 2010 年与传统打印行业巨头惠普公司签订了 OEM 合作协议，生产 HP 品牌的 3D 打印机。继 2011 年 5 月收购 Solidscape 公司之后，Stratasys 又于 2012 年 4 月与以色列著名 3D 打印系统提供商 objet 宣布合并。当前，国际 3D 打印机制造业正处于迅速

地兼并与整合过程中，行业巨头正在加速崛起。

目前在欧美发达国家，3D 打印技术已经初步形成了成功的商用模式。如在消费电子业、航空业和汽车制造业等领域，3D 打印技术可以以较低的成本、较高的效率生产小批量的定制部件，完成复杂而精细的造型。另外，3D 打印技术获得应用的领域是个性化消费品产业。如纽约一家创意消费品公司 Quirky 通过在线征集用户的设计方案，以 3D 打印技术制成实物产品并通过电子市场销售，每年能够推出 60 种创新产品，年收入达到 100 万美元。

（二）国内情况

自 20 世纪 90 年代以来，国内多所高校开展了 3D 打印技术的自主研发。清华大学在现代成型学理论、分层实体制造、FDM 工艺等方面都有一定的科研优势；华中科技大学在分层实体制造工艺方面有优势，并已推出了 HRP 系列成型机和成型材料；西安交通大学自主研制了三维打印机喷头，并开发了光固化成型系统及相应成型材料，成型精度达到 0.2mm；中国科技大学自行研制了八喷头组合喷射装置，有望在微制造、光电器件领域得到应用。但总体而言，国内 3D 打印技术研发水平与国外相比还有较大差距。

近年来，国内如深圳维示泰克、南京紫金立德、北京殷华、江苏敦超等企业已实现了 3D 打印机的整机生产和销售，这些企业共同的特点是由海外归国团队建立，规模较小，产品技术与国外厂商同类产品相比尚处于低端。目前，国产 3D 打印机在打印精度、打印速度、打印尺寸和软件支持等方面还难以满足商用的需求，技术水平有待进一步提升。在服务领域，我国东部发达城市已普遍有企业应用进口 3D 打印设备开展了商业化的快速成型服务，其服务范围涉及模具制作、样品制作、辅助设计、文物复原等多个领域。与内地相比，我国港台地区 3D 打印技术引入起步较早，应用更为广泛，但港台主要着重于技术应用，而非自主研发。

（三）3D 打印产业的发展前景

根据国际快速制造行业权威报告《Wohlers Report 2011》发布的调查结果，全球 3D 打印产业产值在 1988 ~2010 年间保持着 26.2% 的年均增长速度。

报告预期，3D 打印产业未来仍将持续较快地增长，到 2016 年，包含设备制造和服务在内的产业总产值将达到 31 亿美元，2020 年将达到 52 亿美元。

但 3D 打印技术要进一步扩展其产业应用空间，目前仍面临着多方面的瓶颈和挑战：一是成本方面，现有 3D 打印机造价仍普遍较为昂贵，给其进一步普及应用带来了困难。二是打印材料方面，目前 3D 打印的成型材料多采用化学聚合物，选择的局限性较大，成型品的物理特性较差，而且安全方面也存在一定隐患。三是精度、速度和效率方面，目前 3D 打印成品的精度还不尽人意，打印效率还远不适应大规模生产的需求，而且受打印机工作原理的限制，打印精度与速度之间存在严重冲突。四是产业环境方面，3D 打印技术的普及将使产品更容易被复制和扩散，制造业面对的盗版风险大增，现有知识产权保护机制难以适应产业未来发展的需求。Gartner 公司 2011 年发布的最新技术发展展望报告判断：3D 打印技术目前正在进入概念炒作的高峰阶段，其技术还有待充分成熟，主流市场也有待进一步培育。Gartner 公司研究人员认为，3D 打印技术成熟到适应市场需求还将需要 5 ~ 10 年的时间。在这一较为漫长的发展过程中，产业可能会面临增长期望落空、技术遭遇瓶颈以及投资撤离等风险。

总之，从中长期看来 3D 打印产业具有较为广阔的发展前景，但目前产业距离成熟阶段尚有较大距离，对于 3D 打印市场规模的短期发展不宜过分高估。因此，现阶段产业界对 3D 打印领域的投入应以加强创新研发、技术引进和储备为主，尤其要重视自主知识产权的建设和维护，争取在未来的市场竞争中占据有利地位。如受到概念炒作影响，在技术尚未充分完善的现阶段大规模投入产能扩张，则投资回报将面临较大的风险。

（四）3D 打印技术发展的主要趋势

随着智能制造的进一步发展成熟，新的信息技术、控制技术、材料技术等不断被广泛应用到制造领域，3D 打印技术也将被推向更高的层面。未来，3D 打印技术的发展将体现出精密化、智能化、通用化以及便捷化等主要趋势。

提升 3D 打印的速度、效率和精度，开拓并行打印、连续打印、大件打印、多材料打印的工艺方法，提高成品的表面质量、力学和物理性能，以实现直接面向产品的制造；开发更为多样的3D打印材料，如智能材料、功能梯度材料、纳米材料、非均质材料及复合材料等，特别是金属材料直接成型技术有可能成为今后研究与应用的又一个热点；3D打印机的体积小型化、桌面化，成本更低廉，操作更简便，更加适应分布化生产、设计与制造一体化的需求以及家庭日常应用的需求；软件集成化，实现CAD/CAPP/RP的一体化，使设计软件和生产控制软件能够无缝对接，实现设计者直接联网控制的远程在线制造；拓展3D打印技术在生物医学、建筑、车辆、服装等更多行业领域的创造性应用。

三、3D打印技术在各领域的应用

3D打印（3DP）即快速成型技术的一种，它是一种以数字模型文件为基础，运用粉末状金属或塑料等可黏合材料，通过逐层打印的方式来构造物体的技术。

3D打印通常是采用数字技术材料打印机来实现的。常在模具制造、工业设计等领域被用于制造模型，后逐渐用于一些产品的直接制造，已经有使用这种技术打印而成的零部件。该技术在珠宝、鞋类、工业设计、建筑、工程和施工（AEC）、汽车，航空航天、牙科和医疗产业、教育、地理信息系统、土木工程、枪支以及其他领域都有所应用。

1. 军事领域

2014年7月1日，美国海军试验了利用3D打印等先进制造技术快速制造舰艇零件。采用3D打印及其他先进制造方法，能够显著提升执行任务速度及预备状态，降低成本，避免从世界各地采购舰船配件。

2. 航空科技

2014年9月底，NASA预计将完成首台成像望远镜，所有元件基本全部通过3D打印技术制造。NASA也因此成为首家尝试使用3D打印技术制造整台仪器的单位。

2014 年 8 月 31 日，美国宇航局的工程师们刚刚完成了 3D 打印火箭喷射器的测试，本项研究在于提高火箭发动机某个组件的性能，由于喷射器内液态氧和气态氢一起混合反应，这里的燃烧温度可达到 6000 华氏度，大约为 3315 摄氏度，可产生 2 万磅的推力，约为 9 吨左右，验证了 3D 打印技术在火箭发动机制造上的可行性。

3. 医学领域

日本筑波大学和大日本印刷公司组成的科研团队 2015 年 7 月 8 日宣布，已研发出用 3D 打印机低价制作可以看清血管等内部结构的肝脏立体模型的方法。据称，该方法如果投入应用就可以为每位患者制作模型，有助于术前确认手术顺序以及向患者说明治疗方法。

2014 年 8 月，北京大学研究团队成功地为一名 12 岁男孩植入了 3D 打印脊椎，这属全球首例。

2014 年 10 月，医生和科学家们使用 3D 打印技术为英国苏格兰一名 5 岁女童装上手掌。

2014 年 10 月 13 日，纽约长老会医院的埃米尔·巴查博士（Dr. Emile-Bacha）医生就讲述了他使用 3D 打印的心脏救活一名 2 周大婴儿的故事。

2015 年 8 月 5 日，首款由 Aprecia 制药公司采用 3D 打印技术制备的 SPRITAM（左乙拉西坦，levetiracetam）速溶片得到美国食品药品监督管理局（FDA）上市批准，并将于 2016 年正式售卖。这意味着 3D 打印技术继打印人体器官后进一步向制药领域迈进，对未来实现精准性制药、针对性制药有重大的意义。该款获批上市的“左乙拉西坦速溶片”采用了 Aprecia 公司自主知识产权的 ZipDose3D 打印技术。

通过 3D 打印制药生产出来的药片内部具有丰富的孔洞，具有极高的内表面积，故能在短时间内迅速被少量的水融化。这样的特性给某些具有吞咽性障碍的患者带来了福音。

4. 房屋建筑

在荷兰首都阿姆斯特丹，一个建筑师团队已经开始制造全球首栋 3D 打印房屋，而且采用的建筑材料是可再生的生物基材料。这栋建筑名为“运河住宅（Canal House）”，由13间房屋组成。这个项目位于阿姆斯特丹北部运河的一块空地上，有望3年内完工。

5. 汽车行业

世界第一台3D打印车已经问世——这辆由美国Local Motors公司设计制造、名叫“Strati”的小巧两座家用汽车开启了汽车行业新篇章。这款创新产品在为期六天的2014美国芝加哥国际制造技术展览会上公开亮相。

四、3D打印技术的创新

3D打印技术的出现和发展是世界发展的必然趋势，可是，以目前的技术仍无法做到3D打印技术的普及。虽然高端工业印刷可以实现塑料、某些金属或者陶瓷打印，但仅限于比较昂贵和稀缺的。另外，打印机也还没有达到成熟的水平，无法支持日常生活中所接触到的各种各样的材料。研究者们在多材料打印上已经取得了一定的进展，但除非这些进展达到成熟并有效，否则材料依然会是3D打印的一大障碍。而每制造一种产品，必须花大量时间，以数据建模为背景，将要打印的物体以数据形式编出，这也达不到大众普及的状态，仍需要在这方面进行改进。假若在3D打印的基础上，加载一个识别器，能进行图片识别或者物体识别，这样就可以方便快捷的进行物体打印，也更能为大众所接受。当然，这些想法必须在材料允许的前提下才能成立，否则，一切都是空谈。

3D打印技术在重建物体的几何形状和机能上已经拥有了一定的水平，几乎任何静态的形状都可以被打印出来，但是那些运动的物体由于他们的清晰度较低，所以难以实现打印。还有，效率也是一大问题。虽然，3D打印的产物是相当精细的，可是，在大型产物面前，精细就不是那么重要了。而凭借3D打印的速度，现在是无法正式运用于建筑方面的。3D打印现在的速度对于建筑工程的要求来说，是缓慢以至于无法应用于实践的，跟不上施工的节奏。因而效率问题也是3D打印技术要求突破的一个地方。

再者，3D打印的成本对于普通的百姓来说，是十分昂贵的。目前供3D

打印机使用的材料非常有限，主要是石膏、无机粉料、光敏树脂、塑料等。如果真要打印房屋或汽车，光靠这些材料是远远不够的，金属构件，恰恰是3D 打印的软肋（仅设备投入就要在 500 万元以上）。就拿一个金属的电机外壳为例，打印这种样品的金属粉末耗材一斤就要卖 4 万元，计算价格时成型材料和支撑材料都要算入，所以 3D 打印样品至少要卖四万元，但如果采用传统的工艺去工厂开模打样，仅仅需要 1 万元。

而且 3D 打印的产物，由于分层制造存在台阶效应，每个层次虽然很薄，但在一定微观尺度下，仍会形成具有一定厚度的一级级“台阶”，如果需要制造的对象表面是圆弧形，那么就会造成精度上的偏差。还有些工艺需二次强化处理，当表面压力和温度同时提升时，3D 打印的杰作必然会引起材料的收缩与变形，造成精度降低。

从上述各种方面来说，3D 打印技术的发展仍有很大限制，但同样的这些限制也蕴藏着进步的机会。在完善这些问题的基础上，再增添一些创意，会让 3D 打印更加完美。而且，3D 打印可以运用于各个行业，所以未来是充满着光明的。诚然，3D 打印现在存在着许多的漏洞，但这些漏洞一旦被完善，那 3D 打印这项科技必将会掀起一个新的革命时代。

五、总结

此次问卷我们一共采访 54 人次，其中 24 名男生，30 名女生，大部分为在校大一学生。

通过问卷调查，我们发现关于 3D 打印这项新技术大多数同学都是不太了解的，四分之一的同学知道它是怎么回事，但是没有深入去熟悉这项技术。很多同学对这项技术的好感度并不低，可能是新闻上对于 3D 打印技术的宣传做的到位，比如某国利用 3D 打印技术打印出了什么，大家觉得这项技术好，有前景。

提及 3D 打印技术的发展前景，同学们更多地倾向于医疗和建筑领域，如果在这两个领域使用 3D 打印技术，相信其能在短时间内得到有效的成果。一半的同学认为教育和交通方面也可普及，而食品行业支持率较低，毕竟食品和健康直接关联，如果3D打印技术有一些技术不过关，则万不能应用在食品领域。关于3D技术同学们关注的领域都相对比较前沿，比如航空航天、医疗、建筑、高科技，因为这些方面对于这项技术的需求比教育方面更大，发展潜力更大。

说完涉及的领域，我们向同学们提出了学习3D技术的倾向性，如果有机会，49名同学愿意学习这项技术。77.78%的同学很信任这项技术，由此可见，3D技术还是深得人心的。

绝大多数同学希望普及这项技术，因为这项技术能提升现有的生产力水平的，而且同学们也给出了自己对于这项技术的期望。希望这项新科技能够降低其成本，而且向高性能化发展，产量和质量上都有提高而且应用的领域可以广一些，无论大小物体都可以用3D打印技术制造出来，那么将会带来大大的便捷！最后大家也非常希望能够搞懂3D打印的原理（通过查阅书籍等相关资料等）然后这项技术能够尽早普及到人类社会，为人类的发展做出贡献！

【附录】

附：关于 3D 打印技术了解及创新

3D 打印技术是一种以数字模型文件为基础，利用粉末状金属或塑料等可黏合材料，通过逐层打印的方式来构造物体的技术，是一种利用光固化和纸层叠等技术的快速成型装置。与电脑连接后，通过电脑控制把“打印材料”一层层叠加起来，最终把计算机上的蓝图变成实物，应用于模型，服装，汽车及医疗器材制作等领域。

1. 您的性别［单选题］［必答题］

○男　　○女

2. 您所在的年级［单选题］［必答题］

○大一　　○大二　　○大三　　○大四　　○研究生

○博士

3. 您对 3D 打印技术的了解程度［单选题］［必答题］

○很熟悉　　○基本了解　　○不太了解　　○完全没听说过

4. 您认为通过 3D 打印技术打印的产品应用前景怎么样［单选题］［必答题］

○很好　　○一般　　○不好，普及有困难　　○不确定

5. 您希望在生活中哪些领域可以多应用 3D 打印技术，理由是？［多选题］［必答题］

□医疗行业__________________　　□教育行业__________________

□建筑行业__________________　　□交通行业__________________

□食品行业__________________　　□其他行业__________________

6. 对于 3D 打印技术，您关注的领域是？［多选题］［必答题］

□航天和国防　□医疗设备　□高科技　□教育业

□制造业　□其他领域________　□不关注

7. 如果给您一个平台，您是否愿意学习 3D 打印技术？［单选题］［必答题］

○愿意　　○不愿意

8. 对于用 3D 打印技术生产出的生活产品您愿意尝试吗？[单选题] [必答题]

○愿意　　　○不愿意　　　○看是什么产品

9. 您是否希望，3D 打印技术能够多发展，多创新，多应用于生活中？可以阐述一下看法 [单选题] [必答题]

○希望＿＿＿＿＿　○不希望＿＿＿＿＿　○无所谓＿＿＿＿＿

10. 您还希望 3D 打印技术在哪些方面有突破 [填空题] [必答题]

＿＿＿＿＿＿＿＿＿＿＿＿＿＿＿＿＿＿＿＿

11. 您还希望了解哪些关于此项技术的资料，对这项技术有怎样的看法或期许？[填空题] [必答题]

＿＿＿＿＿＿＿＿＿＿＿＿＿＿＿＿＿＿＿＿

16 级材料科学与工程材料（1）班：胡铭周、刘柯、洪文杰
杨启航、杨一格、尚亚廷、何灏
指导教师：陈书静、石俊华

关于小米科技创新的调查研究

随着经济新常态的到来，企业如何认识新常态，抓住机遇，面对挑战，实现创新推动生产力发展成为关注的焦点。本文讲述了成立于 2010 年 4 月，并在三年内迅速崛起做到广为人知的小米公司如何依靠科技创新将“为发烧而生”的产品概念做到深入人心，在国内手机行业的红海中存活下来，成功站稳脚跟并创造奇迹，以及对小米的未来展望。本文将街头采访和问卷调查的形式融入研究，来调查研究大众对于小米科技创新的看法。

一、小米科技的成长史

小米科技有限责任公司是一家专注于智能产品自主研发的创新型科技的移动互联网公司，由雷军带领前谷歌、微软、金山等公司的高手组建。2011 年 8 月 16 日，小米手机问世，中国首款双核 1.5GHZ。没有铺天盖地的广告宣传，却以不可思议的速度吸引了网络媒体的极大关注，从而进入了广大普通用户的视野。小米公司开创了用互联网模式开发、销售手机的模式，将小米手机打造成为全球首个互联网手机品牌。正是因为小米手机 1 代的大卖，成功地让小米手机在激烈的市场竞争中一举拿下了“国产神机”的称号，这也让小米手机未来的发展奠定了坚实的基础。在短短三年时间内，小米公司将自己的手机产品销量和口碑推向国产智能机的前列，互联网上的话题度和关注度也持续升温。三年间，小米公司已累计申请专利 637 项，是典型的自主知识产权品牌企业。近年来小米的创新力度不断加大，从小米 MIX 的全面屏，到小米 5c 的“澎湃 S1”自主处理器，再到小米 6 后置双摄完全做平，无处不体现着小米对于科技创新的重视。小米的创新管理模式无疑是成功的。

二、小米商业模式创新

1. “米粉”参与的互联网开发模式

操作系统 MIUI 是小米手机的一大特色，它由 Android 原生系统深度开发，而雷军创造性地将粉丝纳入 MUUI 的开发过程。小米科技的开发组根据用户反馈意见，每周更新一次。小米公司甚至将技术水平较高的粉丝吸收为开发组成员，鼓励其参与到小米手机的开发过程中。这样每周迭代的开发方式加快了产品更新换代的速度，粉丝参与模式也让企业更加了解客户的需求，能够及时将客户的反馈融入产品的提升之中。随时接受用户的意见和建议，和用户一起开会，探讨产品需求。粉丝与企业的深度互动创造了显著的业绩，同时创造了良好的企业形象，提升了品牌的知名度和信誉度。[1]

2. 采用“自主设计、生产外包”的生产制造模式

小米以“为发烧而生”为开发理念，以“低价高配”为产品定位市场中存在的空白，自主研发出的产品颠覆了传统手机市场。“生产外包”的运作模式不仅降低了企业自身的生产成本，也促进了合作伙伴的协同发展，形成合作双方的互利共赢。

3. 采用饥饿营销和网络营销为主的营销方式

作为国内“饥饿营销”卖手机的先驱，小米利用网络直销，博足了人们的眼球。比如今年 4. 28 日 10 点整的小米 6 的首发开卖，10 点钟刚过，小米官网虽然没崩溃，但绝大部分米粉们都陷入了死循环的排队当中，只有一小部分人立即就进入了购买页面。不少网友调侃道“你们只管抢，买得到算我输！”“发布那天星期五吧，咋那么多人去排队？不上课不上班不当社会主义接班人啦?!”小米手机每次都是限量发售，造成一种供不应求的假象，再者可以对批量产品的质量实施控制和反馈，避免后续产品出现问题。小米网络营销的方式降低销售成本，提高其品牌知名度。线上预定的方式缓解了生产压力，也促进手机周边产品以及后续产品的销售。与线下渠道相结合，加强

了品牌效应的形成，从而也创造了更多的利润。[2]

4. 以“铁人三项”为基础的平台发展模式

“铁人三项”即硬件、软件、互联网服务为基础的平台发展模式。用硬件搭建平台是小米科技的成长导向，内在系统 MUIU 的快速更新给客户更好的体验，以互联网直销的方式压缩渠道成本。小米“铁人三项”商业竞争优势就是整体模式世界级创新。在小米主题的生态圈中，企业被大量手机用户吸引而来，而手机用户又会被各式各样的主题吸引而来，形成多方共赢的良性互动。[3]

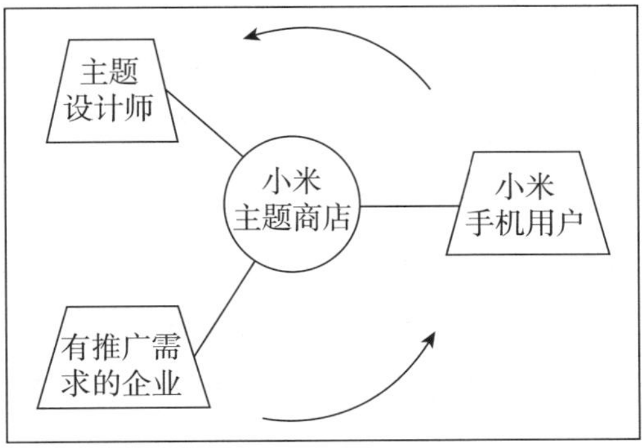

5. 小米公司的企业文化

小米所实践的互联网模式的核心是“互联网七字诀”：专注、极致、口碑、快。纵观那么多企业，好像每个企业都打出努力做产品赢取好口碑的标语，小米的与众不同之处就是态度。首先，小米的每一位员工相信用户就是驱动力，坚持“为发烧而生”的产品理念，他们能拿出诚意来去倾听客户的意见。通过互联网渠道，在企业与用户交流的渠沟中搭起了桥梁，认真倾听，努力达到客户的要求，是每一个员工一直一直在践行的。其次，小米一直在做一款有诚意的产品。从一开始，就坚持选用世界上最好的元器件供应商，选择最好的代工厂做性能上不打折扣的好产品。坚持要用产品的诚意来打动客户。最后，小米给出的是一个有诚意的价格。不像 vivo、oppo 那样投入大量资金邀请当红流量小生、小花来做宣传，少了广告的噱头，多了一点真诚，自然愿意买单的客户就多了。小米没有森严的等级，每一位同事都是自己的战友；小米崇尚创新、快速的互联网文化，喜欢在轻松的伙伴式工作氛围中发挥自己的创意。

三、大众对小米的看法

（一）街头采访

小米员工：我认为小米最具里程碑意义的一项科技创新是自主处理器。小米在使用自主处理器之前，大多是使用美国高通公司的骁龙处理器，最新旗舰小米 6 也是骁龙 835 处理器，骁龙处理器的性能不可否认，但终究不是自己的技术，话语权并不掌握在自己手中，这就很有必要去研发自主处理器，提升厂商在供应链的地位。虽然现在“澎湃 S1”的性能比不上国外高端处理器，但从长远看，研发处理器绝非一朝一夕，小米的第一颗自主处理器的性能就已经达到国外的中端水平，这点十分值得我们欣慰，也值得我们去骄傲，同时小米走的是高性价比路线，使用自主处理器便能将成本的控制权更好地掌握在自己手中，实现更高性价比，同时对于以后的技术支持也有着巨大的便利。

我觉得小米 MIX 最大的创新在于他的“全面屏”，机身正面几乎全是屏幕，为了实现这一技术创新，手机的诸多地方都需要跟着一同创新，比如，由于没有传统手机的“额头”，如何解决听筒和距离传感器的问题，最终小米用压电陶瓷解决了听筒问题，用超声波传感器解决了距离传感器问题，虽然这些方案相对于传统解决方案来说效果可能并不完美，但小米确实尽力让这些创新技术实现完美配合，使得这一具有“未来感”的手机能够达到量产使用的要求。

自主处理器

一个产业要想发展的好的话，就必须要有自己的创新，如果只是一昧地靠别人的能力去发展，使用别人的产品，便永远无法发展自己的技术，无法创新，在下一次行业洗牌到来之时，很有可能就会直接出局。

小米 MIX

首先，小米 MIX 的全面屏是小米第一个进行大规模使用，在创新方面，它鼓舞了手机行业和广大手机厂商进行外观方面的创新，同时小米 MIX 的推出也大大提升了小米的品牌形象，小米 MIX 刚推出的时候售价高达 3499，是有史以来最贵的小米手机，但舆论的反应普遍都是卖便宜了，这在以前小米售价为 1999 的时候根本不可能发生

（二）问卷分析

1. 小米的认可度

在参与填写的 66 人中，54. 55% 的人对小米的了解较少，3. 03% 的人甚至一无所知，这表明小米的影响范围还不是特别深入。对于小米的产品，为人熟知的只有小米充电宝和小米手机，分别占调查比例的 36. 36%、27. 27%。虽然电商饥饿营销策略让名不见经传的小米三年便成为国内智能手机新贵，但小米的联动产业发展仍有发展空间，若要立足长远，恐怕需要做更多的功课。

2. 小米的创新度

现代企业的创新之路铺满荆棘，充满风险。青睐小米产品的大众认为小米手机最大的优势主要是性价比高，认为创新度不够主要是由于核心技术专利少的人群占了 75. 76%，认为小米在系统方面研发不足的人占了 45. 45%，认为比起价格优势，科技创新才是关键的人占了 25%。这表明小米的发展离不开核心技术的自主创新突破，仍然有很长的一段路要走。

3. 小米的服务态度

对于使用过小米的售后服务人群，只有 1. 52% 的人表示非常不满意，这表明小米的企业公司文化氛围自上而下都充满了对客户的尊重和意见的完善，对客户负责。

4. 小米的问题

专为“发烧而生”的设计也带来了人们对机身发热的不放心，65. 15% 的人对此表示担忧。39. 39% 的人对产品质量心存犹疑，34. 85% 的人认为系统的稳定性不够。想要进一步提高小米手机产品的竞争力，更好地满足客户的需求，就必须妥善解决所出现的问题，才能踏踏实实地做出不可动摇的业绩。

四、未来发展

2015 年，雷军表示“过去五年是小米生态链的布局，未来五年则是优化”。小米是雷军手里的牌，包括小米手机、小米电视、智能家居三大硬件业务；MIUI 操作系统，云服务、大数据，游戏中心，小米金融四大互联网应用；互联网内容生态、智能硬件生态两大生态系统建设；小米网与国际拓展则对接客户端。没有讲透的是云服务和大数据；没有摆上桌面的还有一块芯片业务。雷军说，小米梦想是“星辰大海”。他解释道，用互联网思维升级中国制造为中国智造，小米科技通过投资、产业资源导入、商业智慧输出等方式助力这一升级再造的转型完成。[4]

美国时代周刊曾评价小米是“China's Phone King”，那一年也是小米手机名副其实的巅峰之年；市场份额国内领先，全球第五。小米公司以商业模式创新为重点，将互联网与传统手机行业相结合，两者协同发展。其成功经验对于我国企业而言具有普适借鉴意。在“互联网 +”战略下，市场竞争愈演愈烈，这必将带来一波又一波地换机热潮。企业若想要实现可持续发展，需要在理念、技术、组织及管理制度上不断进行创新，运用新的理论来指导企业管理，生产和发展。在变化中求生存，在创新中求发展。“学会如何创新，才能学会如何进步”，这句话放在电子科技领域尤为适用。像手机、电脑等科技产品由于更新换代速度极快，倘若厂商不进行持续的科技创新，那么迟早会被行业洗牌。只有不断地完善和创新，才能随时进行动态调整，与时俱进，获得源源不断前进的动力。

16 – 材料科学与工程：柳秀丹、吴志炜
指导教师：陈书静、石俊华

透过“公众”看人脸识别技术发展前景

目前，人脸识别技术显然已经成为国内外热门研究方向，公众对人脸识别技术也不再是如此的陌生，甚至开始接触享受到人脸识别技术带来的便利。但与此同时，人脸识别技术安全隐患曝光事件层出不穷。但根据调查结果分析，公众对人脸识别技术认可度还是较高的，人脸识别在将来也会更好的发展。

一、调查结果与现状分析

（一）公众对人脸识别技术的态度与看法

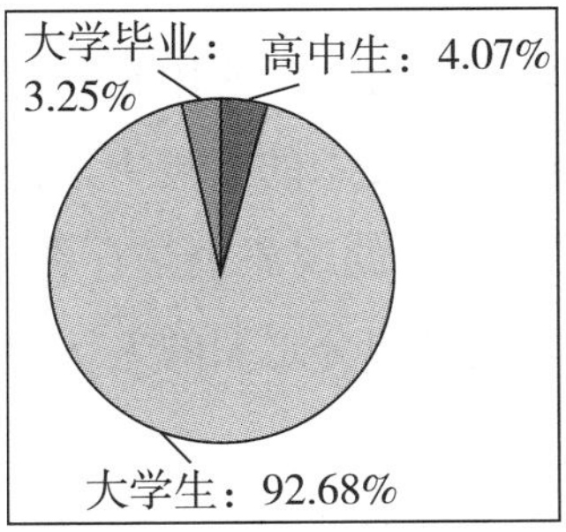

所处的年龄段

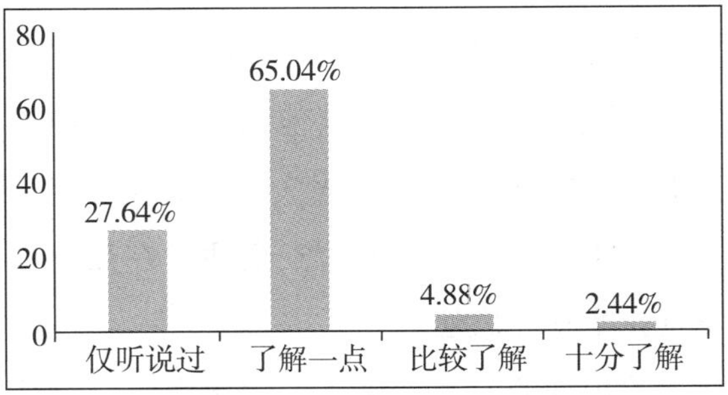

对人脸识别技术了解程度

从问卷的主要调查对象以及对人脸识别技术的了解程度情况来看，只有很少的人对人脸识别技术十分了解，比较了解的也只是比十分了解的人数稍微多一点点，大部分人还在了解一点的程度，同时也有挺大一部分人仅听说过人脸识别技术，并不了解这项技术。

人脸识别，是基于人的脸部特征信息进行身份识别的一种生物识别技术。用摄像机或摄像头采集还有人脸的图像或视频流，并自动在图像中检测和跟踪人脸，进而对检测到的人脸进行脸部的一系列相关技术，通常也叫做人像识别、面部识别。

1. 从公众对人脸识别的安全认可度来看

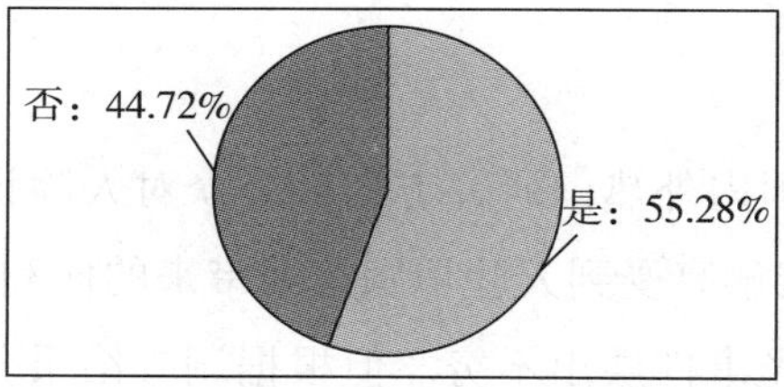

生活中是否使用过人脸识别技术？

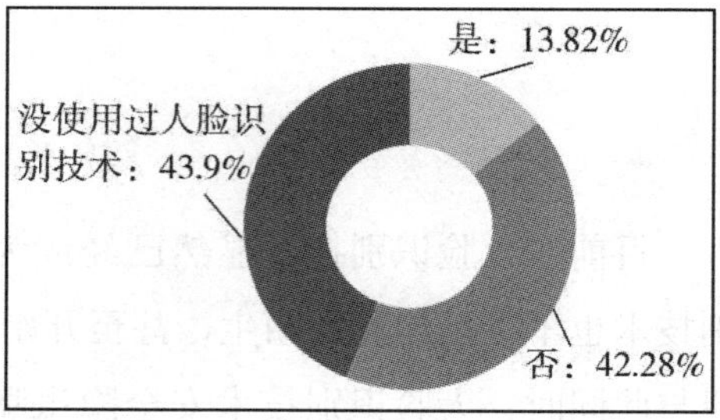

使用人脸识别技术时是否遇到过安全问题？

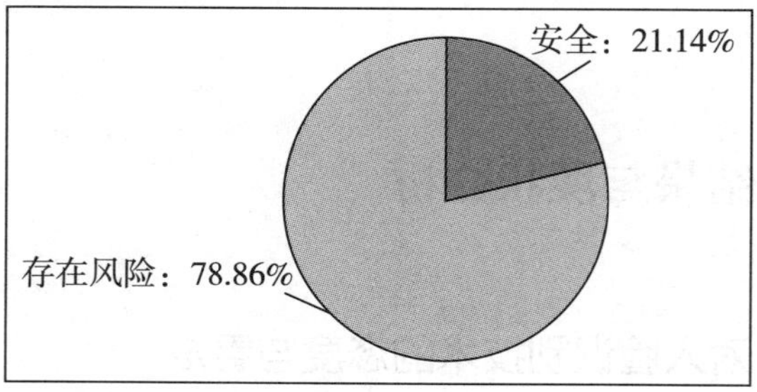

认为人脸识别技术安全吗？

在调查的人员中有很大比例的人员为在读大学生，大学生使用到人脸识别技术的机会一般是多于其他人的。在使用过人脸识别技术的人员中，虽然没有遇到过安全问题的占很大比例，但是遇到安全问题的现象也是存在的。而人们对于人脸识别技术的安全性存在很深怀疑。超过四分之三的人认为人脸识别技术存在风险。

人脸识别的困难主要是人脸作为生物特征的特点所带来的，人脸的相似性、易变性很容易地影响着人们对于这项技术的安全认可度以及影响着这项技术的更进一步发展。

2. 从公众对人脸识别技术的未来展望来看

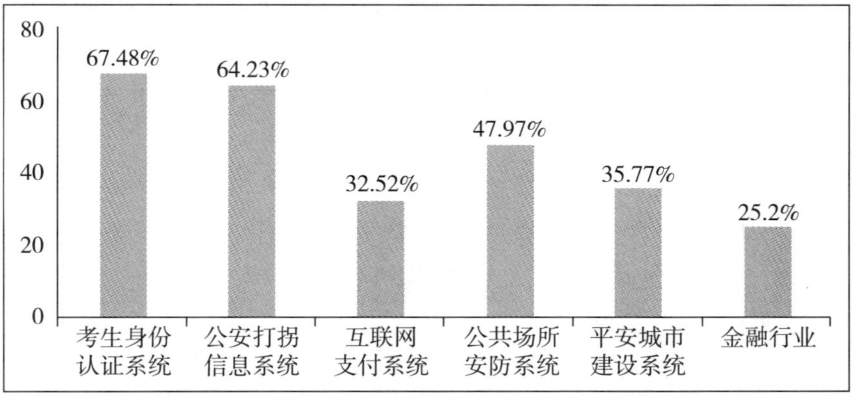

更期望人脸识别技术应用于哪个领域？

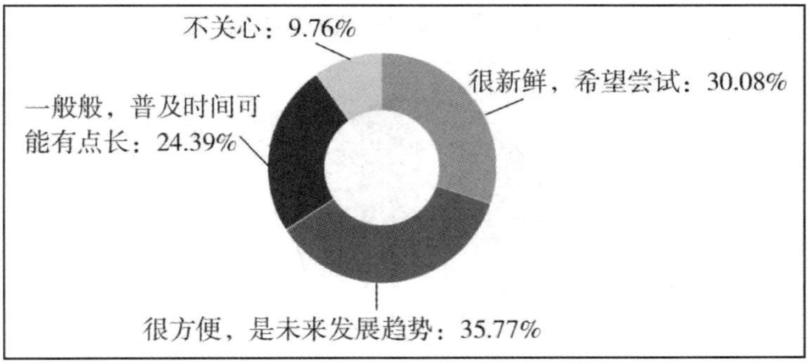

人脸识别技术的发展给你带来什么样的感受？

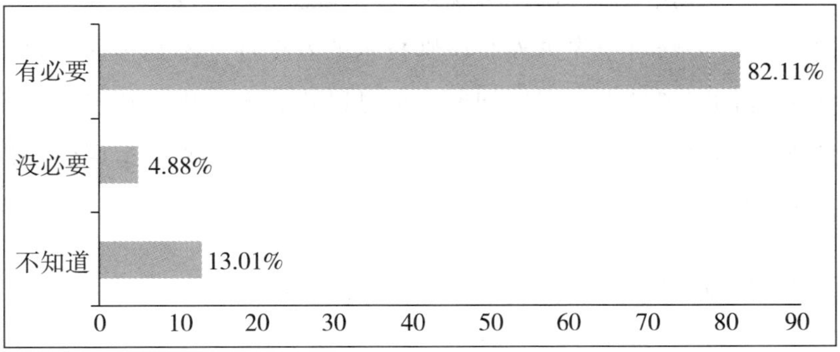

现今指纹技术如此成熟，你认为人脸识别检测系统的发展是否还有必要？

总体来说，虽然指纹技术很是成熟，可大部分人还是觉得人脸识别技术很新鲜很方便，值得发展。人们对于人脸识别技术的应用方面更多的是身份验证，希望可以简化身份验证时的一系列麻烦的程序。可以看出人们希望人脸识别技术可以是我们的生活更方便。但人们对于这项技术在金融交易方面的期望就比较低了，由此可以得知人们对于这项技术的安全性还是存在怀疑态度。

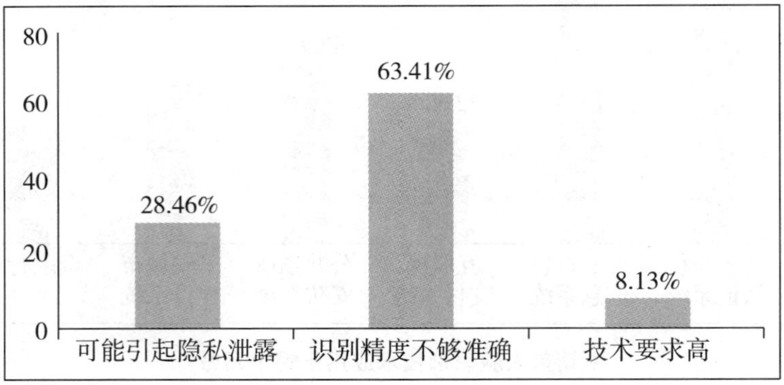

认为人脸识别技术存在最大弊端？

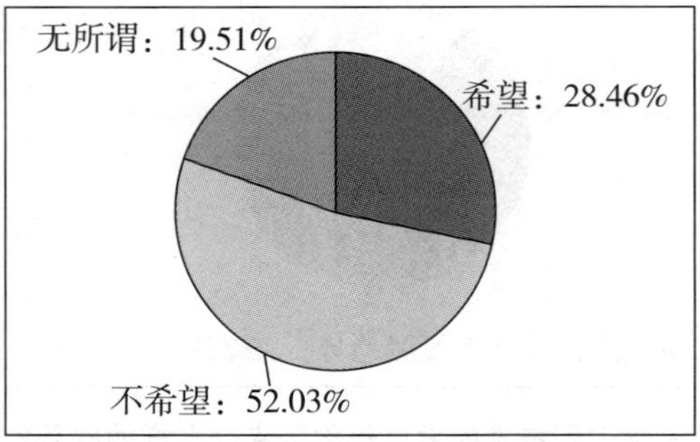

您希望人脸识别技术中加入“个人信息获取”功能吗？

综上所述，公众对于先进人脸识别技术的安全性并不是很能认可，人们即使没有很深的了解过人脸识别问题，也可以找到人脸识别技术的现今存在的最大问题。但更多的人还是希望这项技术可以发展起来，运用到我们的生活中来，给我们的生活带来便利和发展。

（二）人脸识别技术的现状

1. 人脸识别技术的发展历程

早在1888年和1910年Galton就发表了两篇关于人脸识别的文章。这是关于人脸识别最早的学术论文。从发现人脸识别技术到应用人脸识别技术，已经有60多年历史。最近几年，越来越多的人开始研究人脸识别技术，技术、算法也越来越成熟，识别人脸和匹配人脸的成功率越来越高。目前有很多互联网企业都在研究人脸识别技术，而且研发了很多产品。例如百度公司的机器人小度在人脸识别领域可谓是走在了技术的前端。

人脸识别技术可分为以下三个阶段：

第一阶段（1964 ~ 1900 年）：这段时间是人脸识别技术研究最早期的阶段，基于人脸面部几何结构特征方法的研究是主流，侧重于对剪影的分析，即对面部剪影曲线的结构特征提取与分析做了大量工作。但并没有太多的成果，也没有将人脸识别应用到实际中。

第二阶段（1991 ~ 1997 年）：这段时间人脸识别研究十分火热，但基本都是对在比较理想条件下人脸识别进行研究。基于线性子空间分析和统计学的方法是主流。非常有名的算法——“特征脸”就是在这一时期由美国麻省理工学院的 Turk 和 Pentland 提出的。

第三阶段（1998 ~ 现在）：人们开始对不理想条件下的图像进行人脸识别探索，重点是非理想条件、用户不配合、大规模数据库的识别问题。如光照强度和人脸表情等这些研究难点逐渐成为研究热点。同时，人脸识别技术向商业化迈进。在这之后，基于 3D 模型的人脸建模与识别方法也将成为新的发展趋势。

2. 人脸识别技术的成功应用

（1）企业、住宅安全和管理。如人脸识别门禁考勤系统，人脸识别防盗门等。

（2）电子护照及身份证。这或许是未来规模最大的应用。在国际民航组织（ICAO）已确定，从 2010 年 4 月 1 日起，其 118 个成员国家和地区，人脸识别技术是首推识别模式，该规定已经成为国际标准。美国已经要求和它有出入免签证协议的国家在 2006 年 10 月 26 日之前必须使用结合了人脸指纹等生物特征的电子护照系统，到 2006 年底已经有 50 多个国家实现了这样的系统。美国运输安全署（Transportation Security Administration）计划在全美推广一项基于生物特征的国内通旅行证件。欧洲很多国家也在计划或者正在实施类似的计划，用包含生物特征的证件对旅客进行识别和管理［7］。中国的电子护照计划公安部一所正在加紧规划和实施。

（3）公安、司法和刑侦。如利用人脸识别系统和网络，在全国范围内搜捕逃犯。

（4）自助服务。如银行的自动提款机，如果同时应用人脸识别就会避免被他人盗取现金现象的发生。

（5）信息安全。如计算机登录、电子政务和电子商务。在电子商务中交易全部在网上完成，电子政务中的很多审批流程也都搬到了网上。而当前，交易或者审批的授权都是靠密码来实现。如果密码被盗，就无法保证安全。如果使用生物特征，就可以做到当事人在网上的数字身份和真实身份统一。从而大大增加电子商务和电子政务系统的可靠性。

3. 人脸识别技术存在的隐患

（1）在使用条件上，要求非常苛刻。如：走太快无法捕捉，脸没有正对摄像头，角度偏差大，光线不足，等等都测不准。

（2）细胞的分裂分化会导致人的衰老，以及不可抗拒因素对外表对改变，对识别率会有很大的影响，一旦涉及敏感行业，比如金融业与安全业，后果不堪设想。

（3）对普通民众来说，还是有点被监视的恐怖感。在集权国家，会成为监视民众的工具。另外一点，对于民用大厦，医院物业等地区的监控系统，是普通保安，信息部工作人员权限可以查看的，他们对隐私的保护力度又是要打折扣。

（4）容易被不法分子攻击，3. 15 展示的常用攻击手段主要有：

①纸片翻拍，通过打印用户的照片进行攻击

②屏幕翻拍，一些 3D 建模技术可以驱动用户的单张照片或视频做出系统要求的摇头、张嘴、眨眼等动作；

③用户戴面具

（三）公众对人脸识别技术安全隐患存在的原因及看法

随着算法的完善，生物识别技术已获得重大突破，在越来越多的领域不断跨越用户接受的门槛，其市场呈快速爆发之势。其中，人脸识别的国内市场规模在未来五年有望达到千亿级别。尽管市场是十分看好的，但就人脸识别技术本身来说，存在着众多安全隐患，其中包括个人因素、国家因素、技术因素。调查显示，43.3% 公众认为安全隐患主要来源于技术因素，33.3% 认为来源于国家因素，22.7% 来源于国家因素，其余人则认为以上因素均包括。

1. 个人因素

个人隐私会被泄露，现在网络上各类隐私信息泄露已呈泛滥趋势，有人说面部信息不是隐私，那宾馆能不能把酒店住客的监控录像放到网上？如果宾馆不可以，那能不能在大街上每个单位门口安一个摄像头？

2. 安全与标准因素

由于人脸识别技术还不太成熟，国家没有出台相关法律。人脸识别技术是一种新技术，是一种身份识别的技术，这项技术具有唯一性和难以复制，它识别身份方面有更多的安全性和可靠性，但是这个技术领域之前一直没有相关的行业标准和国家标准，主要是企业自定标准，但是企业自定标准是不同的，这里面，涉及一些安全的问题，标准不统一，导致不同技术公司安全状况安全水平也是不统一的，国家标准的制定实际能解决这样一个问题，通过强制要求所有的技术公司，都实行最基本的标准，特别要符合一些安全技术的要求，这样能够解决技术在使用应用和推广普及方面的障碍。

3. 技术因素

首先，从技术上来说，人脸识别不是精确的信息比对，而是一个相似度比对，由于人脸识别算法技术路线不同，阈值的设定方法完全不同，评判的标准自然也不同，即使从识别实际效果看，包括误识率、拒识率等（1）误识率（FalseAcceptRate，FAR）：这是将其他人误作指定人员的概率；（2）拒识率（FalseRejectRate，FRR）：这是将指定人员误作其他人员的概率。这些结果受到训练和测试空间样本的影响，很难做出孰优孰劣的判断。

其次，大规模使用面临资源问题，人脸图片的采集如果不做活体检测的话，很容易招致基于用户照片的重放攻击［5］。而活体检测的话，对后台的计算资源和网络的传输资源要求较高，事实上在目前实际上线的人脸识别都是非常容易攻破的，笔者亲自尝试过好几个，至于在人脸识别基础上发展的视频识别技术就更别提了。

再次，人脸数据在网上采集难，如果基于公安人口库在线下采集，在线上使用的话，谁能保证这个信息库不被黑客攻破的，一旦出事，全中国人的脸就要在互联网上丢尽了，非常危险。

二、如何避免人脸识别技术带来的安全问题

如何尽量避免人脸识别技术带来的安全隐患，对于现在的刷脸技术越来越多地应用于贷款、登录、支付等金融应用场景中。对于自己隐私的保护、财产安全的保护都成为人们非常关注的问题。技术安全隐患问题更加的关注。

主要关注问题是，如何真正保证这个人是你？只有保持准确识别这个人一定是你，才能保证相当安全。近期，央视一组报道揭示了人脸识别技术漏洞后，支付宝发布声明称，只针对当前手机上用密码登录成功过的用户开放人脸登录，不会出现只通过人脸信息就在新手机上登录成功的情况。目前，支付宝的人脸识别准确率超过 99.6%，结合眼纹等多因子验证，准确率能达到 99.99%，超过肉眼识别 97% 的准确率。翻拍、PS 会留下的痕迹，可被系统识别。

由于真人视频或者合成的视频，必然需要通过屏幕进行显示，然后使用采集端进行翻拍。虽然视频本身可能做到看起来非常真实，但是翻拍的过程中，必然会暴露出“犯罪”线索，例如：显示器边缘，屏幕反光，摩尔纹，像素点纹理，镜头畸变等。有些线索可能会很细微，以至人眼常常难以察觉，而计算机可以察觉在 hack 过程中这些细微的线索。

另外，在图像与视频的合成过程中，比如 PS 照片等方式，背景与合成的前景人脸往往在光线分布、纹理、色调等诸多方面不匹配，这是因为它们的成像条件不同，现有图像与视频合成技术还做不到对场景中影响成像的所有物理因素进行完美建模。背景与前景结合处的像素也会呈现 artifact，这些不匹配即便是肉眼不易察觉，也会被基于大数据训练的深度学习模型敏感地捕

捉到。目前在人脸识别和活体检测的主要应用场景中，各大支持“刷脸登陆”的应用，都不会将人脸作为唯一的登陆凭证。

相对于整个系统而言，支付宝平台上每天有上亿笔交易，最高峰值每秒有 12 万多笔交易。每笔交易，智能风控系统都会进行多个维度的风险检测，以确保交易的万无一失。即便用户输入正确了支付密码，但当系统判定存在风险，或涉及大额交易时，风控系统会根据具体情况，要求进行人脸识别，来进行额外的身份校验。这些都是但是现在对于刷脸技术真的成熟的企业来说，这些问题都得到了较为妥善的解决。而且对于自己系统故障所发生的问题，都会进行赔偿，这些都使刷脸的应用风险最小化。

相对于整个刷脸识别来说，对于支付宝如此精确的识别率，对于出现安全隐患的问题，可以说相当低，而且刷脸技术的成熟，所以对于刷脸技术在其他方面的应用，安全隐患非常低。

三、总结

任何科技创新都是有利有弊的，目前人脸识别的安全问题虽然没有被完全攻克，但人脸识别技术给人们带来的便利有目共睹，人们对人脸识别技术的认可度还是较高的。因此，人脸识别技术在未来一段时间内将一直是热门研究趋势，随着技术的发展，人脸识别技术势必将会更好地造福人类。

16 计算机类：张硕、李彩娟、闫梦瑶、卢杰艳、何小飞
指导教师：陈书静、石俊华

02 红色文化传承与发展调研

“敢为人先，义利并举”

——永嘉精神探讨

精神是一种社会意识，民族精神是一个民族区别于其他民族的精神特质，而地区精神是一个地区区别于其他地区的精神特质。它们都是一个区域内的大多数成员所认可和接受的，富有生命力的优秀思想品格、价值取向和道德规范的总和。永嘉精神是永嘉人民在长期的历史过程中逐渐形成的，与永嘉人民的传统文化密不可分，它产生于永嘉的传统文化，是永嘉传统文化的精神内涵。另一方面，永嘉精神有不仅只代表永嘉的传统，它做到了与时俱进，随着时代变迁，永嘉精神被赋予更多内涵，它更代表了永嘉的现在与未来。本文旨在探讨永嘉精神的形成过程和永嘉精神在近代的作用与贡献。

2016 年 4 月，有幸跟着马克思学院的老师和研究生们前往温州市永嘉县，旁听了“永嘉‘包产到户’与中国农村改革”学术研讨会。会上多名专家指出，“敢为人先，义利并举”的永嘉精神是永嘉‘包产到户’的精神动力，是‘包产到户’成功的内在原因。接下来，我们参观了永嘉县革命历史纪念馆，一张张历史图片和历史物品在我眼前描绘出当年永嘉人民在革命、抗战、解放时期热血斗争的波澜壮阔的画面，永嘉人民敢作敢为，团结拼搏，不怕死难的精神深深感染了我。之后，我们参观了苍坡村李氏祠堂，感受到永嘉千年前的文化底蕴，而永嘉精神正是生根发芽于永嘉浓厚的文化沃土之上。

经过两天的学习讨论与参观考察，我被“敢为人先，义利并举”的永嘉精神深深吸引了，是什么样的土地，什么样的人民，造就了这样的一种精神？这种精神又给这片土地，这些人民带来了什么变化？

一、永嘉精神的形成

（一）生存文化

永嘉县处于浙江南部，东临大海，南毗闽东北山地，西临金衢盆地，北接宁绍平原，域内三大山脉呈西南东北走向，当地人大多只能居住在山脉之间的溪谷和滨海地区，这很大程度上限制了当地人的生存与发展。

“三面环山，一面临海”的封闭环境，使得永嘉与外界交流极为不便，而多山少田的苛刻自然条件，又使永嘉人民的生活比较艰难，种种条件的限制，使永嘉地区难以受到国家重视。交通信息的闭塞和生活的艰难促使永嘉人民无心关注天下大事，而更看重解决家庭温饱问题。长此以往，形成了永嘉人民的“生存文化”。在“生存文化”中，永嘉人民孕育出了早期永嘉人的“家国观念”，相对于国家利益而言，他们更加关心和注重“家庭”和“家族”的利益，而且把“家”的独立性和“家”作为社会经济主体的权利看的至高无上，不容侵犯。

“生存文化”不仅体现在对“家”的看重，更体现在遭受侵犯时的拼搏精神中。

永嘉靠山临海，历史上曾多次出现匪患。每逢战乱时期，境内山脉连绵的永嘉地区往往会成为土匪、兵匪的聚集地，他们多次入侵永嘉，使本就生活艰难的永嘉人民家破人亡。为了保护自身、家人、族人的生命及财产安全，永嘉人民团结起来，一致对付匪患。久而久之，敢作敢为、不怕牺牲、团结拼搏的精神凝聚在永嘉人民体内。

（二）移民文化

由于群山阻隔，永嘉地区一直隔离与中原文化中心甚至浙江文化中心，当地人被称为“瓯人”，是南越百族的一支。直到秦汉时期，国家向该地区迁入大量北方汉族人口，带动了该地区的经济文化发展，更是在此地设县，将此地正式纳入正统文化的范畴。

五代、南宋以来，大量北方士族南迁，在与永嘉本地原有居民的融合中，形成了永嘉人较为奇妙的文化特质，这种文化特质表现为永嘉文化中多种矛盾的统一体。

“封闭和开放”的统一。永嘉的封闭性在于其地理位置的封闭，开放性则体现在对外来文化的包容与吸收。

“血缘和合作”的统一。强调“家庭”“家族”是永嘉的传统内涵，但是随着大量外来移民的迁入，以及经济的发展，仅靠血缘维系的经济社会活动逐渐难以维持。于是永嘉文化中逐渐出现了合作的精神内涵，表现为本地居民与外来移民的合作和不同地域移民之间的合作。

（三）耕读文化

永嘉三面环山的地理位置虽然给永嘉的交通和信息传递带来很大不便，却也使得永嘉成为战乱时期做好的避风港，也成为大量名门望族隐居的世外桃源。他们的定居不仅带动了永嘉的文化发展，更是孕育出楠溪江独特的耕读文化。

“耕读文化”强调自给自足，读以入仕、耕为读用。读书人在此隐居读书，并非甘于隐居，而是潜心学习，力图有朝一日能改变国家命运。在这里，耕种是为了养家，读书是为了报国。“耕读文化”所折射出来的是另一种家国观念，这种观念强调“耕以养家，读以报国”，虽然“家”的概念仍然浓厚，但是“国”的概念正日渐清晰，在耕读中把“家”“国”有机统一起来。

（四）永嘉学派

南宋时期，全国政治经济中心全面南移，是永嘉地区迎来大发展。此时，永嘉地区工商业经济发达，出现大量富商，他们要求抵御外侮、减轻赋税、大力发展商业。永嘉学派就产生于此时期。

永嘉学派又称“事功学派”，代表人物为薛季宣、陈博良、叶适等，他们都是温州地区人，且都交友颇深，观点一致。永嘉学派率先提出“事功”思想，主张利与义的一致性，强调“以利和义，不以义抑利”。“义利并举”正是永嘉学派的核心思想，它认同“义为本、利为末”的观念，却反对“见义忘利”，他们认为人的利益诉求有利于推动社会进步。这种利益观不断推动永嘉人民参与经济活动，投身社会建设。

永嘉学派还主张“农商一体”，强调实践，务实创新，鼓励永嘉人民参与实践，参与创新。这种精神随时代传承，逐渐发展，成了永嘉“敢为人先”的精神。

永嘉学派的出现，高度总结概括了永嘉地区先前的文化，并在此基础上提出了“义利并举”的利益观和“务实创新”的创新观。可以说，永嘉学派是永嘉精神的集大成学派和传承源头。

二、永嘉精神的历史体现

（一）革命战争时期

永嘉是浙南革命的源头，永嘉的先进分子首先点燃了浙南革命圣火。党的创建初期，永嘉人谢文锦、胡公冕加入中国共产党，在党最艰难的时期为党做了大量工作，并起到了模范作用。

1921年到1927年间，永嘉先后有13名同志受党委派前往苏联学习，他们进入苏俄莫斯科大学，东方大学，中山大学和莫斯科航空大学学习。回国后，大部分人在革命的实践中做出了自己的贡献。永嘉留苏人才的归来，为党提供了一批精英强干的干部队伍，为党的建设提供了重要帮助。

1924年，直属中共中央领导的浙南最早党组织——中共温州独立支部在永嘉城区建立。1928年1月，中共永嘉县委成立。温州独立支部和永嘉县委的成立，为党在浙南地区彻底打开了局面，这个过程离不开永嘉人民支持，敢为人先的永嘉人民在党的领导下为革命事业不懈奋斗。

1929年，浙南地区发生了大面积的罕见自然灾害，而国民党政府非但没有体恤民情，反而变本加厉，增收苛捐杂税。导致农民运动频频发生。在这样的条件下，中共联系群众，于11月9日在永嘉建立了浙南红军游击队和浙南革命委员会，并联系实际情况于1930年5月正式建立了中国工农红军第十三军，胡公冕任军长。红十三军自成立以来，广大永嘉人民积极参军，跟随党的脚步参加浙南地区的革命，叱咤纷纭，红遍了浙江半边天。

浙南地区的革命离不开永嘉人民，永嘉人民敢为人先的精神使他们率先站出来支持革命，并且在革命的道路上坚持不懈地奋斗着。为了中国革命的胜利，1500 名优秀的永嘉儿女献出了宝贵的生命，他们的鲜血染红了整个永嘉大地，他们的精神流传在 80 万永嘉人民的心里。

（二）包产到户时期

1956 年，新中国社会主义改造基本完成，而农业合作化的浪潮正在全国掀起。届时，永嘉县的农业合作化运动正进入高潮阶段，建立了 466 个高级合作社，全县入社农户 38977 户，占农户总数的 74，5%。与全国其他地方相似，永嘉县在农业生产方面也出现了问题，即“管理不善，责任不一，效率不高，窝工浪费”。

面对这种情况，永嘉县委副书记、主管农业的李云河首先肯定了“包产到户”的想法，并协同县委书记李桂茂，县委派出的工作队队长戴洁天在燎原社开始了“包产到户”的第一次试验。

“包产到户”的成绩有目共睹，它极高地提高了农民的劳动积极性，促进了农业发展。然而，即使如此，“包产到户”的实践依然充满艰辛，因为“包产到户”实践触及农村集体经济体制最敏感的问题，其主张与当时党和国家推行的合作化主流不相一致，在某些人看来，属于离经叛道之举，因此引发了一场大辩论。

随着整风运动和反右派斗争的开展，“包产到户”成为农村“右倾”路线的错误代表，受到了批判和和声讨，最终被停止。但是，“包产到户”作为真正给广大农民带来利益的生产责任制，并没有就此消亡，而是显示出强大的生命力，在永嘉甚至温州的其他地区或明或暗地顽强存在着。

永嘉“包产到户”的伟大实践，是永嘉人民在永嘉县委领导下进行的有组织，有领导的实践活动，是对农村改革的一次伟大尝试。永嘉精神在很大程度上推动了永嘉人民的尝试，更是在“包产到户”遭受挫折时，不断鼓舞着永嘉人民进行再尝试。

（三）改革开放时期

1978 年十一届三中全会宣布将工作重心转移到经济建设上来，从此拉开了改革开放的大幕。当时永嘉人民生活艰难，人均耕地不足半亩，在强烈的生存需求下，在“敢为人先”的永嘉精神鼓舞鼓舞下，广大永嘉人民毅然决然地放下手中的农具，走上了经商的道路。

由于地理环境和资源限制，永嘉人无法从事大型商品的经济活动，于是永嘉人民选择了小商品作为自己的出路。1979 年，永嘉人叶克春和叶克林从外地一家纽扣厂带来的一堆纽扣在桥头上就被抢购一空，这让永嘉人看到了商机。“王碎奶”更是说干就干，直接带动了一批永嘉人参与纽扣行业的经营。1984 年，全国最早的农村专业市场——桥头纽扣市场正式开业，这个有 298 个摊位、由油毛毡棚搭建而成的市场从此焕发惊人的活力。

在率先参与经商的同时，永嘉人也没有忘记“义利并举”的永嘉精神，他们注重实效，诚信经营，在经济利益与道德之间取得很好的平衡。因此，他们将小商品事业做遍大江南北甚至将市场扩大到海外。

三、永嘉精神的现代解读

“义利并举”在过往意味着利益与道义的和谐统一。过往的永嘉学派认为，追逐“利”可以推进社会发展，但是“义”才是社会和谐发展的保障，所以要“义利并举”。当代社会下，“义”不单只道义，更指法律。如今的“义利并举”，是指一切利益都要在法律允许的框架内谋取，法律是底线，是禁区，任何“利”都不能脱离“法”。

“敢为人先”在过往意味着敢作敢为，不怕死难。过往革命时期，永嘉人民身先士卒，站在革命最前线，为革命抛头颅洒热血，正是敢为人先的最好体现。如今，“敢为人先”已经不再是敢打敢冲的革命精神，而是敢于创新，勇于创新的创新精神。这既包括理论创新，更包括实践创新，就是要在旧知识，就理论，旧经验上进行创新，找到适合永嘉人民的新型发展道路。

四、总结

一方水土养一方人，一方人养一方水土。永嘉独特的地理环境和复杂文化底蕴造就了“敢为人先，义利并举”的永嘉人民，而永嘉人民反哺于这片“八山一水一分田”的土地，开发建设这片贫瘠的土地，使这片土地变得富饶。我们有理由相信，这么一群有着自己独特地区精神的永嘉人民，一定会使永嘉在中国大地上绽放出前所未有的光芒。

材料科学与工程（2）班：金浩楠
指导教师：渠长根

长征精神的传承现状
——问卷与走访后的思考

新一代青年人需要长征精神的指引，长征精神需要青年人的传承。长征中的故事是令人震撼的，长征精神的重要作用也是众所周知的，然而长征精神的传承却面临着许多阻力，但又发现民众关于长征精神的传承现状的思考却少之又少。于是便通过实践调查与思考后，写下本文。通过线下的问卷、采访，以及线上的问卷调查获取数据。对数据进行了多维度解读，探索剖析了目前长征精神的传承中可能遇到的阻力，并且对如何解决或缓解该问题进行了较深层次的思考。并从长征精神的代表人物及时代价值、青年人的传承重任、阻碍传承的因素探索、问卷及访谈结果、建议和对策、实践体会、实践总结七个方面展开，阐述长征精神传承现状，展示本小组的实验过程及成果。

一、记忆中的精神人物与时代价值

（一）长征路上的老同志

徐特立，1877 年生于湖南长沙，1927 年加入中国共产党。长征出发时，徐特立已经 57 岁，是长征“四老”中最年长的一位。长征途中，徐老常常利用行军路上和宿营间隙，教战士们识字读书，为大伙带来知识的养分和学习的乐趣，冲淡行军的艰难困苦之感。据士兵回忆，徐特立被亲切地称为“怪老头”：看到路边被扔掉的破草鞋，他就会捡起来，洗干净、拆解开来，挑着走，周围谁没有草鞋或者草鞋太破了，就给人家一捆草条打草鞋。虽然徐老年龄最大，但他很少骑马，总把马让给体弱生病的战士和女同志。

徐老一生戎马，在新中国成立后，他被任命为中央人民政府委员、中宣部副部长，1968 年 11 月 28 日逝世。毛泽东亲自在他的悼词中加上“革命的一生、光荣的一生、伟大的一生”。

谢觉哉，1884 年出生，湖南宁乡人，1925 年加入中国共产党。1934 年，50 岁的谢觉哉参加了长征，是中华苏维埃共和国临时中央政府秘书长，随身带着“中华苏维埃共和国内务部”的印章。他认为，印章是红色政权的象征，不管前途多么艰难，将来总还用得着。过草地时，他把唯一御寒的毯子也扔掉了，但印章却保存着。

长征途中，谢老身患疟疾，高烧不退，但只要部队一声令下，他就毫不犹豫地爬起，咬着牙跟着队伍出发。

许多年后，当有人请谢老讲长征的艰苦生活时，他说：“当时，看样子是苦，但心里充满希望，坚持走出草地，就是最大的快乐。甘与苦都是比较而言，快乐常常不在艰苦之后，而在艰苦之中。”

（二）长征精神的时代价值

如果长征精神仅仅是适用于当时当地，那么这些精神也就不会历久弥新、代代相传。正是因为这些精神在今天依然有着极大的时代价值、教育意义、导向作用，所以才超越了时空，超越了民族甚至超越了意识形态，成为我们党永恒的精神财富和价值追求。

建设社会主义的物质文明和精神文明，实现全面建成小康社会的宏伟目标，实现中华民族的伟大复兴，需要新时代的长征精神，需要高素质的人才，需要以大学生为主体的青年一代奋发有为。

大学生作为国家的未来继承者，必然要重视对其的教育，所谓“少年强则国强，少年雄于地球则国雄于地球”。不怕牺牲、前赴后继、勇往直前、坚韧不拔、众志成城、团结互助、百折不挠的伟大长征精神。正是我们当代大学生所不可或缺的，我们要肩负起祖国的未来。

长征精神的艰苦奋斗是大学生迫切需要学习的。艰苦奋斗是中华民族的传统美德，如今的我们没有过饥肠辘辘的感觉，大家都是在家长的细心呵护中成长的，也不知道艰苦奋斗是什么。以长征途中鲜活的事例对大学生进行艰苦奋斗精神教育显得尤为重要。引导大学生从我做起，从小事做起，从现在做起，正所谓“千里之行，始于足下”。引导大学生树立科学的消费观念，强调合理消费和适度消费，反对过度消费、高消费、超前消费，使大学生养成勤俭节约的生活习惯。要对大学生进行集体主义教育。团结统一、顾全大局是长征胜利必不可少的因素之一。当代大学生应该树立集体主义意识，要强调个人对集体的责任，处理好个人和集体的统一关系。

二、青年一代的历史重任

“传承”，这个词近几年被强调的很频繁，亦有多种诠释，但凡稍有一点时间积累的东西都会被贴上传承的标签。以至于充满叛逆、追求相异、不愿被束缚、随性而为的90后对这个词充满抵触。于是，对于不需要被提到传承高度的事物，我们会直接忽略，但对本应该传承的事物，我们也会不自觉地认为可有可无，甚至会产生“何必如此较真”的想法。这样的信号不可谓不危险！未来国家的建设权掌握在青年一代的手里，他们的态度、思想会很大程度上影响着国家的发展。因此不能以无谓的态度对待一种经历了时间淘洗、历史积淀的事物及精神。

对于一种精神，它在我们身边的存在会显得极为抽象，不可捉摸，难以抓到它的物质承载。我们在接到这一论文主题时就在思考该怎样把传承这个主题与我们青年一代的实际相结合。在经过了几周实践调研后，我们希望以自身的实践经历来分享自己的理解及见解：对于长征精神，我们每个人都是承载它的载体，我们用自己亲身的经历来实践它。也只有如此我们才有资格来阐释这样的主题。在论文实践部分中，我们设计了问卷。在发放问卷时，我们选择走出校园，到更全面的社会一隅去调研。我们去到了钱塘江，选择不同的年龄群体，认识到不同年龄阶段的人对同一问题的看法。并且还根据实际情况，对行人进行了采访。我们第一次走到一个完全陌生的环境中进行样例采集，对完全不了解的人进行采访。这是我们做出的挑战、尝试，虽然这无法和改变了整个民族的长征决策相比，但也是我们用小小的行动来表达了我们对传承长征精神的决心。最后我们也收获到了最真实的资料，还有被采访者真诚的信任。

是的，我们需要从生活学习的每一个小部分开始，用这样的精神来指引每一个小举措。这是最好的诠释，最有意义的传承。

传承从来就不只是某一个阶段的事，他贯穿着整条时间的长河。每个人都是这一过程中的接力者，接力棒要握紧！长征胜利八十周年，在时间的风雨中洗涤了80年，在历史的选择中检验了80年。80年后的今天，关于长征，我们还拥有什么。曾经的寒索急流，我们不会再冒险去体验；曾经的草地雪山，我们不会以生命的代价去经历；曾经的草根树皮，我们更是不可能理解它的滋味。那么，还有什么是我们能够做的？是的，与我们而言，长征，不应该仅仅是过去、是震撼，还应该是传承。而我们必须要做的是在当下改善它，褪去与时代不符的内容，并且发展它。

习近平总书记发出了“蓝图已绘就，奋斗正当时”的号召，我们青年一代应当继续弘扬长征精神，走好我们的长征路！

脚踏实地、仰望星空——这是青年一代应有的姿态。长征，二万五千里，是红军战士用脚印踏出来的漫漫长路；国家战乱平息，人民生活安定，这是战士们心中期盼的璀璨的星空。因为脚步足够踏实，才有不断前行的信心；因为心中的星空足够明亮，才不畏惧无边的黑暗。青年一代是国家的接班人。时代已逐渐将肩负国家重任的接力棒交到我们青年手里。如今我们亦正处于实现中华民族伟大复兴的关键时期；国家全面深化改革攻坚时期；处在第一个百年计划实现的冲刺时期，道路很长，险阻很多，任务很重。此时，我们就要拿出青年一代的精气神儿。每前行一步，我们的脚步要足够铿锵有力，内心要足够沉稳平和，我们的面容要能够从容淡然，这就是在向无数对我们寄予厚望的人民宣告我们的承诺，这就是我们建设好国家最有力的信心。如此，国家的基石才会稳固！当我们昂起头，心中信念与理想同高，担当与责任同行，实干与热情相容，而这些，是无可撼动的坚定，是无畏无惧的坚韧，是自信乐观的坚实。青年一代如此之后，国家未来的发展才会更明朗！

蓝图已绘就，奋斗正当时，青年人，必要走好我们的长征路，传承好精神魂！

三、对“长征精神传承可能面临哪些阻力”的思考

我们新一代青年人需要长征精神的指引，长征精神需要我们青年人的传承。

然而，我们发现，当真正思考长征精神的传承问题时，长征精神的传承遇到不小阻力，从我们的数据分析中不难看出，人们对长征精神能得以有效传承的信心并不大。

但遗憾的是，这一问题并没有得到应有的重视，在百度上搜索“长征精神传承现状”，并且设置“现状”或“问题”等关键词，所能得到的确切结果几乎为0。在搜索“长征精神传承现状”并设置“现状”为必要词时，结果也不让人满意，我们的实践调查报告被排在了首页第二位。第一位为百度知道网友对同样问题的提问，然而其他网友答非所问。

经过我们小组成员的积极思考，我们总结出以下方面，可能是长征精神在传承过程中的阻力因素：

（一）社会高速发展

长征发生在80年前，红军面对艰难险阻，付出了血的代价，完成了一项项看起来不能完成的壮举。

当下，长征被赋予的标签是：“80年前”“战争年代”“物质匮乏”。这让民众有此疑问：这样的精神是否还为我们这个时代所用。

并且，社会发展越快，对精神文化的需求越高，但当前精神文明的传承意识却很薄弱。在高速发展的当代社会，人们总在不停地接受外来的、现代的思想，往往将传统的精神文化遗忘。并且，在人们的观念中，这些精神文化如长征精神，落后于当前时代，不适应于当前时代的需求。

（二）家庭教育薄弱

由于社会的飞速发展，人们变得越来越浮躁，越来越急于求成。一个家庭中，每个家长对孩子各方面素质期望也越来越高，但往往忽视了精神和思想道德建设。加强孩子的精神文化教育显然十分重要，然而在现实生活中，父母对孩子精神文明教育的意识往往略显缺乏。

（三）社会氛围不够浓郁

一方面，在新闻媒体的日常宣传中，极少涉及长征方面的内容，除了一年一度的长征胜利纪念日，促使人们短暂性地接触这一主题，绝大多数情况下，都被大众所遗忘。另一方面，经历过“长征年岁”的群体大多已经故去或年岁已高，故这一主题常常不被提起，人们对长征的认知逐渐淡化。

（四）文化入侵

在这个信息化的时代，任何文化的交流似乎都变得畅通无阻，这带来的就往往是西方文化大量、快速涌入。然而这些文化的质量良莠不齐，正是这样的外来文化，冲击着人们的认知，尤其是对价值观尚未健全的年轻人；这样的外来文化，对中国传统文化精华，尤其是长征精神文化，造成了巨大的冲击。

四、问卷、采访调查结果

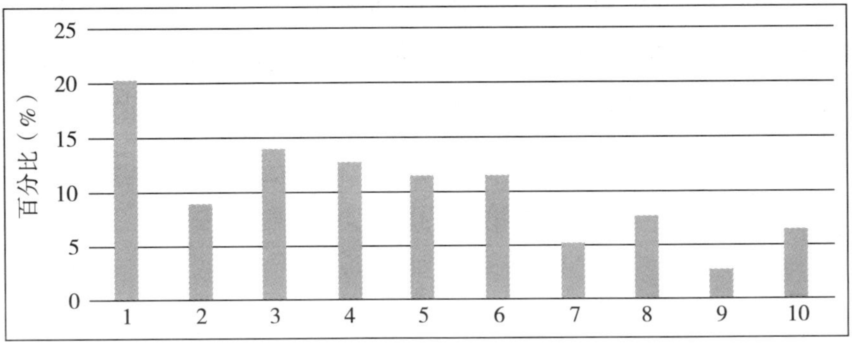

图 1　对长征精神影响力的评分

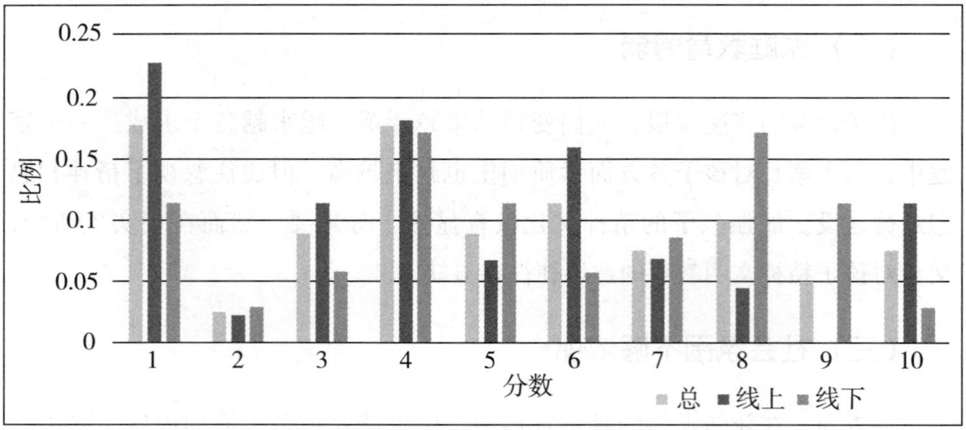

图2　对长征精神能否深入人心的评分

由图1不难发现，大家对长征精神影响力的评分整体较低。再看图2，对于线上问卷，绝大部分民众对长征精神能否深入人心给出的评分为1－4，表现出极为消极的态度，而这部分民众主要为90大学生一代。

对于线下问卷，更多民众对此给出的评分分布在4－8之间，表现出既不乐观积极亦不极端消极的态度。而这部分民众年龄跨度大，青年、中年、老年人均有参与。两份样本数据结果形成比较大的反差。

为何在青年一代的意识中，对长征精神能深入人心如此缺乏信心？我们讨论分析得出：在全球迅速发展的当下，青年一代的生活节奏显著加快，各类更有吸引力，更具趣味性的事物大量兴起。随之而来的是，在他们的意识中革命英雄主义被淡化，对革命的无意识状态加重，对革命的否定也情绪明显上升。同时在青年群体以及整个社会中，艰苦奋斗精神被贬低，奢靡之风渐盛，这更是加剧了长征精神的被忽视、被抵触。我们认为这种态度不仅只是对于长征精神，对于其他所有民族精神，亦会有此态度。这是影响我国社会主义精神文化建设的极其危险的因素！

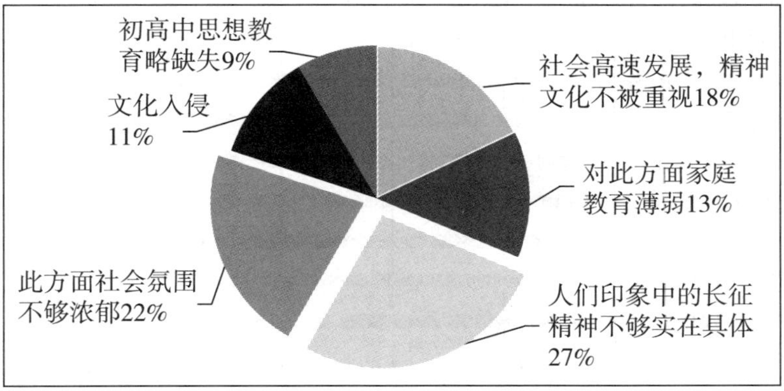

图 3　民众眼中传承长征精神所面临的阻力

民众认为长征精神在心目中的虚空化是其传承的最大阻力，其次社会高速发展、家庭教育薄弱、社会氛围不够浓郁三个方面同样是长征精神传承的主要阻力。

根据图 3 数据统计，不难分析出：我们当今的社会中，革命教育极为乏力，革命精神与社会实践结合缺乏，因此给民众以社会氛围淡薄，长征精神虚空的感受。同时，家庭、学校对此类精神的教育极为缺乏，因此长征精神在青年一代的传承就显得更为艰难。

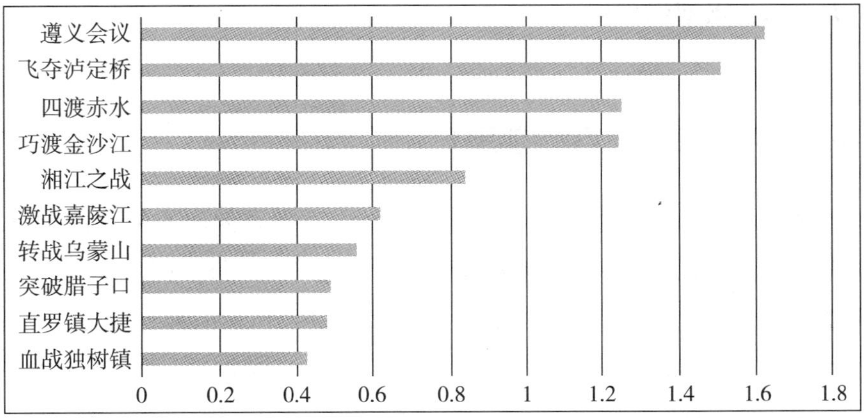

图 4　民众对长征事件的了解程度（0 – 没听说过，1 – 听说过，2 – 有所了解）

图 4 数据反映出：民众对于教科书中常被提及，讲述的事件，如遵义会议、飞夺泸定桥等了解更详细，而其他事件则知之甚少。这不难分析出，家庭、学校、社会对弘扬长征精神的教育力度不够。

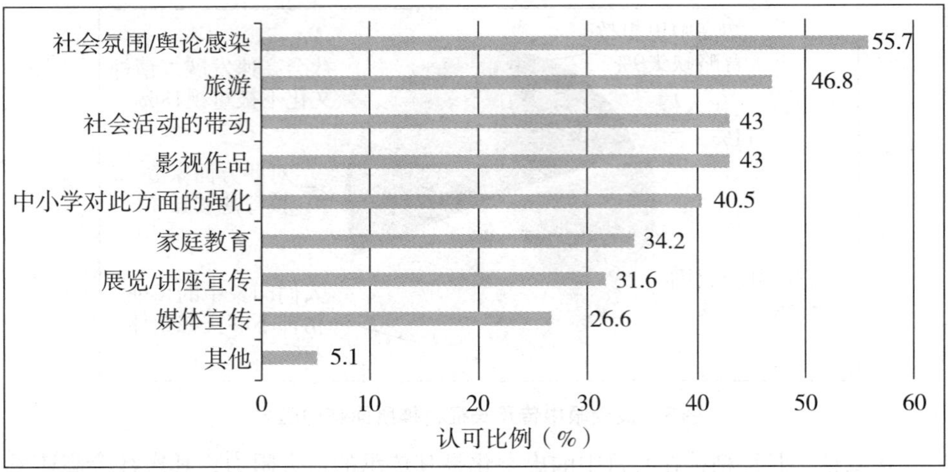

图5 民众对宣扬与传承长征精神方法的观点

据图5数据可分析得知：对于一种精神的传承，民众更希望以一种轻松的方式去真切地感受它，实践它，这也更符合当今人们的生活节奏与生活追求。

五、建议和对策

（一）学校有义不容辞的责任

由于经济的飞速发展，科技的日新月异，学生更关注实际技能的发展，如今的大学也更专注于专业技能的培养，反而忽视了精神的传承。若想长征精神深入人心，首先应从教育抓起，要特别重视中小学的教育宣传，从小培养青年一代的长征精神意识，例如开展长征精神主题班会，宣传长征英雄事迹，在中小学的课本里加入与长征相关的篇章，学校组织长征纪念活动。对于高等学校的学生，高等学校应该注意时刻宣传党的规章制度，积极组织长征精神讲座，树立学生的精神传承意识，促使长征精神深入人心。

（二）父母是孩童精神教育最好的老师

父母是孩子的第一任老师，如果父母对长征有所了解，就可以向孩子更好言传身教，让孩子更加了解长征，了解长征精神。

（三）增加社会氛围

宣传和弘扬长征精神，社会起着重大的作用。今天，我们处在实现“两个一百年”的奋斗目标中第一个一百年奋斗目标、全面建成小康社会的决胜阶段。长征的胜利，对我们全面建成小康社会的新长征有着许多重要启示。

（四）影视、媒体的责任与义务

如今的影视作品，大多数是以爱情，婚姻，娱乐八卦为主题，涉及长征影视作品少之又少，人民群众缺乏了解长征的渠道。相关影视作品，只有到了纪念日的时候才大量播出，涌入人们的视线，而且宣传力度不够，对于大部分的相关影视作品人民群众无法深入了解。我们认为应该加大爱国教育宣传，利用影视媒体进行大力传播，鼓励相关影视作品的创作。

弘扬长征精神，还要提高公民的道德素质，加强文明教育，改掉不文明陋习：例如旅游景点的涂鸦、随手丢垃圾、随地吐痰等，这些行为都与长征精神相违背，宣传长征精神，应从小事做起，做文明公民是第一步。

（五）法律、社会保障体制完善到位

近年“扶与不扶”一直是社会关注的热点，这也是长征精神没有深入人心的一个体现。但反观，如果相应的法律机制落实到位，让“帮与被帮”的人都安心放心，那么“扶与不扶”就不会成为舆论的焦点。当自身能够得到保障，相信对于大部分人而言，都会有乐于助人的心。

六、实践体会

在去往钱塘江发放问卷前，我们对每人进行了分工，带着各自的任务一同出发，大家也商量了很多注意的事项，例如被调查者要有明显的年龄差别，在问卷时考量对方是否有时间有兴趣等。

到达钱塘江边，我们兵分两路，沿着钱塘江向两个方向出发。开始分发

时我们的内心还是很忐忑的，觉得每发一份问卷，都需要鼓起很大勇气。但分发出几份后，发现大家并不排斥帮我们填写问卷，甚至当他们知道我们是第一次出来做实践活动时，还会给予极大的支持。当时还有几位叔叔是看到我们在和行人交谈，主动来帮我们填写，这是我们收获的感动喜悦。但是在发放问卷过程中，对于问卷中提及的一些内容，我们也没有进行深入了解，当别人想通过我们了解长征的详细内容时，我们自己却回答不上来，觉得很羞愧、很内疚。

最初我们认为很多人会拒绝填写我们的问卷，我们极不自信地认为能发出 1/3 问卷就不错了。但最后的结果是我们提前将所有问卷都完成，并且还对行人进行了采访，出乎意外的惊喜。

结束后的思考：

1. 不要随便评价：通过对不同群体的采访、调查，我们认识到不同人对同一问题的看法可能是迥异的，所以在我们探究某一社会问题时，一定要去统计、调查，切忌将自己所知理解为大家的主流观点。

2. 沉甸甸的责任：当向被采访者问及对我们年轻一代能否传承好长征精神时，他们都说，当代年轻人虽然存在着一些不足，但年轻人的朝气、正能量十分强劲，他们充分相信我们完全能够担当起这项使命。我们听后很感动，心中的使命感亦更强烈。

七、总结

通过此次实践活动，我们深刻意识到长征精神能够为青年一代生活带来的重要指引意义，意识到落在青年人肩上的传承好长征精神的重任有多么的艰巨。

目前，我国的众多传统精神文化同长征精神一样，正面临着方方面面的威胁与挑战。我们真诚地呼吁社会各方面，重视中国传统文化的传承与发扬的现状，以及重视传承与发扬的工作。同时，传承并发展长征精神，是新一代青年人义不容辞的责任。身处高速发展且复杂的社会环境之中，青年人更应该认真学习长征精神，把该精神传承下去。

这一路的经历中，团结比分歧多，欢笑比劳累多，方法比问题多。一路上的收获不可谓不多。

分配力：实践活动中，我们会有小组组长。作为小组的领头人，需要有清晰的思路，对论文的组成部分要明确，对实现各部分任务的路径要明晰。同时，任务的分配要合理，尽量实现任务的均分，充分发挥小组成员所擅长，让伙伴们在完成任务过程中能充满激情，收获满足。

沟通力：这次实践过程中，我们深深体会到沟通的重要性。小组内部任务分配，论文发展需要讨论，沟通，好的沟通才能带来活动的顺利发展。在外出实践时，我们需要与采访者沟通，了解他们对我们主题的看法，收集最真实的资料。

执行力：这是我们所有人深有体会的一点，当任务分配好后，一般情况下，可能不会第一时间去执行，要有了外在的催促，才能在最短的时间里，最高效率的达到目标。这是我们都有所欠缺的，我们很庆幸在这次活动中看到了自身的不足，给了我们自我提升的目标。

责任感：这次的主题是长征精神的传承，通过几个星期的实践，我们发现自己对长征知之甚少，意识到自己以及更多青年人都忽视了对长征的了解。长征震惊了世界，它的精神更是早已成为中华民族精神的组成部分。我们作为华夏儿女，作为民族继承人，如若我们忘了长征精神，忘了更多如长征精神般宝贵的民族精神，那么祖国的未来就是虚空的，失去了精神支柱的国家，他的脚步还会是坚定有力的吗？他的发言还会是掷地有声的吗？传承是我们所有人的责任，无可推脱。它必定要成为我们人生目标中最长远，最艰巨的部分！

电子商务类16级1班：李幽、张惠旺、刘曦露、蒋小丽、梁晓静、李诗萌

指导教师：赖继年

对红色文化影视作品的了解和建议

红色文化影视作品在当代社会爱国主义教育中变得越来越重要。其作为传播红色文化中一个重要途径，为传承我国的民族精神以及时代精神具有重要的战略意义。为了能更好地宣传党的历史和红色文化知识，进行了相关的网络问卷调查，通过调查分析，了解了人们对红色影视的认知，以及受大众欢迎的红色影视所应具备的特点和所应涵盖的内容，并且具体阐述了大众喜欢怎样的红色影视，为当下红色文化影视建设与宣传提供了建设性的建议。

红色影视主要是指以红色历史革命为题材的影视作品，主要涵盖建党以来主要的历史革命英雄事迹的作品。但红色影视好像并不受到人们的关注与重视，以至于越来越多的红色影视的创作者剑走偏锋，使制作出来的红色影视作品丧失了灵魂，偏离了主题，特别是近几年大量所谓“抗日神剧”的出现，这些“抗日神剧”虽然比以前的画面效果更好，但是与历史史实有很大的偏颇，甚至对影片中的低俗剧情添加浓墨重彩，脱离现实，甚至有些剧中竟出现主人公有类似于超能力的剧情。针对这一现象我们对观众进行了问卷调查，以了解民众心目中好的红色影视作品的标准，下述即为我们所调查的结果。

一、印象深刻的红色影视作品介绍

在问卷中，我们对大家影响深刻的一些影视作品进行了汇总。在80份有效回收的问卷中，其中《亮剑》被15名参与调查者列入“印象最深刻的红色文化影视作品”，《地道战》位居其下，被7名参与调查者提名。接下来，就以这两部影视作品为代表，总结一下，给人以深刻影响的红色文化影视作品的方方面面。

（一）《亮剑》

众所周知，《亮剑》是一部战争类电视连续剧，剧中主要描述了优秀将领李云龙富有传奇色彩的一生，从他任八路军某独立团团长率领部队在晋西北英勇抗击日寇开始，直到他在 1955 年被授予将军为止。“面对强大的敌手，明知不敌也要毅然亮剑。即使倒下，也要成为一座山，一道岭。”——这句话就是李云龙，这位“战神”式将军的一生写照。

为什么《亮剑》能够在众多的红色影视作品中脱颖而出呢?

首先，与当下风行的雷人“抗日神剧”不同，剧中没有出现战士近似神话般的英勇神武，而是通过大量运用改编现实战例的手法来表现人物的履历，用现实事件的合理性避免了过于完美化的人物经历，使得故事更加丰满且真实。晋西北铁三角以及周边势力的人物也都有其原型，例如剧中丁伟是以丁盛、钟伟两位将军为原型，孔捷的原型则是李德生将军，楚云飞的原型则是国民党晋绥军的楚惜春将军和中央军的胡琏将军。这样的人物脱胎于现实原型，和“艺术源于生活却高于生活”这句话竟不谋而合，我们认为这样的艺术创作方式既可以最大限度地表现人物，更可以把艺术和生活有机地结合起来，使整部电视剧的人物塑造有血有肉。

其次，则是由于编剧对人物的设定极为巧妙。《亮剑》当中对人物的表现还有一个历史性的开创，那就是并不是以一个高大全的形象来展示我军高级将领的革命形象，而是更加贴近现实地塑造了一个有血有肉的人，而不是一个高大全的神。李云龙这个人物之所以让人感同身受且有强烈共鸣，主要是因为李云龙的形象可爱又不恶俗、刚烈又不失温柔、血性又不失谋略。而这个可以称作是“文盲”的“泥腿子”将军的成长路程实际上也在暗喻着人民军队成长的历程。这也正说明，我们所期待的，并非是十全十美的英雄，而是至臻至善大写的人。

《亮剑》是真实的，至少比我们看到的很多“抗日神剧”要真实。我们期待中国能够出现更多真实还原历史的影视作品。因为只有真实才能激发国民探究历史的兴趣，只有真实才能让英雄的事迹传承。

（二）《地道战》

《地道战》是八一电影制片厂在1965年出品的红色电影，并且于1966年元旦在全国上映。这部电影由任旭东执导，朱龙广、王炳彧、张勇手等主演。截至2012年，已创造出共30亿人次观看的纪录。通过群众对该电影的评论，可以得知，《地道战》之所以给人以如此深刻的影响原因有以下两点：

1. 接近历史与现实，生动朴素且真实

《地道战》是一部黑白有声电影。虽然拍摄电影时的“硬件”不够，但那种朴素与真实感不减反增。

有人说，《地道战》的主题讲的是人民战争和群众路线。在我们普通大众看来，这就是一部好人对抗坏人的片子，就是讲述老百姓如何在残酷战争中发挥自己聪明才智的真实记录，就是这么朴素，不要上升到太高的高度，否则谁都会诚惶诚恐。

不得不说，有这样的影评，作为一部关于抗日题材的民兵革命传统教学片，《地道战》做得很成功。它基于现实，却又不拘泥于现实。它在小事中切入，将真实的历史全面的展露于世人的眼前，超出历史的同时却不脱离现实。

可以看出，一部影视作品，是艺术也是生活。接近历史与现实，生动、朴素、真实，才是一部好的影视作品所必须有的“品质”。

2. 主题深刻，拍摄用心

然而，这样的影片，现在，大约是很难再见到了。没有普遍意义上的主角，每一位村长，都是抗日战争时期全中国千千万万村长的缩影；每一位八路军分队长，都是当时全中国千千万万的八路军分队长的缩影；每一位参与对敌斗争的村民，都是当时全中国千千万万为了生存拿起枪战斗的村民的缩影，这在《地道战》中有着突出表现。

电影《地道战》的主题思想是什么？军委首长在审查影片《地道战》后，一致认为“毛主席的人民战争思想体现得很明确”。《地道战》无时无刻不在体现毛主席的“人民战争思想”。贯穿整部影片的《论持久战》一书，起了“革命法宝”的作用，它的威力在高传宝身上发挥到了最大。高传宝运用毛泽东军事思想武装头脑，战胜了敌人。《论持久战》在影片里不再只是一件道具，更是加强党领导的形象，体现主题思想的一个形象。

《地道战》从准备到杀青，花了编导者不少心血。从克服没有剧本，时间紧迫，到绞尽脑汁的体现党的领导，毛泽东战斗思想，再到如何让人们印象深刻，教育而非误人，一部一个半小时的电影，发动了大量群众，动员了多数人民，才将这部电影打造成优秀的抗日民兵革命传统教学片。《地道战》让人印象深刻绝非偶然。

二、关于国内红色文化影视作品的问卷调查

红色文化是指在革命战争年代，由中国共产党人、先进分子和人民群众共同创造且极具中国特色的先进文化，其蕴含着丰富的革命精神和厚重的历史文化内涵。如今，正值我国建党 95 周年，而影视作品，如革命电影，抗日电视剧等则是纪念党的成立、宣传红色文化的一条有效途径。不过，想制作出优秀的红色影视作品，光知道优秀的作品为何优秀是不够的，还要了解不足的作品有何不足，以及观众的喜好是什么，这样方能扬长避短，投其所好。因此，为了进一步了解人们对当下近 5 年的一些红色影视作品的看法与喜好，我们对问卷的数据进行了详细的分析，结果如下：

（一）调查的基本情况

此次调查，我们主要采用网络问卷的形式，结合部分被调查人的面谈采访，旨在全面了解人们对红色文化影视作品的看法。网络问卷的对象大多为大学生和他们的家长。填写并回收的有效问卷共 80 份。问卷主要分为两个部分，第一部分是对回答问卷者的基本情况的调查，第二部分是对回答问卷者对于红色文化影视作品的看法的调查。调查数据分析如下：

1. 被调查者基本信息

本次参与调查的被调查者共 80 人，其中男性 48 人，女性 32 人，男女比

例基本平衡。在80个被调查者当中，年龄在19到25之间的有68人，占到总数的85%，其他年龄在18以下和25以上的仅占总数的15%。所以这份问卷很大程度上反映了年轻人对红色影视作品的看法。同时被调查者大多有较高的文化水平，82.5%的被调查者受教育程度在大专以上，且多为共青团员。

2. 被调查者对红色电影的了解程度

在被问到“您对红色电影的了解程度”这一题，超过半数的被调查者表示了解不多，各有20%左右的被调查者表示“还算了解”或“几乎不了解”，仅有2位被调查者表示自己对红色电影非常了解。调查结果说明了国人对红色电影的了解程度可见一斑。

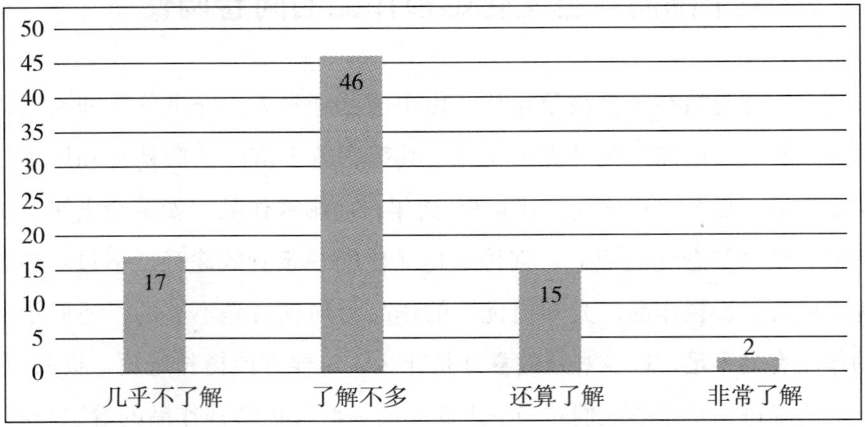

图1　调查者对红色电影的了解程度图

红色影视作为一个民族文化的重要表现形式，丝毫没有了解的话也可以说是教育的失败之处。教育若只是培养有专业知识及技能的精英是远远不够的，还应该具有人文知识素养，方为如今社会所需要的人才。影视业也应当承担其这个行业应有的社会责任，多宣传民族与时代精神而非只注重盈利。

3. 被调查者对红色电影的喜爱程度

在“您对红色电影的喜爱程度”这一问题上，68.75%的被调查者表示一般，25%的被调查者表示喜欢，只有极少数的被调查者态度鲜明的表示讨厌或非常喜欢。

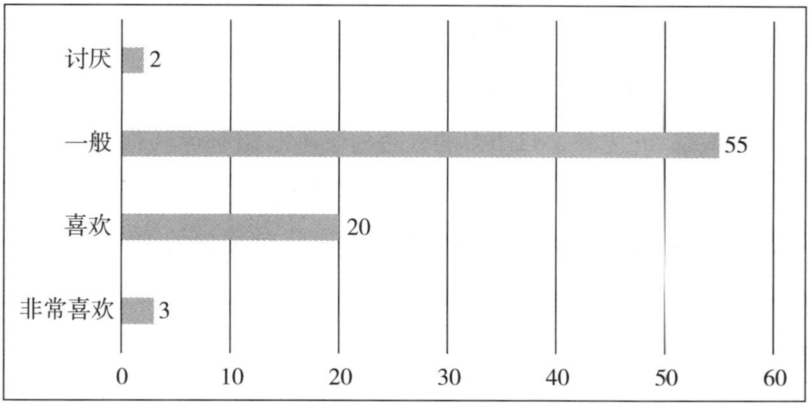

图2　调查者对红色电影的喜爱程度

也就是说，在大多数被调查者眼中，红色文化影视作品不会给他们留下太深刻的印象，无法给人以深刻共鸣，不使人喜欢也不令人讨厌，这说明了红色文化影视作品本身品质不佳，也反映了人们对红色影视的关注度并不是很高，因为接触的少，也就谈不上喜欢或是讨厌。这恰好解释了题2，从侧面衬托出红色影视方面知识文化传播形势严峻。

4. 被调查者关注红色文化影视作品的方式

为了了解人们关注红色文化影视作品的方式，我们在问卷中设置了“您关注红色经典电影的渠道”这一问题。调查的结果显示互联网与手机是人们了解红色文化影视作品的主要方式，也有少部分的人通过广播或报纸来了解红色文化影视作品。

在这个互联网已经成为文化传播的主流方式的时代，这样的结果也在意料之中。如今随着互联网时代的到来以及经济全球化的迅速发展，琳琅满目，令人眼花缭乱的信息及新兴事物都在吸引、诱惑着人们，能够抵挡这些诱惑的人是少之又少，加之周围人群的影响。虽然也有发起的有关红色影视文化的活动被很多人积极响应号召，但这种响应只是一时的，真正能够坚持的只是少数，另一大部分人则仅仅是一时的热血，这也是众多此类活动失败的根源。所以，有关红色影视文化的活动应当被定期、长期发动，并时刻更新活动内容，创新活动形式，要做到符合群众需求。

5. 被调查者观看红色影视的目的

通过了解人们观看红色影视的目的，可以知道有一半的人都是为了了解历史而观看的，除此之外，42.5%的人是为了不忘国耻等其他原因才观看的，但是有7.5%的人是受他人驱使才观看，值得我们深思的是为何会有这么一大部分的人对红色影视毫无兴趣，是由于个人对红色文化的关注不够，对历史的忽视遗忘，还是因为红色影视制作真的太差以致无法吸引他们？这个值得引起我们的注意。

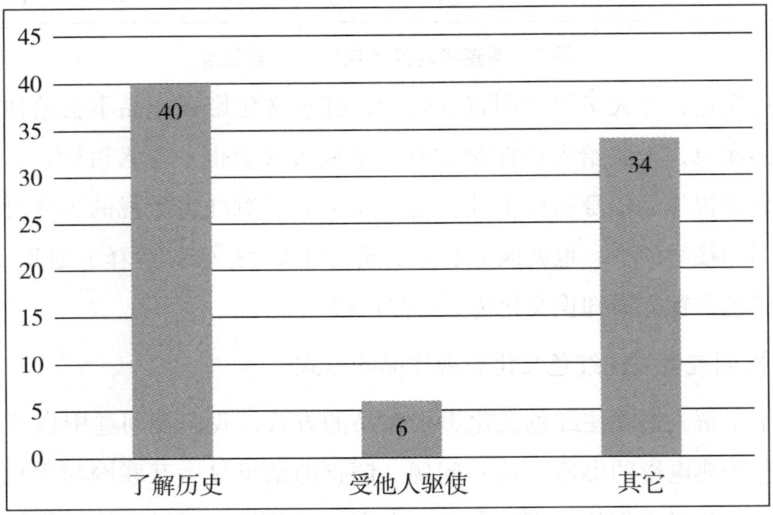

图3 调查者观看红色影视的目的图

如果是个人问题就要加大对红色影视文化的宣传力度，同时从教育方面入手，从小就要给受教育者灌输红色文化。如果问题出在红色影视方面的话，政府或是影视行业相关部门就要对红色影视产业进行规模的整改，打造具有时代精神，适应当今社会发展的新世界。

6. 被调查者对于红色经典电影的真实性的看法

当被问到“关于红色经典电影的真实性”一题时，有38.75%的人认为那些红色经典电影过于夸张，对历史的真实性还原比较差；1.25%的人认为完全偏离历史的真实性，只有13.75%的人认为非常符合，另外46.25%的人认为不清楚是否符合历史。

看到这个结果，我们可以知道，当今的一些红色文化影视作品内容不佳。

虽然红色文化影视作品的主要作用与“教育片”相似，但其本身是一种文化艺术。艺术，基于现实却高于现实，历史的完全还原是无法做到的，所以红色文化影视作品被允许有虚构部分。但从调查可知，除却大部分人不清楚外，还有一部分人指出红色文化影视作品过于夸张，历史的真实性比较差。也就是说，当今的红色文化影视作品内容给人最深刻的印象不是它应该有的文化，而是它低劣的内容。可能这种内容过于虚假的作品仅在少数，但其能给人以深刻印象也可以侧面反映出，当下的红色文化影视作品不够优质。

7. 被调查者对于红色影视对人们的影响的看法

关于“红色影视对人们的影响”发现 32.5% 的人认为作用很大，60% 的人认为作用一般，2.5% 的人认为没有作用，剩下 5% 的人不清楚。从中可以发现红色影视对人们都有或多或少的影响，因此制作红色影视的有关人员就更应该认真严谨，要求真正认识历史、正确认识红色文化的内涵，不要与传播红色文化及过去和现在的时代精神背道而驰，多站在社会和群众的调度思考，用心去制作作品，给当今社会发展注入一脉红色的血液。

8. 被调查者对于红色影视作品的最深印象

“红色影视作品给您印象最深的是什么?”一题显示 62.5% 的人感受到了爱国精神；46.25% 的人了解到了祖国历史；70% 的人看到了民族精神；55% 的人知道了自强不息。我们不难看出，在一部红色影视作品中，这几个方面的要求是最基本的，这几种精神的传达就是灵魂。从问卷中总体分析，在红色影视中这些精神都有体现，但是仍然有部分影视中缺乏其中的这些或某些精神。虽然并不要求制作红色影视的人把所有美好的精神都囊括在内，但是作为一部红色影视作品，这些精神的展现只是最根本的要求。

9. 被调查者对红色影视作品的建议方面

为给予有关红色影视制作的单位提供建设性的意见，有 32.5% 的认为当下红色影视缺乏历史美感，太过沉重压抑；66.25% 的认为缺乏历史沉重感，无法直击历史真相，不够深刻；48.75% 的人认为拍摄制作的相关团队不够认真负责，穿帮镜头太多。具体情况如下图所示：

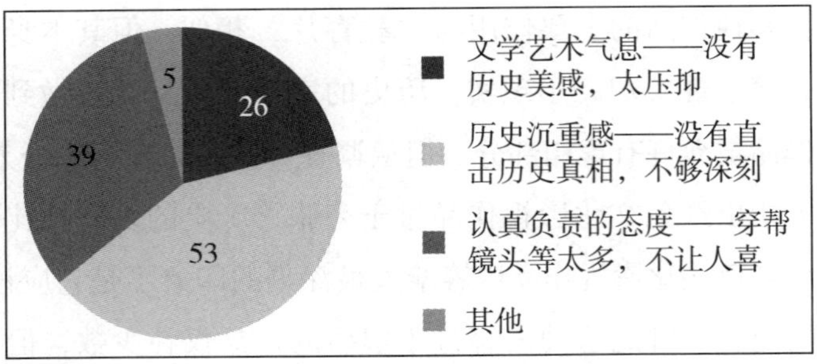

图4　群众为有关红色影视的制作提供的建设性意见图

综上可以看出，一个红色影视作品具有一定的诙谐感，同时相应地具有一定的历史美感、历史沉重感，而且制作精良的话就可以算得上是一部较好的作品。再结合其他的看法，有的人认为太过浮夸，把主角太过理想化甚至于神话，歪曲了历史；有的认为缺乏灵魂，商业目的太过明显，以至于流于庸俗；在他们眼中，主演是关于抗日的题材的红色影视不是太过夸张导致虚假，就是内容庸俗，没有尊重历史。因此，不要为了夺眼球而牺牲作品的灵魂，群众的眼睛是雪亮的，为博眼球而不惜歪曲历史，夸大事实，添加许多庸俗污秽剧情的最多只是名噪一时，最终仍然会被淘汰。其实要真正融洽地把这几点结合在一起，对于制作的人是一个极大的考验，但是观众的品位与时俱进，要求也越来越高，想要抓住观众就必须付出更大的努力。

三、建议

大学生在当今时代潮流中是新文化、新科技以及新知识的创造者，是当下思维最敏捷、最具创新力，最富有时代感和先锋创新意识的群体，是我们国家和整个民族继往开来的中坚力量。在竞争日益激烈的国际环境下，我国大学生的爱国意识培养对于我国和平崛起、民族的伟大复兴具有重大意义。

然而经过对大学生对红色影视文化了解的调查发现红色文化教育的不尽人意的现状，因而通过分析其中缘由对推动红色影视发展提出了几点建议。

（一）红色影视制作单位

在优秀的红色文化的影视作品的创作中，红色影视制作单位无疑是其中最重要的部分。对于它我们有以下几点建议：

1. 拍摄内容

有关红色文化的影视作品，在拍摄内容上应该要尽量尊重历史，符合现实。编剧在编写剧本时务必要保证重大历史事件在时间、地点及人物上的正确性。

2. 主题和立意

红色文化影视作品的主题和立意应当要有灵魂和思想深度，同时又要对观看作品的群众有一定的启迪及指导意义，以教育群众的爱国主义思想为立意标准，在坚守某种文化立场和精神家园的同时，了解并运用大众文化的生产与传播规律，充分理解大众消费文化的基本价值观念和审美趣味。

3. 人物形象

红色文化影视作品中的人物形象应当真实生动，有血有肉，不添加夸张、恶俗的成分，如广受非议的“手撕鬼子”“石头打飞机”“包子手雷”等包含烂俗桥段、人物过分的主角光环和不正确的三观等的情节应坚决抵制。

4. 细节

注重影视细节的刻画，以引起人们的共鸣为目的。除了宣扬红色文化的主旋律外，还可添加一些表现角色间亲情、爱情及友情的细节，不仅可以丰满人物的形象，还可以增加剧情的可视性，更好地引发观众的共鸣。

5. 拍摄与制作

拍摄剧组要用心拍摄，以认真严肃的态度对待影视作品的拍摄，不仅要避免穿帮镜头，无厘头台词等低级拍摄错误的出现，还应该在制作上多花心思，在人物造型、服装、画面上追求精益求精。充分调动视听语言，在这些方面，保证影片有流畅的镜头语言、动感的画面以及逼真的音效。尽量使用演员的原声，避免使用事后配音，以避免画面和声音不协调造成的违和感。

6. 演员选择

在演员的选择上，不要盲目地追求大明星。拍戏时需要演员来饰演角色，首先需要考虑的是演员能够完成这一角色。如果这个演员是明星，那就是锦上添花。但如果这个明星不适合这个角色，不见得是件好事。

7. 创新

创作者在熟悉基本元素和基本模式的前提下，要能够大胆地对影片进行重新组合与重新嫁接，尽量使整部电视剧在叙事结构与情节设计上都充满活力和意趣，在变与不变的权衡之间使剧作呈现出不一样的审美趣味。在争取受众方面的技巧上，要善于重新加以组合利用相似题材类型片中的各种成熟有效的视听语言精华，与此同时，要注重充分铺陈与演绎人物关系和情感之间的纠葛，坚持在“情”与“理”的矛盾冲突中挖掘出扣人心弦的戏剧性。

（二）学校

学校是学习红色文化的最为有效的平台，学校应该充分利用好其自身的优势，来增加学生对红色文化以及相关影视作品的了解，以激发其相关方面的兴趣，有利于提高学生对红色影视文化的鉴赏能力，这也有利于促进红色文化影视作品的发展。因此，对学校提出以下几点建议：

1. 增加相关课程

在育才之前先育人，增加有利于学生在思想道德方面的课程，例如红色影视文化课程。

2. 课堂教学手段

在思政课堂教学过程中，注重通过多媒体形式，例如运用文字、数据、图形、图像、声音、动画等手段，充分利用本地乡土文化所特有的地域亲和性优势将一些直观的、真实的、丰富的、学生已经熟知的本土红色文化呈现在学生面前，构建仿真式教学。可以适当地给学生观看一些经典的红色影视作品，进行适当的影视赏析，通过赏析红色影视作品来让大家了解红色影视，进而了解红色文化。

3. 组织竞赛及文化活动

在校内可以举办该方面知识的竞赛及文化活动，为宣传红色影视添加趣味性，还可以丰富学生们在红色文化方面的知识。通过竞赛的方式来激发学生对红色影视的兴趣，促进红色影视进一步发展。

4. 创建交流平台

创办红色影视文化的交流平台，引导学生的深度思考，以增强红色影视对学生的影响。同时，平台要注意形式多样化、内容丰富化，从多角度来诠释红色影视文化。例如，可以借助校园宣传展板、开展红色影视文化讲座、建立红色影视文化公众号等平台，为老师、学生提供一个红色影视文化思想感悟、观后评价及讨论的平台，促进学生对红色影视的深层思考。

5. 组建相关社团

组建红色影视文化的社团，作为大学生实现自我教育的最直接的平台，通过学生社团向更多的宣传红色影视文化，让更多的人了解红色影视文化，喜欢红色影视文化。

（三）个人

作为新一代的大学生，我们感知着伟大祖国的迅猛发展，同时也感知着经济与科学的迅速腾飞。大学生作为共产主义接班人，作为这个时代价值的创造者和传播者，我们有责任、有义务继续大力弘扬民族精神，让红色先进文化与现今的主流文化相结合，让它在未来的岁月里薪火相传。因此，对当代大学生提几点建议：

1. 我们要关注我国红色影视文化的发展，正视当下红色影视的发展现状，并且可以对有关部门提出自己的看法与建议；

2. 多了解有关红色影视文化的知识，多接触有关红色影视方面的内容，例如红色影视作品、有该内容的报纸杂志或是一些书籍等，认真品味其中包含的精神内涵；

3. 多掌握有关我国红色影视文化的相关动态，随时做好宣传红色影视文化的准备，在日常生活中积极宣传以及推崇红色影视文化。

四、总结

红色影视主要是指以红色历史革命为题材的影视作品，主要涵盖建党以来主要的历史革命英雄事迹的题材作品，为推进社会主义现代化建设而艰辛努力浴血奋斗为主要内容的文化形式。在已步入信息时代的今天，红色影视文化在当代大学生爱国主义教育有着举足轻重的地位，起着越来越大的作用。

应用心理学15（1）班：刘文双、刘思雨、刘华香、吕泽婷、张科
指导教师：赖继年

红色精神与当代大学生思想道德建设

自中国共产党建党以来，其革命历史给后人留下了很多宝贵的历史遗产，尤其是红色精神得到了极大的传承与发扬，显示出了蓬勃的生机与活力。本文从当代大学生对中国共产党及其红色精神认知了解的情况及问题出发，深入分析中国共产党及其红色精神对当代大学生思想建设的积极影响，并提出传承和弘扬红色精神的具体路径。

一、红色精神的起源

中国近代史表明：历史和人民选择中国共产党是历史的必然。一是无产阶级的产生和不断地发展壮大，为中国共产党的建立奠定了阶级基础；二是俄国十月革命的胜利给中国带来了马克思列宁主义，其在中国的广泛传播，为中国共产党的建立奠定了思想基础；而 1915 年开始的新文化运动和 1919 年爆发的五四运动，促进了马克思主义同中国工人运动的结合，为中国共产党的建立作了思想上和干部上的准备。1920 年初，李大钊、陈独秀等革命先烈开始了对于建党的探索和酝酿，随后多地相继建立了党的早期组织。1921 年 3 月，召开了各共产主义小组的代表会议，为党的成立做了必要的准备。1921 年 7 月，在上海召开了中国共产党的第一次全国代表大会，大会最后转移到嘉兴南湖，最终完成中国一大的历史使命，确定了党的名称，通过了党的纲领，并宣告了中国共产党的正式成立。中国共产党成立之后，领导工农大众开展工农革命，探索民主革命道路，风风雨雨一路走过，最终建立了由中国共产党领导的新中国。而从嘉兴南湖开启的革命航船，孕育出了“开天辟地、敢为人先的首创精神；坚定理想、百折不挠的奋斗精神；立党为公、忠诚为民的奉献精神”开启了红色精神传承的历史。之后井冈山精神、延安精神、长征精神、大庆精神等等红色精神绵延成长，并形成了独具内涵的红色精神画卷。

二、红色精神的意义及对大学生的影响

（一）红色精神的内涵

红色精神是中国共产党以“爱国主义”为核心领导各族人民为追求中华民族独立、民主、富强在新民主主义革命、社会主义革命和建设、改革开放和社会主义现代化建设中所形成的伟大革命精神、建设精神和改革精神的总称。

首先是以“井冈山精神”“长征精神”为代表的在新民主主义革命时期党创造培育的革命精神。其次是以“北大荒精神”“大庆精神”为代表的党在社会主义建设和改革开放时期培育形成的奋斗精神。再次是以“抗非典精神”“抗震精神”为代表的党在领导全国各族人民战胜自然灾害、挽救人民生命财产中形成的抗灾精神。其次是以“奥运精神”“世博精神”为代表的党在带领中国人走向世界、融入世界、展示中华民族形象形成的开放精神。最后是一种以“雷锋精神”为代表在各个历史时期，在不同岗位上，一批批对党忠诚、热爱人民、无私奉献的英雄模范所展现的优秀品格形成的楷模精神。红色精神的核心是共产主义，中国共产党正是以马克思主义为指导，以实现共产主义理想为内在动力，带领中国人民在革命、建设和改革的不同历史时期进行不懈奋斗的过程中逐渐形成党的精神。

（二）红色精神对加强党的思想建设的重要性

红色精神是中国共产党的领导精神，是中国共产党领导中国人民战胜外族侵略者的伟大精神，是中国共产党领导中国人民建设社会主义的中心精神，是中国共产党引导中国人民走向繁荣富强的坚韧精神。当代中国特色社会主义的物质条件已经发展到了较高的程度，这时我国发展就必须从物质基础建

设转变到精神文明建设，此时，精神文明的发展和进步就会成为中国社会进步和发展的源泉。加强精神文明建设，就要从党的思想建设抓起，从党的接班人的思想道德建设抓起。要加强共产主义理想，坚持社会主义道路，坚持民主集中制的组织原则，保持和发扬党的优良传统和作风的建设，这就需要不断吸收文化精神的思想价值和营养。红色精神所具有的价值是不可估量的，而其所具有的精神方面的促进力却是其最核心的价值。

随着经济全球化的到来，中国对外开放程度逐渐加深，经济市场化的程度也逐渐加深，这个时候保持中国人民思想的纯洁性就是我党必要任务之一，宣扬中国共产党的红色精神也应该是我党面对当前的形势的必选之路。红色精神作为中国共产党所创建的无价的精神财富，可以作为树立广大人民的人生观、价值观和道德观的标杆。

红色精神是无数革命先辈们传承下来的中华民族的优秀精神，其存在不仅深刻地代表了中国共产党带领中国人民英勇斗争的历史，更是完美地诠释了中国共产党带领下的优秀中国人热爱祖国、无私奉献的美好品质。红色资源为社会道德教育提供了教育素材，利用红色资源开展社会主义思想道德教育有助于中国人民建立文化认同感，缅怀革命先辈，树立正确的人生理想和正确的价值观，切实增进人们对社会主义荣辱观的认识，增强人们的自觉意识。

（三）红色精神对当代大学生思想道德建设的积极影响

大学生是祖国的未来、民族的希望，是社会主义事业的接班人。他们对祖国未来的发展起到了举足轻重的作用。当下综合国力的竞争也是人才资源的竞争。而红色精神对于大学生的培养十分重要，对于大学生的成才起到引领作用。红色精神是经历数代共产党人和中国人民通过努力和汗水，用鲜血和生命探索得到的。在经济全球化、文化交流频繁、资源数据爆炸的当下，红色精神能有效地引导当代大学生，为迷惘的一代提供不竭的精神动力，帮助他们摆脱精神上的匮乏，坚定信念，有效抵制西方资本主义腐朽思想，帮助当代大学生培养正确的世界观、人生观、价值观等。井冈山精神，长征精神，大庆精神……都能为大学生在逆境中提供精神的指引，激励当代大学生像他们的先辈一样戒骄戒躁，忠于理想，即使环境再恶劣也要奋斗，去克服困难，百折不挠，不畏艰险，继往开来。学习红色精神，在不断探索中明确自己的目标，在为中华民族伟大复兴的中国梦上努力奋斗，实现个人价值，创造社会价值。

红色精神是加强当代大学生理想信念教育的宝贵资源，当代大学生都是在中国进行社会主义市场经济建设时期成长起来的，没有经历过中国革命和社会主义建设初期的历史变革，不能完全体会到中国社会主义道路初期探索的艰辛。深刻体会理解红色精神内涵，认识到红色精神所蕴含的理想信念对人生的指引作用，培养红色精神中为实现理想而不懈奋斗的精神品格，是当代大学生健康成长和取得成功的必要条件。红色精神中具体包括的忠于理想、服务人民；实事求是、敢于创新；百折不挠、敢于胜利；自力更生、艰苦奋斗；谦虚谨慎、戒骄戒躁等，都应该成为当代大学生所具有的精神品格，这些精神品格不仅能够促进个人理想的实现，也是实现建设中国特色社会主义的共同理想的保障。当前意识形态之争仍然存在，西方发达国家凭借自身强大的经济政治和军事实力，希望将其意识形态强加给其他国家。当前社会上存在一些错误的思潮，这些思潮鼓吹西方自由民主制度，诋毁中国共产党的领导和社会主义制度，煽动对党和政府的不满情绪，干扰着大学生的中国特色社会主义共同理想的树立和巩固。红色精神是党领导中国人民开展革命斗争和建设的经验总结，能够从历史和现实的角度体现我们党执政的合法性和走中国特色社会主义道路的正确性。红色精神是当前实现中华民族伟大复兴和中国梦的精神动力，必将坚定大学生实现共产主义远大理想和建设中国特色社会主义共同理想的理想信念。

三、大学生对红色精神的认知现状及问题

《中国共产党章程》中明确规定：中国共产党以马克思列宁主义、毛泽东思想、邓小平理论和“三个代表”重要思想和科学发展观作为自己的行动指南。引领中国共产党茁壮成长、发展到今天8000多万党员规模、取得全球GDP第二的卓越成就，很大程度上是中国共产党的指导思想——马克思主义的指引作用。中国共产党的指导思想是指导中国共产党全部活动的理论体系，是中国共产党的思想建设、组织建设和作风建设的理论基础。而其中的思想建设是最为重要的一块，红色精神就是马克思主义中国化过程产生形成的思

想成果的具体化。

众所周知，周恩来是伟大的马克思列宁主义者，中国无产阶级革命家、政治家、军事家、外交家，中国共产党和中华人民共和国的主要领导人，中国人民解放军主要创建人和领导人，也是以毛泽东同志为核心的党的第一代中央领导集体的重要成员。为纪念建党九十五周年，弘扬红色精神，学习周恩来同志的模范带头作用，本调查组在清明节期间集体到周恩来故居对伟人进行了缅怀。值得注意的是，发现当天前往故居缅怀的人数较少。这不禁引人深思：党的思想建设的影响力度以及红色精神在当代的发扬是否在削弱。

同时，再反观当代大学生的思想状况，如大学生的迷茫和不知所措，以及缺乏对未来的思考，缺乏未来的奋斗目标。相当一部分同学对自己要求不高，对社会对国家的责任感和使命感缺失。原因之一就在于，当代大学生出生和成长在和平时期，相比老一代人，中国共产党领导的艰苦奋斗的历史及红色精神在他们身上的印记少之又少。很多学生也不以为然。带着这些问题，我们设计了大学生对中共历史、红色精神、红色精神传承等方面问题的调查问卷，在对中国共产党的思想建设、红色精神等问题进行了基本理论探知之后，结合大学生对红色精神的了解情况和红色精神对当代大学生的影响开展此次调研。在此基础上，讨论探究如何提高大学生对红色精神的学习和弘扬。

（一）调查情况

由于当代大学生对革命年代的了解和认识不够，仅有的了解大多来源于文献或影像资料。本问卷旨在认识与了解当代大学生对红色精神的了解程度和态度，调查当代大学生继承和发扬了哪些宝贵的红色精神的情况，并延伸了解调查大学生对时政热点的关注度和关注面。

1. 调查目的

在中国共产党建党九十五周年这个大背景之下，党的建设及红色精神发扬都处于蓬勃发展的状态。这正是很好发动大学生学习和了解党的历史及其红色精神的利好时期。通过调查大学生对建党历史、红色精神、时事热点的理解、看法和态度，了解不同的同学受自身性格因素和外界影响而形成了对红色精神不同的理解，力图从这次调查中比较客观、全面和科学地了解红色精神和文化主要在学生群体中的继承和发扬问题。

2. 调查方法

本次调查采用《当代红色印象》问卷的形式，通过网络，利用各个社交网络软件平台来流传问卷，共计有效填写的调查问卷为 84 份。

3. 调查对象

本次的调查对象主要为浙江理工大学的学生，还有部分其他高校的大学在校生，以及少部分其他年龄群体。

4. 调查时间

2016 年 4 月—2016 年 5 月

5. 调查问卷

调查问卷的设计，除了性别，年级外，主要就围绕以下问题展开：一是中国共产党正式建立时间？二是今年是中国共产党建党多少周年？三是中国共产党的组织原则是什么？四是你知道井冈山精神都包括哪些内容（问答形式）？五是你知道的“两会”议题有哪些？六是你平常去烈士陵园缅怀先烈的频率是多少？七是中国共产党的红色精神有哪些（列出具体选项）？

（二）调查结果及分析

由问卷统计结果来看：大部分在校大学生对于中国共产党和红色精神基本上都有一个整体的认识和了解，也较关心和关注时事动态，也到红色教育基地进行过一些实践，但对于红色精神的内涵则没有深入的探讨。由此看来，大部分在校生对红色文化的了解、看法和态度以还是较正确的。在这个浮华的时代，“事不关己，高高挂起”之风的盛行令人担忧，虽然有少部分学生对国事了解过少，但是令人欣慰的是大部分大学生还是较为关心国家发展的。结果分析如下：

1. 第 1 题，在关于问卷填写者的年级问题上，结果显示：90.48% 以上的被调查人员为大学在校生中的大一或大二学生。本次调研活动的事实根据以及结论和建议等都建立在以浙江理工大学为主的大一和大二学生的基础之上，可以推测大三或大四的学生的思想状况，但对于年龄相差太多的群体则不适用。

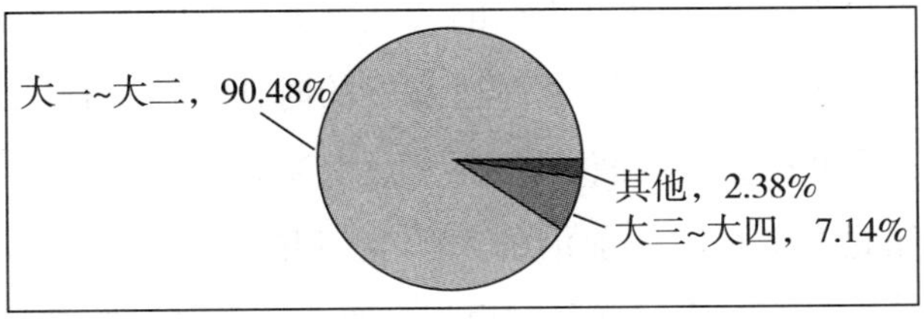

图1 问卷对象年龄段

2. 第2题，在关于问卷填写者的性别问题上，结果显示：男女比例接近于一比一。由此可见：性别在本次调研活动中并不会对事实依据以及结论和建议等引起太大的偏差，即可视为性别几乎不会影响本次调研的最终结果。

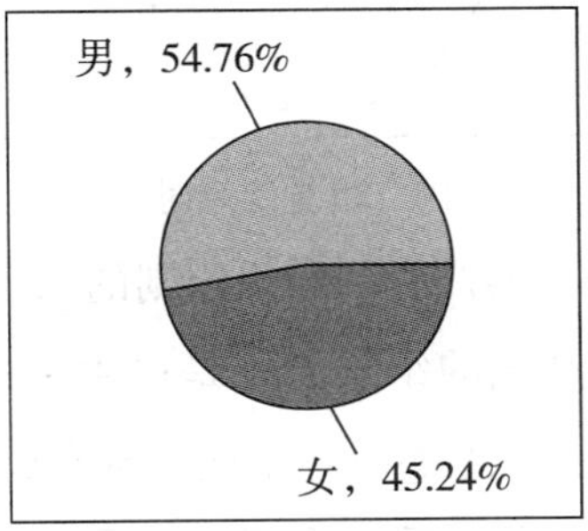

图2 调查问卷对象男女比

3. 第3题，在中国共产党建党正式建立时间的问题上，结果显示：90.48%的人回答正确，而有将近9.52%的人回答错误。此类在高中历史课程中属于必有知识点的问题，却依然有将近十分之一的在校大学生回答错误，的确让人感到惊讶。这表示许多人并不关心和关注中国共产党的建立与发展，内心认为这并不重要、与自身没有什么联系。由此可见当代大学生的整体思想觉悟还是有待提高。

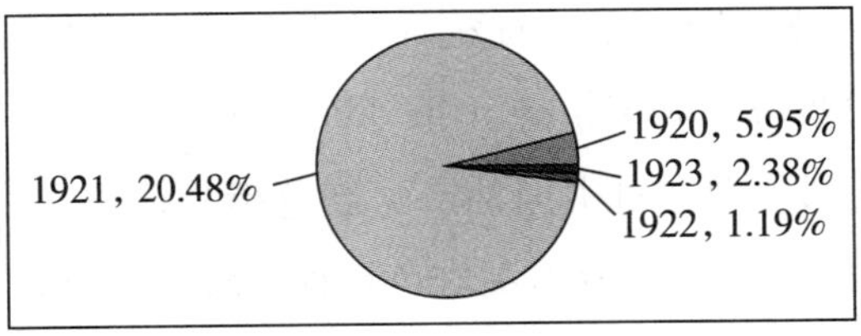

图3 建党时间问卷结果

4. 第4题，在2016年是中国共产党建党多少周年的这个问题上，结果显示：将近70.24%的回答是正确的，而29.76%的回答的错误的。由此可见：大部分当代大学生还是较关心时事，关注国家动态，关注中国共产党的发展的。但是仍有不少学生对于时事热点的关注度并不是很高，对于共产党的建党纪念活动关注度也较低。在这个高速发展的时代，信息往往都以惊人的速度在流通，尤其是此类重大事件，在各大报纸期刊和网络平台上都有报道和登载，而却有如此多走在时代前沿的大学生们并不了解此事，归根到底，暴露出来的是大学生整体对忧国忧民的思想的匮乏，是爱国精神的消退。

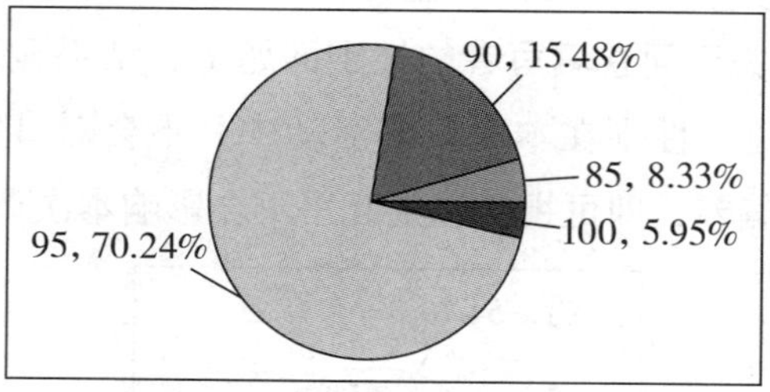

图4　建党距今时间

5. 第5题，在有关中国共产党的组织原则的问题上，96.43%以上的学生能够正确地回答出中国共产党的组织原则是民主集中制，只有少部分学生回答错误，这说明党在组织关系上的教育是比较卓有成效的。

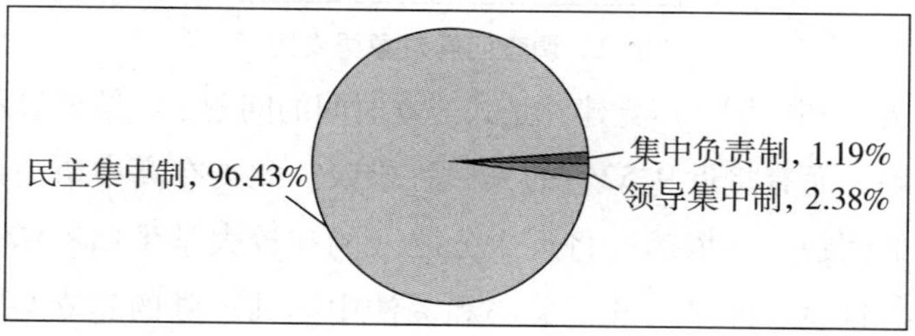

图5　党的组织原则调查问卷结果

6. 第6题，在对中国共产党的红色精神的认知问题上，大部分学生了解和掌握了井冈山精神（85.71%）、长征精神（88.1%）、延安精神（88.1%），却对航天精神（39.29%）、大庆精神（46.43%）以及抗洪精神（29.76%）了解较少。说明了大部分学生对中国共产党红色精神认识不完善和不全面，这个问题就需要在加强学生或群众有关红色精神的教育与引导。

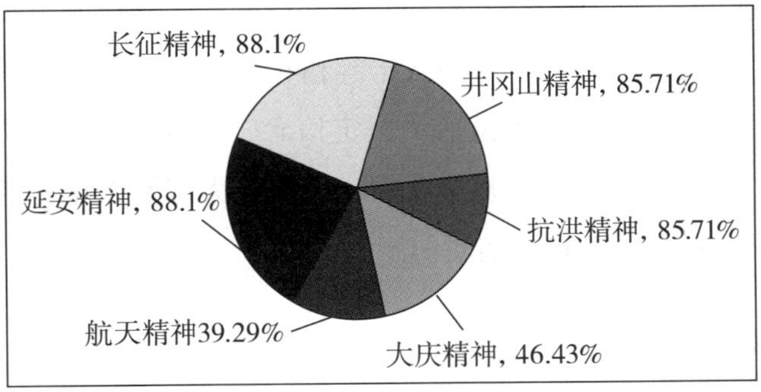

图 6　党的精神问卷调查结果

7. 第 7 题，在有关“两会”的议题的问题上，大部分学生能够回答出改革（64.29%）、反腐（77.38%）、依法治国（70.24%）和一带一路的相关议题，说明学生对时事政治较为关注，而在环保（30.95%）和户籍制度（21.43%）这两个议题上，认识和了解的人并不多，说明学生在关注时事政治的前提下对“两会”的具体议题关注度不够大。

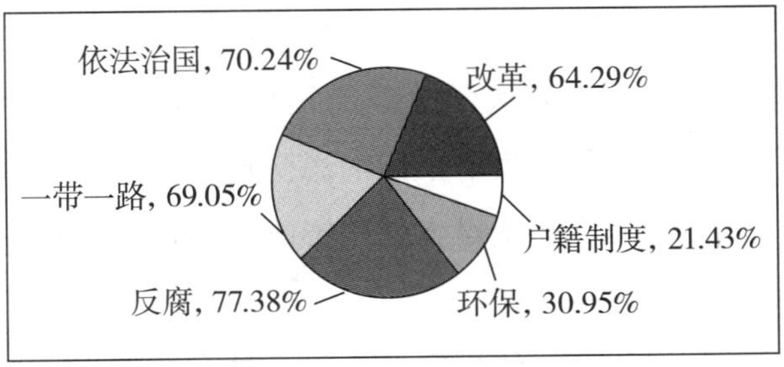

图 7　“两会”议题的了解情况调查问卷结果

8. 第 8 题，在学生去烈士陵园缅怀的频率这个问题上，大部分学生缅怀的频率是 1－2 年一次（84.53%），频率较低，说明学生对烈士们的缅怀度不高，需要加强红色精神建设，推动促进红色文化建设。

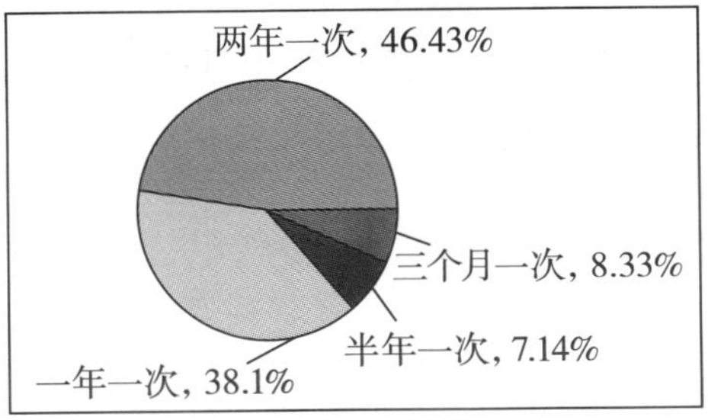

图 8　缅怀烈士的次数调查问卷结果

9. 第9题，关于井冈山精神都包括哪些内容？大部分同学可以写出艰苦奋斗、勇往直前、不怕牺牲，敢闯敢干等精神品质，但绝大多数同学不能够准确写出井冈山精神主要内涵包括“坚定信念、艰苦奋斗，实事求是、敢闯新路，依靠群众、勇于胜利”几个方面，说明绝大多数大学生还没有细致学习和全面掌握这些红色精神的实质内涵。

（三）现状与问题

根据本次问卷调查，大学生对中国共产党及其红色精神的了解和认识现状不容乐观，对红色精神了解的详细度不够，对红色精神的当代意义认识模糊，了解红色精神的主动性，积极性不足。

实践调研小组深入分析认为原因主要有两个：

一是当代外部社会大环境变得浮躁，媒体记者争相宣传报道明星、影视等新、奇、怪的内容博人眼球，缺乏对于红色精神的宣传。小组成员在查找资料过程中，发现红色精神的宣传渠道大都局限于各种专业期刊，学术论文，而对于一个大学生而言，其在大学生涯前很少接触到这类文章。在多元化，全球一体化进程中外国文化对当下中国的思潮产生了巨大的冲击，同时当下重实践，重工科理科的学习环境对大学生影响也很深，这也导致了他们不喜欢，甚至讨厌对红色精神的了解。

其二是大学生对红色精神的探究缺乏主动性和积极性，觉悟性不高、责任意识淡薄。精神对于一个人的影响是长久的，是潜移默化的，是影响人一生的。快餐文化盛行的当代社会，当代大学生追求的大都是快速地阅读，使当代大学生对红色精神泛而浅显的了解。然而，对红色精神及其蕴含的丰富内涵的了解远无法依靠背诵精神、知识点达到。这些现状和问题需要加强思想引导，开展多层次、多方面的红色精神学习教育，拓宽宣传教育渠道，以便弘扬红色文化，传承红色精神。

四、红色精神在当代大学生中的弘扬和普及

（一）注重史学教育，正确传播红色文化

历史的作用包括了文明记载、文化传承、鉴古知今，还有传递民族气质和精神血脉的作用。而红色文化是鸦片战争以来中国人民争取民族独立和民族富强，披荆斩棘地宏大历史过程，红色文化在这一宏大的历史过程中逐渐积累和留存。鉴于历史对民族精神的延伸的重要作用，学习历史就会成为一个人教育中最重要的因素，学习历史，可以让一个民族形成以爱国主义为核心的正确的民族观念和形成以改革创新为内涵的民族精神。

为了使红色精神在当代能正确传扬，我们必须构建政府、学校、家庭、社会、受众为一体的正确传播体系，为了符合红色文化的传播目的和红色文化的教育宗旨，注重史学教育是必不可少的。

（二）充分利用红色革命纪念馆，加强学生红色精神的认知

为了传承、弘扬红色精神，首先要充分利用红色纪念馆、充分开发重要战役保护区等途径保护好红色资源。红色精神体现了共产党人的价值取向，而红色遗产是精神文明的物质承载，通过利用红色纪念馆加强学习，可以为大学生更加了解和接触红色文化提供了一个契机，同时通过保护红色遗产，可以生动展现各时期革命的光辉历史和卓越功绩，以及各时期共产党人的红色精神。

其次，通过参观红色革命纪念馆馆藏遗迹；通过挖掘、抢救和整理出版老红军、老干部的口述史、回忆录等“活历史”，防止红色资源随着岁月的变迁而流失，为留存和传扬珍贵的红色思想提供了途径。

（三）拓宽红色文化的传播渠道，发展红色文化产业

通过发展红色文化产业，积极开发红色旅游资源，弘扬红色文化精神。通过充分利用红色资源，建设红色旅游基地：充分利用大学生实践教学的机

会，进行实地考察，调研，不仅使大学生广泛受到教育，还能够引导大众积极了解红色文化精神，也带动了当地经济增长。创新红色文化产业模式，将红色精神融入旅游资源，不仅提高了我国旅游的硬实力，同时也提高了我国文化的软实力。

通过探究多样化、多层次的传播方式，根据大学生群体的特点采取形式多样的传播途径，拓宽红色文化的传播渠道，发展红色文化产业，达到红色精神内化于心，外化于行动的目的。利用大学生擅长的新兴科学技术以现代化传媒技术手段，增强红色文化的感染力。其次，通过建立青少年教育基地传承和弘扬红色精神，加强青少年思想教育。

（四）构造良好的家庭环境、校园文化和社会环境

首先，重视家庭中家风、家规等的传承，将其与大学生的红色精神教育结合起来。家庭对大学生理想信念的形成具有重要的影响，良好的家风和家训等常常与红色精神内涵相联系，通过对好家风好家训的宣传可以促进红色精神教育。其次，营造良好的校园文化环境。可以将高校校训、校史等教育融入红色精神教育中。通过丰富的校园文化活动和社团活动，组织红色精神学习研究学会，与勤工助学实践、创新创业活动等结合，增强大学生对红色精神的认知和实践。最后，营造良好的社会舆论环境和树立良好的社会道德风尚。加强网络舆论监督和管理，抵制低俗、消极、有害的思想文化信息，维护积极健康的网络舆论环境。通过良好的社会舆论环境和健康向上的社会风气，提升大学生的道德素养水平，引导他们追求崇高的精神生活，锻炼不屈不挠的意志，培养攻坚克难的品格，增强价值判断的能力。

（五）加强学校教育，从学生现状出发，与现实问题相结合

加强大学生红色精神教育，必须根据其自身成长特点和现实需求，引导大学生将个人理想追求和建设中国特色社会主义共同理想结合起来，把对个性自由的追求和塑造坚强的意志品格结合起来，把个人价值实现和为社会创造价值联系起来，把自我成长成才与服务祖国、服务人民联系起来。同时，将开展红色精神教育与大学生关注的热点难点相结合。学校应充分利用高校

思想政治理论课作为基础平台，加强马克思主义原理和建设中国特色社会主义理论的学习，开展针对大学生的中国革命、建设和改革开放的历史教育，使之成为培养大学生红色精神的主渠道。在高校思想政治理论课以及针对党员、入党积极分子的党课知识教育中，应紧密结合大学生关心的理论难点、社会热点和成长中的烦恼等实际内容，将红色精神资源与社会现实内容有机结合起来，使他们能够正确面对社会主义事业发展中存在的问题和困难，引导他们将红色精神品格内化于心，为形成正确的世界观、人生观和价值观打下坚实的基础。

（六）以精神文明建设带动思想道德建设

用红色精神引领当代大学生思想道德建设，当代大学生是青年的优秀代表，代表着民族的希望，其思想道德素质水平的提高，不仅仅关系到其自身世界观、人生观、价值观的正确树立，同时也关系到社会主义现代化建设事业的胜利实现。对于当下大环境，尤其是迷惘的一代大学生的思想建设有着重要的影响。通过精神文明建设，学习实践红色精神，在思想上，在实践中塑造大学生全新的、正确的政治观、世界观、人生观，将带动大学生思想道德建设，培育新时期的领军人才，延续和传承红色精神。

15 级工管（2）、经贸（4）孙洁、陈冲

指导教师：刘梅英

长征精神的研究与传承

——采访重走长征路的“独行侠”与参观浙江革命历史纪念馆的调研

不知不觉中，红军长征胜利已经八十周年了。在这八十年中，我国经历了数不清的坎坷，也摘下了数不清的成果，而长征精神在度过磨难和取得成就中，起了不容小觑的作用。毛主席曾经说过，长征是历史记录的第一次，长征是宣告书，长征是宣传队，长征是播种机。非但如此，就连英国学者迪克·威尔逊也在专著《一九三五年长征》中说道：“长征已经在各大洲成为一种象征，人类只要有决心和毅力就能达到自己的目的。”在纪念红军长征七十周年的今天，为了铭记这段悲壮而辉煌的历史，我们通过实地考察和小组探讨等形式，回顾长征历史，了解长征精神，缅怀英勇牺牲以及做出重大贡献的革命先辈。

在时隔八十年的今天，或许我们只能从电视或者电影上才能看到红军指挥员在长征征途中表现出的对革命理想和事业无比忠诚和坚定的信念。那不怕牺牲，敢于胜利的无产阶级乐观主义精神，还有那顾全大局，严守纪律，亲密团结的高尚品德；或许我们只能从老一辈人的口中了解到红军将士们的不怕牺牲，前赴后继，勇往直前，坚忍不拔，众志成城，团结互助，百折不挠和攻坚克难的精神；或许我们只能凭空想象着红军英雄儿女们高喊着不怕苦，不怕死的大无畏精神。但是，仅仅是这些，就足以激励我们挑起复兴华夏的重担，光是这些，就足以沸腾一代又一代人的热血。

一、采访数次重走长征路的“新长征人”——练红宁

（一）采访背景

通过他人的帮助，我们有幸联系到了曾三次徒步重走长征路的“新长征人”、也称“独行侠”“当代徐霞客”的练红宁先生。1985 年从江苏泰州姜堰市入伍，真正离开家乡，先后在毛主席创建的我军第一个工兵团（原工兵二团）、铁甲雄师的摇篮——南京军区某坦克乘员训练基地、两获全军先进的南京军区司令部第四干休所等单位服役，2006 年转业至南京市工作，先后就读或参加装甲兵工程学院、南京政治学院、南京陆军指挥学院、郑州防空兵学院的学习。曾获得总参学雷锋先进青年、三次荣立三等功，先后在人民日报、解放军报、新华社、中新社、光明日报、中央电视台、中国社会报、东方卫报等数十家媒体发表文章、图片 2300 多篇，并创办《练红宁新长征》网站和出版《一位现役军人的长征》一书，宣传红军长征精神，弘扬长征文化。

（二）采访报告

1. 您踏遍中国大江南北，是对旅行远游有爱好，还是觉得有什么别的意义？

练红宁：谈不上什么爱好，行万里路，读万卷书吧。古代许多人都有远征的经历，包括孔子、徐霞客、李白等，古人的游历人生，让他们大开眼界，获得社会生活的情感，写下了许多千古名篇佳作，我们今天的人却忽视远行，当然远行对健康也是有好处的。

2. 您的经历和我最喜爱的作家余秋雨很像，您对他说的行者无疆有什么想法和评价？

练红宁：余秋雨走到哪里写到哪里，是当代的文学大家，是我们学习的榜样，当然我们没有他的造诣深功底深，还是那句话，厚积才能薄发，坚持就是胜利。亲身感受和通过媒体获得的感受是不一样的。最近我去了兰考，真没有想到一天三次流泪，可见焦裕禄精神的巨大力量，没有身临其境是没

有这种感受的。

3. 作为一个军人，您为什么有想要重走长征路？长征对您来说有什么特殊意义？

练红宁：我的重走长征路，也是作为一位军人的缘分，把梦想变成现实需要机会和胆量底气。当兵第一年就在《解放军报》上读到老红军陈靖的重走长征路书简，默默地想着自己也能走走长征路。直到2000年受解放军报委托利用三个晚上与老红军陈靖促膝长谈，才真正了解到长征的历史和重走长征路的艰难，写成《老红军陈靖的长征情结》在《解放军报》发表后，老红军计划带我第四次重走长征路，却因老人家在2002年辞世而未能如愿。到了2004年红军长征出发70周年之际，我带着为军人争光闯一闯的想法和自信，承载着老红军陈靖的遗愿，利用休假悄悄踏上了长征路，没有想到获得了成功，逐步才有了二走长征路、三走长征路，还有长江长城运河边关行，从而成为独访长江长城长征运河边关和二走长征路成功“六长”第一人。长征的意义在于让我获得了人生的洗礼，看到了大无畏的红军精神，看到了祖国的河山壮美，看到了老区人民的奉献情怀。让我更写下了许多好的文章，传播中华优秀文化，激发更多的人共享长征文化熏陶。

4. 为了12年的长征路，您有做什么事前准备？长征路途中有遇到什么困难？有没有印象深刻的事情？

练红宁：12年的长征路，是一步一步走出来的，要说准备也是从准备不充分，到行走自如逐步成熟的。刚开始带的东西很多，现在也没有必要了，只把主要的带上就行了，一是市场丰富，二是交通方便，三是轻车熟路了。当然，也有一些困难，比如有的地方还是交通不便，特别是省界市界，长征路过的许多地方还比较穷，有的地方比较偏僻，交通成本高，甚至车辆都达不到，遗漏的长征纪念地不少。其次是有些纪念馆铁将军把门没能看到，还有许多地方纪念设施不全。再者，采访老红军及红军后代有时得不到帮助，靠自己的力量也会碰壁。更何况自己时间太紧，不可能一个地方停留太多时间，匆匆而来，匆匆而去。

5. 您在走完长征路后，有什么新的感受？

练红宁：长征路还在继续走，更多的人在走，但是长征精神需要发扬光大，我把长征精神叫作挑战极限，有了长征精神，就没有事情干不成的，当今社会特别是年轻人缺的就这种敢于担当、不畏生死、冲锋陷阵、革命乐观主义精神。

6. 您觉得长征所要孕育的长征精神是什么？

练红宁：习近平总书记在纪念大会上进一步概括了长征精神的内涵。我想重走长征路就是要不忘初心，努力奋斗，实现两个一百年目标，以全心全意为人民服务的定力，达到强国富民壮军。

7. 在报道中，您似乎对中国人崇洋媚外的现象特别反感，那您觉得没有长征体验的现代人尤其大学生应该有什么样的思想及人生价值，长征精神所赋予的价值对大学生来说有什么意义？我们该如何处理中西文化的交流和冲突？

练红宁：习近平总书记讲到四个自信，其中就有文化自信。我觉得自己民族文化不自信就谈不上强国，特别是到外国花大钱买的马桶盖却是国产货，而且我们华为等产品现在已经领先世界，高铁技术和实践更是举世瞩目，学习别人的东西就是要超越别人，月亮都是外国圆的时代逐步过去了。如果没有当年艰苦奋斗研究原子弹、搞火箭，恐怕我们今天在世界上还说不上话，打铁须得自身硬，必须有铁拳头，买是买不来强大的，买更是买不来发展的，几十年的实践已经给我们上了一课堂。只有在科技上继续抢前沿，发展上有自己的知识产权，才能掌握主动权，才能不被人家扼制和欺负。我们并不需要每个人都去长征，但是要能不怕苦不畏难，敢于努力奋斗，好好学习，善于思考钻研，创新创业，真抓实干，才能够为国家发展尽一份努力。有个涉及卫星发射技术的工程师当年只是初中毕业，却在后来的工作实践中成为大国工匠，这就是人生。东西方交流完全可以，但是古训就有：害人之心不可有，防人之心不可无，西方绝对不可能是救世主，他们亡我之心不死，不能等到他们来中国杀人放火的时候才清醒，更不能把希望寄托在他们身上，尤其是防止温水煮蛙式的和平演变，美国的几大策略就直白得很。这就需要我们既要联合又要斗争，更要突破。学习他们的技术和管理方法，但也要保持高度的警惕，不能上当受骗。

8. 您觉得当代长征精神应当加入什么新鲜血液即优秀品质，应该与现代化的创新发展相结合？

练红宁：弘扬长征精神就是要体现出民族精神和优秀品质，特别是与当前中国发展的任务相结合，学好知识，报效国家，国家兴亡，匹夫有责。只有自己有了知识智慧，才能实现我们国家民族的腾飞，才能实现中华民族的伟大复兴。

二、参观浙江革命历史纪念馆

在阳光明媚的周末，由组长何飞组织，我们一行六个人兴致勃勃地来到地铁站，乘坐地铁 1 号线来到浙江革命历史纪念馆。

我们见到的第一件展品是一副五四运动在浙江的图，五四运动标志着中国民主革命进入一个崭新的阶段，这次运动高举爱国主义旗帜，弘扬民主、科学的精神，促进了马克思主义在中国的传播。最令人影响深刻的展品是一架仿制的飞机模型，虽然没有真实的还原，但是能看得出长征时期红军老前辈们面对敌军的飞机，只能挨打却打不到敌人的痛苦，他们只能继续向前。看着身边的战友一个个倒下，身后有飞机大炮，还要空着肚子、光着脚走过没有路的“路”……这是一种什么样的精神啊！

其次展现在我们眼前的就是枪、刀以及手榴弹，看着这些锈迹斑斑的武器，不禁想到长征前辈们全副武装的样子，都是那么精神抖擞，意气风发，时刻准备着向前进军的姿态。接着是一条仿制的铁桥，也是破烂不堪，上面有一位红军战士，这是表达红军前辈过铁索桥的艰难。这个大渡河铁索桥，是中国现存的古老铁索桥之一，又称泸定桥，位于四川省泸定县城西。1935 年 5 月 29 日，中国工农红军长征途中曾以奇兵强夺泸定桥。毛主席在《长征》诗中写到“金沙水拍云崖暖，大渡桥横铁索寒”。

我们参观革命烈士史迹陈列馆，就是接受了一次思想的洗礼和爱国主义教育。对于我们中华民族来说，革命历史纪念馆承载的是一种道德、一种文化。时代在变化，我们更是要与时俱进，坚持科学发展观，要起到延续中华民族血脉相连、薪火相传精神的作用，要表达对先人的感恩以及对先贤先烈风范的缅怀和敬仰。

先辈们敢于奋斗，安于清贫，为了祖国和人民牺牲宝贵的生命，在恐怖的环境中宁死不屈，用自己的鲜血捍卫了中华民族儿女的尊严，用顽强惊人的毅力同敌人做不懈的斗争。

此次的旅途虽然十分短暂，但却让我们充分认识到爱国将士们不屈不挠的灵魂，我们的思想也得到了升华。在以后的人生道路上，不是只有我们独自在成长，还有随着五星红旗飘扬的烈士英雄，他们将激励我们，向人生成功的彼岸不断冲刺。

三、关于长征精神的问卷调查

（一）基本情况

此次调查以问卷为主要形式，试图通过了解长征精神在大学生群体中的存在感来研究长征精神的传承环境。

问卷发放地点主要在下沙各大高校，发放对象为在校大学生。问卷实际发放 100 份，成功回收 100 份，其中有效问卷 100 份，回收率为 100%。调查数据分析：

1. 针对长征精神，我们罗列了一些问题，看看同学们对长征精神是否了解，是否关心。经过调查数据统计，对长征精神非常了解的占 2%；比较了解占 18%；对长征精神不太了解，知道一些占 68%；对长征精神基本不知道的人占到了 12%；从中明显可以看出，同学们对长征精神的了解只是片面的，并没有全面的了解，其对长征精神文化的关注也有待提高。对长征精神基本不知道的人数竟然占到了调查对象的 12%。我们不禁要反思，到底是什么原因让我们对长征精神如此忽视。

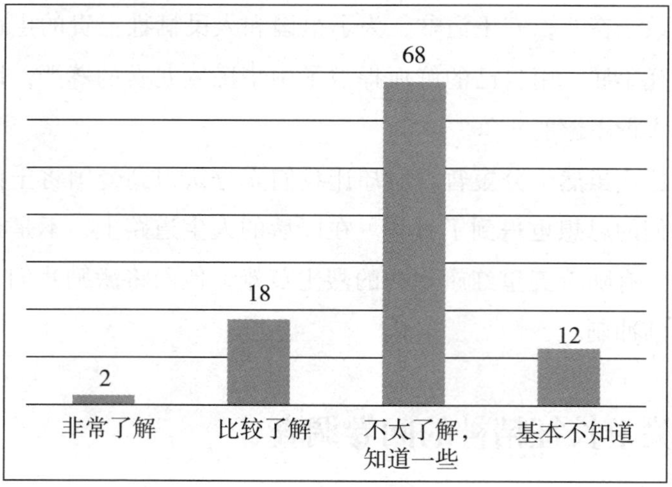

图1 对长征了解情况

2. 有53%的人是通过课本来了解长征的相关知识的，这说明大多数学生都是在被动的了解长征知识。我们应该鼓励大家主动地去了解长征知识。

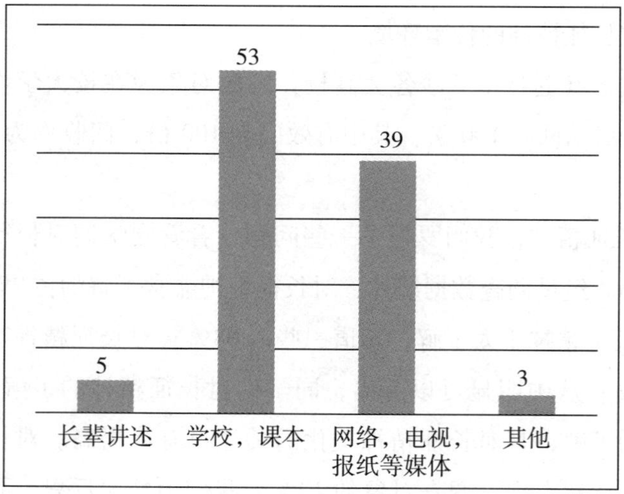

图2 了解长征的相关知识的途径

3. 有82%的同学偶尔看有关长征的电影，而且经过询问，他们看的电影都是比较老的电影。我们应该生产更多现代的，与长征有关的电影，以适应更多现代群体的胃口。

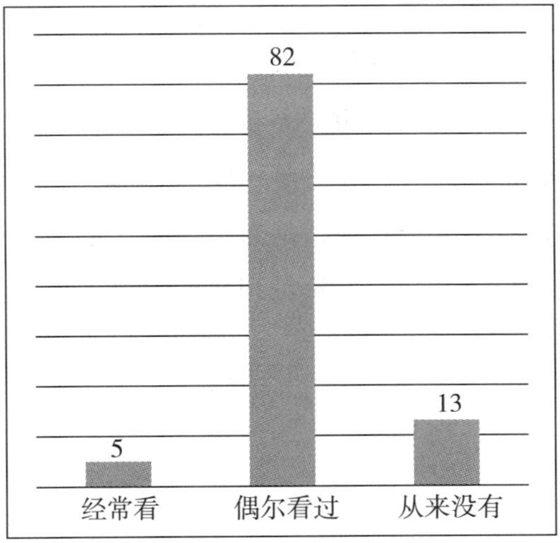

图 3　您看过有关长征的电影吗

4. 有 13% 的同学认为长征留给他们的是一段晦涩但不得不学的历史。所以我们在红军知识教育方面也应该不断创新，将知识讲的有趣、生动，还可以举办一些与长征活动有关的活动。

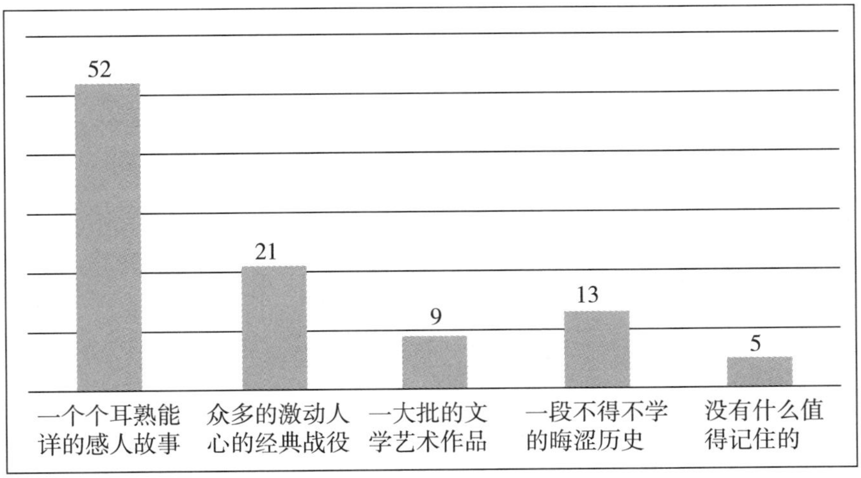

图 4　长征精神给您留下了哪些财富

四、总结

2016 年是中国工农红军长征胜利八十周年。80 年前的 1936 年 10 月，中国工农红军第一、二、四方面军，经过艰苦卓绝的万里长征，在甘肃会宁和静宁将台堡胜利会师。红军长征的胜利，开辟了中国革命继往开来的光明道路，奠定了中国革命胜利前进的重要基础。长征，是中国共产党及其领导的工农红军创造的人间奇迹，是中华民族一部惊天动地的英雄史诗。

追寻历史足迹，品味苦难辉煌，是为了传承、是为了铭志、更是为了开拓。我们要继续弘扬长征精神，把长征理想信念的火种，长征红色文化的基因传承下去。

【附录】

关于长征精神的问卷调查

1936 年中国共产党领导的中国工农红军，粉碎了国民党军队的围追堵截，跨越了人迹罕至的雪山草地，克服了重重艰难险阻，胜利完成了战略大转移，这使当时处在危机中的中国革命转危为安；后来的历史证明，长征的意义已远超出长征事件本身，它深刻影响着中华民族伟大复兴的进程并引导着它的方向。

特此，我们想通过本次调查问卷了解当代大学生对长征精神的了解程度。

1. 您的年级？

A. 大一　B. 大二　C. 大三　D. 大四　E. 其他

2. 您了解长征的故事吗？

A. 非常了解　B. 比较了解　C. 不太了解，知道一些　D. 基本不知道

3. 您是从哪些途径了解长征的相关知识？

A. 长辈讲述　B. 学校、课本　C. 网络、电视、报纸等媒体　D. 其他

4. 您看过有关长征的电影吗？

A. 经常看　B. 偶尔看过　C. 从来没有

5. 您有去参观一些有关长征的纪念馆或者遗址去感受长征精神吗？

A. 是的，我很喜欢去和长征有关的地方

B. 不经常，只在别人要求的时候去

C. 从来没有去过

6. 在红军长征中，您印象最深的事件是什么？

A. 巧渡金沙江　B. 爬雪山、过草地　C. 强渡大渡河

D. 飞夺泸定桥　E. 四渡赤水　F. 其他

7. 您认为“长征精神”在当今社会的现实意义大吗？

A. 大，值得深入学习理解并践行

B. 有价值，但需要结合时代发展

C. 不大，时代背景不同，需要新的时代精神

8. 您觉得“长征精神”最重要的一点是什么？

A. 对革命理想和事业无比的忠诚、坚定的信念

B. 不怕牺牲、敢于胜利的无产阶级乐观主义精神

C. 顾全大局、严守纪律、亲密团结的高尚品德

D. 其他

9. 我们是否应该从小接受“长征精神”的教育？

A. 同意　　B. 不知道　　C. 不同意

10. 您知道长征过程中，经过四川的是哪几个军队吗？（多选）

A. 红一方面军　　B. 红二方面军

C. 红三方面军　　D. 红四方面军

11. 如果你打算继承长征精神，你会怎么做？

A. 发扬长征精神，对同学、家人宣扬长征精神，在生活学习中将长征精神发扬光大

B. 要将长征精神切实融入实际生活，坚定目标，永不言弃向梦想出发

C. 坚定信念，坚定自己的价值追求，奋发成才，奉献社会

D. 口头上说就行了，不必太认真

E. 其他

12. 如果学校组织重走长征路等活动你是否会参加，如果参加，理由有哪些？

A. 好玩，大学生生活太沉闷

B. 大学压力太大，可以放松心情，劳逸结合

C. 可以和好友等一同去玩，交流感情

D. 参加，可以实地学习中国工农红军经过艰苦卓绝的万里长征的精神

E. 大学生要继承长征精神，完善自我，增强体质

13. 长征精神给您留下了哪些财富？

A. 一个个耳熟能详的感人故事

B. 众多的激动人心的经典战役

C. 一大批的文学艺术作品

D. 一段不得不学的晦涩历史

E. 没有什么值得记住的

14. 对于长征精神你还有什么想说的吗

____

16级经济与贸易类（4）班：何飞、柯林江
王哲凡、蔡致绪、王立威、陈姗姗
指导教师：刘梅英

走进红小鬼的精神世界

——问卷调查与查阅有关红小鬼的文献资料后的思考

漫漫长征路，涌现出无数少年英雄，他们是红军队伍中一个特殊的群体，小小年纪却跟随部队经历残酷战斗。他们在跋涉中成长，在战斗中成熟，用不寻常的童年谱写出一曲曲生命壮歌。2016 年是红军长征胜利八十周年，为了铭记这段历史，从历史中汲取精神养分，我们通过问卷调查及查阅文献等形式，回顾红小鬼的故事，分析他们具备的长征精神，引导当代青少年学习其精神并树立积极的理想信念。

红军长征胜利八十周年已然来临，那些耳熟能详的故事又回荡在我们耳边。当红军第五次反围剿失败后，他们踏上了一条艰苦卓绝的道路。在这条路上，不仅有作战经验丰富的成熟将领，还有一群可爱的红小鬼。他们以不输成人的坚韧经受住了长征的考验，为青少年树立了榜样。

一、红小鬼的成长故事

（一）背景介绍

出身为红小鬼的老红军黄彬接受采访时，当被问到长征中给他留下印象最深的事，黄老停顿了一下，说道：“攻打遵义很艰苦，虽然伤亡不是很大，但仍有伤员留在遵义，一个伤员担心留下后会被俘虏，就用汽油淋在身上自焚。在与红四方面军会师时印象最深的是红四方面军用骡子给他们送大饼的情景。由于树根、草皮、皮带都吃遍了，而且有一顿没一顿的，肠胃已变得很脆弱，领导在上面动员，大饼不能吃得太饱了，要边吃边喝水，否则肠子会撑断的”，“我年龄小，很听领导的招呼，边吃边喝水，可我们有一个班长真的是被大饼撑死了，很可惜!”在采访中，黄老时常低头沉思，长征时期的往事打破了老人沉静的内心世界。他突然又说：“爬雪山时要在嘴里含片辣椒，以减轻对肺的压力。前面的部队还有草根、树皮可以吃，可走同一条路后面的人就没有什么吃的了。被抓的俘虏，我们都宽大处理，愿意回家的发一块大洋，愿意当红军的可以留下来。受红军的影响，这些俘虏作战很勇敢。”

时光漫漫，光阴荏苒，时隔多年黄老回忆起14岁时走过的那段漫长征程时，总反复说：“自己当红军，不想回家，苦是苦，但是没有丝毫埋怨。”长征无疑是艰苦的，红军面临的是一条条波涛汹涌的大河，一座座巍然耸立的雪山，一片片茫无涯际的草地，前有敌人，后有追兵。转战两万五千里，从百万敌人中杀出一条生路。在这样艰难的境地里，年轻的红小鬼面对着随时可能失去生命的危险，承受着失去并肩作战的战友的心痛。但是为了革命事业，他们从不屈服而是坚定革命理想和信念，坚信正义事业必然胜利，以稚嫩的肩膀扛起长征胜利的大旗。这样一种年轻却有如此担当的姿态在我们这个时代同样鲜活，每一个青年、少年都应该对其肃然起敬并且努力向他们看齐，树立起坚定的信仰和目标，并为之付诸行动。

十二三岁的女孩，就像朝霞中的花朵，开放在春风和煦的季节。可在战争年代，这些花朵却像是过早地开放在了早春的寒冷中，受尽了苦难。但同时，也因为苦难而绽放得分外美丽。当年的女红军小战士们，就犹如这样的花朵，在战火中锻炼成长。1935年春天，开始长征后的红四方面军连续打了几场胜仗，那一天，儿童团的12名小团员唱着歌儿、跳着舞兴高采烈地从乡间搞宣传回来。可是，由于情况紧急，大部队还没来得及等回她们，便已撤离了。为了赶上红军队伍，这12个红小鬼，经剑阁、过江油、穿中坝、下北川、到茂县，一路艰辛，躲过豺狼、野牛的袭击，摆脱人贩子的拐骗，战胜了疾病、饥饿等种种困难，历时3个多月，走了1000多里才终于找到组织。

在这段行程中，她们也有过放弃的念头，但是对革命的坚定信仰最终还是支撑着她们走了下来。年幼却勇敢，这些坚强的女孩如同铿锵的玫瑰怒放在这条红色道路上。为了革命事业，9 岁的孩童王新兰也毅然成为一名红小鬼。红军要长征之时，她怀着和红军一起走的心意，在 15 岁已是红军女战士的姐姐王新国的鼓励下，鼓足勇气报名参加红军。时任红四军政治部主任的徐立清看她参军的决心这么大，最终接受了这个小战士，她被安排在委员会下属的宣传队。一到宣传队，她就和同样负责宣传工作的姐姐开始编演节目、书写标语。在长征路上，王新兰和战友一起穿山越岭，爬冰卧雪，无论吃多少苦，受多大罪，从不叫苦叫累，也从不掉队。不过，王新兰确实太小了，爬雪山，她是靠拉着马尾巴才攀上去的；过草地，她有些时候也不得不趴在红军大哥哥的肩膀上。尽管这样，王新兰只要有机会，就会立在风口、站在路边，为战友们送歌献舞，加油鼓劲。这位年幼的红小鬼愣是用稚嫩的双脚走完了二万五千里长征路，随同大部队胜利到达了陕北。从她的故事里我们深刻地认识到了‘少年强则国强’这句话的内涵。有这样一群坚韧的少年，红军长征怎能不胜利？有这样一群执着的少年，中国共产党怎能不强大？

（二）红小鬼的精神分析

阅读这些红小鬼的故事使我们认识到：人类的精神一旦被唤起，其威力是无穷无尽的。透过红小鬼折射出长征精神的部分内涵。

1. 坚定的革命理想和信念，坚信正义事业必然胜利是长征精神的首要因素。革命的理想信念是长征精神最基本的思想内核。长征是在中国革命遇到的最严重挫折的困境中开始的，面对前所未有的严峻形势，面对生与死的考验，党和红军并没有停止步伐，而是“明知征途有险阻，越是艰险越向前”。正是凭借着这种理想信念，历经雪与火的洗礼，红军指战员们用百折不挠、英勇无畏的革命理想书写出不朽的奇迹。

2. 一不怕苦、二不怕死是长征精神的本质。长征路上，党和红军面临艰苦卓绝的斗争，外有数十万敌军日夜追赶，内有物资奇缺、缺医少药、病痛、饥饿、伤残、死亡随时随地威胁着每一个红军指战员的生命，加之自然环境极其恶劣，沼泽茫茫无际，雪山皑皑无尽，环境、局面之险恶、矛盾之复杂、斗争之激烈，是中国历史上所罕见的。而红军却以大无畏的革命乐观主义精神和坚忍不拔的革命意志战胜种种困难，在同强大敌人和恶劣自然条件的殊死搏斗中，各路红军互相支援，密切配合；红军将士政治上同心同德，生活上互相帮助，在困难和危急时刻，总是把方便和生的希望让给别人，把困难和死的危险留给自己，用鲜血和生命谱写了团结战斗的光辉篇章。最终红军不但走出了绝境，而且开辟了新的战场。

长征树立起人类历史上艰苦奋斗的精神标杆，长征谱写了人类世界无私奉献的精神史诗。一个国家、一个民族、一个团体、甚至具体到每一个人，只要有艰苦奋斗、无私奉献的精神，就能够成就事业、创造辉煌。

3. 顾全大局、紧密团结是长征精神的体现。在艰辛的长征路上，为了建立新中国这一共同理想，红军官兵团结一致，无坚不摧。干部把口粮让给病号；首长用自己的战马驮运伤员；士兵挺身而出掩护领导同志安全；战士牺牲自己开辟前进道路，团结就是力量，团结意味着胜利。正是凭借红军官兵这种志同道合、生死与共、血肉相连、大局为重的革命精神，长征最终以红军胜利和敌人失败而结束。

二、关于红军长征的问卷调查

2016 年 10 月 22 日，是红军长征胜利八十周年纪念日。长征是一次人类精神和意志的伟大远征，也是一段中国共产党领导中华优秀儿女寻求中华民族复兴的伟大征程。为了不忘初心，铭记历史，重温长征中那一代少年军的精神，我们通过问卷的形式展开深入调查，了解当代青少年对长征的认识以及对传承其精神的积极性，由此引发思考。

（一）调查的基本情况

此次调查以问卷为主要形式，结合与被调查人的面谈采访，试图通过对长征精神与青少年的关系调查来分析当代青少年如何传承长征精神，走好新长征。

问卷发放地点主要在杭州市下沙第一小学、杭州市江南实验学校、长河中学以及下沙各高校，发放对象为青少年。问卷实际发放 300 份，成功回收 300 份，其中有效问卷 282 份，回收率为 94%。调查数据分析：

1. 针对长征中的红小鬼的史实，我们列举了其中几位人物对青少年进行了调查统计，了解了基本情况。经过调查数据统计，对杨成武、萧华、王新兰及其他红小鬼的故事中了解得较全面的占 13%，对有些故事有些了解的占 65%，对红小鬼的故事几乎没有认识或曾经听过但是目前没有印象的人占到了 22%。从中明显可以看出，同学们对红小鬼的故事虽然有一定的了解，但是绝大多数人知道的也只是几个知名的小故事，从中反映出其历史观念和民族意识有待提高。我们不禁要反思，到底是什么原因让我们对红小鬼的故事知之甚少。有可能是杭州的地理位置决定，我们并不在长征的路线上，参与长征的革命者比较少；有可能是杭州政府不重视对长征的纪念和教育；也有可能是我们自己的个人因素等等。从中我们着重从个人因素进行了调查：85% 的调查对象认为自己不会特意去了解长征故事，只是在宣传中略有接触；15% 的人是由于这方面的知识很有兴趣而会去涉猎相关书籍、电视、电影等。

2. 长征胜利是多种原因共同作用的结果，那么青少年认为最关键的原因是什么呢，为此我们进行了调查。调查结果如下图所示：

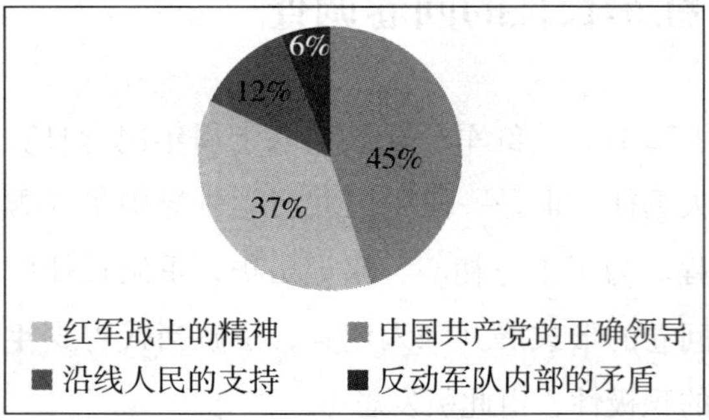

图 1　长征胜利的原因

从图上我们可直观地看出，青少年普遍认为长征胜利的关键因素是广大红军战士百折不挠的精神。中国共产党的正确领导也是不容忽视的因素，还有沿线人民的大力支持和拥护也推动了长征的胜利，当然反动军队内部的矛盾也给了共产党突出重围的机会。

3. 长征的胜利实现了中国共产党和中国革命事业从挫折走向胜利的伟大转折，是中华民族伟大复兴历史进程中的巍峨丰碑。今天的中国正在为实现两个一百年的目标努力，这需要青少年们为之奋斗。然而当今的青少年生长在和平时期，没有经历过民族尊严被践踏、蹂躏的历史，也没有体验过战火与硝烟，那么他们是否具有强烈的爱国情怀和不怕吃苦的民族精神呢？针对这一问题，我们对青少年是否愿意重走长征路进行了调查。具体如下图所示：

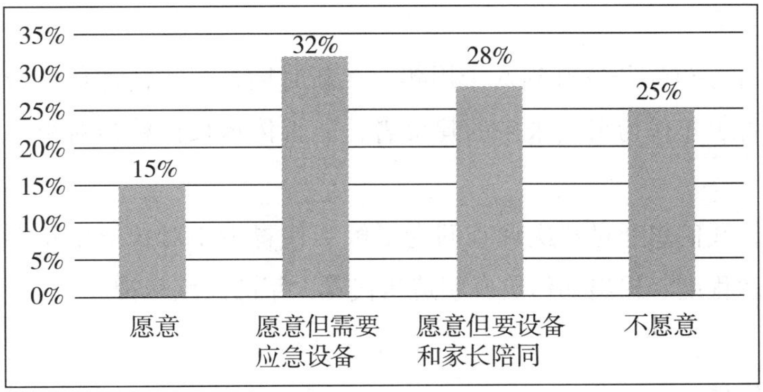

图2　青少年是否愿意重走长征路

从调查所得的数据看，绝大多数调查对象都不愿意在没有任何装备的情形下去重走长征路，虽然他们对红小鬼很敬佩，但是认为自己很难像他们一样承受那些痛苦。这一现象反映出当代青少年被家长当作温室里的小花呵护着，从而在一定程度上丧失了接受挑战的勇气以及吃苦耐劳的品质。

三、总结

通过此次社会实践，我们深入了解到了红军长征中的那一代青少年的故事，被他们在长征中所表现出来的坚定信仰和顽强意志所折服，并意识到了当代青少年和他们的差距。如今，强国之梦尚未成功，而青少年是祖国未来的希望，是社会主义建设伟大事业的接班人，是走在“新长征”路上的接班人，少年强则中国强，少年进步则中国进步。因此为了使中华民族更好地屹立于世界民族之林，国家需要加强青少年国防教育，使他们真正成为爱党爱国的一代、奋进自强的一代、勇于担当的一代，如此，国家的未来才有希望，强国梦和强军目标才能实现。

【附录】

关于青少年对长征中的红小鬼的了解状况调查问卷

2016 年是红军长征胜利八十周年，在新时期，长征精神仍有着旺盛的生命力，而青少年作为祖国未来的建设者，能否传承长征精神对祖国的发展至关重要。

特此，我们想通过本次调查问卷了解当代青少年对长征中年龄相仿的红小鬼的熟悉程度，提出如何更好塑造当代青少年的民族精神。

一、您的信息

1. 您的年龄？
2. 您的性别？A. 男　　B. 女
3. 您的政治面貌：A. 少先队员　　B. 共青团员　　C. 党员　　D. 群众

二、长征知识了解情况

1. 你知道长征中红军的平均年龄是多少吗？
   A. 18 岁　　B. 22 岁　　C. 26 岁　　D. 30 岁
2. 长征中有一群年龄在十八岁以下的军人被大人亲切地称为红小鬼，您知道以下哪一位人物是红小鬼出身吗？
   A. 楚今白　　B. 聂荣臻　　C. 罗炳辉　　D. 叶剑英
3. 长征中有一支有红小鬼组成的军队，您知道是哪一支军队吗？
   A. 红四军　　B. 红九军　　C. 红二十五军　　D. 红三十军
4. 下面列举了几位红小鬼，您了解哪些人物的故事呢？（多选）
   A. 杨成武　　B. 萧华　　C. 王新兰　　D. 胡耀邦
   E. 其他　　F. 不认识或听过但没有印象了
5. 您对长征故事感兴趣吗，会特意去了解吗？
   A. 很感兴趣并会特意了解　　B. 感兴趣但只在宣传中略有接触
   C. 不感兴趣只在宣传中略有接触　　D. 不感兴趣且没有接触过
6. 您是通过什么方式了解长征故事的呢？

A. 看书　　　　B. 看电视、电影　　　　C. 看展览
D. 听身边的革命前辈讲述　　　　E. 其他（请写明）

7. 您认为长征胜利的关键原因是什么呢？

A. 红军战士的精神　　　　B. 中国共产党的正确领导
C. 沿线人民的支持　　　　D. 反动军队内部的矛盾

三、进一步弘扬长征精神

1. 您看过最近上映的《红小鬼，齐步走》的电影吗？

A. 看过　　　　B. 没看过

2. 如果让您和剧中孩子一样也去重走长征路，你愿意吗？

A. 愿意　　　　B. 愿意但需要应急设备
C. 愿意但需要设备和家长陪同　　　　D. 不愿意

3. 您觉得继承和弘扬长征精神有什么样的现实意义？

4. 您对如何继承和弘扬长征精神有什么意见和建议？

16 级外国语学院（1）班：姚莹、俞杨圆、张晶晶、原静涵
指导教师：刘梅英

长征精神的新媒体之路
——长征精神与网络新媒体融合方式及成果研究

随着世界信息化进程的加速，新媒体这一依附于信息化、数字化的媒体形式凭借其良好的交互性与及时性得以快速发展并受到大众青睐。然而，在新媒体飞速发展风头正盛的时刻，原本依附传统媒体进行的民族精神传播工作却面临极大危机。正值长征胜利八十周年之际，新媒体传播长征精神势在必行。在研究长征精神与新媒体结合模式和公众接受度之后我们发现：相较于传统方式，新媒体对长征精神的宣传力度更大，公众的接受程度也更高。长征精神在新媒体的宣传下与现代社会融合，发展并拥有了更加深刻而具体的内涵。而新媒体的宣传能力也未因长征精神这一非娱乐题材而减弱，反而因两者在建设社会主义国家进程中不可或缺而拥有更强的影响力。

长征精神是中华民族的优良传统和宝贵财富，对于每个中国人而言，长征精神都是值得终身继承与弘扬的一种优良精神。新时代，人们的生活方式发生了翻天覆地的变化，我们用电脑工作，用 QQ、微信聊天交流感情，用图片传达情感，用语音视频缩短距离……这些改变无疑对我们的思想起着潜移默化的作用。然而，所有事都是具有两面性的，对于长征精神的传播来说，这既是继承和弘扬伟大精神的美好机遇，也可能是造成长征精神被大量其他信息淹没的危险时期。当此关键时刻，能否利用新媒体这一载体传播并弘扬长征精神，进而思考如何利用新媒体来传播和弘扬长征精神就成了亟待解决的问题。本文也正是我们团队试图对这两个问题进行解答而进行研究所得出的产物。

一、新媒体传播长征精神的现实性和必要性

（一）长征精神的价值与意义

长征精神是坚韧不拔的革命信念，是不怕困难的牺牲精神，是大局为重的团结精神也是与民共患难的奋斗精神。长征精神是宝贵的精神财富，它指引着中国人民前仆后继，浴血奋战，取得了新民主主义社会革命的胜利。在中国特色社会主义建设时期，这种坚定的理想信念，艰苦奋斗的革命作风和解放思想的创新精神，亦在生死攸关的关键时刻，引导新中国的建设事业披荆斩棘，克服重重困难，开创了中国特色社会主义事业的崭新局面。

不怕牺牲、前赴后继、勇往直前、坚韧不拔、众志成城、团结互助、百折不挠、克服困难，在过去的八十年风雨之中，长征精神积极顺应时代的前进规律，跟随时代的发展步伐，没有被五花八门的信息掩盖，反而在信息时代获得了新的生命力。这足以证明长征精神作为我国优秀民族精神大家庭中的一员，它是与时俱进的先进精神，它是砥砺前进的革命精神，它是当之无愧的民族精神。现如今，虽然我们各方面的水平都远远高于过去，但建设社会主义国家，践行社会主义核心价值观的任务依旧任重道远。八十年前，红军战士们为了开辟一个不受压迫的新中国，选择不惧困难、不畏艰险，爬雪山过草地，用生命踩出了一条漫漫长征路，八十年后，新时代青年也开始了一条新的漫漫长征路，这是一条为早日建成社会主义所走的长征路。当代大学生作为祖国的未来，更应该继续发扬艰苦奋斗的长征精神，把革命的优良传统融入实现中华民族伟大复兴的奋斗中去，早日取得新长征的胜利。

（二）新媒体的内涵及特点

新媒体指当下万物皆媒的环境。新媒体涵盖了所有数字化的媒体形式。包括所有数字化的传统媒体、网络媒体、移动端媒体、数字电视、数字报刊杂志等。

新媒体亦是一个较为宽泛的概念。它是指利用数字技术、网络技术，通

过互联网、宽带局域网、无线通信网、卫星等渠道，以及电脑、手机、数字电视机等终端，向用户提供信息和娱乐服务的传播形态。所以严格地说，新媒体更应该被称为数字化新媒体。

新媒体的发展将是未来媒体发展的新趋势。传统意义上的媒体是通过电视、广播、报纸、杂志等单一形式完成的对于信息的传播，而新媒体是集传统意义的媒体的基础上运用数字媒体技术开发创意完成的对于信息的传播加工，诠释的一种新的媒体概念。新媒体的形式随着生活科技以及人们对于信息的需求，瞬息万变以不同的形式出现在人们的视野中，比如时下非常风靡的移动电视流媒体、数字电影、数字电视、数字杂志等诸多形式。新媒体技术的应用体现了受众群体对于信息的抓取更加的深入，希望得到更大程度上的互动，受众可以根据自己的喜好、经历获取自己最想得到的信息。新媒体技术的诞生是人们将平面媒体信息获取的枯燥性、延迟性、非互动性等不足的方面加以整合，使得信息在保证量的基础上亦能使受众群体得到及时地沟通交流以及反馈。

新媒体与传统媒体最大的区别就在于传播模式的改变，即由传统媒体侧重向大众传达的方式改为由媒体牵头，鼓励大众通过互联网发布信息，其开放性的特征能让更多的人参与其中。新媒体具有以下几个特点。第一，由传统媒体单一线性传播模式向双向互动传播模式转变；第二，新媒体通过新技术，实现了虚拟化的互动传播；第三，新媒体的传播具有广泛性和目标性；第四，新媒体传播的内容也可以进行不间断的传播与更新，从而保证了信息的传播速度以及时效性。

（三）新媒体传播长征的现实性

在讨论新媒体传播长征精神的现实性之前，我们先看一组数据：截至2016 年底，腾讯微信月活跃账户数达到 8. 89 亿；从月均人均单日使用时长来看，微博用户在2016 年7 月人均每天使用微博26. 2 分钟；直播也有了爆炸性的增长，直播平台数量达200 家，平台市场规模达50 亿。单就影响力来讲已经相当可观。同时，早在2007 年，作为新媒体最重要两大领域之一的互联网市场规模就已达到400 亿元，在整个现代社会信息化进程仍在蓬勃发展的当下，不难预见新媒体发展的巨大潜力。

同时，作为21世纪的一项伟大创新，新媒体有着它独特的强大生命力。与传统纸媒相比，传播速度快、范围广、可传输的数据量大是新媒体的基本优势。同时，作为文化的传播工具，新媒体充分满足了大众对于快速获取信息的需求，而其强大的互动性在赋予公众在信息传播者身份的同时又给予公众信息制造的权利，这一特性使得人与人、人与文化间的交流来到了一个从未有过的便利时期。而在智能手机高度普及的现代社会，尤其是都市生活中，人们的日常行为早已与智能机、互联网形成一个非常紧密而牢不可破的整体。曾有人这样说道："当我需要什么的时候，我拿起手机几乎和呼吸一样自然。"于是，在这样的大背景下，利用新媒体传播长征精神，便具有极强的可操作性。对应当下的快节奏生活以及人们越来越碎片化的空余时间，我们完全可以让新媒体利用其特性进行碎片化、潜移默化式的宣传工作，比如开发APP中的长征精神文化交流模块、推出网络长征精神系列专题活动，邀请老兵来讲座或者积极修复相关历史资料、积极联系文体工作者创作相关作品并放送等等方式，寓教于乐，相比于传统单方面式的传播更加贴近生活。当人们发现自己生活当中其实就存在着长征精神，并不一定要干惊天动地的大事也能传递长征精神，在无形之中就增加了人们实践长征精神的机会，对长征精神的传播也会更加实际有效。同时，在新媒体的巨大辐射影响下，整个网络环境将会鼓励人们进行有关长征精神的信息制作与反馈，当少数用户开始深入学习并产生相关的信息产品，如微博、推文以及自制视频而得到鼓励与支持时，也就推动了整个信息链的良性运作，使得对于长征精神的继承传播能走得更加长远。

另外，新媒体还有一个特点，就是可以对各种实物进行数据化处理。在历史的进程中，除去文字与图片的记载，红色遗迹以及相关博物馆也是长征精神的重要载体。但是历史留下的实物不便保存，更容易损毁，一旦遗失毁坏就无法挽回。与此同时，也不是每个人都能在地理上重走一遍红军的长征路并且遍访全国各地的红色遗迹。以此为例，新媒体的数据化处理给出了最好的解决方法：建立数字博物馆，开发虚拟参观。利用高精度拍摄以及3D成像等技术制作博物馆以及遗迹的全方位影像后便可以上传至网络，使用者便可以在网络上浏览相关物品影像、了解背景故事，甚至于在VR眼镜与耳机的辅助下进行虚拟参观，听取人声讲解。不仅省去了长途奔波的劳累，参观时也不必因他人的言语行为等受到影响，更不会对馆内、遗迹内展品造成损伤。同时，早在数年前，数字博物馆技术就已经投入实验并且实际运用于许多文物遗迹以及大型博物馆的数字化、网络化当中，可以说是已经发展的较为成熟的技术，为公众带来的便利程度几乎等同于对博物馆官方等带来的管理便利程度，与本文相关性不大，故此处不做赘述。总而言之，新媒体的数字化不仅仅是一个概念，更是保存红色遗迹、发扬长征精神的有效手段。

在过去的很长时间里，长征精神作为党和中央极力发展的众多红色精神中的一员，始终保持着其先进性。而新媒体作为新时代的先进产物，不仅拥有极高的传播速度，庞大的数据量与惊人的影响力，并且在整个世界信息化数据化以及中国特色社会主义建设方面拥有不可替代的地位，更是拥有极其巨大的发展潜力与使用价值。故而我们有足够的理由相信，利用新媒体传播长征精神是具有现实可操作性的以及前瞻性的选择。

二、新媒体传播长征精神的优势

（一）新旧媒体对比

旧媒体即传统媒体，是相对于近几年兴起的网络媒体而言的，传统的大众传播方式，主要包括报刊、户外、通信、广播、电视及自媒体以外的网络等传统意义上的媒体。传统媒体相较于集声、图、动画等于一体的新媒体具有时间和空间上的局限性。而且新媒体本身具有交互性、分众性、复合性等优势，这些都为长征精神的传播提供了很大的帮助。就像聂素丽说的那样“新媒体时代传播符号的多元化、传播模式的双向交互性、传播行为的个性化等特质给红色文化的创新传播提供了便利的平台”。新媒体较之于传统媒体，自然有它自己的特点。对此，吴征认为：“相对于旧媒体，新媒体的第一个特点是它的消解力量——消解传统媒体（电视、广播、报纸、通信）之间的边界，消解国家与国家之间、社群之间、产业之间边界，消解信息发送者与接收者之间的边界，等等”。周进指出，新媒体可以与受众真正建立联系，同时，它还具有交互性和跨时空的特点。同时，新媒体给媒体行业带来了许多新的理念和模式，如节目专业化越来越强，卖方市场转向买方市场等。郭炜华认为：“新媒体与传统媒体最大的区别，在于传播状态的改变：由一点对多点变为多点对多点”。“从传播学的角度来分析，新媒体传播有四个特点——每个人都可以进行大众传播；‘信息’与‘意义’无关；受众的主动性大大增强；大众传播的‘小众化’”。有研究者从另一个角度提出：“新媒体近乎零费用信息发布，对受众多为免费，这对传统媒体的新闻产品制作成本造成挑战。”

由于新媒体的便利性、即时性，新媒体在传播长征精神中发挥着越来越重要的作用。现在，人们有越来越多的机会可以了解到长征精神与时俱进的进步意义，甚至毫不夸张地说，人们或许只要拥有一部手机，就能够了解到与之相关的各种消息，只需要手指轻轻几点，一则消息就能被成千上万的人看到。所以与传统纸媒相比较，新媒体的传播速度与传播范围不得不让人惊叹。虽然在面对更具有吸引力、娱乐性的内容时，人们往往会选择忽视这些传统的他们认为枯燥的内容，但是相对于传统纸媒，新媒体完全可以做到将这些看起来枯燥的内容灵活的运用结合于各种大众喜闻乐见的形式当中。除此之外，新媒体传播过程中人们往往为节省时间选择碎片化获知消息，使得信息的获取不太完全。举例而言，人们可以通过新媒体得知长征胜利纪念日的日期与红军长征过程中的一些片段，但是却不能得到相对完整的长征精神介绍及意义。这一特征的弊端比较容易理解，也很容易克服，比如在推广过程中模仿小说设置悬念，以碎片激发人们的求知欲，或者进行趣味问卷、直播竞猜相关知识点等等。但是，在这一特征的优点才是更为重要的存在。虽然新媒体传达的也许只是基础的一些长征精神知识，但其受众面极其广泛，也就是说：相比于传统媒体，在新媒体传播下会有更多人对长征精神拥有基础的、正确的理解，而在此基础上进行的长征精神教育将会获得事半功倍的效果。所以，相比于传统媒体，新媒体虽然稚嫩，但显然更胜一筹。

（二）优势具体分析

1. 新媒体传播长征精神更具多元性

新媒体多元化信息传播有助于增强长征精神对大众的吸引力。在新媒体的时代，每个人可以不受时间、地域、文化教育、经济情况的影响平等地接受与发表信息，新媒体的信息的传播是广泛的，是多元化的，无论受众处于什么样的阶级地位、什么样的年龄段，新媒体都会将长征精神以合适的渠道传播给受众。

第一，传播形式上的多元化。新媒体技术以图片、文字、音频和视频等多种传播形式吸引着大众去接受多种多样的信息，以合适的传播形式将长征精神传播给合适的群体。央视网推出的“长征胜利八十周年报道”，通过“虚拟＋纪实”长征系列短视频，讲述长征故事，弘扬长征精神便是一个成功优秀的典范。利用央视这个平台，采用虚拟动画，纪实短视频，动画，直播这些技术弘扬长征精神，形式新颖，富有趣味性，满足多个年龄层次的需要，受众覆盖率广且受时间空间局限小。第二，传播途径上的多元化。新媒体拥有极强的兼容整合性，其包含微博与博客、微信、直播、QQ 上巨大而碎片化的信息量具有极大的覆盖面。除却常见的新媒体报道外，央视网还推出连续 9 天共 9 场以《寻找长征记忆》为主题的移动直播，吸引了大批网民进入观看。这也验证了长征精神宣传工作者可以通过多元化的传播方式与传播途径使长征精神内容更加具体、形象与生动，对大众的吸引力相对更强的论述。

2. 新媒体传播长征精神更具互动性

这种新媒体的互动性迎合了当代大众表达自我，实现自我价值的需求。例如QQ空间的动态说说、微信朋友圈的评论、微信公众号的留言功能、微博的互动环节、直播平台APP的发言功能以及最新的支付宝社交圈子。在这些互动环节中，网友除了抒发自己对长征精神的认识及理解，更可以通过网络从他人的经历中得到对于长征精神更为新颖深刻的印象。随着越来越多的网民加入对长征精神的深入挖掘，更多的长征历史细节也随之浮出水面，从而增强长征精神的传播。同时，由于这种作用是相互的，通过观察研究的反应以及话题的相对热度，宣传工作者根据实时得出的结果不断调整宣传方式，寻求最优的宣传模式和人员资金配比方法。共青团中央作为中国共产主义青年团中央委员会宣传部官方微信公众号，旨在介绍共青团工作，发布共青团中央活动信息，传播青年关注的热点信息。值此长征胜利八十周年之际，共青团中央连续三天推送有关长征胜利纪念日相关内容。而网友们也在活动下方进行了留言，发表自己对于此次共青团中央推出的长征活动的看法，从而推动了长征精神的宣传。

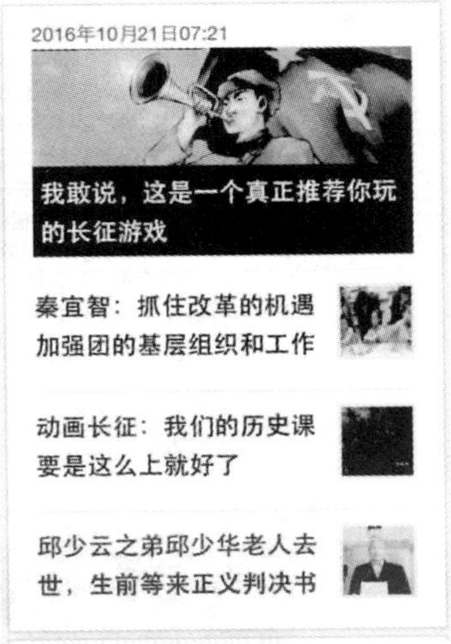

正是在这种互动性的机制下，宣传工作者与大众才会在一种相对平衡稳定的条件下得以快速磨合。从而使得长征精神更加趋于通俗化与平民化，从而更加有利于长征精神的传承与延续。

3. 新媒体传播长征精神更具高效性

网络的及时性传递给了新媒体，正是由于网络的普及率，才赋予了新媒体的高效性。央视网副总编辑魏驱虎表示：“希望用户他自觉地去点击，然后不自觉地沉浸其中，最后是主动地分享。”几十年的互联网发展已经让用户有了自觉点击的可能性，加上新媒体的吸引力，然后不自觉的沉浸，最后主动的评论，转发。正是这个过程可实现性之高，加深了新媒体传播的高效性。

今年九月，CCTV《开学第一课》栏目不仅在节目中宣传了长征的精神，还在微博上发起了#接过老兵的旗帜#话题，多位知名演员和歌手加入接过旗帜的队伍，在微博上向老兵和长征精神致敬。在媒体和明星的号召下，这个话题引起了巨大的反响，累积到11月共有4.5亿人阅读，95.4万人参与讨论。许多人分享自己对长征精神的感悟，看望老兵后的感慨，以及参与长征活动的体会。

此外，新媒体还可以将包含长征精神的材料进行永久性的保存，这样就不会在传播的过程中因为年代久远，传递次数过多而使人们怀疑它的真实性，这样长征精神的传播才会更有效果。

三、长征与新媒体的融合

（一）微信公众号

1. 共青团中央

共青团中央是中国共产主义青年团中央委员会宣传部官方微信公众号，旨在介绍共青团工作，发布共青团中央活动信息，传播青年关注的热点信息。值此长征胜利八十周年之际，共青团中央连续三天推送有关长征胜利纪念日相关内容。

10月21日，共青团中央首先发布了关于长征的游戏《重走长征路》和《十分钟动画，看懂长征大历史》，以一种轻松的方式来向青年团员弘扬、宣传长征精神，引来好评如潮。

特别是《重走长征路》，不少玩家纷纷表示“玩哭了”。有些事情只有自己亲身经历过，才能真正体会到它的不易。在这个游戏里，你用五十次的重生终于到达会师点，可红军战士们，只有一次机会。跟着红军，踏上征程，走过最远的路，吹过最冷的雪，跨过最狂猛的江河，信仰，给我们温暖和力量。

10月22日，共青团中央又全文转载了习近平总书记在纪念红军长征胜利八十周年大会上的讲话。为青年团员们树立坚定的理想信念，继续弘扬长征精神打下了良好的基础。

10月23日，共青团中央又相继推出了《今天，孩子们这样纪念长征》和《你听见了吗？这是长征起点和终点的对话》两篇文章，与之前两天的推送不同的是，本日的重点在于“传承”。通过孩子们与长征老兵的对话，通过对长征路途的追溯，使我们这一代人了解这段历史，牢记这段历史。

三天推送，完成了从追溯，到分析，再到继承的全过程。勿忘初心，继续前进，我们不是当年的红军战士，我们有的是学习、是思考、是真的发现我们这样幸福。

2. 紫光阁微平台

紫光阁微平台是中央国家机关工委官方微信，旨在传播党的方针政策路线，宣传中央国家机关党的建设，为党员干部提供在线交流学习的新平台，促进党建机关工作创新。作为党媒，最重要的是明确“姓党”这个关键点，为党发声。

在2016年10月21日习近平总书记发表纪念长征胜利八十周年讲话当天，紫光阁微平台推送了《习近平深刻阐述：长征是什么？长征精神是什么?》《从国际社会评价看长征胜利的历史价值》等三篇文章。

这三篇文章的着眼点各不相同，角度各不相同。从中国人看长征到外国人眼中的长征，该公众号力求让阅读者用全球化的眼光看待、分析长征，更加立体地去体会那段艰辛但满含信仰的时代。

（二）微博

微博作为一种新媒体方式，人们可以通过上传图片，编辑文字，链接相关网址等方式来简单地编辑一段简短的文字来介绍自己想要传播的内容。微博特点有：1. 碎片化；2. 全新沟通方式：关注与被关注的不对称人际关系加之独特的广播式信息流动模式，是介于人际对话与广播之间的媒介工具；3. 实现海量信息的重新整理：个性化定制信息源、转发功能，能将信息组织与传播链路决定权交给了个体；4. 大量信息碎片在一个主题下集中，可能汇集成事件流、思想流，成为热门话题。

借此，我们可以说，微博开辟了一个资讯高速流动时代。当今社会运转速度和人们的生活节奏越来越快，信息流动速度也越来越快。处于这样的时代，碎片化的内容更适合时代的需要。微博充分满足了现代快节奏、高压力社会下人们急剧上升的个人表达与倾诉沟通的需求。

在传播长征精神方面，微博也发挥了独到的作用。

一方面，微博上如雨后春笋般出现的关于长征方面的注册用户，专门用以传播关于长征的资讯，优秀的例如有长征出版社，在中国工农长征胜利八十周年之际，长征出版社利用其微博平台对长征进行宣传。

下图中，是长征出版社在微博平台上，对长征进行宣传的截图。一二两篇微博，长征出版社均获取解放军报刊登文章的信息，并配以图片进行发布。篇幅短小，编辑所花时间不长，读者所需的阅读时间也不长，适合当下人们的快节奏生活。

图 1

图 2

2016 年 9 月 22 日到 28 日，长征出版社在微博平台上发起了关于长征成功八十周年的系列宣传活动。其中，以微博话题#我们的长征在路上#代表性最强。

图 3 为#我们的长征在路上#活动相关的截图。微博可以通过在该平台上开创相关的话题，以互联网的方式进行传播，吸引人们在网上对其进行关注并提出自身看法。通过微博的传播方式，以一传百，不停相传。而#我们的长征在路上#这个话题则取得巨大反响，点击量破亿，成效显著。

图 3　#我们的长征在路上#微博话题点击量破亿

图 4

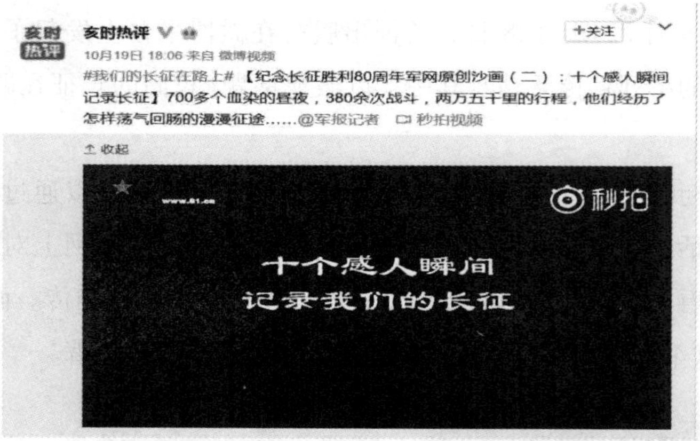

图 5

而另一方面，微博作为一种全新的信息传递平台，在当今互联网化的背景下，得到广泛青睐，无论是对于信息传播者来说，还是信息接收者来说，这都是一个绝好的时代。

例如在 2017 年 7 月 29 日于国家大剧院进行表演的歌剧《金山湖畔》，通过微博的宣传，让更多人知道了关于长征的故事，通过富有情感的语句以及富有渲染力的图片进行宣传，更让人直观地感受到长征精神。

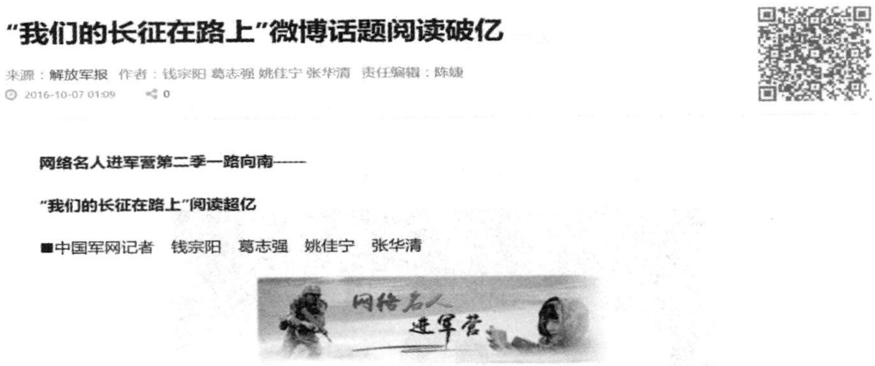

"我们的长征在路上"微博话题阅读破亿

来源：解放军报 作者：钱宗阳 葛志强 姚佳宁 张华清 责任编辑：陈婕

2016-10-07 01:09 0

网络名人进军营第二季一路向南——

"我们的长征在路上"阅读超亿

■中国军网记者 钱宗阳 葛志强 姚佳宁 张华清

图 6

同时，一些以短视频为主要流量载体的微博平台也在这长征胜利八十周年之际制作以长征为主要素材的短视频，通过这些短视频，这些微博平台可以获得点击量与关注量，而与此同时，长征精神也获得了宣传，可以看出，在长征精神的宣传中，无论是作为宣传者的新媒体还是作为被宣传的主体，都处于一个互相影响的良性循环状态中，

图 7

而关于长征走过的地方，通过微博的宣传，也获得了更大的关注量，更多人开始了解到长征，不仅如此，更是了解到了如何体验长征精神，在何处开始，梦归斯地。

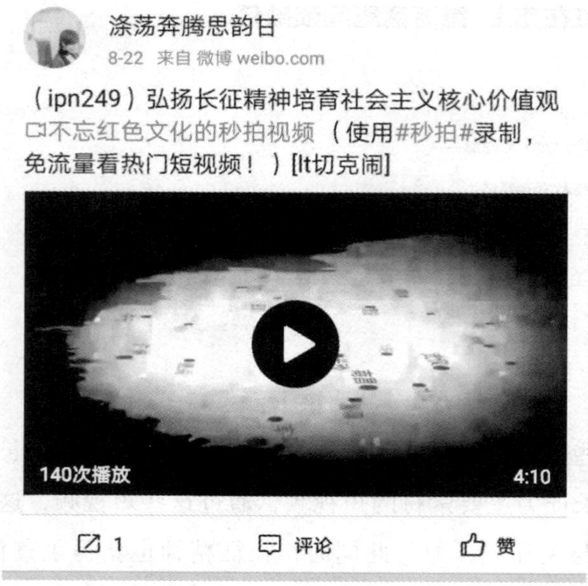

图8

微博话题的点击量破亿，通过新媒体方式成功地宣传了长征精神，而话题的引出也吸引了各大报纸的报道。报纸作为一种历史较为悠久的宣传媒体方式，随着时代的发展，也演化出了一种旧媒体下的新形式：电子报。电子报报道通常发表于相关报纸官网，通过互联网的方式对其进行进一步的传播。电子报的主题形式虽然仍旧是报纸，但形式上的新颖，只需有移动设备和网络即可使用的方式，以及通过电子报上的链接即可与信息相关单位建立联系，也不失为一种传统纸媒、的革新和进化。

四、总结

习近平总书记指出："伟大的长征精神是中国共产党革命风范的生动反映，我们要不断结合新的实际传承好、弘扬好。"总书记这句话道出了长征精神对每一个中国共产党人的特殊意义。我们要传承好和弘扬好长征精神，必须得加强人们对于长征的记忆。互联网也有记忆，我们需要通过互联网，真实再现长征的历史细节，把长征精神通过一张张图片和影响资料渗透到所有网民的心中，充分发挥互联网的“微力”，碎片化传播长征精神，利用长征精神聚沙成塔般凝聚起实现中国梦的精神动力，就要顺应数字化、互联网的大环境，充分利用已有的网上平台，积极开辟新媒体传播方式。而根据我们的研究，在此次长征精神传播过程中对新媒体的利用度还有加大的空间。并且在借鉴优秀新媒体事例的过程中，我们也可以发现，一些通过比较趣味的方式来吸引人们的注意的宣传模式，比如说讲述长征中的感人故事，使用例如“山河入梦，不忘初心”等不失匠心而又吸引眼球的稿件标题，报道一些新颖的纪念方式，例如“重走长征路”系列活动的追踪报道都是利用新媒体宣传长征精神的优秀事例。同时，要提高新媒体在传播长征精神中的优势，需要求新媒体人有更加活跃的思维，让人们体会到长征精神更多，让长征精神更多地渗入人们的生活中。

16 工商管理：吴静、吴洁、夏宇欣、王燕青、邓正翔、李成凌

指导教师：王艳娟

红色文化之花

——如何看待时下的红色文化影视作品？

本文是以“红色文化影视作品”为主题，来调查人们对于红色文化影视作品的了解和重视程度。红色文化指的是在革命战争年代，由中国共产党人、先进分子和人民群众共同创造并极具中国特色的先进文化，蕴含着丰富的革命精神和厚重的历史文化内涵。调查结果表明，当今社会应当重视红色文化的传播，应当在注重传播方式的同时把关传播内容的质量。

一、红色文化影视作品在当代的境遇

当今影视圈内，红色影视作品可谓层出不穷，一年内少说也有几十部。所谓红色影视作品，就是贯穿着革命精神和英雄主义的思想风貌的影视作品，观众对红色影视作品也是十分喜爱。一些抗日先锋的个人传电视，比如《毛泽东》，让我们能更全面地了解到了伟人的故事，也让现在的我们接触到了更多的红色历史。

而除了这些人物传记类的电视作品，最不缺乏的就是抗日剧了。作为红色文化影视作品的代表，抗日剧已经充满了电视荧屏。抗日剧的量贩造成的最终结果就是作品越来越缺乏内涵与深度，观众越来越不愿意观看。本来抗日剧是对我们很好的爱国教育，但若缺乏真实性和科学性，带来的影响将是不可估量的。于是，针对如今越来越多的红色影视作品。我们发起了“如何看待时下的红色文化影视作品”的社会实践调查。

二、调研思路与方法

（一）研究思路

本次实践活动将以网络问卷调查为基础，以理论研究为辅，结合大量红色文化影视作品的资料，分析人们对当下红色文化影视作品的看法，探究其深层次原因，将大量存在的客观实际升华为精炼的理论，提出我们的看法，从而对我们的红色文化传承、文化建设有所裨益。

（二）研究方法

1. 问卷调查法。以大众网友为样本发放关于“如何看待时下的红色文化影视作品”的网络问卷，以了解其观点。

2. 网络资料研究法。查阅现有的红色文化的影视作品资料，观看红色文化影视作品。

3. 数据分析法。以问卷调查得出的数据为基础，进行科学的定性定量分析。

三、分析问题

（一）调查对象的基本信息

此次调查以问卷为主要形式，结合与被调查人的面谈采访，试图通过如何看待时下的红色文化影视作品调查来分析当代如何正确看待红色文化影视作品。

问卷发放地点主要在下沙各大高校，发放对象为在校大学生及部分老师。问卷实际发放 115 份，成功回收 115 份，其中有效问卷 115 份，回收率为 100%。调查对象数据分析如下：

第一个问题，您的性别是？51.30% 的为男性，48.70% 为女性，由此可知本次调查男女基本平衡，调查结果不会受到性别的影响，这也是本次实践调查得出结论的基本条件。

第二个问题，您的职业是？基本上大多数为学生，也有少量其他职业的被调查人，所以，此次调查主要是针对在校大学生进行展开，而他们的观点也更加多样化。

第三个问题，您的年龄是？19 周岁以下占 54.78%，20 – 39 周岁的有 35.65%，40 – 59 周岁占 9.57%。调查对象大部分为青年人，但也有少部分是有社会阅历的中年人，这使本次调查年龄段涵盖更加广泛。

第四个问题，您的政治面貌是？80.87% 的被调查人是共青团员，4.35% 是中共预备党员，2.61% 是中共党员，还有 12.17% 是普通群众。本次调查中被调查人的政治面貌多样性和可以让我们更加深刻的探讨人们对于当下红色文化影视作品的看法和理解。

（二）对红色影视作品的了解程度

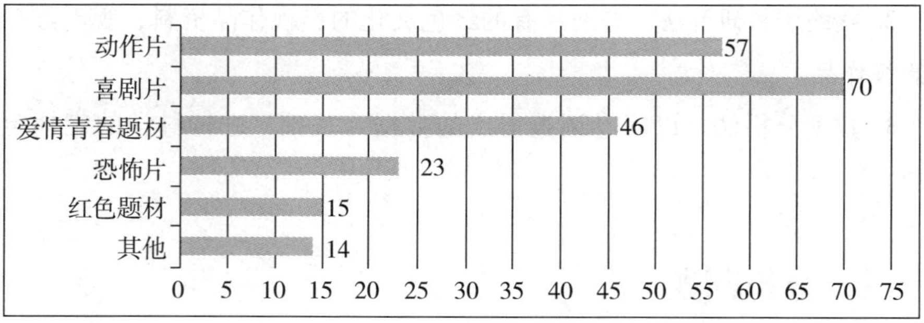

图 1　喜欢的影片类型

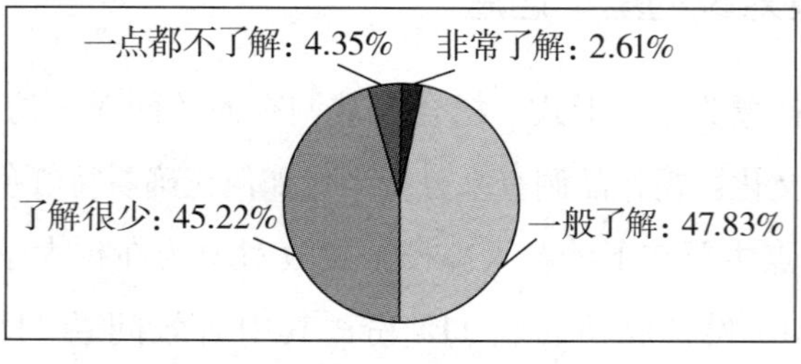

图 2　红色文化影视作品的了解程度

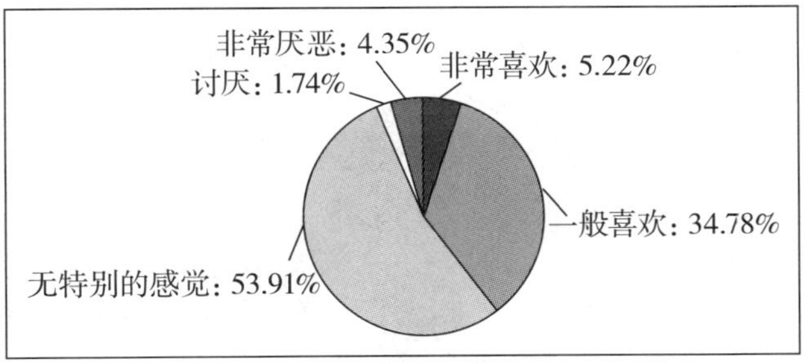

图 3　红色文化影视作品的喜爱程度

数据显示，现在学生大都喜欢动作片、喜剧片和爱情青春题材类的电影，喜欢红色题材类电影的学生是少之又少，那就更不用提对红色文化影视作品的了解。这充分说明了一个问题，在科技高速发展的现在，人们对于红色文化渐渐的已经不再那么重视了。曾经红军历经各种艰难险阻，最终建立了新中国，而后才有了我们如今的生活，可以说没有他们就没有我们的今天，然而我们当代大学生却对这些几乎一无所知，这何尝不是一种悲哀。

红色题材的影视没有什么人喜欢看是否就能说明红色题材对人们没有吸引力呢？并不是这样，红色题材是值得我们去看的。对此，数据中所出现的对红色文化影视作品十分讨厌的是否就是因为这些太过夸张的剧呢，还有那些喜欢看的是喜欢红色革命中所体现出来的精神还是单纯喜欢其中那些炫酷的镜头呢。我认为红色题材类的影视作品所要做的应该是尊重史实，展现红军的精神，不该掺杂太多其他的东西。

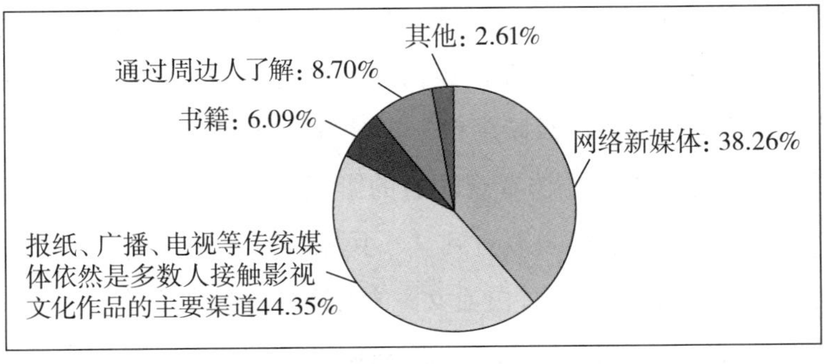

图 4　了解时下的红色文化影视作品相关信息的最主要渠道

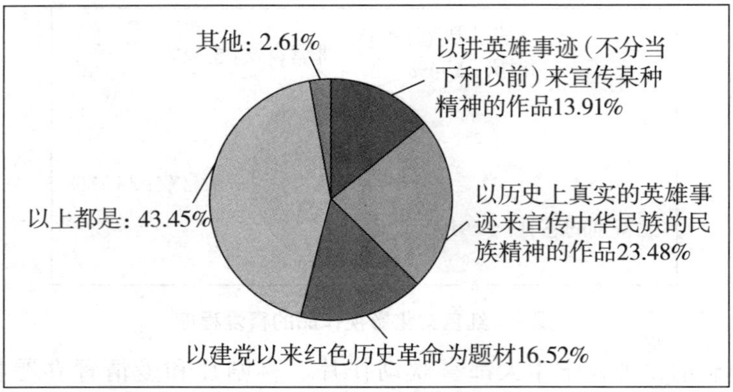

图 5　红色文化影视作品的定义

问卷的第八道题调查了受访者了解时下的红色文化影视作品相关信息的最主要渠道，从调查结果显示：①报纸、广播、电视等传统媒体依然是多数人接触影视文化作品的主要渠道；②近年来随着互联网的高速发展，网络新媒体的受众也达到了新的高度，随着网络的发展，当前的影视文化传播形式更加多样化，渠道也趋于丰富，同时这种高速高效高传播率的形式也对当下红色文化影视作品的发展提出了更高的要求。

问卷第九题调查了受访者对于红色文化影视作品的定义。半数受访者认为红色文化影视作品主要由三种形式构成：①是以讲英雄事迹（不分当下和以前）来宣传某种精神的作品；②是以历史上真实的英雄事迹来宣传中华民族的民族精神的作品；③是以建党以来红色历史革命为题材，主要讲历史革命英雄事迹的影视作品。这其中，第二种形式的认可度略高于其他二者。这一调查结果折射出人们对于红色影视文化的一种诉求，人们尊敬历史上真正的英雄并乐于看到他们的精神在民族精神层面的表达，而这同时也是红色文化影视作品本身应该具备的反映历史，投射当下的功能。

问卷的第十题调查了受访者观看过的影视文化作品。①电影方面，若以创作时间为角度划分，我们可以看到《小兵张嘎》《地道战》《地雷战》《激情燃烧的岁月》《林海雪原》《白毛女》《雷锋》等经典之作都有着很高的普及度，特别是《小兵张嘎》收获了九成被调查者的认可，可以算得上是家喻户晓的经典红色影视作品了；②近年来《建国大业》《建党伟业》两部作品也以精良的制作，客观反映史实的态度，获得了广泛的好评；③2016 年上映的《智取威虎山》更是收获了票房、口碑双丰收；④其他一些类似题材的电影，如《听风者》《风声》也得到了观众认可；⑤电视剧方面，近年来涌现了《亮剑》《伪装者》《潜伏》等优秀作品，其中有六成受访者表示观看过《亮剑》，也留下了深刻的印象。这一调查结果显示，经典红色文化影视作品其实拥有较高的社会普及度，而近年来不断涌现出的优秀作品也得到了观众的广泛好评，展现出人们对于优秀影视红色文化作品有着较高的接受度。

（三）对红色影视作品的感受

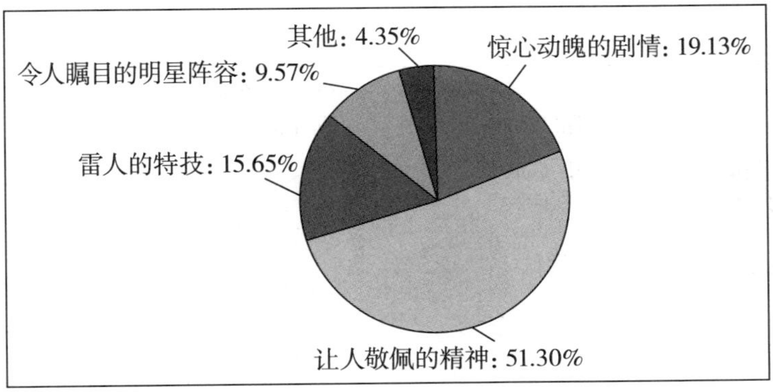

图6　印象深刻的时下红色文化影视作品

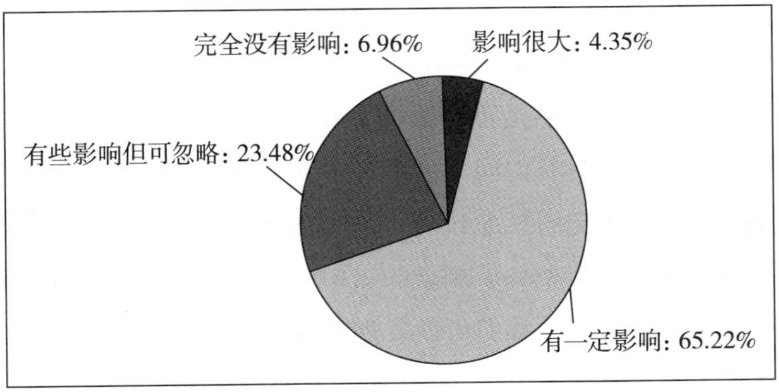

图7　时下的红色文化影视作品对您的思想和价值观的影响

对于“时下红色文化影视作品让您印象深刻的是什么”，受访者中有59人觉得是它们让人敬佩的精神，占了51.3%，说明一半多的人还是理解到了红色文化影视作品的意义；有22人觉得是它们惊心动魄的剧情，占了19.13%；有18人觉得是它们雷人的特技，占了15.65%；还有11人觉得是剧中令人瞩目的明星阵容，这一部分占了 9.57%。

对于“时下红色文化影视作品对您的思想和价值观的影响”，受访的人有 75 人觉得对他们有一定的影响，占 65.22%；有 27 人觉得对他们有一定的影响，但可忽略，占 23.48%；有 8 人觉得完全没有影响，占 6.96%；只有 5 人觉得有很大影响，只占了 4.35%。这一方面说明了当今社会，人们未能透彻理解红色精神，但还是会受影视作品的影响，启示我们现今的红色影视作品不能太偏离实际，要始终贯彻红色精神，而不是只为商业目的。

（四）对红色影视作品的思考

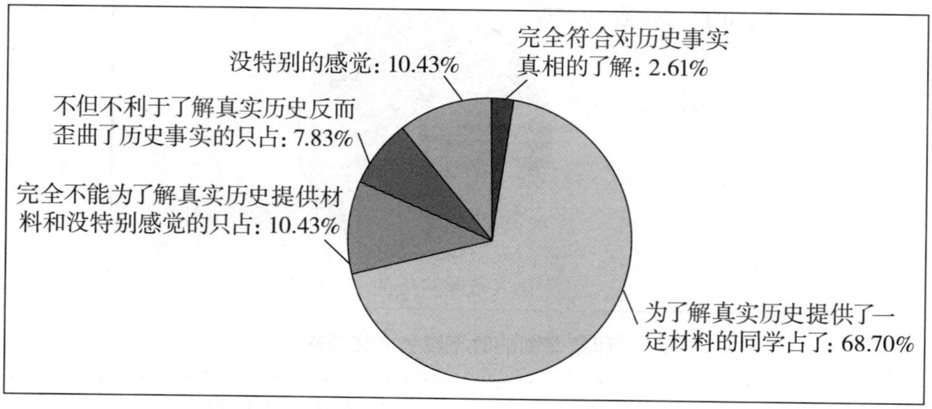

图 8　红色文化影视作品是否有助于了解真实的历史

对于红色文化影视作品是否有助于了解真实的历史这个问题，选择为了解真实历史提供了一定材料的同学占了 68.7%，选择完全不能为了解真实历史提供材料和没特别感觉的只占 10.43%，选择不但不利于了解真实历史反而歪曲了历史事实的只占 7.83%，剩余的 2.61%，选项是完全符合对历史事实真相的了解。从这些数据中我们可以发现太过否定和太过肯定的占比例都很小。大多数同学认为红色影视作品提供了一定资料，这也是红色作品的初衷，也是大部分作品的价值。但是现在有很多出品公司为了扩大市场价值而改编历史，为的就是消费红色文化而创造出更多的物质价值，这也使得我们现在很多人对红色影视作品有了很深的误会。

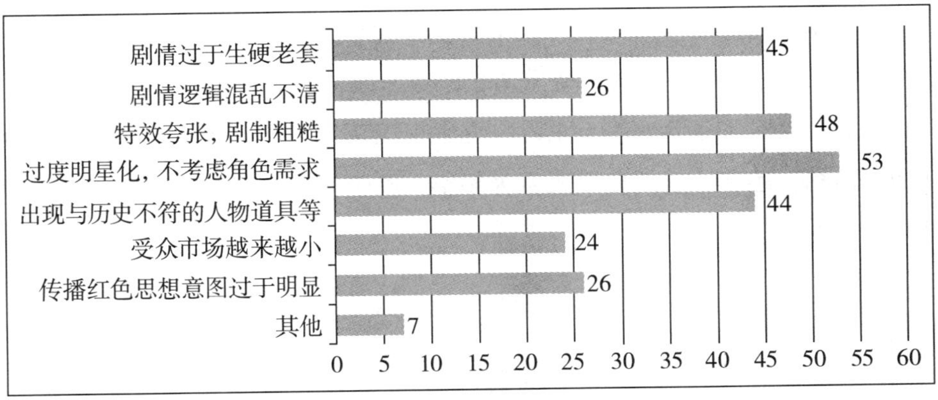

图9 红色文化影视作品存在的问题

对于红色文化影视作品存在的问题，选择剧情过于生硬老套的同学占39%；选择剧情逻辑混乱不清占23%；选择特效夸张，剧制粗糙占42%；选择过度明星化，不考虑角色需求占46%；选择出现与历史不符的人物道具等占38%；选择受众市场越来越小占21%；选择传播红色思想意图过于明显占22%；选择其他占0.06%。所占比例最大的就是不考虑角色需求，这和现在的明星效应是密切相关的，当前大多数观众只在乎演员而不在乎整部剧的质量，只要名气大，创造的商业价值也就越大。其次就是特效夸张，现在科技发展，本可以为作品锦上添花，但是商家却过于注重特效，想要以此吸人眼球，实则舍本求末。

（五）对红色影视作品的期望

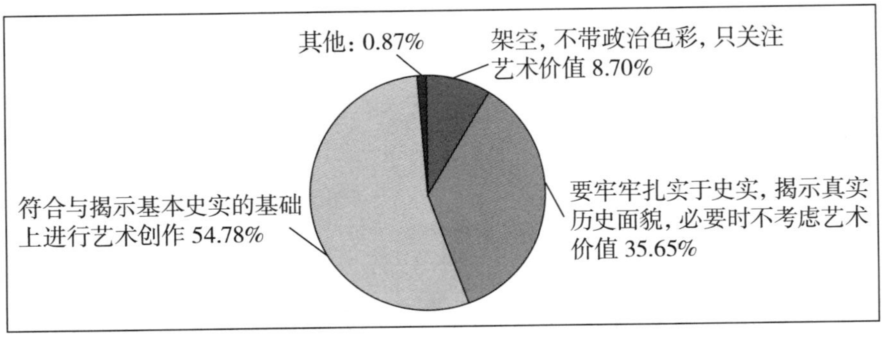

图10 红色文化影视作品的拍摄要求

对于时下的红色文化影视作品的拍摄要求，有54.78%的人认为应该在符合与揭示基本史实的基础上进行艺术创作，确实，艺术创作不能过分以至于颠覆了史实，还是应该更多的尊重历史，像一些“抗日神剧”就严重违反事实，毫无根据；还有部分的人觉得红色影视应该要牢牢扎根于史实，还原真实历史面貌；还有一小部分的人认为架空，不带政治色彩，只关注艺术价值才是正确的。

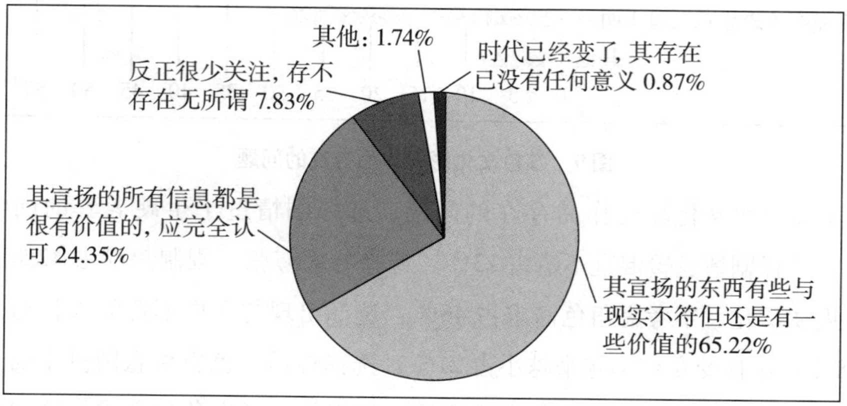

图 11　对时下的红色文化影视作品的看法

对于时下的红色文化影视作品的看法，大多数人对红色影视作品的看法是宣扬的东西有些与现实不符但还是有一些价值的，青少年在欣赏这些影视剧的同时，战争的残酷和艰苦岁月中的磨难深深铭刻在青少年的心底，与现实生活形成强烈的心灵的反差，唤起对现在美好生活的珍惜；24. 35% 的人觉得其宣扬的所有信息都是很有价值的，应完全认可；③也有着极小一部分人并不关注红色影视或者是觉得毫无意义。这一问题说明对于红色文化还是很多人重视和关注的，但还是需要进一步加强宣传教育。

四、总结

1. 关注度

在科技高速发展的现在，人们对于红色文化渐渐地已经不再那么重视了。虽然红色影视文化基本上反映的都是过去年代的事情，但其中仍包含对事实与未来的探索，对美好与梦想的追逐，从本质上剖析，这其中所包含的人文内涵和精神旗帜是具有恒久意义的。因此加强红色影视文化宣传来提升大众对于红色影视文化的关注度是必要的，其关注度的提升可以于无形之中引领社会的思想政治教育的方向。

2. 传播度

随着网络的发展，当前的影视文化传播的形式和渠道都是多元化的。然而这种高速高效高传播率的形式也对当下红色文化影视作品的发展提出了更高的要求，现在需要的不仅是作为一个放置在大厅中的展品为来访者提供精神与文化输出，同时也应当通过多种途径引入思想政治教育理论课堂，以激发全社会对于红色精神的共鸣。

3. 需求度

现在的红色影视作品不能太偏离实际，要始终贯彻整体的一个精神，而不是只为商业目的，因为红色文化影视作品对现代人的价值观取向等都有影响。红色作品还是要更加地注重内容，旨在丰富人的精神世界，以精神文化的传承为主要奋斗目标，抛却金钱利益引导下的浮夸风气，将真实本质的红色文化通过影视作品传递给大众受体。

4. 影响度

经典红色文化影视作品其实拥有较高的社会普及度，而近年来不断涌现的优秀新作也得到了观众的广泛好评，展现出人们对于优秀影视红色文化作品有着较高的接受度。因此要以建党周年等特殊性的年份为契机，在启动实施红色文化保护传承弘扬工程的同时，通过加大革命精神保护推出优秀影视作品，进一步宣扬红色精神、传承红色基因、弘扬革命传统，让红色影视文化活起来、传开来，让更多的人看得见、记得住。

【附录】

关于“如何看待时下的红色文化影视作品”的调查问卷

您好，我们正在进行一项关于“如何看待时下的红色文化影视作品”的调查问卷，恳请您用几分钟时间帮忙填答这份问卷。本问卷实行匿名制，所有数据只用于统计分析，请您放心填写。题目选项无对错之分，请您按自己的实际情况填写。

1. 您的性别是？（单选题 * 必答）

○男　　○女

2. 您的职业是（如学生等）？（填空题 * 必答）

____

3. 您的年龄是？（单选题 * 必答）

○19 周岁以下　　○20－39 周岁　　○40－59 周岁　　○60 周岁以上

4. 您的政治面貌是？（单选题 * 必答）

○群众　　○共青团员　　○中共预备党员　　○中共党员

○其他________

5. 您喜欢的影片类型是？（多选题 * 必答）

□动作片　　□喜剧片　　□爱情青春题材　　□恐怖片

□红色题材　　□其他________

6. 您对红色文化影视作品的了解程度是？（单选题 * 必答）

○非常了解　　○一般了解　　○了解很少　　○一点都不了解

7. 您对红色文化影视作品的喜爱程度是？（单选题 * 必答）

○非常喜欢　　○一般喜欢　　○无特别感觉　　○讨厌

○非常厌恶

8. 您了解时下红色文化影视作品相关信息的最主要渠道是？（单选题 * 必答）

○网络新媒体　　○报纸、广播、电视等传统媒体　　○书籍

○通过周边人了解　　○其他________

9. 您认为红色文化影视作品的定义是?（单选题＊必答）

○以讲英雄事迹（不分当下和以前）来宣传某种精神的作品

○以历史上真实的英雄事迹来宣传中华民族的民族精神

○以建党以来红色历史革命为题材，主要讲历史革命英雄事迹的影视作品

○以上都是

○其他________

10. 您看过的时下红色文化影视作品有?（多选题＊必答）

□小兵张嘎　□亮剑　□伪装者　□潜伏

□地道战　□激情燃烧的岁月　□地雷战　□白毛女

□风声　□林海雪原　□雷锋　□听风者

□金陵十三钗　□建国大业　□建党伟业　□智取威虎山

□一部都没看过　□其他________

11. 时下红色文化影视作品让您印象深刻的是?（单选题＊必答）

○惊心动魄的剧情　○让人敬佩的精神　○“雷人”的特技

○令人瞩目的明星阵容　○其他________

12. 您认为时下的红色文化影视作品对您的思想和价值观影响是?（单选题＊必答）

○影响很大　○有一定影响　○有些影响但可忽略

○完全没有影响

13. 您认为您看过的大多数红色文化影视作品有助于您了解真实的历史吗?（单选题＊必答）

○完全符合对真实历史了解的要求

○为了解真实历史提供了一定材料

○完全不能为了解真实历史提供材料

○不但不利于了解真实历史反而歪曲了历史事实

○没特别感觉

14. 您认为时下红色文化影视作品存在的问题是?（多选题＊必答）

□剧情过于生硬老套　□剧情逻辑混乱不清

□特效夸张，剧制粗糙　□过度明星化，不考虑角色需求

□出现与历史不符的人物道具等　　□受众市场越来越小

□传播红色思想意图过于明显　　□其他________

15. 您对于时下的红色文化影视作品拍摄的要求是？（单选题＊必答）

○架空，不带政治色彩，只关注艺术价值

○要牢牢扎实于史实，揭示真实历史面貌，必要时不考虑艺术价值

○在符合与揭示基本史实的基础上进行艺术创造

○其他________

16. 您对于时下的红色文化影视作品看法是？（单选题＊必答）

○时代已经变了，存在已没有任何意义

○宣扬的东西有些现实不符，但仍有一定价值

○宣扬的所有信息都是很有价值的，应完全认可

○反正很少关注，存不存在无所谓

○其他________

15级建筑学1班：吴超、谢嘉莹、赵靓、顾云鹏、李文龙、倪杰、宋羽

王泽东、夏江徽、周林涛　15级建筑学2班：孙淑媛、徐澜

指导教师：王艳娟

长征精神和网络新媒体的融合研究

2016 年是红军长征胜利八十周年。1934 年的 10 月，一支濒临绝境的队伍从赣南出发，在敌人的围追堵截之下，克服种种难以想象的困难，凭着惊人的意志和顽强的信念，完成了举世震惊的两万五千里长征，创造了举世瞩目的人间奇迹，谱写了中国革命史的光辉篇章。随着现代信息技术的飞速发展，以媒介融合为特征的全媒体时代已经来临。这种以媒介融合为特征的信息传播方式的变革，以前所未有的速度改变了人的思想观念与行为模式，将人类社会带入了一个崭新的各种媒体高度融合、传播者与受众合为一体的传播新时代。

2016 年是中国红军长征胜利八十周年，一个我们需要铭记的时间。红军长征所体现出来的精神，也不断教育且激励着我们一代又一代人。而随着时代的发展网络新媒体应运而生，人们传播和收获信息的渠道也更为开阔。为此如何将历史精神与新媒体渠道相结合，使我们的 90 后、00 后年轻人更加全面的了解和培养长征精神，为了探究这个问题，我们对各个阶段的年轻人对于此问题的看法做出了一系列调查研究。

一、长征精神的当代意义

长征精神是中华民族的优良传统和宝贵财富。虽然长征过去半个多世纪了，但是长征精神的光辉永远照耀着我们，对于每个人来说，长征精神都应当是值得终身去弘扬与继承的一种精神。

（一）长征精神的基本内涵

1. 实事求是的精神

实事求是，一切从实际出发是长征精神的核心。长征是实事求是精神的典范。遵义会议后，整个长征的过程是党和红军坚持实事求是，一切从实际出发，不断坚持真理、修正错误的过程。长征的胜利，是党坚持实事求是，一切从实际出发，洞察时局、把握大势、科学决策的结果。

2. 艰苦奋斗的精神

艰苦奋斗是中华民族的光荣传统，是人民军队的政治本色，也是红军长征精神的集中体现。长征是人类历史上艰苦奋斗精神的楷模。红军长征史，是一部顽强战斗、不怕牺牲、艰苦奋斗的革命史。在社会主义现代化建设新的历史时期，艰苦奋斗的精神仍然是我们战胜各种困难的强大的精神力量。

3. 团结协作的精神

团结协作、顾全大局、密切配合，这是红军取得长征胜利的决定性因素。没有红军各主力部队之间互相支援，密切配合，协同作战的团结协作、步调一致的精神，长征不可能胜利；没有红军将士在政治上同心同德，生活上互相帮助，危急关头舍生忘死的战友情义，长征不可能胜利；没有红军对群众的保护、尊重、组织与帮助，没有各民族群众对红军全力支持与拥护，长征不可能胜利。

（二）长征精神的当代传承

在当今复杂多变的时代背景下，长征精神又具有精神导向、凝聚向心、感召励志、教育塑造的时代价值。

长征精神的凝聚向心价值是长征精神时代价值的一个重要内容，它是指长征精神在社会凝聚中作用的意义表现。长征的胜利说到底是无产阶级的理想和信念所激发的革命精神的胜利。红军武器低劣，衣食匮乏，但靠的就是对革命理想的执着追求，对革命必胜的坚定信念。

“长征是宣言书，长征是宣传队，长征是播种机。”这是毛泽东同志对长征伟大意义的生动概括。几十年来，在中国一提起长征，几乎妇孺皆知。长征精神感召激励价值是红军广大指战员与人民群众共同创造的一种精神价值。正是有了这样全面丰富的感召激励价值，才使得长征精神能够把人的活力、人的激情、人的信念、人的力量鼓动起来燃烧起来。

习近平主席在宁夏调研时指出：“今天是实现‘两个一百年’奋斗目标的新长征。我们这一代人要走好我们这一代人的长征路。”作为走好新长征的重要力量，广大青年虽不用向着伟大的目标，抛头颅洒热血，但也应该以长征精神激励我们的青春斗志。

那么，如何传承好长征精神并让它持续激励着年轻人呢？首先是要发扬红军前辈的艰苦奋斗之风。今天依然流行一句话：“苦不苦，想想红军两万五；累不累，想想红军老前辈。”漫漫长征路，前有高山险滩，后有围追堵截，在千难万险之中，红军战士们心怀着对共产主义的信仰，艰苦奋斗，直面一个个难关，最后才迎来了胜利的黎明。如今我们的国家发展蒸蒸日上，离实现“中国梦”也比任何历史时期都接近，但是我们仍要面对发展中的短板和改革中的阵痛。当代青年走好新长征，就必须大力弘扬艰苦奋斗之风，始终保持厉行节约、勤奋工作、踏实苦干的优良传统。

另一方面，当代青年必须要继承红军前辈的时代担当精神。红军是正义的化身、光明的使者、创造的先锋，他们积极投身革命，主动担当起赶走侵略者、破除旧社会、建设新中国的时代责任，用赤诚之心见证了对人民群众的铮铮誓言。如今，青少年作为社会发展的后备力量，更要义无反顾地挑起时代重任。试想，如果没有责任与担当的精神，又怎能负重前行？八十年过去了，我们今天所走的路都是前人没有走过的新路，面对着的是全新的挑战，青年要在自己的岗位上承担起属于自己的责任。天下兴旺，匹夫有责。红军精神顶天立地，尽显责任与担当，青少年更要受此激励，主动作为、迎难而上、不胜不休。

二、当代网络新媒体环境的利弊

（一）网络新媒体的定义

互联网新媒体作为一种新兴传播形式，具有传统媒介无法比拟的优势。新媒体是指当下万物皆媒的环境，简单说：新媒体是一种环境。新媒体涵盖了所有数字化的媒体形式。包括所有数字化的传统媒体、网络媒体、移动端媒体、数字电视、数字报纸杂志等。一个相对的概念，是报刊、广播、电视等传统媒体以后发展起来的新的媒体形态，包括网络媒体、手机媒体、数字电视等。新媒体亦是一个宽泛的概念，利用数字技术、网络技术，通过互联网、宽带局域网、无线通信网、卫星等渠道，以及电脑、手机、数字电视机等终端，向用户提供信息和娱乐服务的传播形态。

（二）网络新媒体的优势研究

网络是信息社会的重要标志，它于1969年起源于美国，经历了从军事运用到全面商业化的发展历程，形成了真正的“信息高速公路”。列文斯通提道：“网络带来的新气象，在于它结合了互动性以及那些对大众媒介来说是创新性的特征：没有限制的内容范围，广大的受众规模以及表现出传播的全球性本质。”

而网络新媒体渠道的广泛，也为传播长征精神提供了足够的便利。如今我们可以通过数字杂志、数字报纸、数字广播、手机短信、移动电视、互联网、桌面视窗、数字电视、数字电影、触摸媒体等多种多样的形式，为传播长征精神服务。而网络新媒体对于传播长征精神其自身优势：

1. 交互性

网络新媒体的传播方式可分为以下四种：多人对个人，个人对个人和个人对多人的异步传播，是指信息接收者通过使用网络上寻找信息的活动，例如浏览网页和远程通信等；个人对个人的异步传播，如电子邮件；个人对个人、个人对少数人、个人对多人的同步传播，例如网络在线闲谈、多用户游戏等；多人对多人的异步传播，如新闻讨论组、电子公告牌和电子论坛等。在第一类中，用户只是作为信息的接收者。而在后三类里，用户很有可能是信息的发布者或交流者。由此可见，网络新媒体的传播方式最突出的变化即为“受众”不仅仅是指大众，也可能是个人，“受众”不仅是信息的接收者，也可能是信息的发布者。

2. 分众性

互联网更加适应受众需求的多样化和受众市场的细分化。互联网的交互性特征引起了用户分化。它将目标受众按年龄、性别、种族、社会地位、文化程度、兴趣爱好、专业程度等标准划分为一个个群体，从而有针对性为这些不同的群体提供信息服务。所以说，这是具有小众化倾向的传播。由于媒体生存与发展必然与受众群体数量密切相关，所以每个受众群体仍然保有一定数量。

3. 复合性

通过互联网传递信息突破了传统媒体传递信息的单一性，互联网传递实现了信息传播的图文声一体化，它将文字、图像、声音、视频、音频等完全融合。其复合性也充分体现了传播形态的多样性特点。它将报纸、电视、广播的传播手段与传播方式基于一体，其形式的多样化是前所未有的。它将各种接收终端，各种传输渠道，各种信息形态整合一起，从而保证用户可在任何地方、通过任何终端进入新媒体网络。

由此可见，利用网络新媒体传播长征精神，更能加强传播信息的流动性，更加合理、高效的利用传播资源，传播量广且更具有针对性。并且利用网络新媒体传播长征精神，更能加强受众与发布者之间的互动交流，使学习更加深刻，并具有一定趣味性，使受众更容易接受。最重要的一点则是，网络新媒体的平台相较于传统媒体更为的广阔，在这个数字信息化时代，利用网络新媒体可以将长征精神的内涵传播至世界的各个角落，使受众无论何时何地都能够接受或查找到想要的讯息。

（三）网络新媒体的弊端研究

“任何事物都是一分为二的”，网络新媒体的发展并非一味地好，也给社会带来了许多弊端。其一：互联网络传播新闻具有爆炸式的特点，而正是如此也导致了信息良莠不齐。各类失实信息和盗版信息充斥着互联网的页面。其二：在市场利益的驱使下，部分网络新媒体以吸人眼球、获得最大阅读量为目的，页面充斥着大量不良信息。各类低俗信息在互联网中屡见不鲜。优衣库事件便是一个很典型的例子。其三：负面舆论堆积造成的“比坏心理”腐蚀社会道德。

当代社会经济迅速发展，网络新媒体往往追求经济利益的最大化。但部分网络媒体却在剑走偏锋，走上了“标题党”“低俗信息”“垃圾信息”的不归路。而这些不良信息确是让广大网名苦不堪言。网络直播火爆全网后，同样出现了许多不良信息，主播抽烟，酒驾，再加上色情内容。直接导致了网络环境严重恶化。净化网络环境，需要践行长征精神，倡导文明理念。宣扬积极向上，健康正面的思想道德观念。

“好事不出门，坏事传千里。”互联网具有虚拟性，网友在匿名的情况下毫无顾忌地发表偏激言论，对社会风气产生负面影响。各个领域的负面新闻在网络新媒体的助攻下充斥全屏。面对负面舆论堆积造成的“比坏”心理严重腐蚀着社会道德。因此，我们更加迫切需要弘扬长征精神。网络新媒体需要接过长征精神的旗帜，在不忘前辈们艰苦卓绝不怕牺牲的奋斗历程的同时，传承并发扬长征精神。

三、长征精神和网络新媒体的融合研究

在参与本组问卷调查的48人中，有4.17%的参与者认为自己完全了解长征精神的内涵，47.92%的参与者则表示大概了解，45.83%的参与者对其略有了解，而最后剩余2.08%的参与者完全不了解长征精神的内涵。由上述数据可知，尽管长征精神已经获得一定的宣传和普及，但对于多数大众而言他们所理解的长征精神仍旧较为片面和狭窄。而长征精神作为优秀的精神文化，毋庸置疑需要进一步的弘扬和发展。因此，根据现今网络新媒体高速发展的态势，应加大长征精神与网络新媒体的合作。

（一）如何运用网络新媒体弘扬长征精神

网络新媒体作为一种新兴的传播方式开始登上历史舞台。随着互联网的发展，报告显示，截至2015年12月，中国网民规模达6.88亿，互联网普及率为50.3%；手机网民规模达6.2亿，占比提升至90.1%，无线网络覆盖明显提升，网民Wi－Fi使用率达到91.8%。

长征精神是中国共产党在长征时期的革命实践中形成的一笔宝贵精神财富，是中华民族的象征。它不仅在当时起着鼓舞人心的作用，即使是在当今社会，也是人们不可或缺的精神食粮。结合新媒体不可阻挡的发展趋势不难看出，人们通过网络会了解到更多关于长征的历史细节，从而增强长征精神的传播，加强新媒体与长征精神之间的联系，把长征精神在社会发扬光大。

央视网副总编辑魏驱虎表示："希望用户他自觉地去点击，然后不自觉地沉浸其中，最后是主动地分享。那么，我们通过这样适合网络传播的手法，让伟大的长征精神入心入脑。"今天来看，我们有幸身处于这样一个开放包容的移动互联网时代，人们与社会的联系更加紧密，各种社交平台、软件层出不穷，比如微信、微博、搜狐、网易等各大权威媒体。异军突起的网络新媒体，具有及时性，显著性，高效性等特征，通过与受众的互相沟通和紧密联系，以其自身得天独厚的优势，取得突飞猛进的发展，形成强大的舆论力量，使得新媒体的影响力在不断地加深，同时也为长征的宣传工作开辟了新途径。使得网络新媒体与发扬长征精神的方式不断创新：

虚拟动画《大路说长征》运用AR虚拟快速动画技术制作成人物脱口秀，构建出一个虚拟红军战士"大路"，再现了他重返长征战场，讲述长征如何取得胜利的鲜为人知的故事；纪实短视频《信仰之路》凝练幸存长征老红军真实感人的语言，展现老红军崇高的理想信念；动漫视频《最伟大的长征——雪山忠魂》聚焦了一老一小两名红军战士，视频中使用漫画式的分镜衔接技术，用简明的黑白笔触勾画出有血有肉的人物形象；以《寻找长征记忆》为主题的移动直播，从"长征亲历者""长征追随者""长征创作者"三个角度，不同身份的人物分别讲述他们与长征有关的故事。诸如此类利用文字、图片、影像等新型方式全方位地描述长征故事，通过这样的宣传形式，使长征精神渗透到人人心中，震撼大众心灵。

通过我们的新媒体，穿梭时空，挖掘长征背后的故事，以不同的形式混合内容创新，才能让更多人从中受到红色文化的传承和教育，让红色精神永远成为激励我们继续前进的精神力量。

（二）如何运用长征精神净化网络环境

历史是最好的教科书，解决网络新媒体中存在的问题，完全可以从宝贵的历史经验中得到答案。而长征精神无疑是解决网络新媒体问题的一剂良方。

长征精神的主要内涵中有这样一点：重于求实、独立自主的创新战略。这正是解决互联网失实信息和侵权问题泛滥的关键所在。“上海将建300层，容纳10万人的大楼”的信息曾传遍了整个网络。可是此类漏洞百出的新闻又是为何会被疯狂转发呢？很大的一部分原因就是部分媒体人在利用网络新媒体的同时并没有遵循“独立求实”的原则。解决这个问题，就要践行长征精神，从媒体人的基本素养入手，引导媒体人树立“重于求实、独立自主的创新战略”。从而避免大量失实新闻在互联网中广为流传，从而对社会产生危害。

网络新媒体需要践行长征精神，积极倡导文明理念。发扬红军战士不怕吃苦、勇于奋斗的长征精神。健康合理地运用网络新媒体，积极投身社会主义现代化建设。不屈不挠、顽强抗争，艰苦奋斗、砥砺前行，英勇无畏、不怕牺牲……中华民族的优秀品格在长征路上汇聚、融合。新时代，要说在年轻人心中传承长征精神，网络新媒体不能不说是一个与时俱进，符合年轻人接受长征精神再教育的好渠道。这些新媒体，不仅和年轻的网络没有心灵的距离，而且有深度，有力度，更有温度。更加利于在年轻人中弘扬红色传统、传承红色基因。

（三）长征精神和网络新媒体的相互作用

新媒体需要践行长征精神，在当下新媒体蓬勃发展时，人们越来越多地依赖新媒体，如同手足，不可或缺。然而，新媒体在给人们日常生活带来便捷的同时，也存在很多糟粕，大肆地炒作，网络暴力等等，让人们的心态也悄然发生了变化，浮躁，易怒等等。在当下快节奏发展的同时，长征精神也许在很多人心中都没有确切的概念，更不用说长征精神的影响。运用网络新媒体来弘扬长征精神，不仅可以净化网络媒体，让新媒体摆正方向，弘扬社会新风尚，而且能够让我们的长征精神能够深入国民的内心，让他们深切感受到长征精神在现代仍有其实际意义，同时为我们实现中华民族的伟大复兴添砖加瓦。

在关于“你是否曾经通过网络新媒体（如互联网、手机、数字电视等）接触并了解过长征精神?”这一问题的结果中，91.67%的参与者都表示曾经接触过此类宣传，但仍有8.33%的参与者表示没有类似经历。

大众在网络新媒体对长征精神的宣传这一问题上意见较为统一，充分说明网络新媒体在为促进长征精神的宣传方面提供了较大帮助。但在网络新媒体如此发达的今天，未曾接触过长征精神的大众依然存在。这说明网络新媒体普及率依然存在发展空间，长征精神在接受网络新媒体的宣传推广同时，促成网络新媒体的进一步发展革新，充分体现二者的相互作用。

长征精神在当代仍然有其实际意义，在当今弘扬社会主义核心价值观，我们需要长征精神作为我们的精神根基。网络新媒体的快速发展，加快了人们的生活节奏，让人们忽视了很多有价值的精神，现时代的年轻人沉迷于网络新媒体，然而再用传统的黑板报，主题讲座，对于新时代年轻人的意义不大，我们何不换一种方式，运用网络新媒体中新潮的方式让年轻人更容易接受，潜移默化，让我们伟大的长征精神深深扎根进新一代年轻人的内心土壤里，融入他们的血液中。为我们中华民族的伟大复兴迈出更加坚实的一步。推动社会主义现代化建设的进程，让中华民族自豪地屹立于世界民族之林。

根据“你是否认为网络新媒体应该为宣传长征精神服务?”的调查结果可知，93.75%的参与者在这个问题上选择了“是”，只有6.25%的参与者选择“否”，这说明网络新媒体对长征精神的宣传可以起到极大影响。而依照“你认为网络新媒体是否有效宣传了长征精神? 如果有，你认为效果如何?”这个问题的结果，认为其效果显著的参与者占20.83%，而认为其效果一般的参与者占75%，另外认为效果微小及没有效果的参与者只占4.17%。

对比两组数据，网络新媒体在长征精神宣传上起着重要作用，但就目前状况来说仍有不足。两者间的实际意义在于相互促进、共同发展，而网络新媒体的不正当运用对事实发展完全无所帮助。因此，要实现长征精神和网络新媒体的实际意义，更需加强合作，使二者更为紧密地联系起来。

【附录】

附录：关于长征精神和网络新媒体的融合的调查问卷

1. 你的性别是?

A. 男　　B. 女

2. 你是否了解长征精神的内涵?

A. 完全了解　　B. 大概了解　　C. 略有了解　　D. 完全不了解

3. 你是否曾经通过新媒体（互联网、手机、数字电视等）接触并了解长征精神?

A. 是　　B. 否

4. 你是否认为新媒体应该为宣传长征精神服务?

A. 是　　B. 否

5. 你认为新媒体是否有效宣传了长征精神？如果有，你认为效果如何?

A. 效果显著　　B. 效果一般　　C. 效果微小　　D. 没有效果

6. 你比较愿意通过哪种平台了解长征精神的相关讯息?

A. QQ 微信等（例如 QQ 空间、朋友圈）

B. 微博 LOFTER 等（例如博文）

C. 数字电视优酷等（例如动画、微电影）

D. 贴吧论坛 BBS 等（例如帖子、讨论）

E. 其他

新闻传播学类（3）（4）班：方海涛、赵艳琼、宋旭卿、郭昳凡

崔芳荃、林昕、厉震安

指导教师：王艳娟

03 传统文化保护与传承调研

传统方言的保护与传承

方言作为地域文化的组成部分，是最能体现地域特色的非物质文化遗产，它是一种独特的民族文化。而在现今的大环境下，普通话作为官方语言的大范围发展，为国家的统一做了极大的贡献，但在一定程度上给传统方言带来了一定的冲击，越来越多的人不会说或者再也说不出“地道”的家乡话了。其实普通话的推广与方言的传承并不是势不两立，而是可以相互转化的。遗憾的是我们身边却始终存在着排斥方言等现象，因而方言渐渐发生了萎缩，这不失为一个严重的传统文化传承问题。

汉语方言俗称地方话，只通行于一定的地域，他不是独立于民族语之外的另一种语言，而只是局部地区使用的语言。现代汉语中各方言大都是经历了漫长的演变过程而逐渐形成的。方言几乎是人人都使用的，但每个人对它的认识各不相同。比如，有人认为方言并无文化可言，理由有三：其一：方言是一个地方的全民语，使用者包括文化水平很低的人，其文化底蕴高得起来吗？其二：方言有很大的局限性，只在局部地区流行，反映的事物及概念有限，文化水平会很高吗？其三：方言的一般内容是粗浅的、疏陋的，即使有什么文化内涵也只能是俗文化而已，这能算文化吗？

这也是大部分反对方言传承的人的想法，其实方言中有大量的文化内涵，涉及方方面面，有其特殊的价值。古代文献浩如烟海，经过漫长的历史传承，有很多内容，能解读理解的不过凤毛麟角。不过其中有一部分可以通过方言找到线索并加以解释，从而使我们博大精深的中华文化跨过漫漫历史长河，得以传承，留给后人品读。

一、方言现状分析

中国地域广阔，汉语与少数民族语的方言众多。为了加强民族团结，增强民族凝聚力，近些年以来，我国一直致力于普通话的推广，普通话已经成为我国的官方语言，各地人民不再被地域所阻隔，沟通不被语言所限制，这不失为一件非常令人开心的事情。但不知何时起，人们便不自觉地将普通话与方言对立起来，使中华民族语言的多样性受到了极大的挑战。现今很多地方的方言趋于消失，一些地方只有少数的老人会说当地方言了，这些老人百年以后，这个地方的方言将彻底成为历史！

方言日渐式微的原因有以下几方面：

（一）普通话的冲击

当代普通话是人们进行交流的大趋势。这本来是一件好事情，但不能避免的，会造成传统方言的流失。在推广普通话中，口号和措施存在一些片面性，如把公共场合使用普通话变成即便是课间休息也不允许说方言。从幼儿园、小学就不给孩子说方言的机会，这样使孩子从小就不会说方言。失去了上一辈的方言传授，何来纯正的方言学习，这样对方言的传承来说无异于釜底抽薪。

（二）对方言认识不足

现今有许多人认为方言会阻碍民族文化交流，忽略了方言对文化传承的重要意义。更多的人排斥方言，认为许多方言难听、粗俗、没文化。有的人，对于异语、异方言感到反感甚至歧视。自古以来例子很多，如东晋时的支道林（河内林虑人）称王子猷兄弟（琅琊临沂人）为“唤哑哑声”的“白颈乌”（见《世说新语》）；近代流行的谚语“宁可与苏州人涉骂，不可与宁波人说话”（见《汉口指南·成语汇编》）；家喻户晓的“天不怕，地不怕，只怕……打官话”，连某些地区的人说普通话也被嘲笑，如此等等，都是方言歧视的例子。有人在特殊场合说话时拿腔拿调，矫揉造作令人反感，有人满嘴污言秽语遭到鄙视，有人南腔夹北调让人误解，这些属因人而异，完全没有必要将错误归结于方言本身，这不是所谓的“仁者见仁智者见智”而是认识有正有偏。

（三）方言的表面成熟

虽然方言的传承发展趋于式微，但近年来，越来越多的人开始重视方言。中共中央办公厅、国务院办公厅印发了《关于实施中华优秀传统文化传承发展工程的意见》。《意见》提出：大力推广和规范使用国家通用语言文字，保护传承方言文化。这些措施，将推动优秀传统文化“回归”人们的视野，这无疑对传统方言的保护和传承是极有益的。

但另一方面，现今电视上许多影视剧、综艺以方言的形式强势出现在人们的视野中。虽然这些使方言出现次数增加，但并不代表影响力的增强。我们也应该冷静地看到，这些作品虽让大家喜爱，更多是因为单一的普通话已经难以满足大众的趣味感，这种情况下，“方言”带给了大众一种亲切的乐趣，但终究，给人们带来的是一种“下里巴人”的观感，并未使人们真正意识到传统方言的真正意义，长此以往，方言可能会被打上乡村的烙印，成为搞笑的工具。

二、方言的存在价值

（一）承载着古老的历史文化

中国地域广阔，古文明甚多，许多古物文籍的鉴别可能只有当地的方言才能解释说明，方言有着不可替代的作用。在漫长的岁月变革中，正因为这些方言的存在才使得中国文明不断传承，不同的方言代表了不同地域的发展历史，象征了古老的历史文化。例如山西方言保存着大量古代汉语词，这是了解、研究汉语史、文化史、民族史的可贵资料。中华上千年历史中，因为有了方言的存在，我们才能清晰的触摸到、感受到我们祖先留给我们最真实且珍贵的，跨越千年的联系。

（二）蕴含着丰富的文学素材

许多方言成分，因其古奥，反而“雅”了起来。郭绍虞认为，雅文学是雅的成分胜于真的成分，应该改其道而行之，使真的成分胜于雅的成分，那就要提倡方言文学（《谈方言文学》）。

方言在文学中的使用，无论古今可谓数不胜数，例如：鲁迅在小说《祝福》里面写到“一个人死了以后，究竟有没有魂灵的”。这里的“魂灵”，传统说法是“魂魄”，鲁迅笔下的魂灵，是家乡的方言词。《西游记》六十七回写“十分你家窄褊没处睡，我等在此树下蹲一蹲，也就过了此宵”。“窄褊”便是方言，“窄手褊脚”的意思。

（三）具有强烈的文化认同感和归属感

方言是历史文化认同的直接载体，一个地区最直接的，最突出的历史文化载体就是语言。它涵盖了民族感情，体现了民族认同。是一个民族或者群体的历史记忆工具，也是先代祖祖辈辈对后人的历史文化的延续，是人与人之间情感延续的纽带，是区分文化认同的重要方式。

从古至今，传统文化皆以有形或无形的姿态存在于我们的生活当中，一笔一画皆文化，一字一句皆乡愁，一砖一瓦皆记忆。身处他乡异国，如遇一口吐乡音的朋友，又该是如何的亲切与幸运？

三、方言的保护

月是故乡明，话是乡音亲。但在当下，特别是在城市中，普通话已然成为人们沟通交流的主要工具，而方言则囊括着人们的乡愁渐渐走远。

“江河若断流，吾辈何以对子孙。文化若断流，吾辈何以见祖先”。

为使方言能够继续传承下去，在方言的保护上有以下几点建议：

（一）国家政策保护

（1）将传统方言列入国家级非物质文化遗产，肯定和强调方言的重要地位，保护人民使用方言的权利。

（2）设立专项研究基金，收集整理濒危方言，进一步加大对方言的抢救、整理、出版、宣传的力度。

（3）建立专门的保护示范单位，推动全国范围内的语言文学活动。

（4）推广方言考级，选择部分比较有代表性的方言，组织等级考试。

（二）教育上的扶持

学生时代是学习语言的最佳时期，教育机构应在提倡普通话的同时，也要看到方言的重要性。学校可以收集一些当地的方言童谣，让学生们在课余时间学习方言，正视方言从而产生兴趣。家庭教育也对方言的保护至关重要，家长应端正对方言的态度，让孩子从小感受到传统文化的魅力，使方言更好地传承下去。

（三）合理宣传方言

（1）我国很多曲艺戏剧蕴含着丰富的方言文化，可推广戏剧文化，加强人们对方言的兴趣。

（2）推出一系列保护方言的活动，可以很大程度的拓展方言的生存和发展空间。

（3）电视台应开展一系列关于传统方言文化的大型节目，加大方言的影响力。

我国作为一个多民族国家，方言的价值不言而喻，每一种方言都代表了一种文化，我们都无法脱离其中。所以我们应该真正地做到平等对待一切语言，使方言文化得以顺利传承，形成自然的双语环境，普通话与方言“双轨同行”。

作为传统文化的传承者，我们每个人都有一份责任。方言文化之于我们，不是霓虹万丈，不是笛音消响，而是一蔬一饭，是心底里黑暗中光的所在，那是你的家。

服装学院：郑楚凡、陈丹青、朱路怡

指导教师：郑显理

古今同佑，笙磬同音
——“硖石灯彩”技艺的现状分析及发展建议

在复制品铺天盖地的当代，古老的传统手工技艺显得弥足珍贵。现代技艺能够复制出千篇一律的形态，却复制不出其中的文化精神，在老一辈的手艺人的眼中，每一件手工制品都是有生命的。海宁硖石灯彩正是这样一种技艺，它起源于秦，在唐时兴起，盛于宋朝，它拨开时间的封印，穿过历史的风雨，仍坚韧地站在我们身边。出于对即将遗落的硖石灯彩进行保护的意愿，小组于海宁市硖石镇南关厢街道的灯彩艺术展览馆展开调查。在向相关管理部门了解了灯彩的传承过程和制作工艺之后，我们拍摄了简单的介绍视频，并向各年龄阶层和地域的人们发放硖石灯彩的调查问卷，了解分析硖石灯彩的生存现状，我们认识到，要保护这个技艺，需要人民和政府共同采取措施，全民行动。

一、硖石灯彩是民间艺术中的一朵“奇葩”

硖石灯彩独特的制灯工艺，凝聚着历代制灯艺人的智慧和汗水，涉及的工艺技法具有江南文化的特点，堪称中国灯文化的一朵奇葩。灯彩，民间又叫“花灯”“彩灯”，多于传统节日、婚寿吉庆之时悬挂，以烘托喜庆气氛。硖石灯彩被列入第一批国家级非物质文化遗产名录。硖石灯彩始于唐，盛于宋，其制作工艺在海宁硖石世代相传，至今已有一千二百多年历史。早在唐代，它已经闻名遐迩，从宫廷到民间，无不以灯彩装饰为时尚。到了宋代，硖石灯彩被列为贡品。清代康熙帝两次到海宁、乾隆帝四次到海宁，硖石灯彩都在迎驾盛典上大放异彩。

硖石灯彩一般分座灯、提灯、壁灯、挂灯和礼品灯五大类，采用竹篾为骨架造型，糊纸绘图，手工针刺花纹，制作工艺十分精湛。点亮灯彩后灯光透过针刺图案，勾画出惟妙惟肖的艺术形象。硖石灯彩融工艺、书画于一体，集诗词、书法、绘画、篆刻、刺绣等艺术门类之大成，其工艺有八大技法，分别为针、拗、结、扎、刻、绘、糊、裱。针工是硖石灯彩的主要特色。硖石灯彩采用绵纸、生宣、熟宣、有色连史纸和夹宣等多层纸裱成，牢固且能染色。

硖石灯彩以独特的手工针刺工艺，明显区别于我国其他地区的灯彩。每张灯片通过针刺制作而成，针刺的密度达到每平方厘米十八至三十二孔，一件成品需要手工针刺几百万个针孔。制作工艺流程自成体系，每道工序都有严格地方特色，往往集诗词、戏文、民间故事、书画、古宅图案于一体，浑然天成，自成一派。硖石灯彩在这片小小的地方，在人们的记忆和历史中，画下了浓墨重彩的一笔

二、斑斓灯彩，古今纵览

（一）闻名遐迩的盛况

南宋朝时，金兵已入寇中原，高宗赵构迁都临安（今杭州），偏安于半壁江山，为了粉饰太平，元宵放灯已发展到新的高峰，扎灯、赛灯、赏灯蔚然成风，据《武林旧事》和《乾淳岁时记》等记载，当时，进京朝贡的灯品，有福州的白玉灯、安徽新安琉璃灯、江苏南京夹纱灯、常州料丝灯、苏州罗锦灯、杭州羊皮灯和硖石万眼罗灯等。正是各具特色，争奇斗妍。灯品中尤以针工细密的“万眼罗”最奇，南宋诗人范成大《灯市行》中有“叠玉千丝似鬼工，剪罗万眼人力穷”诗句，点出了它比用轻罗、织锦剪裁结扎的罗锦灯更加精细、美观，当年硖石灯彩进京朝贡，被选为“灯彩精品”而悬挂在

临安（杭州）东华门外凤楼前，许葆翰（1866－1942）《硖川灯市》诗有“东华门外凤楼前，博得虚名非一年”句。在唐僖宗乾符年间（874－879），硖石灯彩即已誉满江南，南宋时，被列为朝廷贡品。清代乾隆年间，硖石形成了演灯、顺灯、斗灯的盛况，下东街的“塔灯”、横港桥的“凌云阁”、横头的“梅亭”等灯会层出不穷。19世纪末至20世纪初，硖石民间制灯、迎灯盛行，灯彩的制作工艺和造型形态亦有较大突破，出现了“龙舟”“采莲船”等品种。

“九陌联灯影，前门共月华海”。农历正月十五，在海宁市硖石镇举办的民间元宵灯会，素以灯彩针工之精细，良宵迎灯之盛况，享有“江南第一灯会”的誉称。

（二）不负虚名的现代技艺

而现今，与以往的彩灯制作相比，现今的硖石灯彩更是体现了传统工艺与现代电、声、光技术结合的特色。硖石灯彩在传统技艺的基础上，不断加以改进和创新，形成座灯、提灯、壁灯、挂灯和礼品灯五大品种，观赏和收藏价值进一步提升。现硖石灯彩制作技艺的主要传承人为胡金龙。硖石灯彩穿越历史的封印，已经显得疲惫不堪，在现代化的环境下，在硖石灯彩列入首批国家非遗之时，多数灯彩学生都已弃艺而去，独特精湛的制灯工艺濒临失传快，亟待注入新的生命力，重塑其斑斓的形象。

三、关山难越，人才断代

硖石灯彩制作人可以说是全能型艺术人才。不仅有一定美术、绘画功底、还要有刺绣、篆刻功底，以及机电知识等才能，学做灯彩是一件非常辛苦和细致的活，因此，看灯的人多，学的人少。现在的硖石灯彩，充分使用新型的材料、能源，采用更加先进、高效的技术，能够更加迅速并且大量的生产出精致并且无二的商品，其色彩的多样、形式的变幻更加迎合现代人的欣赏品味。然而，随着市场化，诗词文化在灯彩中的地位逐渐降低，灯彩开始出现一些现代化的形态，如：卡通的动物、简约的后现代几何图形灯，它最原始珍贵的精神形态正在逐渐湮灭，沉默在时间的长河中。

而在过去，人们更热衷于对艺术对美的追求，人们没有如今丰富多彩的信息娱乐活动，在吃饱之余便是追求对自身的追求，所以会更加对艺术的专研，追求完美，因而学习硖石灯彩的人趋之若鹜。现今人们面临很多问题，更加追求物质生活，传承硖石灯彩几乎变得很困难，学习技艺时间漫长又复杂，然而获得的利益而又微之又微，故人们都不会那样热衷去奉献于灯彩文化中，因而看的人越来越少，硖石灯彩的形式也式微。

四、硖石灯彩的现行保护措施

（一）海宁人民的关注

硖石灯彩是传统的手工文化，它们是老一辈手工艺人的美丽记忆，是中国传统文化的结晶。年轻人对灯彩文化却不那么注重，有些甚至认为灯彩平淡无奇。文化观念产生了差异，民众也开始认识到了这一点，于是开始注重对传统的保护和传承。

近年来，海宁市对于硖石灯彩文化加大了保护力度，注重高素质的灯彩继承人的培养。实施学徒补助机制，吸收培养年轻灯彩传人；实施老艺人政府津贴制度和灯彩艺人在职深造补助政策，鼓励老艺人带徒授艺，提高在职艺人的整体素质；地方设立专门的与非物质文化遗产相关的行业保护的地方法规。让灯彩继承者与传承者的职业有保障，免除后顾之忧；开设中小学乡土教学课程，培养年轻人对硖石灯彩的兴趣。

（二）商业化的海宁灯彩

创造有利于灯彩发展的生态环境和社会氛围。当地举办灯彩文化日，免费巡演和宣传，吸引本地和外地来欣赏了解海宁灯彩文化；建立集展示、制作、培训、开发、销售、观光于一体的多功能灯彩馆，使之成为硖石灯彩传承发展对内、外展示的窗口，成为海宁的名片。

随着时代的发展，人们对于灯彩文化的传统观念也开始发生转变，再加以保护的同时也探索其经济价值，灯彩也开始走向商业化。1991 年 4 月，海宁市硖石在文联的领导下成立了硖石灯彩研究会，它是第一个把灯彩作为研究对象，是广大灯彩艺术工作者和爱好者自愿加入的组织，为海宁灯彩文化的发展起着积极的带头作用。硖石灯彩最终走向市场商品化的道路，需要通过以灯养灯、拓展思路的方式，不断的提高认识和创新，来逐步建立传统的商品灯彩的共存性，使古老的民间艺术，以臻完善。

（三）弥补古老纯手工品不足

硖石灯彩是一种纯手工艺术品，商品化就存在着先天不足，传统的“八大工艺技法”在商品化进程上带来了一定的限制。设计者最终转变了传统思想观念，将硖石灯彩的元素融合到灯具中去，设计一款既有民间艺术又有现代气息的灯具；采用无结构架子组成灯罩，根据八大技法之一的“刻”，用民间图案来装饰灯罩表面；设计定位为低端日用商品，用半机械化的手段来解决生产成本和市场价格的矛盾。

通过这一系列的措施来加一挽救，硖石灯彩走向“夕阳化”的趋势得到了改善。通过对国内、外非物质文化遗产继承的实践及经验的借鉴，以及目前海宁硖石灯彩继承和发展状况，努力寻找出一条更适合海宁硖石灯彩发展的新路径。

五、注重文化氛围，传承创新

海宁硖石灯彩目前所展现的现状和暴露出的问题主要有缺少专门的立法保护、独特精湛的制灯工艺濒临失传、硖石灯彩市场开发不够、文化传承社会氛围不足等。分析并了解国内外非物质文化遗产的保护传承和结合当地考察的实际情况和地方特色，建议主要从以下几个方面来有效解决目前存在的问题：

（一）加大灯彩传承人的培养力度

目前海宁硖石灯彩最大的问题就是出现灯彩继承人断代、年龄断层、独特精湛的制灯工艺濒临失传。据调查，海宁现有的具有一定工艺水平的制灯艺人不足 10 人，且年龄都在五六十岁，最大的已经 77 岁了。而解决这个问题的关键在于高素质的灯彩继承人的培养，年轻人需要一种氛围去学习传统技艺，政府要加强对传统技艺的培训，要帮助老艺人培养新的一代，建议地方的一些职业技术学院能开设非物质文化遗产项目培训班和课程，从小培养孩子对于传统文化的认识。一些民间老艺人之所以将自己掌握的非遗坚持传承到现在，是因为他们有对于传统文化的感情。文化才是人最根本的东西，只有当一个人真正地懂得了当地的文化，对当地的文化有感情之后才会守护它。要想把年轻人留住，一定要从小培养他们，让他们了解自己的文化是什么，文化历代的变迁，以及文化今后的发展，让他们知道从事文化工作首先赢得的就是人们的尊重。许多人在年轻的时候都觉得带有乡土气息的东西“土”，长大之后才有了一种心理的回归，只有认识到它才能真正理解它。

（二）加大非物质文化遗产保护的宣传力度

非物质文化遗产的保护是一个长期的系统工程，不可能一蹴而就，也不能仅靠政府官员的工作来维持，更需要全员参与才能够加强保护力度。人民群众是非物质文化遗产的创造者、传承者，也是非物质文化遗产的保护者。如果一个民族都没有自己的文化信仰、民族文化、精神归属就不是一个完整的民族，不是一个能独立于世的民族，所以大众一定要树立正确的保护意识。

我国从 2006 年起定于每年 6 月第二个星期六为中国“文化遗产日”，宣传我国的文化遗产，是让文化遗产的概念走进普通民众的视野的重大举措，使遗产保护的理念与每个人都是息息相关。对非物质文化遗产进行普查，详细了解我国现在的非物质文化遗产的数量、类型、规模、特征等。同时还可以借助影视媒体的力量进行宣传，可以把它们制成影视剧或短片等，借助网络进行宣传。

（三）加强非物质文化遗产保护的法制建设

目前我国针对非物质文化遗产保护的法律制度还很不完善，因此在原有的法律基础上，完善非物质文化遗产保护法律法规已成为当务之急。法律法规的制定应结合当地的实际情况，并认真的借鉴国际文化遗产保护的先进经验，大力加强立法工作，实现文化遗产法律框架体系的丰富和完善。法律的制定可以明确遗产的保护对象，各部门的责任，及毁坏危害遗产的行为应受到惩罚等。因此应加强非物质文化遗产保护的法制建设，为非物质文化遗产的保护提供法律保障，使之有法可依。

六、穿越历史的尘封，历久弥新

（一）一盏历尽风霜的老灯

在如今铺天盖地的现代复制品下，古老的传统手工技艺显得弥足珍贵。现代技艺复制得出千篇一律的形态，却复制不出其中的文化精神，在老一辈的手艺人的眼中，每一件手工制品都是有生命的，他们的呼吸中，渗透着历史的记忆，挟夹着历史的回响。而海宁硖石灯彩最早起源于秦，由唐时兴起，盛于宋朝，他拨开时间的封印，穿过历史的风雨，仍坚韧地站在我们身边。早期之时，这项即将遗落的手艺幽隐在西山下的一个古老的院落里，白墙黑瓦，朱红木门和带着青绿铜锈的门环，几步开外就是繁华的市中心，但却无人问津，院子里的老人们不厌其烦地翻弄着手中的竹条，透过老花镜，描绘着色彩斑斓的纹饰。而如今，尘封的泥沙被吹开，这项古老的技艺有了立足之地，在南关厢这一条带着浓重江南色彩的保护古街中，拥有了一座带着落地玻璃宽敞明亮的制作楼，灯彩的行迹也穿梭在各个街廊和小巷中，光火朦胧地透过灯纸，穿透凄厉的黑夜，流光溢彩。

日前，国务院发出通知，公布第一批518项国家级非物质文化遗产名录。海宁皮影戏和硖石灯彩成为首批国家级非物质文化遗产。海宁作为江南水乡的一部分，历史悠久，积淀深厚，民间资源丰富，传统文化非常有地域特色。硖石灯彩不仅民间艺术价值很高，还衍生出了灯彩舞蹈艺术，推动了民间文艺的发展。一盏小小的灯，穿越了年代洗礼，历经千年传统文化艺术的积淀，相承相融，历久弥新。

（二）抓住历史的风筝

2005 年时我国今年有两个项目申报世界文化遗产名录，一个是大运河，一个是丝绸之路，大运河沿河的各个城市聚落都被大运河串联在了一起，在漫长的历史长河中互相影响，形成了今天南北交融的经济带、文化带，沿线至今仍保存着丰富的物质文化遗产与非物质文化遗产。

保护文化传统的重任非群体难以承担，每个独立个体的贡献和力量是极其微弱的，在现代化的形式逼迫下，许多古老的技艺人，为了生存，被迫背弃了曾经的信仰。但如今国家和社会的重视，让他们获得重生。十八大以来，习近平总书记对传统文化的见解使社会产生了共鸣：

> 中华民族具有 5000 多年连绵不断的文明历史，创造了博大精深的中华文化，为人类文明进步做出了不可磨灭的贡献。经过几千年的沧桑岁月，把我国 56 个民族、13 亿多人紧紧凝聚在一起的，是我们共同经历的非凡奋斗，是我们共同创造的美好家园，是我们共同培育的民族精神，而贯穿其中的、最重要的是我们共同坚守的理想信念。

——2013 年 3 月，习近平在十二届全国人大一次会议闭幕会上发表讲话

> 没有文明的继承和发展，没有文化的弘扬和繁荣，就没有中国梦的实现。中华民族的先人们早就向往人们的物质生活充实无忧、道德境界充分升华的大同世界。实现中国梦，是物质文明和精神文明比翼双飞的发展过程。中华文明同世界各国人民创造的丰富多彩的文明一道，为人类提供正确的精神指引和强大的精神动力。

——2014 年 3 月 27 日，习近平在巴黎联合国教科文组织总部
系统阐释了传统文化与中国梦

中华文化积淀着中华民族最深沉的精神追求，是中华民族生生不息、发展壮大的丰厚滋养；中华民族创造了源远流长的中华文化，中华民族也一定能够创造出中华文化新的辉煌。

不仅仅是硖石灯彩，不同形态的非物质文化遗产里都封存着历史的记忆，传承着中华民族的文化精神，这些传统是时代变迁的见证，也是古老文明中的遗珠，其形态是自我表达的语言，向世人传递着中华民族的灵魂和精神信仰。超速发展的现代文明逐渐开始吞噬着人们曾引以为傲的记忆，从木器的吱嘎声，到机床的轰鸣声，提高了现代工艺品的效率，却也使其丧失了内涵。如今，人们的视线终于又重新汇聚到这些古老的文化传统上，竭尽所能，使其能再度散发光芒。临渊羡鱼，不如退而结网；望洋兴叹，不如破釜沉舟。响应国家的号召，将保护文化传统从理论转移到实际上，让中华民族将再上高峰。

【附录一】

调查问卷数据分析

一、有关硖石灯彩的保护和传承的调查问卷

1. 您了解硖石灯彩吗？［单选题］

○很清楚　　　　○偶尔听说　　　　○完全没听说

2. 请问您怎样看待硖石灯彩？［单选题］

○硖石灯彩博大精深，源远流长，应以继承发扬为主

○硖石灯彩有糟粕也有精华，我们接受时要有所扬弃

○在现今时代，硖石灯彩显得有些过时了

○不关心也没什么认识

3. 您对硖石灯彩的态度是？［单选题］

○重要的文化遗产，应该尽力保护

○一般吧，能保护就保护，不能保护就算了

○没什么用，不应该保护

4. 如果硖石灯彩产业化，您会去购买吗？［单选题］

○会

○只是在灯节的时候购买

○根本不会去购买

5. 请问您在平时有看见传统灯彩与商业结合的产物吗？［单选题］

○有　　　　○很少　　　　○没见过

6. 您对现存的传统手工艺品持什么态度？［单选题］

○它们是中国传统文化的瑰宝，我们应该多学习，多创新

○我认为传统的手工艺没有现代的好，应该被淘汰掉

○知道这些是好东西，但自己并不是很了解

○一般吧，不是特别感兴趣

7. 如果有机会，您会选择去了解文化传统吗？如方言，戏曲，遗址，古镇等［单选题］

○非常感兴趣，会主动了解

○偶尔听说时可以了解一下

○完全没兴趣

8. 您认为下列哪些事项属于传统文化？[多选题]

□古文、古诗、古镇　□民族音乐　□戏剧、戏曲

□国画、书法　□对联　□传统节日

9. 您认为保护传统文化可以使用什么方法？[单选题]

○在社会上传播

○在学校等教育机构中宣传

○成立一些组织对其保护

○有国家处理并采取措施

○民间流传即可

10. 您支持发起对传统文化进行传承和保护的活动吗？[单选题]

○支持并且愿意参加

○支持但不愿参加

○无所谓

○不是很赞同

○极力反对

11. 您认为有什么因素阻碍了传统文化的传承？[多选题]

□近代西方的文化侵略

□民间流传的局限性

□国家保护措施的不足

□中国传统文化的落后

12. 您对现在政府对保护传统文化的态度满意吗？[单选题]

○很满意　○一般　○不满意　○非常不满意

二、数据分析（共收集有效问卷 87 份）

1. 您了解硖石灯彩吗？

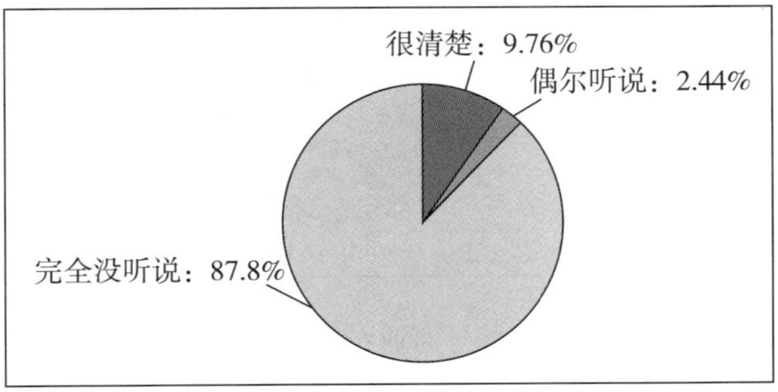

2. 请问您怎样看待硖石灯彩？

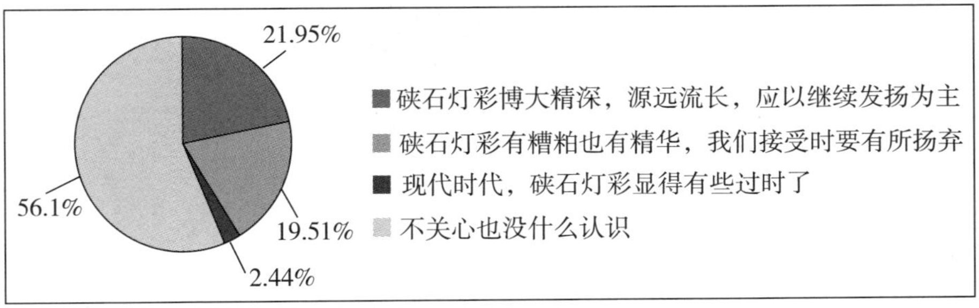

3. 您对硖石灯彩的态度是？

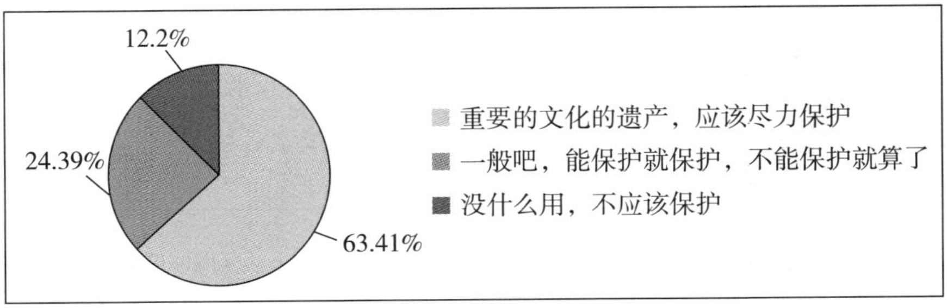

4. 如果硖石灯彩产业化，您会去购买吗？

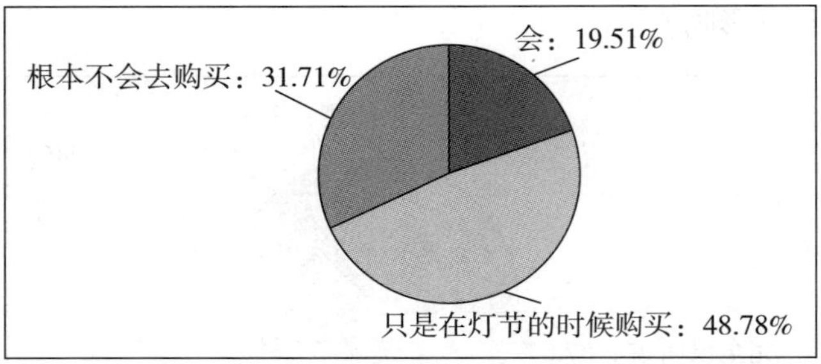

5. 请问您在平时有看见传统灯彩与商业结合的产物吗？

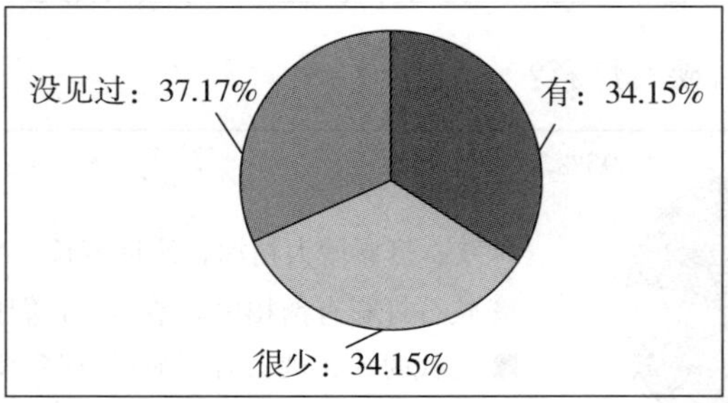

6. 您对现存的传统手工艺品持什么态度？

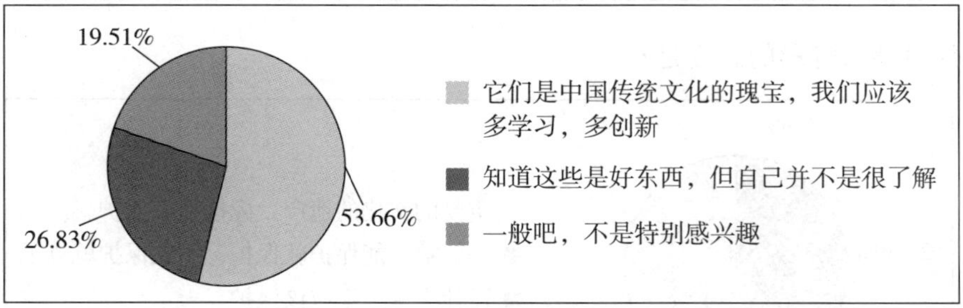

7. 如果有机会，您会选择去了解文化传统吗？如方言，戏曲，遗址，古镇等。

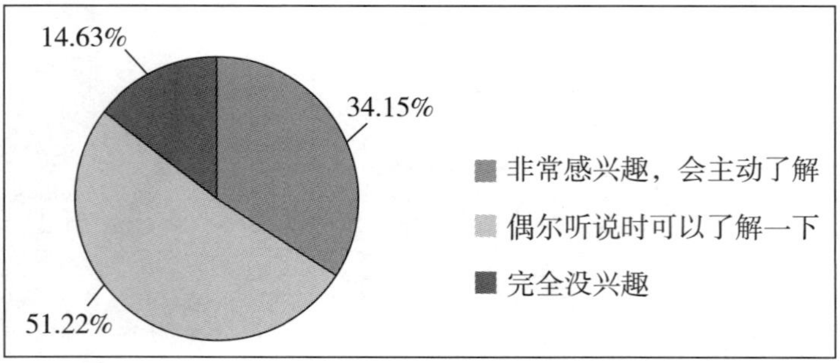

8. 您认为下列哪些事项属于传统文化？

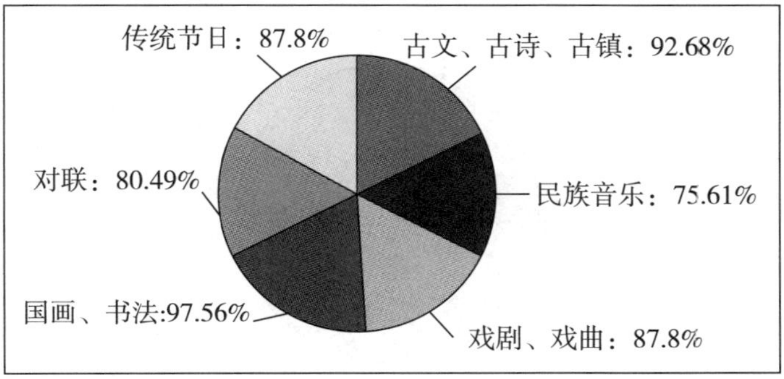

9. 您认为保护传统文化可以使用什么方法？

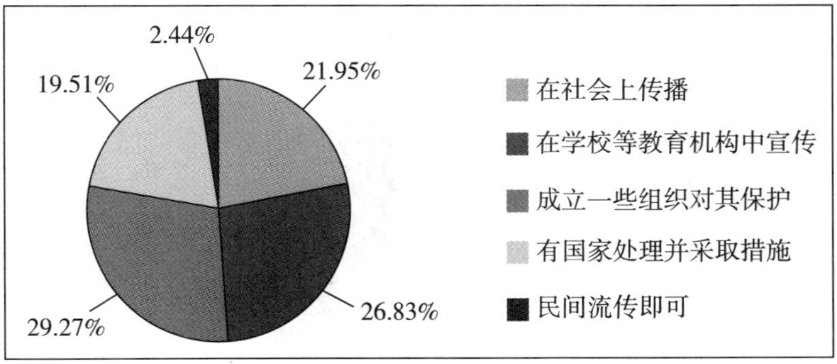

10. 您支持发起对传统文化进行传承和保护的活动吗？

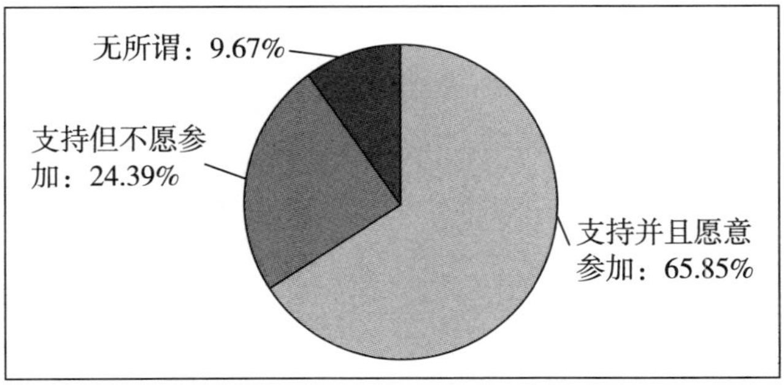

11. 您认为有什么因素阻碍了传统文化的传承？

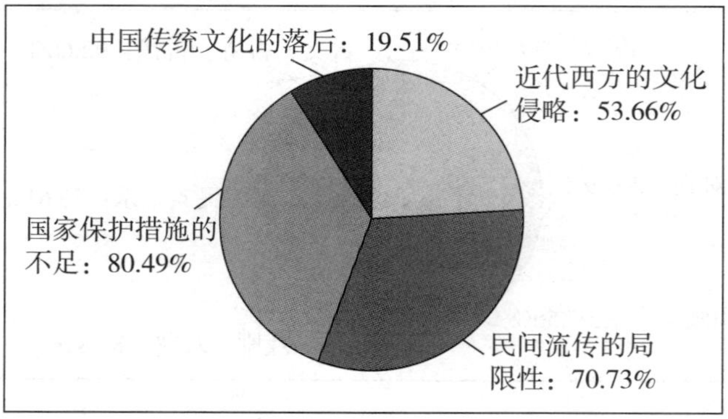

12. 您对现在政府对保护传统文化的态度满意吗？

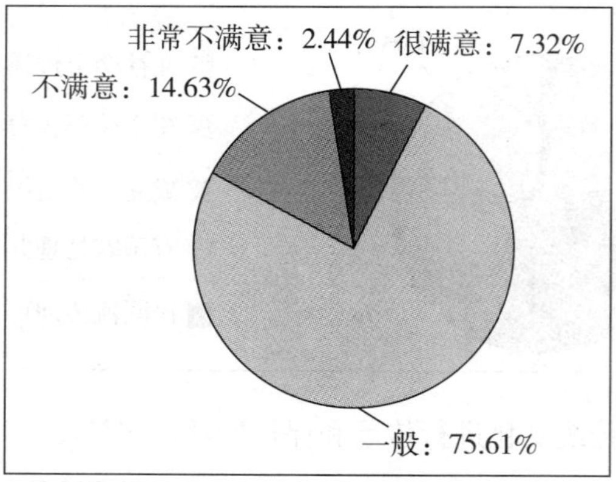

【附录二】

小组实地图片记录

摄于海宁市硖石镇南关厢街道的灯彩艺术展览馆

15 级会计学 1 班：于悦、方晨　15 级工商管理 1 班：王宜伟

15 级人力资源管理 1 班：郭重阳

指导教师：吴彩强

浅谈传统手工艺与现代科技的融合
——以3D打印竹编为例

在国家的大力推崇下，传统文化和传统艺术的继承与发展成了社会研究传统艺术的一个重要的出发点，在原有传统艺术的基础上实现传统文化的发展是时代发展的必然趋势，在现代社会科技越来越发达的背景下，旨在通过现代技术来实现传统艺术的更新换代和理念革新更多的成为研究方向，在现代社会出现了许许多多通过运用现代科技的技术实现传统文化的继承和发展，因此，如何在现代科技不断发展的背景下实现对传统艺术的保留和传承和发展是一个值得深思的问题。

一、浅谈传统竹编工艺

（一）传统竹编工艺的起源

竹编早在距今六七千年以前的新石器时代就已经初具雏形。在西安半坡仰韶文化遗址出土的陶器底部，发现过印有席子的花纹。在浙江湖州钱山漾的新石器时代遗址中也出土了大量的竹编，距今约4700年。竹编大都用刮光加工的篾条，编出人字纹、梅花眼、菱形格、十字纹等各种花纹。为了使竹器经久耐用，器物的体部用扁篾，边缘部分用“辫子口”。由此可见，原始人已在竹编实践中摸索出了实用和美观相结合的制作原理，从而使竹编器具具有了工艺美。而到了战国秦汉时期，我国古代的编织工艺已经达到很高的水平。

（二）传统竹编工艺的特点

竹编工艺基本上可以分为打底、编织、锁口这三个工序，其在编织形式上都是以挑压编织为基础，被挑压的竹篾称为“经线”，用来编织的竹篾称为“纬线”。由竹篾之间的挑和压手法可以编制成各种各样的花式图案。

传统竹编工艺的传承方式单一。传统工艺是一种经验型的技术，它的传承特点就是口传身授。这些独特的技艺，都需要师傅的教导和学生的身体力行，长时间锻炼才能得以延续。

传统竹编工艺也与自然、生态相适应。传统竹编工艺的取材反映出与自然和谐共处的特点，竹编所用竹丝断面全为矩形，在厚薄粗细上都有严格要求，厚度仅为一两根头发丝厚，宽度也只有四五根发丝宽，根根竹丝都通过匀刀，达到厚薄均匀，粗细一致，观者无不赞叹其难。

（三）传统竹编工艺的局限性

传统工艺非物质文化遗产的传承活动一般都无法脱离特定地域和特殊的生产、生活方式。它的土壤不可移植、不能复制、不会再生。它是传统工艺传承的根基，为传统工艺的繁衍、发展提供了基因和养分。

随着社会的发展，形形色色的工业产品如雨后春笋般相继浮现，充斥着中国的消费市场，人们更青睐于精准、时尚的工艺产品，认为传统的竹编工艺与当今社会不再融合，中国传统竹编工艺也会因此受到极大的冲击，逐渐淡出人们的视线，传统竹编工艺如何在当今社会生存发展，依然是个亟待解决的问题。

二、现代技术与传统工艺的完美结合

（一）现代科技在传统工艺上应用的现状

现代科技的应用，使得工艺品的产量得到了大幅度的增长，为人们带来了更多美的享受，改变了一件工艺品难求的现状。其次，现代科技技术帮助了人工技术减少了制作过程中出现瑕疵的概率，使得工艺品更加精致完美。最后，人工成本的降低使得工艺品的售价降低，更多的人可以用更少的价钱买到更好更多的工艺品。

以传统竹编为例，现今，其采用了现代科技技术，形成了3D打印竹编。竹编3D打印制成品通过采用竹纤维材料，运用3D打印机高精度实现竹编制成品的还原，参数化3D打印技术使得产品在更多细节上能够做到极致的体现，能够满足消费者审美追求的实现，避免了竹编制成品在制作过程中会出现的瑕疵问题，更好地实现消费者体验满意度的提升。

（二）3D打印下的部分竹编艺术品展示

产品一造型以帆船作为出发点，通过运用旋转上升的趋势，凸显扶摇直上的概念，这款产品表面采用的是传统竹编艺术的竹编纹理，放置于底下的是传统工艺下的竹编制成品，虽然两者的纹路不相同，但是都各具特色。

产品二、三这是一个构造类似于笔筒的一个花器，从图片上可以较为明显地展示出这款产品表面的纹路，虽然这款3D打印的竹编纹路艺术品的形状较为规则，采用的是半镂空的方式，通过半镂空的方式实现产品的立体质空感，平滑的瓶口突破了传统花器在竹编编制的方式下收尾的困难。

（三）传统工艺+现代科技的双重推进

众所周知，传统工艺耗时耗力，且数量稀少，满足不了市场，纯工业制造品缺乏灵感与生机，传统工艺的长处是现代科技的短处，现代科技的长处是传统工艺的短处，正如传统竹编艺术品一样，传统竹编艺术品虽然精美，十分具有可观性，但是在制作单位时间和成本上，以及在基本都为现代风格装修的背景下，传统竹编艺术品会和家庭环境格格不入，而通过运用现代科技，不仅能够降低成本，还可以实现工业4.0背景下的个人定制。

通过两者的结合，能够更好地实现扬长避短。因此不仅能够实现传统工艺和现代科技的完美结合，还有助于两者之间的互相弥补和双重推进。

三、现代技术与传统工艺相结合的发展

（一）发展的优势和劣势

传统手工艺随着时代始终处在“流变”之中，并由此形成了丰富多样的历史风格。在当下，它要面对人民群众，面对信息文明时代的民众，它的面貌就必须要改观，不改观它就无法生存。

以竹编进行为例。竹编是一种历史悠久的艺术形式，它在早时的民族文化艺术中就得以盛行并延续至今，随着时代的不断进步，这项传统工艺也在自己的道路上发挥了独有的魅力，再加上与现代技术的相结合，这更是锦上添花的一笔，当然，这项结合的发展是一项创举，也必定存在其优势和劣势。它们的结合可以让竹编得到更加多样的描述并展现出来，在此基础上，运用3D打印技术的竹编作品更佳精准，细腻，样式更加多样，美观性和观赏性大大增加。除此之外节省了人力物力财力，并能够通过产业化满足现代装饰业的快速消费。

但是有优势必定也会带来一定的劣势因素，现代科技结合下的竹编艺术品是否还能继承传统文化依然受到质疑。因此，我们要努力将这些影响现代技术与传统工艺相结合的发展的因素一步一步全部扫除，让它尽情地向前

迈进。

（二）发展的方向和未来趋势

在21世纪，中国的传统手工艺可能有三种发展方向和趋势。一种是整体的传承。除了少数自然生存的品种外，还要从文化生态学的高度人为地保护最优秀的品种和大师级人物，使之不失传。一种是传统的技艺和现代风格的结合，即用现代审美意识对传统手工艺进行再创造，使之与现代生活环境相适应。一种是将风格从技艺中分离出来，使之与现代材料和工艺结合。上述三种类型中，我们不难看出传统手工艺“蜕变—再生”的规律。

而3D打印作为一个新兴产业，它的发展前途无限远大，现在的3D打印竹编工艺品首要问题就是在市场上获得推广接受，这不但要让传统工艺得到的完善的保留，更要让它走出自己的特色道路，通过不断地改善制作工艺，使得竹编工艺品更加的完美。但是，任何事物的发展都不可能一蹴而就，将这二者的结合是一个新颖独创的举措，但也是一条漫长而又曲折的道路，在未来生活的发展中，现代技术与传统工艺的结合对竹编行业以及传统手工艺一定会起到积极有力的促进作用。

15经管实验班：林静、董旭雯、冯晓佳、徐晓曼
指导教师：郑显理

扎之情，染之韵

——在实践中探寻扎染传统艺术文化的传承

扎染，在我国的历史长河中，绵延了两千多年。它，古朴雅致，却又能绚丽多变，因其独特的纹饰风格及表现手法，让无数的文人墨客为之倾倒。它是我国两千多年来劳动人民智慧的结晶，是深厚的民族传统文化的积淀，是我国优秀的非物质文化遗产之一。为进一步了解扎染文化，小组成员通过查找文献书籍、采访、实践体验等方式，学习扎染的发展历程以及发展现状，感受其深厚的文化内涵及魅力，以及对扎染艺术的传承和创新提出自己的见解与思考。

扎染是我国一种古老的纺织品染色工艺，有着悠久灿烂的历史，是我国文化遗产中的瑰宝。扎，为捆绑、缠束之意；染，由“水”“九”“木”组成，“水”指染色要在水中进行，“木”指染料多为草木之材，“九”指多的意思。扎染工艺分为扎结和染色两部分，它通过纱、线、绳或借助简单的辅助工具，经过染色时，因结扎部分染液不能完全渗透，解除扎线后纹样斑驳错落，形成别致且富有多层次的色晕。“扎染”，古时成为“绞缬”，是古代丝绸防染印花工艺中的“三缬”之一，一般以棉、麻、丝绸等为原料，用板蓝根、蓼蓝、栀子、紫草、红花等天然植物或矿物提炼的溶液染成蓝色、黄色、紫色、红色等具象或抽象的图案和纹理，古朴稚拙，新颖别致。扎染制品均以单件制作为主，一方面没有工业机器印染的完全统一风格的批量生产的产品，另一方面，这种纯粹手工制作的单件制品，其突出的个性特征是完全不能复制的。正是基于这种特性，使扎染具有了与其他印染工艺迥然不同、独树一帜的艺术魅力。

一、扎染的发展历程

扎染在我国的起源很早，扎染艺术历史悠久，距今已有两千多年的历史。兴起于秦汉，流行于魏晋，盛行于隋唐，自宋代起至今逐渐衰微，现如今除了一些少数民族仍保留着完整的手工扎染的制作，其余大都已泯灭在历史的尘埃之中。

《工仪实录》中记载，扎染“秦汉始有之”，这支古代染缬中的奇葩，以自己独特而曼妙的姿态在民族传统艺术土壤里，扎根、开花、结果，点缀、美化人民的生活。在中国丝绸博物馆里，我们看到了一件出土于甘肃花海毕家滩26号墓的前秦（351－394）紫缬襦（见图2）。此襦右衽、大襟腰襦，袖口宽博。衣身在近腰处，分作两片，上为紫缬绢，下接本色绢。领襟与衣身相接处，有三角形拼缝装饰。该衣的主要面料为绢地紫绞缬。其扎染缬点呈方框形，排列规整，直径约在1厘米，横向每10厘米6个缬左右，纵向每10厘米四行。由此可见，扎染工艺最迟也在秦代的时候出现了。

魏晋南北朝时期，无论贵族还是平民都可服用绞缬织物，绞缬开始流行，且制作精美，分布地区广泛。中国丝绸博物馆中保存完好的北朝绞缬绢衣（见图3），对襟短身，两襟微微相交，宽袖，呈喇叭状，属于当时流行的女子襦衣。面料全部采用绞缬绢染出褐色地黄色小点的鱼子纹，绞缬密度约在1×1.4厘米出现一个绞。绢衣满地的点状花纹直径不足1厘米，密度又极高，绑扎，加工极为繁琐，必耗工费时，在当时应价值不菲，由此可知，当时人们对绞缬织物的喜爱推崇程度可见一斑。

唐代时的扎染艺术已经达到很高的水平，流传也很广，唐代的植物染料品种比以前更丰富，随着手工染业的发展，染色技术也得到提高。国人使用扎染物品已经蔚然成风。妇女的衣裙、男子的袍服、家庭用的屏风、帐幔、门帘和床单等等，也都用扎染制作。唐代是我国古代文化鼎盛时期，绞缬的纺织品甚为流行、更为普遍，醉眼缬、青碧缬在唐代极为盛行（见图4）。《新唐·舆服志》载：“民间妇女屡穿青碧缬，着彩帛平头小花履”。在宫廷更是广泛流行花纹精美的绞缬绸，“青碧缬衣裙”成为唐代时尚的基本式样。

扎染制品在唐代受到国人的喜爱和崇尚，也反映出那个时代的审美理想和审美趣味。

图 1　中国丝绸博物馆——绞缬

图 2　前秦（351－394）紫缬襦

图 3　北朝绞缬绢衣

图 4　绞缬的纺织品

五代时扎染仍沿袭唐代的繁盛，继续发展，人们对扎染制品的酷爱有增无减。据《陶谷清异录》称："显德中创尊重缬，淡墨体，花深黄。二部郎陈昌达，好缘饰，家贫，货琴剑做缬帐一具。"这述说了一个穷书生由于爱好扎缬，甚至可以卖掉琴和剑去换回一顶扎染帐子的故事，反映了当时的扎染流行程度以及扎染在人们心中的地位。

到了宋代，扎染已经非常普及，扎制技艺也日臻完善。做工精美的染用品成为日常生活中常用的服饰品。而且扎染制品趋于豪华，且价格不菲，更多的人力投入到制作精美的扎染制品当中，其中的"鹿胎缬"更是费工费时，这令一向提倡节俭的北宋政府难以承受。天圣二年，皇帝颁诏书："在京士庶不得衣黑褐色地白花及蓝黄紫地撮晕花样。妇女不得将白色褐色毛段并淡色匹帛制造衣服，令开封府限十日断绝。"多次下诏禁止生产或制使用扎染等染缬品，一方面反映了扎染制品的空前发展和普及，另一方面，沉重打击了正蓬勃发展的民间扎染，致使不少扎染技法失传。

后来，随着战乱的发生、元代的统治者对中原文化的歧视和限制、明清资本主义的萌芽、欧洲化学染料的输入以及扎染自身的工艺不能适应批量化生产的需要，扎染制作过程费时、费力、图案欠精细、染色牢度不高、色谱不全等原因而受到极大冲击，在沿海、中原一带不再受采用，只在一些偏远地方保存了下来。目前在我国的云南大理、四川自贡、贵州、湖南、广西、新疆等部分地区还能看到保存完好的传统扎染工艺。

二、扎染的文化内涵和品质

“布素豪家定不看，若无文采入时难”，这反映了人们对美的追求，印染工艺的出现正是迎合了人们的需求，在织造的基础上加以装饰，使得丝织品的色彩和纹饰更加复杂多变。让“皎洁如白雪，飘逸似流云”的丝绸更加华丽绚烂，在历史长河中大放异彩。

扎染历经了千百年来的跌宕起伏，它见证了时代的一次次变迁，它是中华民族在这漫长岁月中坚韧不屈匍匐向前历史的缩影。扎染艺术在历史上经历了漫长地、持续地借鉴与被借鉴，陶塑、陶器、绢地绘画、敦煌壁画以及诗词歌赋等艺术中不断地掠过扎染艺术的倩影。

品杜牧诗句“竹冈森羽林，花坞团宫缬”；赏李贺《恼公》“醉缬抛红网，单罗挂绿蒙”，“龟甲屏风醉眼缬”；读薛涛的“人间不思灵卉异，竞将红颜染轻纱”；观唐代传世的绘画作品《簪花仕女图》《捣练图》；看唐三彩俑、敦煌壁画……扎染在古人画作、诗歌、散文、札记等作品中占据了一席之地，成为艺术创作的一种素材，被无数的文人墨客所喜爱和称赞。

扎染不仅是一种古老的印染技术，也是一种独特的民间传统工艺美术。它植根于民间，凝结着民间艺术家对生活的热爱与对生命丰富鲜活的感受，浸透着劳动者朴素的审美情感与智慧才能。它在全国遍地开花繁衍，形成百花齐放，争妍斗艳的局面。由于各民族各地区之间的文化差异，形成了多种具有民族地方特色的流派和艺术风格，散发着独有的艺术风格和魅力，折射出广大民众的审美心理和文化趣味。目前仅存的比较出名的扎染工艺有云南大理白族、巍山彝族扎染、四川自贡扎染、壮族扎染、布依族扎染、苗族和黎族扎染等。

大理白族扎染，根据《大理国画卷》所绘的人物肖像的记录，已有上前年的历史。在这千年的历史长河之中，扎染在白族人们的手里不断发展，成为颇具白族风情的传统艺术。在盛唐年间，白族的扎染制品已是向皇宫进贡的贡品，现如今的大理周城，依旧是全国远近闻名的手工扎染村。2006 年 5 月 20 日，白族扎染技艺被列入第一批国家级非物质文化遗产名录。

扎染布是白族特有的工艺产品，在大理城乡随处可见它的踪影，扎染布被广泛用来制作衣裤、被子、枕巾、桌布等与人体肌肤相亲的用品，格外得到人们的青睐。扎染不仅代表着一种传统，而且已成为一种时尚。常见的扎染制品是通过板蓝根制成的蓝靛将布料染成蓝白二色，图案有苍山彩云、洱海浪花、有塔身蝶影、花鸟鱼虫、神话传说、民间风情等等。蓝底上的白花清清雅雅，朴素自然，给人以是宁静、平和、淡泊之感；如君子般玉树临风，温润淡雅，非淡泊无以明志，非宁静无以致远；又如淑女般恬静安好，不胜娇羞，若隐若现，透出朦朦胧胧的美感。这些纹样洋溢着浓郁的生活气息，是千百年来白族历史文化的缩影，是朝代更迭、世代相传的文化印记，与各种手工艺手段一起构成了别样魅力的大理白族文化，有着其独特而丰富的文化内涵。它符合人的情致，贴近人的生活，充满人性色彩，是白族人民勤劳、淳朴、诚实、善良和乐观、开朗、热情好客等美好品质和情趣的化身。扎染布在人们心目中已成为大理闪耀夺目的最特殊的文化象征和民族传统艺术的标志。

借助中国丝绸博物馆举办“桂风壮韵广西壮族织绣文化展”的契机，小组成员参观了壮族的蓝白扎染。借此了解到，秦汉时期，广西各民族的印染工艺已经非常成熟，如有“斑布阑衫”“五色衣裳”等。唐宋时期的“青斑布”“瑶斑布”“点蜡幔”等印染布料知名全国。唐宋之后，中原的先进染色工艺相继传入广西，但壮族的浆染、靛染、扎染等工艺仍流传至今。展品有扎染床单、扎染被面、扎染门帘等，图案均为植物花卉与动物图腾相结合，如喜鹊献财、蝶恋花、凤鸟、虫鱼等等，寓意吉祥，采用对折和四折缠缝绞工艺，布局合理，疏密有致；通过有和无、实和虚、多与少、厚与薄的组合变化，形成不同的二方连续的三角形、菱形、长方形等几何纹，呈现扎染的色晕效果和丰富的肌理变化。

图 5　桂风壮韵广西壮族织绣文化展

无论是各个民族地区的图案纹理的差异，抑或是手法技艺的不同，扎染都代表着各个民族的人们对美好生活的向往，对美好事物的追求。它以实用为基础，将审美和艺术融入，就地取材，利用大自然赐予的简单物质，创造出令人惊艳的民间艺术，给人以独特的朴实、和谐之美，装饰着人们的生活。头巾、门帘、衣服、桌布……每一件的扎染制品，都是手工匠人呕心沥血的精心细作；山川河流，鸟兽虫鱼，花草树木……每一个图案纹理，都被赋予了手工艺人的情感，对自然的认知、对生活的理解、对生命的感悟。扎染艺术是人民勤劳勇敢，精益求精，笃行向前的智慧的结晶，采用寓意吉祥的纹样的它象征着人们对未来美好生活的向往、憧憬与礼赞。

三、扎染的发展现状

随着科技的发展和时代的进步，人们的生活环境和审美情趣都发生了很多变化。

一方面来说，多性能、多品种染料的增加及人们观念的改变。扎染工艺在织物材料的选择上，从单纯的棉、麻、丝、毛的染色，发展到棉毛、棉麻、棉丝混纺等各种新材料上。制作的范围也从生活日用工艺品扩展到装饰工艺品。现在，从我国南方江苏、广西、贵州、云南等地扎染工艺的利用、发展来看，它已经走出了千家万户封闭、落后的自产自销和传统模式。这些地区的能工巧匠，以颇具地方特色的扎染制品去开拓市场，诸如琳琅满目的扎染工艺旅游品，现代感十足、穿着又非常舒适的扎染服饰，各种扎染面料、丝巾、遮阳帽、各类包包，应有尽有。扎染艺术画面、手工壁饰等室内装饰品各具特色，其艺术价值在经济领域中也得以实现。

但从另一方面来说，随着时间的推移和工业社会的到来，机器印染以它的纹样精美、构图巧妙、色彩丰富、产量倍增占据了纺织物市场，并且也赢得了人们的青睐，这使得传统手工印染产业受到巨大的冲击，我国传统的扎染及其他传统印染工艺，也随之从人们的视野中消逝，一些扎染精湛技艺已经湮没在历史的尘埃之中。总体来看，扎染的传承现状是非常令人担忧的。

从我们对张玲玲老师的采访中可以了解到，机械化大批量生产的工厂已经有出现，例如江苏华艺扎染有限公司、浙江宁波宝利印染有限公司等，但目前并没有得到广泛的普及，因扎染技艺本身所具有的个性化，它可以归为一种艺术品，艺术品的存在本身是具有其独特性的，过于商业化的发展模式，在一定程度上能促进当下扎染行业的繁荣，但是也影响扎染自身独特性的发展，会抑制扎染创新思维的产生。商业化导致民艺品的生产过于依赖机械作业，有着使世界产品同化的倾向，往往被用来逐利。所以扎染虽然也开始走向规模化、工业化的发展之路，但并不能完全取代手工扎染。

云南大理的白族扎染是传承较为完整的，周城成为远近闻名的手工织染村。但是当下的周城扎染也面临着许多困境。例如，现下化学染料大行其道，它大大简化了工序，上色稳定，色彩丰富，特别是降低了成本，随着个体染坊的不断兴起，扎染厂陷入了恶性价格战的窘境。另一方面，由于产量低、生产周期长、成本昂贵，人们不再愿意种植板蓝根，使用天然染料，扎染工艺再无创新，专利更得不到保护，个体户几乎是滥用图案、技法，推出的产品千篇一律，并尽可能降低生产成本。

日渐简约的扎染风格，导致我国传统精湛繁复的工艺技法被淡漠了。过多的追求薄利多销，将工艺和图案设计都简约化，节时省力，减少成本，失去原有美观度和工艺水准。年轻一代的人对这古老而复杂的技艺认知度不高，原先从事这方面的人一代代老去，新一代的人越来越少的投入到这一精细、耗时的技艺的传承当中去。

随着市场经济体制的完善及追求个性观念的兴起，回归自然，追求自我，体味“返古”和“怀旧”，使得手工制作、风格朴素的扎染技艺重新受到人们的关注，扎染制品制作的服饰随着市场经济的大潮，重新返回大地。正如张红霞老师所说的，像这种民族的东西一定是都要保留下去的，它现在越来越流行，越来越时尚起来了，但是它的范围目前还不是很广，很难普及的很大，只有偏远的少数民族居住区，仍保留着传统的印染工艺的痕迹。但是民族文化一定是要保留的，因为它涉及中国几千年的文化。

扎染它从最开始的少数民族的劳动成果逐渐变成为全世界的非物质文化遗产，事实证明，古老的艺术形式、传统的民间印染工艺及其装饰纹样，在人们不断地传承、创新中，被誉为国粹的传统印染工艺的扎染，在人们对传统文化的回味渴望中，将会更加发扬光大。

四、手工扎染制作体验

“纸上得来终觉浅，绝知此事要躬行”，为了进一步了解扎染的手工制作过程，小组成员于五月七日去手工艺活态展示观亲自参与了扎染的制作，体验扎染艺术的魅力。在手工生态展示馆 DIY 扎染制作的过程中，通过实践学到了一些有关扎染制作的知识。

扎染的主要两道工艺流程是“扎”和“染”，不同扎法和染色技巧使得最终的扎染制品呈现出独树一帜的风貌。扎染的入门并不难，为了达到体验的效果，老师教授的都是较为简单的手法。在扎结过程中，我们采用了最简单的撮扎法，在需要防染的纹样部位用棉绳缠绕扎紧，以便阻止染料的渗透，形成圆环或同心圆的形状。另外，为了挑战难度，还选择了串扎法，即在事先在白色小方巾上画好图案——小鱼，然后用针线按图案轮廓进行缝合、捋紧、打结。染色也选取了不需要加热就能取到良好染色效果的蓝靛，染色的原理是通过织物在染液的浸泡时间不同来达到不同程度的染色效果，可以运用于染渐变。在此过程中可见，制作简单图案的扎染比较容易，省时省力，但要进行较复杂的图案设计时，扎结技术显得尤为重要，所花费的精力也成倍增加，扎染制品的完成，需要耐心与细心。

进行在较漫长的手工制作中，与教我们的老师攀谈，老师也是大学生，她并不是扎染专业的学生而是爱好让她对扎染产生了兴趣并来此兼职。在谈话中了解到，体验扎染的人群不算少，一般多为小学生周末或假日跟团来体验乐趣。在扎染小作坊，我们也看到了一些由扎染制作的成品，多为T－恤、围巾、杯垫、包包、抱枕等等，类型较为丰富。

扎染文化在当代越来越处于尴尬的位置，如何使优秀的民族扎染工艺与时代接轨，融入人民群众的生活中去，成为现在亟待解决的问题。或许，在商业模式下的手工扎染体验模式是个不错的方法。

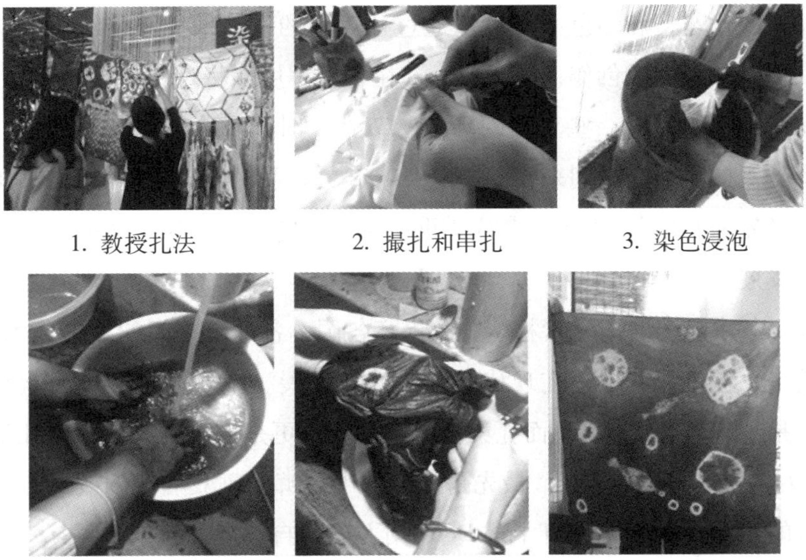

1. 教授扎法　2. 撮扎和串扎　3. 染色浸泡

4. 洗去浮色　5. 拆出绳线　6. 成果展示

图6　扎染的过程

五、扎染艺术的传承与创新

在传统文化渐渐要消失在人们眼前的时候，传统的扎染技术该如何传承和与时代相结合成为亟待解决的问题。扎染的传承，必须与时代同步，走出传统的藩篱，抛开工艺的制约与羁绊，借鉴其他艺术种类适应扎染的表现手法，不断提高和丰富其工艺技术，更进一步从民间艺术母体中超凡脱俗，做到雅俗共赏，具备时代气息，满足现代人们“回归自然，返璞归真”的心理需求和生活需要。

扎染工艺的发展与物质文明和精神文明的发展息息相关，每个时代的图案造型设计和扎结技法的发展依托于特定的文化背景和工艺发展水平。现如今飞速发展的时代，科学技术的发展，为扎染的图案纹样设计提供巨大的助力，以此来创新出时代感强的扎染图案纹样。这不是强求扎染必须与现代科技、现代大机器生产相结合，而是在依然保留传统扎染技法、基本风格的基础上，力求在扎结方法、染色工艺方面创造出新的东西，使传统扎染注入新的活力。一方面，可以借助计算机技术进行扎染图案的设计，扎染效果的模拟，如在制作花型和颜色上都可以通过计算机的设计来突破传统单一花型的瓶颈，更有效地完成创作；另一方面，在一定程度上将现代机器与人工结合，用机械代替手工完成一些繁琐的环节，节省了时间和人力，大大加快的生产的效率。机械化生产的到来并不一定意味着是对手工业的全盘摧毁，“工欲善其事，必先利其器”，扎染工艺应借助科学技术的平台扬长避短来进行自身的改进与发展。

扎染艺术应与时尚元素相结合，提高各国、各地区之间的扎染艺术交流，取其精华，促进扎染工艺在现代服饰设计的发展。现如今中国风元素在服装时尚上是越来越“受宠”，而扎染技术在创新上更是令人眼前一亮。扎染服饰在 2009 年秋冬已开始走红。最先是扎染的牛仔裤，斑驳陆离的效果，一时大受潮人的热捧。2010 春夏 T 台，D&G 用上了来自印度的扎染布料，带动了扎染面料的流行。2010 米兰春夏时装秀上，Blumarine 等多个品牌推出了具有朦胧美感的扎染时装。不规则剪裁配上扎染的绚烂花纹，富于变化的面料，既

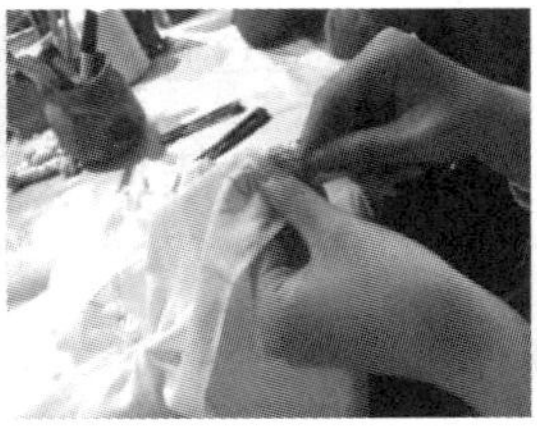

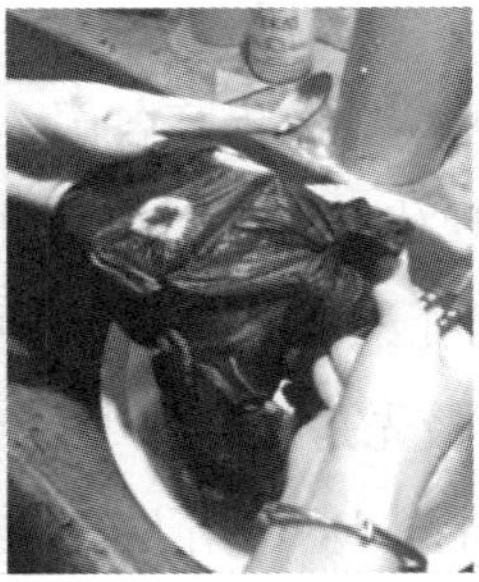

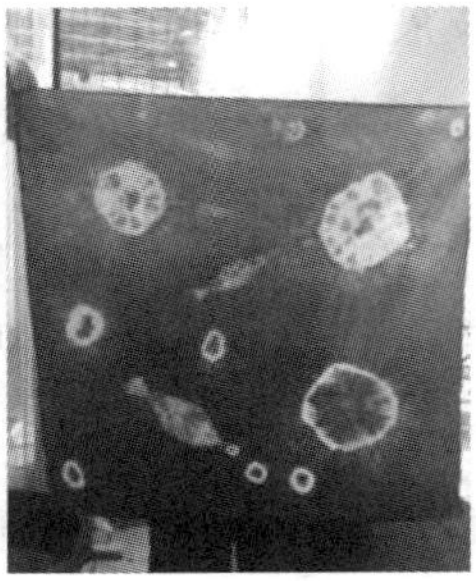

有朴实浑厚的原始味，又有变换流动的现代美，还具有中国画的水墨韵味和神奇的朦胧效果。那种自然过渡的色彩和手工痕迹，便是扎染运用在时装上的动人之处。Valentino2016 早秋的 Tie&Dye 扎染系列让人耳目一新。可见扎染能完美融合现代服装中，扎染元素并没有被这个时代淘汰，多元文化碰撞，使得扎染艺术更加的绚烂多姿。

可以将扎染艺术的理念运用于其他的领域，拓宽扎染艺术的应用范围，把古老的手工工艺和一些有创意的工艺、新的面料相结合起来，借鉴其他艺术工艺的手段，彰显个性与文化底蕴。如将扎染艺术运用到纤维艺术的范畴中，新兴扎绘染艺术展现扎染艺术的独特魅力；将扎染艺术融入现代建筑空间的再创作，进行室内设计的装饰设计；现代的扎染制品不仅可以作为窗帘、床罩、台布等日常生活用品，还可以向扎染装饰画设计等手工艺品的方向进行创作。

扎染工艺的传承，人才的培养显得尤为重要。在扎染传承这方面，原本从事这方面的人已经年长了，但是年轻人又不愿意去做这种很细、很耗费时间的工作，所以，培养现代化人才成为关键一步。顺应时代发展的扎染艺术，要求传承的工匠要有深厚的文化知识，扎实的设计理念基础，才能把传统的手工艺技术、现代新的设计理念、时尚审美情趣、现代科学技术相结合。

一方白布，经过扎染每一次的精密考虑，每一处的精确处理，每一步的精细制作，以它独特的工艺个性，为其添花、施彩。使其无中生有、有中生盈、盈中溢妙，妙中透美，被赋予了新的精神价值与文化内涵。希望扎染能借助人们“回归自然、返璞归真”、追求自然和谐、彰显个性、追赶时尚的潮流中，在传承中创新，在创新中沉淀，在历史滚滚向前发展的同时，用其生生不息的魅力继续在中国传统文化的土壤里，摇曳生姿。

【附件】

两篇采访稿

1. 对张玲玲老师有关扎染方面的采访稿

时间：2017 年 05 月 05 日

地点：浙江理工大学

采访对象：张玲玲

采访人物简介：张玲玲，女，高级工程师，硕士生导师，材料与纺织学院轻化教工党支部书记，兼任浙江省纺织工程学会印染专业委员会委员。曾主持负责完成或正在主持项目二十余项。发表学术论文 10 余篇。

夏纯淑：张老师，你好！我们想采访一下您有关于扎染方面的问题。请问您是和扎染怎么结缘的？

张老师：好的。扎染主要是做一些艺术品，扎染的工厂现在在江苏可能有，但是很少，规模也不是很大。我自己就是学这个专业的所以对这个比较感兴趣。

夏纯淑：那您对扎染工艺今后的发展前景怎么看？

张老师：因为扎染很多都是手工的，现在很多都是机械化生产。虽然有这种工厂，也有一些工具，但是不够机械。但是一些操作方法套路是可以的，但大多数还是要靠手工的。

夏纯淑：那您在上染整课程的时候会涉及扎染吗？

张老师：基本不会，会跟大家讲一下有这个工艺，但是不会深讲。

夏纯淑：扎染作为一项手工工艺，您觉得有什么办法能更好地将扎染工艺传承和发扬？

张老师：可以做成一些艺术品或者扎染的服装，我也会看见有一些女孩穿。但是大面积的推广比较困难，因为扎染出来的花形是比较特殊的，有特色，有独一无二的感觉。当然，近几年扎染的发展还是不错的，相比较以前只能做一些最简单的花型，现在的花型工艺更复杂了。工艺品方面发展得比较好，可以用来当用装饰。

邱微：那也就是说扎染大批量生产比较难?

张老师：大批量生产也可以，但是他的生产效率不高，要扎成一块越复杂的面料所要求的工艺程序也越复杂，成本也相对较高。

邱微：那老师您认为扎染还有什么可以创新的方面吗?

张老师：一方面是在花型上可以进行创新，还有一方面是将扎染的理念应用在其他领域以满足人们的一种个性。扎染对于纺织工业来说算是一种点缀，它有它自己的特点，但是在大规模生产上难以实现，由于它的花型非常特殊，没有办法做成一样的。那现在扎染不仅仅只是运用在服装方面，还可以运用在家纺、室内装修及手工艺品上。其作为纺织领域中的一个小分支，也是一种亮点。

图 1　采访张玲玲老师

2. 对张红霞老师有关扎染方面的采访稿

时间：2017 年 05 月 05 日

地点：浙江理工大学 17 号楼 422

采访对象：张红霞

采访人物简介：张红霞，女，教授级高级工程师，硕士生导师，浙江理工大学材料与纺织学院纺织工程系。研究纺织新产品研究与设计开发、家用纺织品研究与设计开发。

在学校从事纺织品设计的教学和科研工作。主讲艺术印染等多门课程的教学任务。至今已先后完成及正在进行参加的国家、省、部、市及横向等各类科研项目近四十项，尤其对功能性高档色织提花面料产品的设计开发有较深的研究，并获得多项奖项。在各种专业杂志发表研究论文多篇。

杨青容：您从事教学行业多少年了？您是和扎染怎么结缘的？

张老师：算不上结缘吧。我已经从事这方面的教学行业10多年了，也是在这条研究摸索的道路上与扎染结下了缘分。

杨青容：那老师您对扎染的发展前景怎么看？

张老师：对于扎染的前景，像这种民族的东西一定是都要保留下去的，它现在越来越流行，越来越时尚起来了，但是它的范围目前还不是很广，很难普及得很大，一般都是在少数民族所在的地方发展得比较好，最初是在云南丽江、大理这些地方普及的比较广，作为一个特色可以在应用上做到一些点缀。但是民族文化一定是要保留的，它涉及几千年的文化。

孙紫薇：那也就是说如果要想长久的传承下去还是要加入一些新的元素？

张老师：对，把古老的手工工艺和一些有创意的工艺、新的面料相结合起来。由于不能进行大规模的生产，它所带来的弊端就是扎染的产量不高，会耗费大量时间，而现在扎染还是在少数民族地区有一定的市场，扎染作品还在这些地区会有所保留，但是在扎染传承这方面，原先从事这方面的人年纪已经长了，但是年纪轻的人又不愿意去做这种很细很耗费时间的工作，所以这就形成了一个矛盾。但是还是一定要有人去传承这个文化的。如果时尚能与扎染相结合，将应用面扩大以后，有销路自然就有人愿意去做这个事情。关键就在于怎样将它与流行的、时尚的东西结合起来把范围扩大。用传统的方式融入进现代的东西里。（这里老师有给我们展示一张照片，如图2）它将扎染与室内装饰很好地融合在了一起，无论是从色彩还是风格上都相统一，呈现出很美的统一。它就体现了一种民族工艺在现代的一种设计感。在学的基础上多思考一些可以改进的地方。

图 2　结合

图 3、图 4　采访张红霞老师

采访/夏纯淑、杨青容　文/孙紫薇　图片/孙紫薇、邱微

15 级纺织工程（2）：邱微、孙紫薇　15 级纺织工程（1）：夏纯淑、罗姝月

15 级传播学（1）：张玲　15 级包装工程（1）：杨青容

15 级材料化学（1）：李京　15 级应用化学（2）：吕继孝

指导教师：范冰川

中国传统丝绸服饰文化的传承与发展
——以杭州市为例

中国自古是丝绸名国，而传统丝绸服饰一直广受人们喜爱，但对传统丝绸服饰文化却鲜有人有细致了解。中国传统丝绸服饰文化的传承和发展存在着如历史普及率和产品普及率不高，文化与产品结合度不足，缺乏创新等问题。要让传统丝绸文化得到传承发展甚至再度复苏，需要我们借着“一带一路”兴起的风潮从丝绸服饰历史文化普及到丝绸服饰产品产业创新改革上努力。

一、背景

丝绸起源于中国，早在黄帝时期，就有“蚕神献丝”“天神化蚕”的故事。中国丝绸美化了人类的生活，也促进了国家间的文化交流。丝绸凝结了中国人对美的追求，汇聚了创造美的才能，在中国文化中占有特殊地位，与中华民族成长中的休养生息密切相关。它与艺术、宗教礼仪和民俗民风等一系列中华文化相辅相成，随着人们对文化越来越重视，丝绸文化将会如何的传承与发扬，需要我们不断地探索。

本文对“丝绸文化与丝绸服饰的保护、传承、发扬”进行了实践调研，国内与其有关的研究也有很多。这些文章大多是从丝绸文化、丝绸服饰的发展现状或发展趋势谈起，从而引出在某一方面的传承与发扬。但是丝绸作为一种文化的载物，其传承与发扬不能仅在某一方面着眼。当然丝绸服饰作为丝绸文化的一种表达方式，在传承与发扬中就要求我们在对丝绸服饰的创新上要更好地融合丝绸的文化底蕴，寻求一种文化与服饰相结合的发展创新道路。趁着“一带一路”风潮的兴起，传统丝绸服饰文化的传承发展，乃至复苏迎来了最好的契机。当然，传承发扬传统丝绸服饰文化，首先第一个前提是人们对传统丝绸服饰文化要有足够的了解。对此我们展开了调查。

二、调查基本情况

本次调查主要选择杭州在校大学生和当地居民为调查对象，共发放纸质问卷100份，收回有效问卷95份；电子问卷55份，收回有效问卷55份。其中男性66人，占总人数的44%，女性84人，占总人数的56%，调查对象中15－25岁占60%，25－35岁占24.67%，35－45岁占13.33%，45岁以上占2%。另外，本组成员为进一步了解传统丝绸服饰起源与发展，实地采访服装学院的专业老师——刘正。因此，本次社会实践能一定程度上确保了其有效性。

三、调查结果分析

（一）对传统丝绸文化的认识

根据调查结果，有多少人了解传统丝绸服饰文化呢？

在被调查的人群中，我们发现61.33%的人知道1－3个明确的丝绸产地，3.33%的人知道3个以上丝绸产地，而另外有35.33%的人不知道任何的丝绸产地。这在一定程度上体现出当代人对丝绸文化有一定的了解，但整体上还有待于提高。

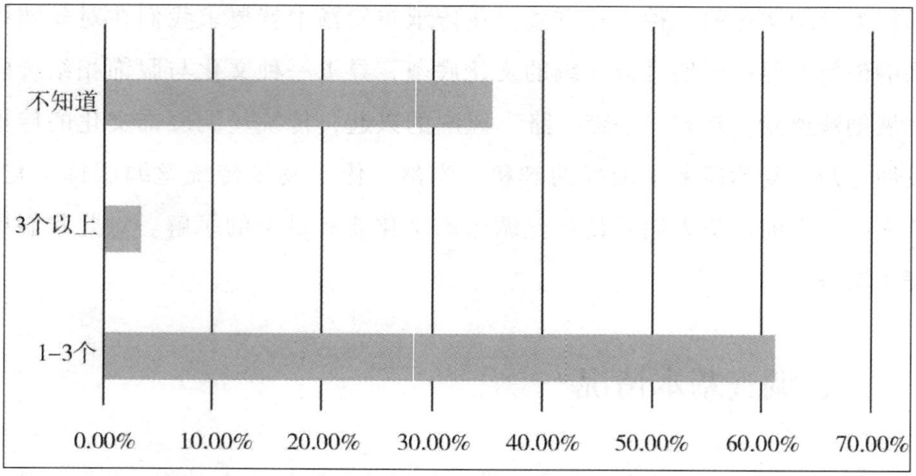

图1　采访者对丝绸产地的了解

而当问及被调查者家里是否有常用的丝绸制品时，70%的人选择“有”，26%的人选择“无”，另有4%的人选择不清楚。这里可以看出，丝绸制品在当代还是具有较高的普及率，未因为其他产品的激烈竞争而出现锐减现象。

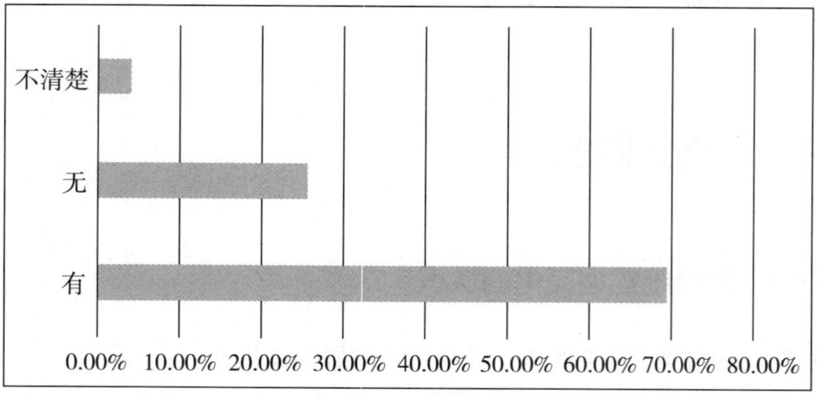

图2　采访者家中丝绸制品使用情况

那人们对制作传统丝绸的工艺流程有多少了解呢？对此我们进行了简单的问题调查，结果表明，42.67%的人选择了正确的答案，当然这其中还存在一定的偶然性，实际真正知道其正确工艺流程的人应该是小于42.67%的。这个问题的正确答案是：制作传统丝绸的工艺流程有三步：缫丝、织造和染整。其中第一步：缫丝，是指将丝由蚕茧中抽出，成为织绸的原料；第二步：织造，是指生丝经加工后将其分成经线和纬线，并按一定的组织规律相互交织形成丝织物，各类丝织品的生产过程不尽相同，大体可分为生织和熟织两类；第三步：染整，主要包括生丝及织物的精炼、染色、印花和整理四道工序，运用染整技术，可将我们喜爱的花色及图案完美无缺地再现在白坯上，从而使织物更加富有艺术性。这题看似专业，但只要仔细一推敲或是对传统丝绸工艺有一定的了解，很显然 B 是正确答案，而选择了正确答案的人仅占四成。说明人们对此还是比较缺乏了解的。

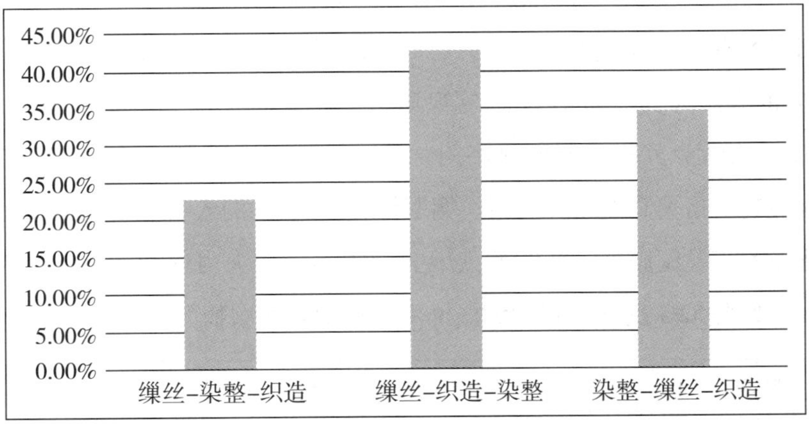

从以上几个问题的调查结果可以看出丝绸产品尤其是丝绸服饰在杭州有较高的普及率，但民众对丝绸服饰背后的传统丝绸服饰历史文化缺乏一定的了解。传承发扬传统丝绸服饰文化，提高传统丝绸服饰历史文化的普及率是我们亟须面对并解决的第一个问题。

（二）传统丝绸服饰的优劣势分析

人们对于传统丝绸服饰优点和缺点又有怎样的看法呢?

谈及有关传统丝绸服饰的优点时，100% 的人认为其外表光泽美观，91. 33% 的人认为其面料高档，显示身份，96. 67% 的人认为其柔滑细腻，穿着舒适，78% 的人认为其具有健康、保健的功能，63. 33% 的人认为其代表中国传统文化，是国粹。

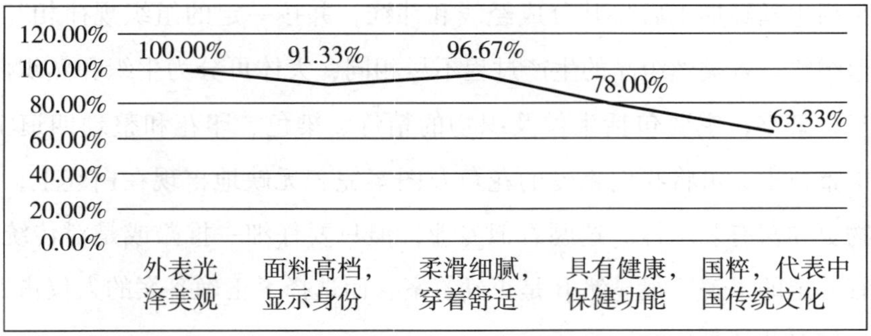

图 3　受访者对丝绸服饰优点的看法

当问及有关丝绸服饰的不足时，84.67%的人认为其服饰款式设计单一，44.67%的人认为其注重数量而忽视质量，70%的人认为其工艺发展缓慢，75.33%的人认为其不具有明显高附加值。另外，被调查人群中，78.67%的人会因为其价格偏高而放弃购买丝绸服饰，35.33%的人会因为其轻薄不保暖而不选择购买丝绸服饰，56%的人因为觉得不方便大力保护而不选择购买丝绸服饰，另有52%的人觉得丝绸服饰不好搭配其他衣物。

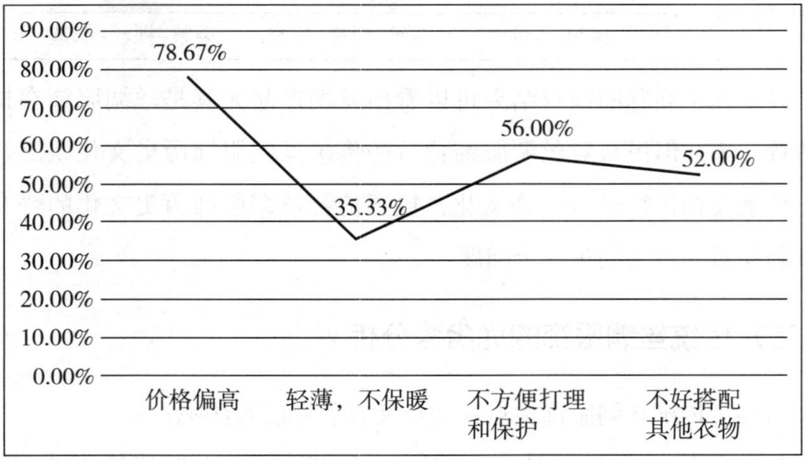

图 4　阻碍受访者购买丝绸服饰的原因调查

关于传统丝绸服饰的创新，99.33%的人选择服饰款式的设计开发，94.67%的人选择丝绸品质和工艺的提高，72%的人选择新型面料的开发更新，49.33%的人选择丝绸店面的规划与陈列设计，42%的人选择产品的整体包装设计，63.33%的人选择品牌推广和知名度提升。可见丝绸服饰的设计开发尤其是款式设计的提升和研发是大多数人认为的传统丝绸服饰的一个亟须改变的方面。这个领域需要更多的优秀设计师加入。

可见，传统丝绸服饰的优势是非常明显的，它的美观性毋庸置疑。同时，传统丝绸服饰也存在非常多可以提升改良的地方，像价格的亲民性、其本身的设计、穿搭普适性都是我们需要解决的问题。

（三）发展传统丝绸服饰的意义

要让传统丝绸服饰文化真正发展和传承下去，意识到传统丝绸服饰文化极其重要。只有意识到它的重要性和明晰它的重要意义，才会有更多人真正行动起来为此付出和努力。

对此我们调查了人们对传统丝绸服饰文化传承发扬的意义的相关认识。调查显示，88%的人认为丝绸是杭州文化的重要代表，支持丝绸发展是传承文化不可或缺的一部分，3.33%的人认为丝绸是一种商业化产品，不属于传承杭州文化的范围，8.67%的人不清楚，感觉没有很大联系。

而当问及传承丝绸文化的意义时，100%的人认为可以发展丝绸制衣本身，为物质生活服务；68.67%的人认为可以丰富人们精神生活，74.67%的人认为可以增强民族自豪感，88%的人认为可以提高中国的文化软实力。

从调查中我们可以看出，大多数人对发展传统丝绸服饰的重要意义十分明确，持肯定态度并十分支持。另外并且最重要的是，发展传统丝绸服饰文化最重要的一环是发展传统丝绸服饰，让它重新迸发生机与活力。让一个传统文化传承最好的方式，就是让它在现代依然能发光发亮而非只活在传统中。

另外，通过对服装学院刘正老师的采访，我们了解到其实目前丝绸服饰已经作为国内服装市场的重要一部分，而且已经研制出了许多新花色、新品种还有新的款式，有一定的创新。然而，丝绸服饰市场还不够成熟。从总体来看，与发达国家相比还有差距。其中比较突出的问题是消费观念不成熟和丝绸服饰的消费在整个服装品类中的比率很低，丝绸服饰的品牌也少。解决方法是创立自己的品牌，还要多加宣传，提高消费度。另外，紧跟习近平主席提出的“一带一路”而走，抓紧机会就能得到很好的发展。

四、传统丝绸服饰文化传承发展的针对性举措

首先，通过各途径加大传统丝绸服饰文化宣传力度。充分利用国家环境、地方组织、学校等平台宣传，让更多人知道传统丝绸服饰文化的历史和现状，成为传统丝绸服饰文化的传播者和拥护者。然后，传承发扬传统丝绸服饰文化最关键的一环是改进传统丝绸服饰，它直接决定了文化的传承和普及。传统丝绸服饰文化产品能够受到更高的认可度和市场推广度，从某种意义来说，就是传统丝绸文化的最大的传承和发展。针对目前调研和调查了解到关于传统丝绸服饰产品现状的几个问题，我们提出以下建议：

（一）向国外学习先进的技术和经验。传统文化要发展，就必须通过学习和创新。了解国外丝绸市场成功的原因，学习其先进的生产模式和技术，结合我国市场情况建立符合我国国情的丝绸服饰产业，打造更成熟高效的产业链。

（二）营造良好环境，吸引更多服装设计师，改良并发展传统丝绸服饰的设计，使设计能结合更多文化元素。同时，更具潮流感和更方便搭配，激活丝绸服饰的消费吸引力。国家和地方甚至学校和民间可以定期举办相关活动或制定奖励政策，吸引更多有为的设计师加入。

（三）地方和个人创立更多丝绸服饰品牌，利用品牌效应使传统丝绸服饰文化和产品都能得到更大的知名度，将传统丝绸服饰文化发扬光大。

（四）借助“一带一路”的风潮，将传统丝绸服饰文化传播到新丝绸之路上的国家去。国家充分重视传统丝绸服饰文化，允许鼓励更多的文化传播大使，让传统丝绸服饰文化不仅只是在中国复苏，更是在世界各处生根发芽，做到真正意义上的传统文化的传承和发展。

传统丝绸服饰文化作为传统中国文化其中一部分，历经了千年的历史变幻依然能保存至今，这本身就是一个对中华文化最好的肯定。它是中华文化的一个代表，需要我们更好地热爱和传承。发展传统丝绸服饰文化，它不仅

有利于中华文化整体的发展，更有利推动和中国经济的发展。

15 英语：周铭潮　14 金融：沈宇嘉　14 服工：肖建民　15 过控：王鹏
15 材料：田小方　15 传播：苏婷婷　15 传播：宋雨芯　15 机电：孙磊
15 英语：杨诗涵　13 公管：林朝晖
指导教师：高永良

杭州文化遗产九曲红梅茶

中国优秀传统文化何其之多，例如中国书法、京戏脸谱、皮影、武术等等，当然还包括每个地方的特色。一方水土养一方人，一方文化成就一方繁荣。在杭州这座荣盛的城市里，也有着很多的文化遗产。杭州，作为中国的茶都，茶文化源远流长，这次，我们探寻的，不是众所周知的西湖龙井，而是另一大传统珍品，有着万绿丛中一点红之称的九曲红梅。九曲红梅作为浙江省28种名茶中的唯一红茶，已有近200年的历史，其以细若发丝，弯如银钩，色泽乌润，滋味浓郁，色香味形俱佳为名。坐落于西湖区双浦镇双灵村的九曲红梅茶文化展示馆彰显着九曲红梅的魅力。

一、九曲红梅茶的起源与历史

九曲红梅茶简称“九曲红”，也称“九曲乌龙”，源于福建武夷山的九曲溪，据说在太平天国期间，福建武夷一带的农民纷纷向浙北迁徙，在灵山一带落户，开荒种粮栽茶，以此谋生计。南来的农民中有的善制红茶，所制红茶为杭城茶行、茶号收购，沿袭至今。

关于九曲红梅茶的起源有一个传说。相传从前在灵山大坞盆地，居住着一对从福建武夷山区迁徙过来的老夫妻，靠在山里栽种茶叶维持生计，家境十分贫寒。在年近六十时，却意外得子，老两口甚是喜欢，给儿子取名阿龙，意欲望子成龙。阿龙长得眉清目秀、聪明活泼，从小就爱在溪边玩耍。有一天，他看见两只溪虾在小溪里争抢一颗明亮闪光的小珠子，觉得好奇，就把珠子捞起来含在嘴里，高兴地喊着向家里跑，一不小心，珠子吞滑到了肚子里。到家后，顿觉浑身痱痒难忍，吵着要妈妈给他洗澡。小阿龙一进澡盆，就变成了一条乌龙。顿时，天昏地暗、雷电交加、风雨大作，乌龙腾空而起，飞出屋外，跃进溪里，穿谷破崖向远处游去。老两口见儿子变形，惊慌哭叫着拼命追赶过去。乌龙因留恋双亲，不忍离去，游一程，一回头，连游九程九回头。这样，在乌龙游弋过的地方，便形成了一条九曲十八湾的溪道，一直通往钱塘江。随后，人们在这条溪边栽种了杨柳，也就是后来被誉为湖埠十景之一的" 龙鳞曲柳"，直到20 世纪60 年代改田造地" 学大寨" 时，才被填平成了粮田。灵山为有乌龙及" 九曲乌龙" 的传说而盛名。

1937 年日寇侵华，杭州沦陷。原本销售火爆的“九曲红”茶价暴跌、市场萎缩，茶农多以打柴度日，致使茶园荒芜，抗战胜利后也未复苏。新中国成立前夕，“九曲红”产地已到了“人穷地瘦茶园荒，昔日葱茏成枯黄”的境地。新中国成立以后，农民组织起来走合作化道路，垦荒辟新，引进新茶种，建立专业队，加强抚育管理，购置制茶机械，九曲红茶生产得到很大发展。至 20 世纪 80 年代，周浦地区生产茶园已达 3000 余亩，红茶年产量达100 多吨，但每公斤售价不足 10 元，经济效应较低。又随着市场经济的发展，西湖龙井茶声誉鹊起，效益剧增。90 年代初期，实施“以红改绿”的茶类结构调整，虽红茶产量减少，但茶价仍不能上浮，荒芜茶园继续增加，至 90 年代中期，茶叶专业队解散，加工茶厂关停，全乡生产茶园九曲红梅面积已不足 1200 亩，红茶年产量也逐渐降到 30 余吨，红茶生产面临十分严峻的形势，“九曲红梅”几近湮没。

二、九曲红梅茶的特点

九曲红梅茶是披满淡黄色绒毛的成茶，条索紧密，弯曲如鱼钩，似蚕蚁的外形。待到开水冲泡之后，见到茶杯中的芽叶舒展，曲曲伸伸，冲泡后的茶汤鲜亮红艳，且香气馥郁扑鼻，茶叶朵朵艳红，若水中绽放的红梅。故九曲红梅素以“形如鱼钩、色泽乌润、汤色红艳、香似红梅”而著称。

三、九曲红梅茶的制作工艺及泡法

1. 制作工艺

九曲红梅的制作一般可归纳为下述六大手法：

（1）采摘。精品九曲红梅茶原料为一芽一叶，特级为一芽二叶出展，芽尖角度小，芽长于叶，芽叶均齐肥壮，长度不超过3厘米。

（2）阴摊。根据鲜嫩度、水分的不同，按不同的厚度摊放，使之恰到好处。鲜叶一般以20厘米的厚度阴摊12个小时以上，随着水分的蒸发，其中的青草气也逐渐消失，香气和滋味的要素随之形成。

（3）萎凋。青叶在太阳下经轻翻、摊晒1－2小时后，根据阳光的强弱，摊晒的厚薄，当叶片失去三分之一水分后，可收拢入屋。

（4）揉捻。经翻晒的萎凋叶，叶色变深，叶面起皱时，用手捻能成条状，不直至其不会断裂为止。初次揉捻时，须反复翻捻、加压，用力要恰到好处，直到茶叶成条，色泽微红。再次装袋揉捻时，应以揉为主，慢慢收紧袋口，使茶汁外流，香气外溢。揉捻完成出袋后应及时解块，手搓时动作要轻盈，双手夹茶上下轻搓，不能转圆圈搓，不可用力过度。

（5）闷。解块后的揉捻叶摊在阳光下，晒半个小时左右，装入布袋热闷（23℃－28℃）。发酵适度的叶子，具有清鲜的果香味，叶色变红且比较油润，有光泽。此时，因茶叶尚潮，不易断碎，最好能捡去老叶、枝梗和杂物。

（6）干燥。可用日光照晒和用焙笼烘干两种方法。焙笼烘干过程中要进行数次翻拌，使茶叶受热、失水均匀。待到色泽乌润、香气浓烈、手揉成粉末，含水量为6%左右即可。干燥结束后，用竹茶筛过筛去沫，再进行分级包装储存。

2. 泡法

简单泡法：冲泡九曲红梅，可选用白瓷盖碗或玻璃杯，最宜景德镇的陶瓷。

（1）装上大约占壶容量1/2的茶叶；

（2）冲入沸水；

（3）冲泡后香气高锐持久，隔 20－30 秒左右倒入小杯，

功夫泡法：冲泡功夫红茶时一般要选用紫砂茶具、白瓷茶具和白底红花瓷茶具。

（1）茶和水的比例在 1∶50 左右；

（2）泡茶的水温在 90℃—95℃；

（3）冲泡时间在 2—3 分钟；

（4）按循环倒茶法将茶汤注入茶杯中并使茶汤浓度均匀一致。

四、实地调研

根据百度百科“九曲红梅”这一词条中的信息，我们将调研的地点定于其产地之一的杭州市西湖区双浦镇上堡村。我们一行人经过四个多小时的路程，到达了与市中心风景迥然不同的目的地。

1. 第一调研点——九曲红梅展示馆

据展馆工作人员介绍，周末在展馆参观的人数较多，工作日就比较清闲。展示馆总建筑面积 900 余平方米，分为序厅和 6 个局部展厅。其中，局部展厅分为中国红茶、历史文化、自然环境、加工生产、茶艺茶俗、文化产业六大篇章。展馆里共陈列 188 件历史文字资料品、具有历史意义的茶生产器具 22 件，以及九曲红梅获得的各类大奖纪念物证等。

在这里我们看到了红茶的起源，了解了九曲红梅的历史发展以及所取得的成就。展馆中有一些清朝、民国时九曲红梅的包装，例如茶叶罐子、纸张包装等，几期讲述九曲红梅的老报纸。这些都是九曲红梅历史的见证。

在展馆内，放映着专门为“九曲红梅”量身定制的专题微电影——《爱九曲红梅》，讲述了国外留学归来的双浦镇小伙带着女朋友回到家乡后，因为九曲红梅，让两人决定留在双浦镇生活的故事。把九曲红梅和微电影联系在一起，把农产品和文艺结合在一起，更好地宣传双浦镇的九曲红梅，让九曲红梅与西湖龙井茶成为杭州“一红一绿”两张茶叶金名片。

2. 第二调研点——双灵村

双灵村地处双浦镇大坞盆地，三面环山。村里的山是杭州市的第一高峰如意尖，海拔537米；水则是西湖区最大的水库板壁山水库。“除了树木，村里最多的还是大片茶园，山林面积达到了4900余亩，茶园800多亩，是西湖龙井的二级保护区。顺着工作人员的指引，我们到了茶山，站在山顶俯瞰下去，一排排整齐的茶树枝干，每到采茶的季节整座山上都是热火朝天的茶农。

3. 第三调研点——制茶工厂

从茶山上下来，我们第三站走入的是一家大型的制茶工厂。那里的工作人员告诉我们，“喜欢喝红茶的人，肯定都知道九曲红梅，只是没有绿茶那么有名声。如今九曲红梅的制作也进入了机器化时代，不再是每家每户一口茶灶一个手艺人做一点茶叶了。”技术的改造，让九曲红梅的制作工艺从繁琐到简便，但是如何打响这个名头，正是现在需要解决的问题。

4. 第四调研点——民间制茶

我们转道一户溪边人家，他们家仍然保留了家里的作坊，采摘、制作、销售都是由一家人完成的，真正地一直传承着这一门老手艺。我们听奶奶讲了九曲红梅的各种品级，老奶奶收拾茶叶的时候，嗅一道九曲红梅，茶香四溢。还介绍了九曲红梅的保存方法，譬如绿茶最好装进铁罐子并放进冷冻室保存，而红茶只需要阴凉存放即可。

唯一遗憾的是，没有能够进入奶奶家的工坊，亲眼看到手艺人如何制作九曲红梅。所以对于九曲红梅的制作方法，我们只停留在展览馆内了解到的。

手上提着从奶奶家买的九曲红梅，脑中回忆着今天关于九曲红梅的一切，大家讨论着自己对于九曲红梅文化的理解。在双灵村的调研中，我们发现双灵村本就地处偏僻，若不是专程为茶艺而来，很少人会踏足此地。根据资料的查阅得知，虽然政府已经着手开展旅游业，也已经投放宣传片和修建了茶艺馆，但是双灵村沿路的设施以及道路并未修整，附近有关双灵洞的旅游景点完善度也有待加强。

五、九曲红梅茶的发展与传承

（一）发展

经过几十年的沉寂，茶农放弃长年以来的红茶制作，改为生产绿茶。尽管九曲红梅茶在1915年巴拿马万国博览会（即世界博览会）上荣获金质奖章；于1929年西湖博览会上一举得冠，荣幸地列入当时的中国十大名茶之一；在2002年九曲红梅获得“蒙顶山杯”国际名茶金奖，但是这些都没有给这个茶叶带来转机。截至2003年，九曲红梅茶叶的售价每市斤最低时仅为二三十元，能卖到三十元以上算是好茶了。

21世纪初，农业生产进入了一个新的发展阶段。双灵镇茶区被列为西湖龙井二级保护区，这同样给九曲红茶的生产注入了活力。为充分发挥本地的资源优势，重塑九曲红梅茶的昔日辉煌，使这一传统名茶得以发展，近年，地方党委、政府十分重视茶叶生产，把它摆到了重要的议事日程。

在2000年注册了“九曲红梅”商标的同时，还以举办比赛、参展参评、抽样送检、实施项目，增加媒体宣传九曲红梅，扩大影响。2003年，九曲红梅茶取得了省无公害农产品的产地认证并获“浙江绿色农产品”称号，知名度和市场占有率提高。同年下半年又引进了外地强势企业——杭州福海堂茶业生产科技有限公司，建立示范基地，实行“龙头+基地+农户”的现代茶业经营模式。并以基地为中心，逐渐向周边地区辐射，形成市场牵龙头，龙头带基地，基地联农户的发展格局，走优质、高产、高效的茶叶产业化之路，并已初见成效。

昔日的辉煌和现实的衰落，让很多老茶人也坐不住了。于是，冯赞玉等老茶人整理、撰写大量材料，特制精品茶样，开始了九曲红梅的申遗之路。2006年，“九曲红梅茶”申报杭州市第一批非物质文化遗产成功，2009年申报省级非遗成功，其知名度与美誉度很快提升。

2012年，民建杭州市委会向杭州市委、市政府报送了《关于振兴与发展杭州传统历史名茶九曲红梅红茶的建议》调研报告引起杭州市委、市政府高度重视，浙江省委常委、市委书记黄坤明和时任杭州市市长邵占维分别做出重要批示。不久后，杭州市西湖区政府便与浙江省茶叶集团股份有限公司签署了《关于九曲红梅战略合作协议》，浙茶九曲红梅试制小组也开始九曲红梅的研发与试制。

2014 年九曲红梅茶文化展示馆，在“九曲红梅”茶产地——西湖区双浦镇双灵村上堡正式建成并开馆。九曲红梅茶文化馆和研究院的开放，不仅是要展示九曲红梅的历史和传承历史上的制茶工艺，更重要的是提升双浦镇的茶产业的发展。

2014 年上半年，杭州九曲红梅茶叶有限公司研发的“天香牌”精品红梅茶先后获得省、市两级茶叶类综合评比的一等奖，随后，杭州市工商局之江分局也对此开展走访调研，将九曲红梅的现状及意见建议提交给了上级部门，并建议采取“政府搭台企业唱戏”的方式，引进龙头企业，挖掘文化元素、历史渊源，改良工艺。与此同时，以“斗茶”形式展开的活动使得学习炒制茶叶的人也越来越多。

名气打响之后，九曲红梅茶产地的茶叶青叶收购价格增长了 70% 左右。如今“九曲红梅”茶的定位是中国传统名茶和中国高端红茶。2016 年还被做为 G20 杭州峰会的指定用茶，参与 G20 杭州峰会的服务保障工作。

杭州市西湖区农业局相关人员也表示，下一步，西湖区将筹备成立九曲红梅茶研究院，组建研究队伍，开展对九曲红梅茶研究工作；筹备成立九曲红梅茶产业协会，做好品牌保护与发展等工作。

（二）传承

在这一系列的转变中，我们不能忘记“万沐峰 1886”。这个继“新华书店”商标之后，第二家获得“浙江老字号”称号的本土成长企业。万峰茶业楼氏一家人对九曲红梅的坚守与传承，正是茶都九曲红梅茶乡的茶农与茶人的缩影。他们代表着这一方好山好水茶人的创新品质和实干精神，他们充满着对九曲红梅茶业灿烂前景的自信和憧憬，他们在对茶人使命的传承中完成蜕变，由茶农升级为九曲茶农产业的带头人。

这次我们调研过程中并未找寻到九曲红梅真正的传承人楼红盛和冯赞玉

老先生，但我们搜索到了相关资料。1993 年灵山茶场解散，“末任场长”九曲红梅第四代传人楼红盛选择了回到家乡，依然还是做他的红茶。而冯赞玉老先生是九曲红梅制作技艺的唯一传承人，他们以九曲红梅为生，世代传承制作手艺。

“以往，清明前最好的头茬都拿来做龙井了，品质最优的九曲红梅数量就大大减少了，这也降低了九曲红梅的品质。”尽管九曲红梅茶面临着种种危机，作为九曲红梅的传承人的，他们从未放弃过，当初为其炽热的心也始终如一，并且对未来充满期待。他们相信总有一天，九曲红梅会同西湖龙井一般，成为杭州又一张闪闪发光的金名片。

经过这一段时间的资料收集和实地调研，我们发现九曲红梅茶拥有悠久的历史，并且因其曲折的发展之路，而蕴含坚韧不拔的人文精神。茶文化与人文的结合，让九曲红梅茶的香气更浓郁。现在杭州政府十分重视九曲红梅茶的传承，双灵村的村民和传承人也为此想尽办法，且已颇有成效。虽然九曲红梅茶现有成就丰硕，但是他在普通百姓中的知名度仍旧不高，发扬九曲红梅茶仍旧是一条漫漫长路。但我们有理由相信，对茶艺的执着，对九曲红梅茶的热爱，一定会给茶都杭州和湖埠灵山带来更多的惊喜与辉煌！

土木工程 15（1）班：邓乔曦、何倩倩、王锦楠、杨茹瑛
应沛君、叶林彬、郑思敏、黄振涛
指导老师：周勇

守护跃动着的明珠
——余杭滚灯的传承

余杭滚灯源于浙江余杭翁梅一带，流传至今已有八百余年历史。最初是农民田间休闲时的娱乐、健身方式，而后渐渐成为节庆和灯会期间表演的具有强烈竞技特点的民间舞蹈。随着现代化的发展以及文艺多元化的影响，加之滚灯制作传人所剩无几，保护、传承余杭滚灯十分紧迫。2006 年，余杭滚灯经国务院批准列入第一批国家级非物质文化遗产名录。本文通过对余杭滚灯的调研，深入了解该传统文化的发展现状，探究其传承背后的故事与方法，总结经验、反思不足，为更好地传承余杭滚灯建言献策。

传统文化是一代代人民的智慧结晶，是活着的生命。十八大以来，党和国家领导人高度重视加强中国传统文化建设，作为当代大学生，我们更应该有文化传承的责任与担当。

是一个怎样的契机让濒临消失的滚灯文化再次出现在人们的视线中呢？基于此，我们小组展开了一系列的调研，通过深入了解该传统文化的发展现状，探究传承背后的故事与方法，总结余杭滚灯发展的经验与教训。也希望在这个过程中，发现传统文化建设的一般思路与方法，由特殊到普遍，为其他传统文化的发展总结出一定的成功经验。

一、实践方法与过程

本次社会实践，小组采用了网络搜索、问卷调查、现场访谈、语音采访等多种实践方式。

（一）网络搜索

小组成员通过资料的搜集及整理，对余杭滚灯的概念、发展现状、传承等进行了系统全面的了解，在此基础上展开调研。

（二）问卷调查

问卷采取线上、线下两种形式。

发放线上问卷50份，回收有效问卷40份，其中男女比例约为11：9，整体配置较为合理；抽样年龄10—20岁的占样本的55%，主要以大学生为主。考虑到大学生对余杭滚灯的了解度不高，在线上问卷开篇添加了一段滚灯简介，帮助大家完成问卷。问卷设计从传统文化保护的大框架下出发，内容主要包括“对滚灯文化的了解程度”“传统文化技艺保护的必要性”“接触传统文化的方式”等方面。

线下问卷主要在余杭区及其周边发放，调查对象为各个年龄层的不同群体。考虑到地域因素，问卷直接从余杭滚灯的保护、传承、弘扬角度出发，共发放问卷50份，成功收回46份，无效问卷1份，问卷回收率为92%，问卷有效率为90%。

（三）现场访谈

小组成员亲临余杭文化馆（余杭滚灯传承基地），对社会文化指导室主任朱丽君女士进行了访谈。作为余杭滚灯最早的挖掘者与传承者，朱主任对我们讲述了余杭滚灯一路走来的艰辛与辉煌，让我们受益匪浅。

（四）语音采访

小组电话联系了余杭区专业滚灯艺术队的贺队长，透过文艺工作者的角度，了解余杭滚灯这种舞台表演形式的发展历程及其传承现状。

二、余杭滚灯概述

（一）简介

余杭滚灯是一种融竞技、武术、舞蹈于一身的汉族民族舞蹈。它以竹片编成的大型圆球体为主要道具，在竹编的圆球体的中心悬挂一个竹编小球，小球中安放灯烛，舞动起来，灯光闪烁，滚滚向前形成一只滚动的灯。由于它最早起源于钱塘江北岸的余杭一带，便称为“余杭滚灯”。流传至今已有八百多年的历史，是节庆和灯会期间表演的具有强烈竞技特点的民间舞蹈。

庙会活动中，滚灯往往出现在民间艺术踩街队伍的最前面，因其上下左右翻滚，行人避让，能起到“鸣锣开道”的作用。它有九套二十七个表演动作，有独特的艺术构思和典型的地域特色，展示了中华民间舞蹈杰出的创造力，对探索古代民间舞蹈具有很高的研究价值。

余杭滚灯的基本动作有缠腰翻滚、金猴戏球、旭日东升、白鹤生蛋、鹞鸪冲天、蜘蛛吐丝等。表演时按一定程序进行，结尾必是“开荷花”。男子表演一般用一只黑心大滚灯，表演时，人换灯不换，并伴以锣鼓，晚上舞动，十分出彩。

2006 年 5 月 20 日，余杭滚灯经国务院批准列入第一批国家级非物质文化遗产名录。经几代民间艺人和文艺工作者的挖掘整理、加工提高，余杭滚灯逐渐形成了自己鲜明的时代风格，既有江南舞蹈的秀美俏丽，又有民间体育杂技的刚劲健美。

（二）余杭滚灯的重要亮相

1997 年在全国第六次万里边疆文化长廊建设现场会浙江“东海明珠”大型文艺晚会上荣获金奖；

1999 年 10 月 1 日，代表浙江省参加了首都庆祝建国五十周年盛大联欢晚会，先后三度在中央电视台第一套节目中展示风采；

2000 年荣获全国第十届“群星奖”优秀奖，同年余杭被命名为浙江省民间艺术（滚灯）之乡；

2001 年 5 月，参加中央电视台（一套）“东西南北中”栏目的演出；

2001 年 10 月，参加美国、比利时民间文艺演出；

2008 年，在北京奥运会开幕式进行了 3 分钟的表演；

2010 年，参加了世博会浙江周的演出；

2010 年，余杭滚灯在新西兰元宵节灯会上首次登台亮相；

2015 年 12 月 10 日，录制 2016 浙江省非物质文化遗产电视春节晚会开场舞；

2016 年，余杭滚灯艺术团受邀参加在以色列古城迦特市举办的第三十一届国际 maataf 民俗艺术节开幕式。闭幕式上，余杭滚灯艺术团被以色列国际民俗艺术节董事会主席 Mr. Avigdor Kahaloni 授予“卓越奖”荣誉称号。

（三）余杭滚灯传承现状

在政府的大力支持和组织下，有十四个镇乡建立了滚灯队，艺术表演骨干达 400 余人，滚灯艺术队伍壮大，发展情况良好。然而，随着现代化的发展以及文艺多元化的影响，传统庙会大多消失，滚灯活动的表演机会减少，依旧有濒临失传的危险。加之滚灯制作工艺传人已所剩无几，抢救、保护余杭滚灯仍十分紧迫。

三、调查情况与分析

（一）问卷情况及分析

1. 对滚灯文化的了解程度

通过问卷调查，我们可以看出，看过滚灯文化资料或者节目的人仅仅占据调查人数的 20% 左右，大多数人并没有了解过滚灯这一兴盛于余杭的传统文化技艺。听说过滚灯文化的 20% 的人群中，深入了解过滚灯文化的不足 10 人。

这些数据向我们暴露了传统文化传播的局限性以及如今传统文化发扬的困境，即并不为大多数人所知悉。这与余杭滚灯取得的各项荣誉形成了鲜明的对比。一种传统文化在高角度，比如政府层面、国家层面得到了好的发展固然可喜，但是人民群众才是文化根本的基础所在。因此，想要全面地弘扬传统文化，还应加大对基层人民的普及和宣传。

2. 对滚灯文化的兴趣度

在调查中，我们发现55%的人愿意了解滚灯文化，但同样的有40%的人抱着无所谓的心态对待这一传统文化。

这个结果还是让人比较遗憾的。我们分析，由于问卷的对象主要是大学生，而大学生平时接触更多的是新鲜事物，对于传统文化的兴趣度比较低也是正常现象。再者，与调查客体也可能有关系，我们所选择的余杭滚灯，虽然取得了一系列荣誉，但是在民众中的普及度还是很低的。但是，大学生对传统文化可有可无的心态应该被批评，也值得我们的反思。

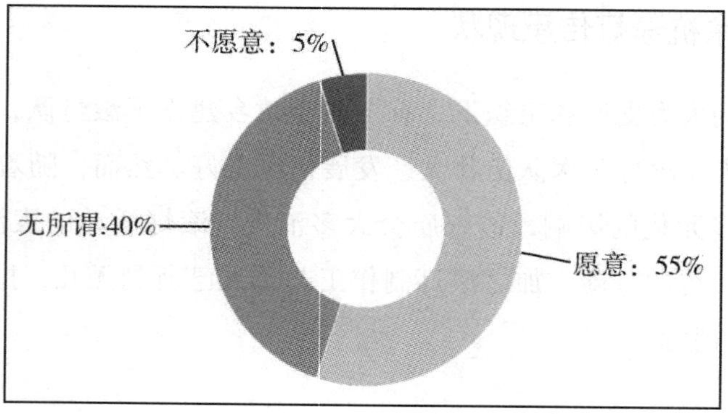

图1　了解滚灯文化的愿意程度

3. 民众对余杭滚灯的态度

关于是否有必要保护滚灯这种比较少见的传统文化的调查中，92.5%的对象都认为保护这种技艺是十分有必要性的；关于滚灯对当下中国的作用，样本半数以上的人认为它十分重要，应该发扬；但是同样的，35%的人认为其并没有存在的必要，甚至是与现代生活格格不入的。

在接触类似滚灯这种传统文化时，约72.5%的人更愿意与文化面对面，近距离接触传统的滚灯技艺。这也要求我们，在普及此类文化时一定要改变传统方式，创造使更多人喜闻乐见的传播手段。

在保护滚灯的调查中，我们也能直观地看到很多人支持用新型手段，诸如新媒体等线上手段来进行传统文化的发扬。对传统文化进行新时代的包装，使其适应时代发展潮流，顺应新兴的发展趋势，已经是绝大多数人潜移默化的观点。而借助新兴手段，更好地传承、发扬并最终服务于广大人民群众则是我们要思考的另外一个重要问题。

4. 传统文化相关问题

我们同样也调查了由余杭滚灯延伸开来的传统文化问题。通过调查，可以发现，大部分人将传统文化逐渐没落的结果归结于了解途径少和传统文化难以跟上潮流两个方面。这也提醒我们要加大传统文化的宣传力度，创新传统文化发展模式，使得传统文化在保持自身特色的同时符合时代的号召与期许。

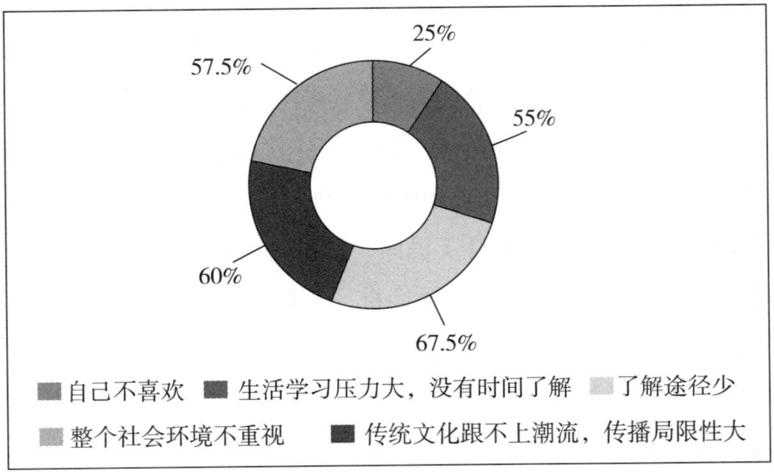

图 2　不了解传统文化的原因

（二）访谈及采访总结

1. 朱丽君主任视角

小组亲临余杭文化馆（余杭滚灯传承基地）实地采访了余杭区文化馆工作人员朱丽君。作为第一批参与滚灯保护与宣传的人员，她很热情地为我们进行了相关问题的解答。谈到对余杭滚灯的保护与发扬，她显得很开心。

她说自己参与余杭滚灯的发掘与保护已有将近二十年了，这二十年余杭滚灯也在不断发展，成为余杭的一张金名片。作为一项古老的体育竞技项目，文化工作者们通过改良滚灯的制作工艺，将体育竞技项目与广场舞相结合，逐渐在余杭区及其周边地区将滚灯推广开来。

谈到滚灯如今的成就，她感慨颇多。滚灯之所以会出现如今一片蓬勃的发展局面，首先离不开的就是老一辈的文化传承人。他们挖掘传统文化并耗费大量的心血进行滚灯的传承与发扬，几代人的心血才成就了余杭滚灯的盛世。如今的余杭滚灯经过改造已经发展出男女混合滚灯、女子滚灯、男子滚灯、少儿滚灯等多种形式，并且在余杭区的部分学校里以课程的形式开展。

其次，国家的重视，政府的鼓励，文化工作者的辛勤付出，是滚灯等多种古老文化重新绽放生机的重要前提。她介绍，如今大放异彩的余杭滚灯，仅在新中国成立之前有过一些活动，是文化工作者们深入群众了解情况，并在1963年的春节举办了一次民间文艺的宣传活动才被大众熟知。也是基于此，一系列传统文化被挖掘出来，余杭滚灯是其中比较成功的一个案例。

再者，创新是一切文化发展的源泉。如今的余杭区文化馆鼓励创新、支持创新，并将滚灯放入创新的重点。每三年一次的滚灯邀请赛、每年一次的“文化走亲”活动，都是宣传和创新的好时机。

更重要的是，传统文化来自于民间，滚灯进入广场舞其实就是让更多人知道滚灯、认同滚灯，也清楚地告诉余杭区的居民，滚灯是“家里”的东西，滚灯是我们的文化，我们应该为此自豪。不管是出访国外，还是登上国内舞台，滚灯始终将这种“家文化”放在核心。

2. 滚灯队长视角

余杭区有专门的滚灯艺术团，是唯一一支也是专业化程度最高的一支。小组成员有幸与滚灯表演队贺队长取得了联系，就余杭滚灯的传承过程进行了线上采访。

在访谈中，反复被提及文化传承需要载体。余杭滚灯主要是通过艺术团进行舞台表演，从而推广及传承。为了将该种表演形式更好地深入民心，余杭文化馆积极开创文化下乡活动，进行宣传演出、开创基层辅导班，每年针对性地进行辅导、排练就达上千余次。

通过采访，给小组印象最深的就是文化传承不是靠说，更不是靠看就能进行的。一定要将传承理念渗透到扎实的实践中，通过各种形式的实干，真正将传承融入生活中去。

四、余杭滚灯传承经验与不足

总体来说，通过余杭文化工作者的不断努力，余杭滚灯近年来的发展情况还是可观的，尤其是在国际舞台上大放异彩。这也为其他传统文化的传承提供了许多宝贵的经验。然而，在全国范围来看，余杭滚灯具有较强的地域性，国内还未有全面的普及度。

（一）余杭滚灯传承经验

1. 重视度

余杭滚灯之所以能够被挖掘，在于余杭区文化工作者的先决发掘与保护。因为每一种传统文化都有其生成的特定历史背景，在时代发展中，很多优秀的传统文化会被追求利益的社会所遗忘。因此，政府的重视是传统文化得以被继承的重要前提，能够提供一定的经济基础、技术手段、人力资源。文化工作者的付出有了保障，能在一定程度上激发传承的热情度。

2. 源于民、传于民

传统文化发源于民间，也应该传承与回归民间。只有真正让大家一起参与，运用在生活实践的文化才不是空架子。就像余杭滚灯通过文化下乡等活动，将滚灯带入民间，让其真正融入百姓生活。因为真正的传承者，不是政府，也不是文化工作者，而是人民大众。

3. 创新文化发展形式

就余杭滚灯而言，最初作为民间竞技体育的滚灯体积大、质量重，不要说表演，提起来都十分费力。为了更好地进行传承，在滚灯这一载体上不断进行修改和创新，使其更符合现代人的需求。在表现形式上有舞台表演、广场舞、课堂课程等；在宣传手段上，有滚灯邀请赛、文化“走亲”，这些丰富多样的形式都在不断提高余杭文化的知名度。

4. 探究文化背后的人文情怀

人们对圆始终有着特殊的情感，比如花好月圆、团团圆圆等，圆象征着幸福与美满。余杭滚灯正是抓住了人民对美好的追求，将这种家文化放在核心。每次出国表演，在外的华侨看见圆润的中国红都会油然而生一种亲切感。当文化承载着情感，人们的认可度与留恋度都会急剧增加，这也有利于传统文化的进一步发展与弘扬。

（二）余杭滚灯发展不足

在国际社会，或者在中国非遗文化层面，余杭滚灯可谓是一颗耀眼的新星。但是通过我们的调研发现，除了余杭区及其附近的人们对余杭滚灯感触颇深，其他地方的人对其并没有太大的了解，甚至很多人没有听说过余杭滚灯。

当然，这种明显带有地域特色的文化，仅在该地耳熟能详并不奇怪，但是从文化发展的宏观角度讲，尤其是在国外深受欢迎的前提下，国人却不了解，着实让人感到遗憾。

为此我们建议，余杭滚灯可以组织更多形式的跨省文化交流，将地域性特色带入其他省份；同时，可以采用艺术进校园的形式，将滚灯艺术带入高校，让更多学生了解到滚灯文化。

五、总结

传统文化是一个国家的根基，是一个国家的灵魂。虽然我们所调研的仅仅是滚灯文化，但反映的却不仅仅是滚灯，是代表所有的传统文化在逆境中求发展，在困难中勇创新。希望我们的传统文化能被更多人重视，更多人期待，同时拥有更加璀璨的未来。作为当代大学生，我们有责任更有义务，接过前人传递的接力棒，将民族瑰宝珍视与弘扬！

15 法学 3 班：徐佳蓉、童林、郓静静　15 机制 3 班：曹星江
15 电子 2 班：王海波　15 公共管理 1 班：田博远
指导教师：周勇

04 青年学生学习生活调研

便利消费与资源浪费
——关于当代社会打包与外卖现象的有关调查

随着生活节奏的加快，打包与外卖现象在我们的日常生活中更加普遍，给我们带来了极大的便利，但是这看似小小的打包盒与外卖盒所产生的资源浪费问题却不容小觑。如何减少不必要的资源浪费，是否该“一刀切”，废除外卖这个问题也让我们深思。类似“限塑令”这样的政策是否真的有用呢?便利消费与资源浪费，如何在两者间寻求一个平衡的支点，已经成为一个不可忽视的社会问题。

一、现状调查与数据分析

每到饭点，食堂里面避免不了排起长长地队伍，但在排队打菜的时候，我们会注意到阿姨总会习惯性地先问你打包还是在食堂吃。我们也不难发现不少同学选择打包带走。这一看似小小的举动，不知各位是否曾注意过呢?同样，让我们把目光再聚集到生活区门口，还没有到饭点，就会有不少电瓶车载着学生们点的外卖从四面八方赶来，等待同学们取走这些外卖。不论是打包盒还是外卖盒，这些便利的设计，在我们的日常生活着实提高了我们的效率，便利了我们的生活。但是各位在选择便利消费的时候，不知道各位是否注意到过这些看似细微的打包盒与外卖盒，实际上也是一种无形的资源浪费呢?打包与外卖，这些看似便利的消费设计，实则“暗藏杀机”。

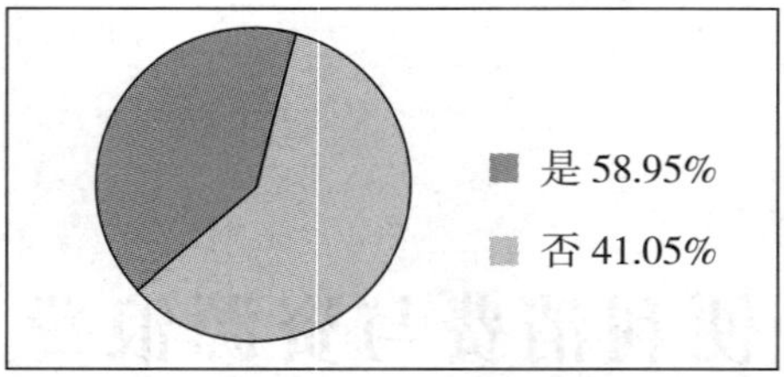

图1　您是否经常打包或者点外卖

针对此现象，我们小组展开了关于“便利消费与资源浪费”的主题社会实践调查，主要针对打包盒与外卖盒等便利消费品造成的资源浪费进行了调查。我们小组通过线上与线下两种途径分发问卷共287份，其中线下纸质问卷80份，线上电子问卷207份，回收率为100%，有效率为100%。参与问卷调查者有浙江传媒学院、杭州电子科技大学等下沙区各高校以及一些已从事工作的人群。

通过此调查，我们小组发现不论是在读大学生还是工作的白领阶层，经常打包或者点外卖的人群比重达到近59%，居一半以上，其中选择打包或者外卖的原因多为节省时间打包带走或者单纯没有原因地想打包带走，占到此次实践调查的60%以上。在这个数据背后，我们可以发现打包与外卖现象在大学生，工作人群中尤为显著，值得引起大家的关注。

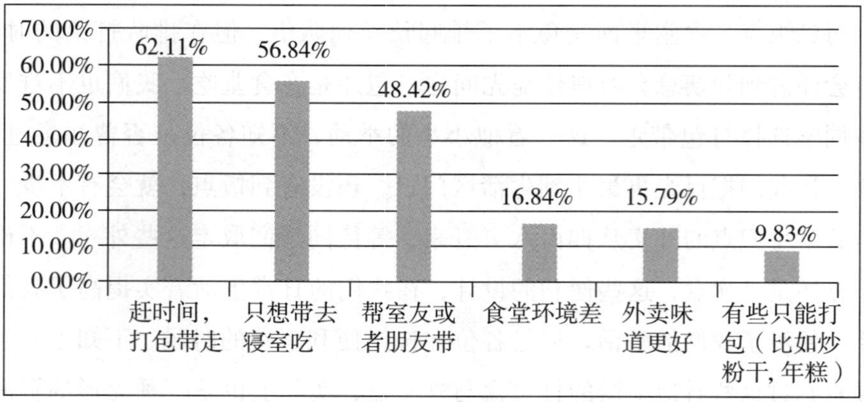

图2　您为什么选择打包或外卖

同时，当我们小组深究调查，有64%的人认为打包盒与外卖盒的使用算作是一种资源浪费行为，并且也知道打包与外卖会造成的不如影响，比如产生垃圾堆放，产生异常气味等。通过对这个问题的调查以及数据背后的剖析，我们发现群众对于打包盒与快餐盒所造成的资源浪费是具有一定意识的，并且这种对于珍惜资源的意识不断提高源于多方面的因素，例如政府的宣传以及网络上面的传播。考虑到打包盒与外卖盒所造成的资源浪费问题，也鉴于其他国家在这方面后期回收处理效率较高，我们小组也决定继续深究，进行一个分类对比，探讨打包盒与外卖盒在我国的“命运”。通过我们问卷中的问题，我们小组发现，有 26% 的受访人群表示不会再次利用打包盒与外卖盒。相比之下，据网上资料调查显示，日本曾推出过较为精致的打包盒，并以此吸引消费者保留并进行再次利用，以减少资源浪费率。于是我们小组再次进行类比，询问了是否有了解国外有关于打包盒与外卖盒政策回收利用相关政策的人群比重，73% 的受访人群对国外的政策并没有了解，仅有少数的人稍微知道国外对于打包盒与外卖盒的相关政策。当问及我国是否应当制定类似于塑料瓶回收之类的政策时，大部分同学表示赞同，高达 91% 的同学认为应当制定相关政策来提高这些便利消费品的利用率，以提高资源的利用率，减少资源浪费。

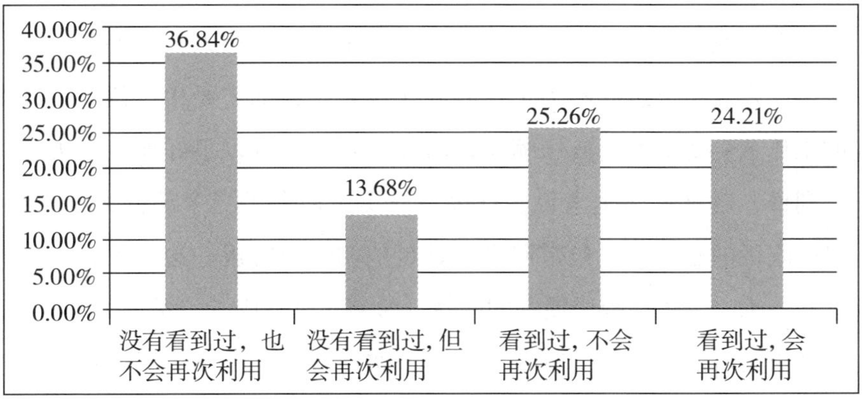

图 3　您是否看到过比较精致的外卖盒并再次利用过

与此同时，我们在理工一区桂花园食堂随机采访了几位打包的同学，询问他们关于便利消费与资源浪费的看法。一位刘姓同学在接受采访时表示，自己打包带走只是为了回去寝室用餐，并没有特别紧急的原因。当问及是否考虑过打包回寝室产生的不良影响，例如垃圾堆放产生恶臭等时，他表示之前并没有考虑到，而是只想到自己的便捷，而关于打包盒的资源浪费问题，该同学表示此前并未有想到自己暂时的便利之举会产生这样的结果。

我们也在浙江理工大学生活区11号楼楼下询问了几位来取外卖的同学。多数同学均表示只是因为懒得出门所以选择叫外卖，或者外面下大雨所以不方便出去就餐。同时在他们的描述中我们也了解到，当前我们的打包情况有所好转，就如同限塑令一般，如今，许多店铺也推出了打包盒收费等条款。在一定程度上能够起到限制打包盒与外卖盒的使用，并且这些收费能更好地用来生产可回收利用的打包盒，减少资源浪费率。

二、外卖现象产生的原因

现如今，我们随处可见飞驰而过的外卖车辆，也常常能见到同学们手拿打包盒走进宿舍。打包外卖热潮兴起，甚至成为常态，我们小组经过讨论研究，以及实践调查，发现打包与外卖的热潮兴起，主要有以下几点原因。

（一）消费便利

通过调查我们发现，外卖的主要用户集中为这几类人群：上班族、上课族、宅男、宅女。上班族因为工作时间比较紧张，都需要在单位吃饭，然而快速的工作节奏要求上班族压缩吃饭时间，叫外卖可以很好地节省去餐厅的时间。同样，对于大学生来说，打包与外卖正迎合了当今部分大学生懒惰、不愿出门吃饭的心理，打包带回更能满足他们一边吃饭一边学习、娱乐的需求。这样一来，为生活提供便利的网络订餐方式自然成了“懒人们”的最爱。而对于宅男宅女而言，外卖打包都使用一次性餐具，在享受多样化食品的同时还减去了打扫清理餐具的麻烦。

（二）商家的经营策略

当我们打开口碑外卖、饿了吗、美团外卖等订购软件，我们会发现许多商家都有“满15减7”“满20减10元”“首单立减”“满赠饮料”等不同程度的优惠活动。花更少的钱，足不出户就能吃到更多样的食品，这对消费者来说无疑是一个巨大的诱惑。

（三）自主选择就餐环境

在调查报告中，我们发现许多同学选择打包带回仅仅是因为不喜欢食堂嘈杂的就餐环境，外卖则使我们的就餐环境更加灵活与多样化。

（四）电子商务以及互联网的飞速发展

电子商务在近几年的时间里迎来发展的黄金阶段。人们消费观念转变，上网购物对大学生来讲已经不是一件稀奇事，并且对于网上订餐大学生也是较为积极的一分子，基于这种消费习惯，外卖能够很好地符合大学生网上订餐消费需求。同时，“口碑外卖”“饿了么”等一系列外卖 APP 的出现，更壮大了外卖市场。他们将市场定位于上班族、大学生，满足他们对快捷性与便利性的需求，结合低价策略、商家联合等经营策略来吸引消费者。

外卖业务顺应潮流发展，不仅见证了新兴科技的成长，满足了广大人民的需要，为消费者提供方便，促使生活节奏加快，跟上时代的步伐，对于低收入的消费者而言，还可以节约一定的资金。

三、不良影响

然而，利弊本是同根生，人们在享受快捷服务的同时也存在一些不可避免的矛盾。那么，外卖行业的发展又造成了哪些不良影响呢?

（一）食品安全问题

就在今年央视的 315 晚会上，外卖品牌“饿了么”被曝光多家黑心商铺，在“饿了么”网站上，餐馆的照片看着干净正规、光鲜亮丽，但实际却是油污横流、不堪入目。“饿了么”平台引导商家虚构地址、上传虚假实体照片，甚至默认无照经营的黑作坊入驻的行为引起舆论哗然。人们也开始质疑外卖的安全问题，民以食为天，“吃得健康”也当然应该排在“吃的方便”前面。

除了食物的来源会危害健康，我们所钟爱的外卖盒与打包盒可能也会致命。虽然随着科技的不断进步，近年市场上的一次性快餐盒已由泡沫饭盒转向环保饭盒，原来的泡沫饭盒由于不耐高温，且制作过程对环境造成破坏而淘汰，取而代之的有塑料饭盒、纸制饭盒、木制饭盒、可降解饭盒等。但由于纸质餐盒需要耗费大量木材，同时也会造成水污染；木制餐盒制作复杂成本偏高，降解餐盒降解周期偏长，在市面上最为常见的还是塑料餐盒。然而，合格的一次性塑料饭盒中聚丙烯含量占70%以上，其余为填充剂，但一些厂家在产品中添加的碳酸钙、滑石粉、石蜡等填充料超过50%，这些物质遇热后与食物中的水、醋、油发生化学反应生成碳酸钙，人一旦长期摄入超标的碳酸钙，就会出现消化不良、胆结石、肝系统病变，甚至致癌，对人的身体非常有害。

（二）资源浪费现象

通过调查我们发现，打包盒主要为塑料盒和纸盒，用完打包盒后回收的同学非常少。每天我们也都能在宿舍门口的垃圾桶旁看到堆成小山的一次性餐盒。其实，人们在司空见惯地享受一次性餐具便利的同时，自然环境被一次次地消耗，造成了巨大的资源浪费。据有关资料显示，我国每年消耗一次性筷子450亿双，需要砍伐2500万棵大树，减少森林面积200万平方米。我国每年使用的一次性餐盒超过120亿个，发泡塑料餐盒在生产过程中使用的发泡剂会破坏大气臭氧层。

同样的，根据美团外卖、饿了么、百度外卖等公布的官方数据，这三家外卖平台的日订单量在700万单左右，据此可以粗略算一笔账，先不考虑其外卖盒，就单单按照每单外卖使用1个塑料袋，每个塑料袋0.06平方米计算，每天由外卖与打包使用所产生的塑料袋可覆盖42万平方米，大约相当于59个足球场，大约15天即可覆盖一个西湖。

四、经验与反思

通过查阅相关资料，小组发现我们国家确实颁布了类似相关政策——“限塑令”：“从2008年6月1日起，在全国范围内禁止生产、销售、使用厚度小于0.025毫米的塑料购物袋。在所有超市、商场、集贸市场等商品零售场所实行塑料购物袋有偿使用制度，一律不得免费提供塑料购物袋。”但是，“限塑令”主要针对的是超市用的塑料袋，与外卖用的塑料餐盒，塑料袋有所区别，并且也只是使用了有偿的方式，这两毛、三毛钱引发的效果存在却并不那么明显。但是叫一次外卖，就会有一到两层的塑料袋，两到三个塑料餐盒，还有一次性筷子、塑料汤匙、塑料汤杯等，这一系列的产品都造成资源浪费。在我们国家，虽然这些材料本身确实具有回收价值，但因为回收价格不高，同时，作为外卖餐具使用后，已经基本无法进入回收链条，因此，我们更多的就是把它们当作普通垃圾来处理以降低成本。

然而，我们通过网络查询，发现其他国家对待打包盒、外卖盒等一次性物品的措施值得我们借鉴学习。据了解，在美国，自带购物袋可以抵税；在英国，采用奖励积分的方式激发市民的环保热情；韩国采用以旧换新的方式减少塑料袋处理不当的问题。这其中，日本采取了最为独特的措施，据资料显示，日本有一家名叫玉子屋外卖大咖，仅在东京地区每天就能卖出13万份盒饭，并统一价格——430日元（约为人民币25元）。他们每天都会在用户用完餐后派人过来统一回收餐盒，并返还给用户一定补贴。回收后的餐盒会通过自动消毒机进行统一清洗消毒，可以重复使用，有效消除了白色污染，减少了资源浪费。这一点就值得我们国内的外卖商家借鉴学习。虽然这必定需要耗费较高的成本，但是从长远来看、从环保意识来看，这样的付出确实是值得的，并且这样的回收利用是买卖双方都乐意接受并喜闻乐见的。试问，如果我们的外卖盒、包装盒是非常美观的，并且是木质或者其他环保材料制品，我们是否愿意为了这样的包装盒多拿出一些钱？或者愿意清洗外卖盒、打包盒进行再次利用。我们认为还是会有许多人愿意的，毕竟外卖时，高温食物放在塑料盒中其实对人体的健康是非常有害的，用木质美观餐盒代替塑料便携式餐盒也不失为一种有效的方法。

“限塑令”已经发布九年了，在一定程度上减少了塑料制品的使用量，但减少的数量毕竟是杯水车薪。和那些发达国家较为成熟的回收制度、环保政策相比，在如何真正提高市民的环保意识、如何激发市民的环保热情、如何在具体举措上真正减少塑料的使用达到环保的效果这些方面上的问题的解决，对于我们国家来说是非常迫切与必要的。

五、措施

既然外卖打包造成的资源浪费这么不讨喜，公众心中必然会出现“取消外卖”的想法——通过强制自带工作餐或就近就餐，来消除外卖带来的环境压力。但这种方法真的可行吗?

但是，外卖与节约资源真的是水火不容吗?发达国家在针对包装袋或外卖盒等便捷包装类资源浪费的处理上有成功的先例，这就说明我们需要的是变革而不是废弃。马云曾在一次讲演中说：“消费就是物料的消耗乃至浪费，这是经济和就业扩张本性所致。”我们要知道，市场和道德没有清晰边界。市场本身就是一种驱动力，需求会导致污染，但它同时也说明，绿色需求同样可以被市场接纳。言外之意，便利消费所带来的资源浪费也可以通过市场的调适实现。所以，解决外卖造成的资源浪费，不是“解决”外卖，相反，是要使外卖这一产业升级。就像我们熟知的那句话：“发展中出现的问题只能在发展中解决”，不能因为外卖出现了资源浪费这一消极影响，我们就必须通过消灭外卖一劳永逸。更何况，阻止了外卖，真就挽救得了环境，真的能够减少我们的资源浪费吗?只要有便捷的餐饮需求在，“一次性”就是个固执卖点。

因此，我们小组经过讨论，认为外卖与打包没有被连根拔掉的必要，而是着眼点于“可降解”实现材料再造，或者对营销模式二次创新，比如像韩国实行的“以旧换新”那样。我们要相信，当“绿色餐饮”成为一个外卖商户的品牌追求时，那也就意味着外卖包装的浪费完全可以通过市场自发解决，尤其在万众创新的信息化时代，互联网既然能让吃饭成为“弹指之间”的事情，它的创新气质同样可以引导一次绿色主题的餐饮业革命。总之，外卖所承担的环境责任，固然有法律或道德的规约，但它更应通过市场激励实现，因为这更具有内生性，更符合经济理性，也更容易实现利益最大化。

具体的方法：例如外卖商家统一采用可回收、可循环的包装材料。同样的，外卖平台可以提供一些选择项，比如是否自备筷子，袋子是否可以回收等。借鉴上面所提到的日本玉子屋外卖的做法，通过重复使用，有效减少资源浪费。

目前国家正在准备修改早已出台的《循环经济促进法》。政府可以从法律上对外卖所使用的材料做出减量化、约束性规定，可以运用经济手段让消费者做出选择。要减少使用一次性餐盒，大力推广使用能够回收利用的透明环保餐盒。同时，“十三五”规划纲要已经明确提出，将限制一次性用品使用，健全再生资源回收利用网络，加强生活垃圾分类回收与再生资源回收的衔接。专家呼吁国家应尽快出台一次性发泡餐具的生产标准，把它作为一项国家控制的环保产业来实施。这要求政府指定企业生产、指定企业回收，准入门槛要高、政府监管要严。但严管生产环节只能提高其安全性，必须最大限度地做到使用后能回收利用。一次性餐盒回收难度大，企业利润少，政府如果能够增加一些费用，就可以引导和鼓励餐具制造企业创新并加大对环保型餐具的生产，为二次使用、回收利用或是掩埋分解提供更多可能性，也可以迫使消费者选择可以重复利用的餐具盒。

除此之外，政府部门要加大绿色发展理念和建设两型社会的宣传，引导消费者强化自身的环保意识，在叫外卖时，减少对一次性筷子的使用，增强全民的参与意识和责任意识，树立全民的生态文明观、道德观、价值观，帮助消费者真正地认识到外卖与环境保护的密切联系性并切实做出努力。

如何减少外卖垃圾，如何在享受外卖便利的同时降低环境污染，这是亟待引起全社会关注的问题。在外卖产业已经如此庞大，并深深嵌入社会经济发展中的今天，若想真的做出改变，就应当外卖平台、商家、消费者乃至全社会共同努力。

六、总结

通过此次社会实践，我们小组对日常生活中习以为常的打包盒与外卖盒所产生的资源浪费现象进行了深度的挖掘与剖析，并提出了个人的建议。同时我们也摒弃以前的观念，真正地意识到环境问题与资源浪费确确实实的存在于我们的生活之中。此后，我们小组成员将通过自身的行动，去宣传、号召其他同学减少打包与外卖现象，减少不必要的资源浪费，并且关注国家最新的循环经济政策，共同打造绿色的明天！

【附录】

便利消费与资源浪费问卷调查

十分感激您在百忙之中抽空填写我们的问卷，这份问卷不会泄露您的任何个人信息，还请放心。我们希望通过您的生活习惯等来探究以打包外卖为主的便利消费造成的资源浪费现象：

1. 您属于以下那类人群？［单选题］［必答题］

○大一　○大二　○大三　○大四　○研究生　○工作

2. 您是否经常在食堂打包或者点外卖？［单选题］［必答题］

○是　○否

3. 您所见过的打包盒多为什么材质？［单选题］［必答题］

○塑料　○纸质　○两者都经常看到

4. 您会偏爱使用塑料盒还是纸质盒？［单选题］［必答题］

○塑料盒　○纸质盒　○无所谓，能用就好

5. 您是否考虑过在宿舍用餐带来的不良影响？［多选题］［必答题］

□会产生奇怪的味道　□对室友造成食物诱惑被打

□产生寝室垃圾堆放

6. 您觉得打包与外卖算是一种浪费资源的行为吗？［单选题］［必答题］

○不算　○算

7. 您为什么选择打包与外卖而非在食堂就餐呢？［多选题］［必答题］

□赶时间，打包带走　□只是想带去寝室吃

□帮室友或者朋友带　□食堂环境差

□外卖味道更好　□有些只能打包（比如炒粉干，年糕）

8. 您是否看到过比较精致的外卖盒并再次利用过？［单选题］［必答题］

○没有看到过　○没有看到过，但会再次利用

○看到过，不会再次利用　○看到过，会再次利用

9. 您是否了解过一些国家的外卖盒的政策吗？［单选题］［必答题］

○没有了解　○知道一点　○比较关注

10. 您觉得我们国家是否应该制定相关政策回收利用外卖盒与打包盒？提示：类似于塑料瓶回收［单选题］［必答题］

○应该制定　○没必要

15 英语一班：陈文彬、郭海苑、蔡国栋、王嘉言

指导教师：荆钰婷

大学生消费情况调查与分析

根据实践课的相关要求对于大学生消费情况展开了调查与分析，明确实践课主题背景目的后分线上线下两条线搜集样本，线上面向各所高校，统计后展开总体情况以及问题分析；线下向主要面对浙江理工大学和浙江传媒学院在校生，着重对比分析。同时，结合专业知识对具体的问题展开了进一步的剖析。

一、调查背景

在当今的社会，大学生群体日益壮大，逐渐成为一股不可忽视的社会力量。随着社会经济的快速发展，大学生作为一个特殊的消费群体也越来越受到关注。由于这一群体普遍年龄较轻，社会经验不足，但又处在大学这样一个自由与管制并存的特殊阶段，他们有着不同于其他社会阶层的消费心理与行为。一方面，他们尚未获得经济的独立，家庭是其主要的经济来源，在消费上受到很大制约，而另一方面，由于其所处的年龄段和远离父母的这样一种生活环境，他们又有着极其旺盛的消费欲望。在这样的矛盾之下，许多大学生都出现了消费问题。大学生消费观念的塑造会直接影响他们世界观的形成与发展，从而对他们的一生产生影响。因此，关注大学生消费情况，分析大学生消费心理的形成就成为当下社会一个严峻的课题。

二、调查目的与方式

1. 通过调查大学生的日常消费情况，以发掘当代大学生群体中所存在的消费问题，并通过分析问题提出合理化建议，对社会问题做出一点贡献。

2. 在调查周围大学生消费情况的同时，有利于我们小组成员反省自身存在的消费陋习，并及时改正，从而树立良好的消费观念和习惯。

采用网上问卷与纸质问卷相结合的形式调查，其中以网上问卷为主，纸质问卷回答为辅。

三、调查对象与样本分布设计原因

本次调查的研究对象是以浙江理工学以及浙江传媒学院两所高校为主的在校生。我们的问卷来源分为线上和线下两部分。其中线上的问卷在网络上发布，线上问卷共发放60份，有效问卷60份。线下问卷共40份，其中理工大有效问卷15份，传媒有效问卷19份。本次调查共收回100份问卷，有效问卷94份。

基本情况如下表：

线上调查基本情况			
	男	女	总计
大一	14	24	38
大二	3	4	7
大三	2	5	7
大四	2	3	5
研究生	1	2	3
总计	22	38	60

线下浙江理工学调查基本情况			
大一	1	0	1
大二	1	2	3
大三	2	1	3
大四	1	2	3
研究生	3	2	5
总计	8	7	15
线下浙江传媒学院调查基本情况			
大一	6	9	15
大二	2	1	3
大三	0	1	1
大四	1	0	1
研究生	0	0	0
总计	10	10	20

四、调查结果

1. 父母给生活费的时间。

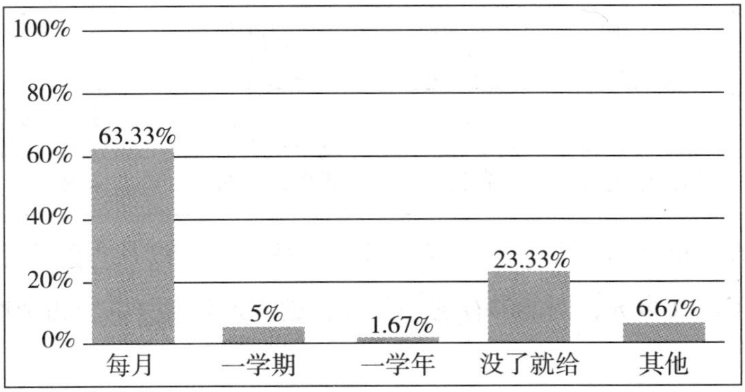

从调查结果可知，当下大学生以每月得到生活费为主。

2. 生活费来源。

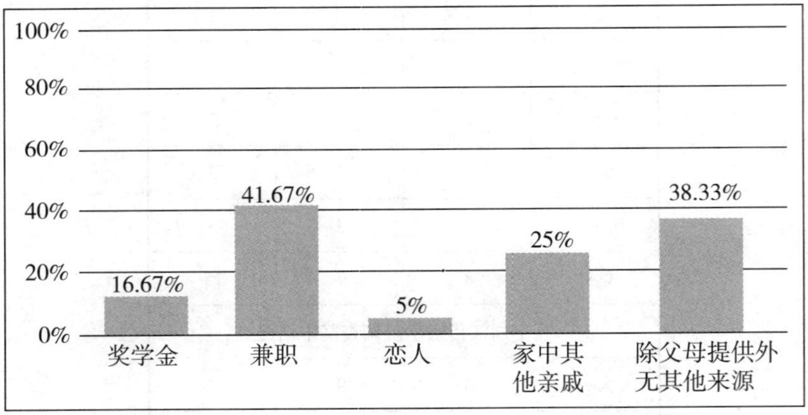

从调查结果可知，兼职是除父母供给生活费外，当下大学生的一个重要经济来源，当然奖学金也有一定的比重。

3. 拿到生活费后的安排。

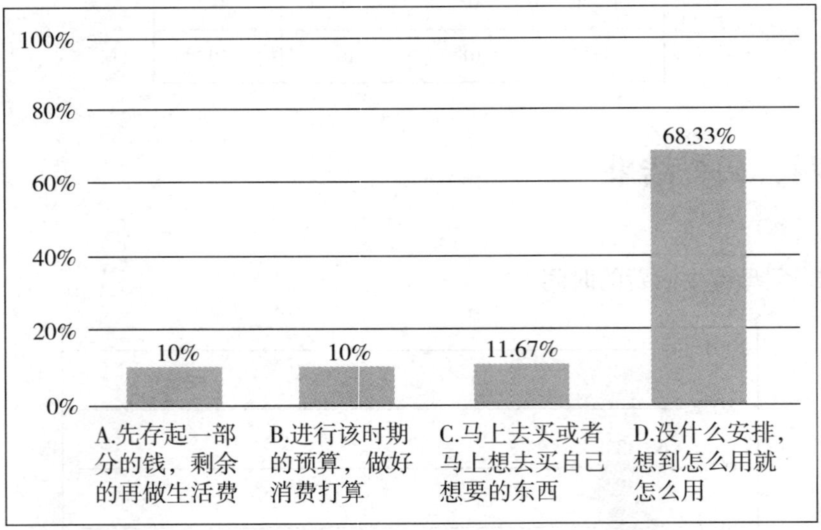

从调查结果可知，大学生拿到生活费后马上去买以及想怎么用就怎么用的人数占了绝大多数，而能够存起一部分，进行预算的一共只占 20%。

4. 对生活费的态度。

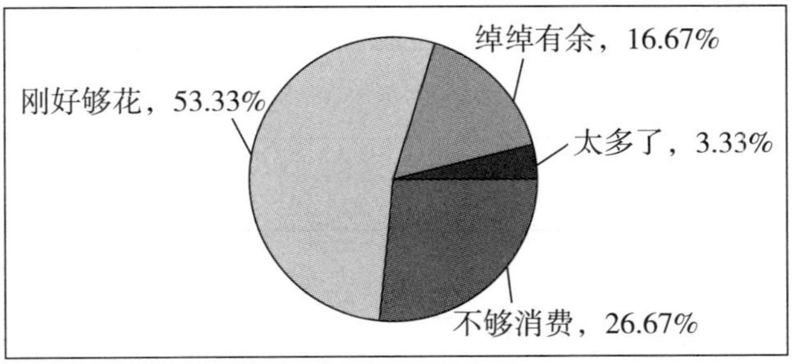

从调查结果可知，觉得生活费刚好够花的人数占一半以上，而觉得不够消费的占26.67%，觉得绰绰有余，太多了则占3.33%。

5. 生活费最主要用途。

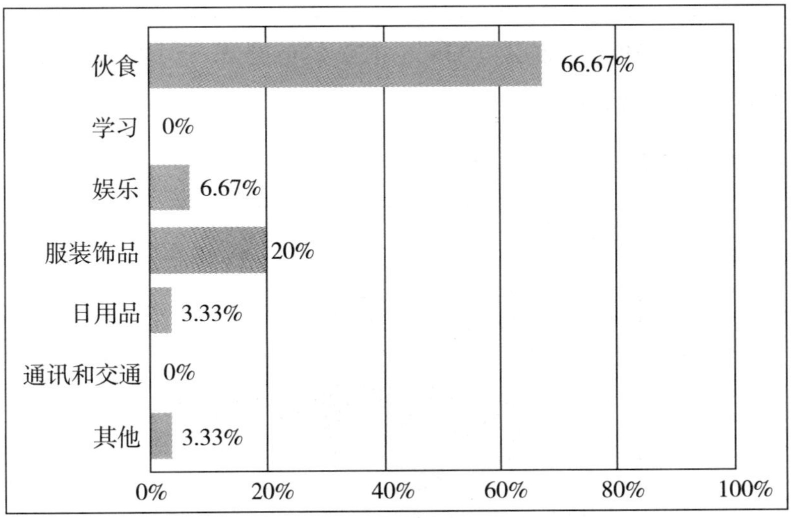

从调查结果可知，伙食依然是当下大学生生活费的最主要用途。

6. 花钱的原则。

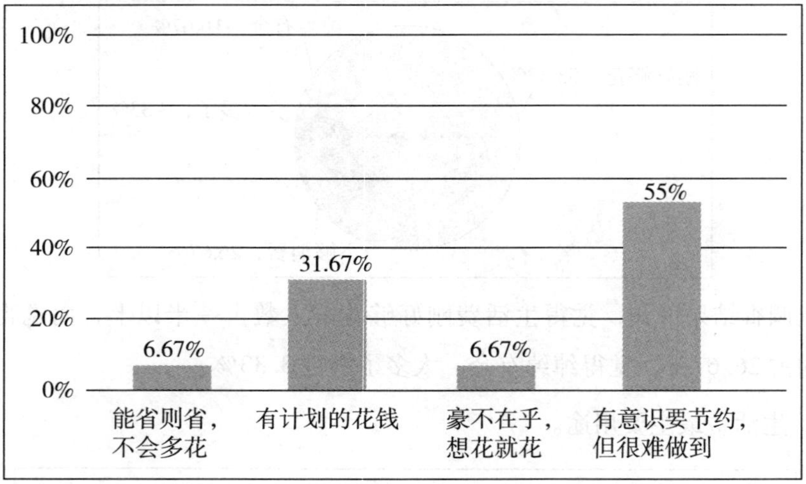

从调查结果可知，半数以上的同学有节约的意识，但表示很难做到，有计划地花钱只占31.67%。

7. 觉得自己的安排是否合理。

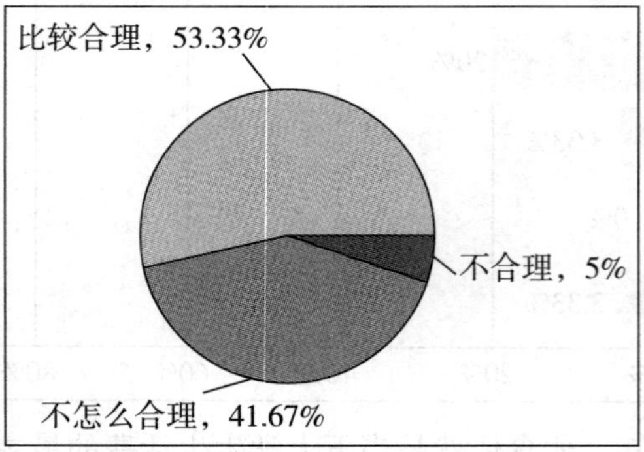

从调查结果可知，参与线上调查的同学中没有人认为自己的消费情况非常合理，一半的同学觉得比较合理，41.67%的同学觉得不怎么合理，5%的同学觉得不合理。

8. 你觉得大学生在消费方面存在的问题。

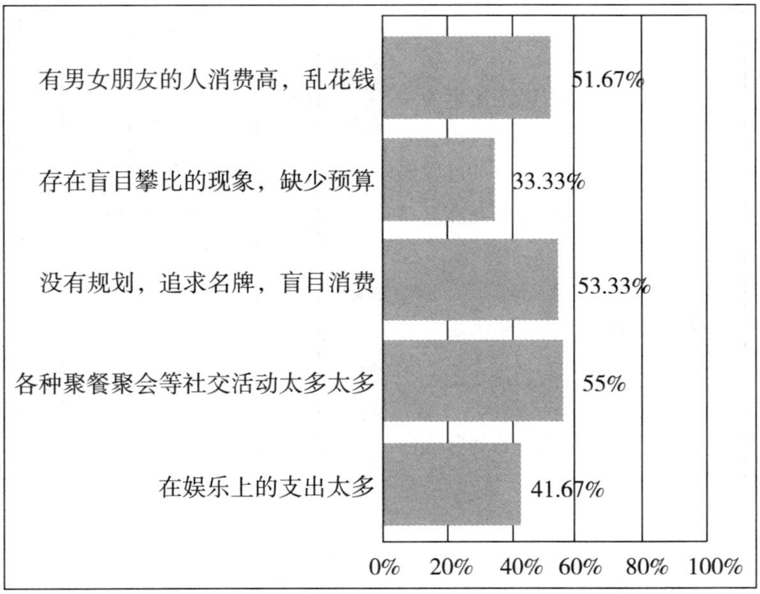

从调查结果可知，大学生觉得身边男女朋友消费高、盲目攀比、没有规划、社交活动太多、娱乐支出太多等方面均存在问题。

9. 网购情况。

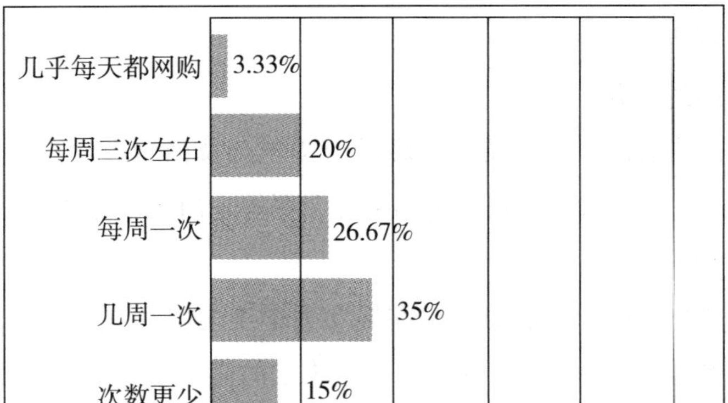

从调查结果可知，网购是大学生消费中的重要组成部分，调查样本中每个人都曾经有过网购的经历，每周三次网购的同学占到20%。

10. 大学生对社会消费倾向。

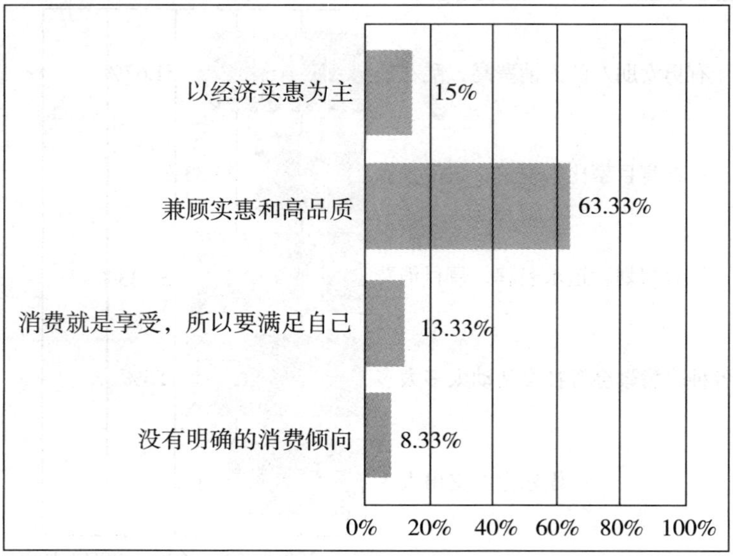

从调查结果可知，大学生对于兼顾实惠和高品质的消费有较高的倾向。

五、结果分析

1. 现状分析

（1）年龄的差异

根据调查结果显示，不同的年龄段消费观念及消费习惯有所不同，大致上随着年龄的增大，对于消费结构的把握会更好，消费观念也会更健全。

（2）性别的差异

根据调查结果显示，消费情况在男女大学生之间存在一定的差别，男生在饮食上的支出会多于女生，而女生在服饰上的支出会多于男生。

2. 心理因素分析

（1）缺乏理财观念

从调查结果中可以看到，拿到生活费后，没什么安排，想怎么用就怎么用的同学占到68.33%，也有53.33%的同学认识到当今大学生中存在没有规划，盲目消费的问题。

（2）理想与现实的差异

从调查结果中可以看出，还是有接近半数的同学觉得每月的生活费不够花，而且也有大部分同学认识到自己的消费习惯不好，想要改正，有意识要节约，但很难做到。

3. 制约因素

（1）家庭状况

调查样本中，只有3.33%表示现阶段已经不需要父母的经济支持，说明当今大学生绝大多数还在一定程度上依赖于父母。因此家庭状况在很大程度上会决定大学生的消费情况，甚至消费观念。

（2）周边环境

这里的生活环境分为两部分：成长环境以及生活环境。成长环境在很大程度上会潜移默化地决定大部分的消费观念与习惯，而生活环境又会对这些观念心理以及习惯带来很大的改变。

六、问题剖析

对样本进行整理统计分析后，我们对于大学生的消费情况中存在的问题做出以下剖析：

1. 心理与观念

追求名牌，盲目攀比，是一直以来存在的问题，当下的大学生也不例外，还有13.3%的同学认为：消费就是享受要满足自己。这表现的是很令人担忧的心理与观念，如果没有正确的消费观与价值观的引领，将会导致消费方式、消费习惯、消费结构等一系列消费的后续环节出现问题。

2. 计划及记录

当下的大学生缺少对自己的财务规划以及很少有记账的习惯。这都导致大学生对于自己的消费情况缺少真正的认识，没有规划，在消费时就没有对每笔支出对自己生活情况影响的认识，没有记录，就缺少对资金流出的意识，无法真正认识到各项支出在生活中所占的比重，无法真正认识到何为生活必需品，哪里又是可以节约的地方。

3. 意识与实践

虽然有很多大学生认识到钱不够花或是刚好够花，认识到自己的消费情况不够乐观，存在问题，想要节约，觉得聚餐聚会上的支出太多，觉得作为成年人再拿父母的钱很不好意思。但是却缺少实践，理想和现实之间是脱节的，想要节约，却还是发现自己很难做到，不知道从哪里节约，什么时候该节约，觉得聚会等娱乐活动支出太多，可由觉得这却是大学生社交中比不可少的一部分，觉得拿的是父母的钱，应该勤俭节约，可是又觉得以后报答父母也是一样的。

七、从商家角度分析大学生的消费现状

从调查结果中可以看出，当下大学生不论是在消费观念还是在消费习惯上都存在一定的问题，商家其实就是通过了解这样的现状，以存在的问题制造商机，谋取经济利益。

比如问卷中提到的网购，就是一个显而易见的例子。不仅仅是消费，网购已经成为大学生生活的一部分。就以淘宝为例，价格的低廉吸引了很多大学生，方便的物流保障商品的送达，越来越多的菜鸟驿站出现在大学生群体的生活区。

线上，淘宝网极大利用了低价的竞争优势，“聚划算”“天天特价”等是大学生群体会特别关注的地方，以各种噱头每天推出新产品，以限时限量超低价等激起大学生抢购的欲望，因为了解大学生对于支出分配很少有清晰地认识，觉得便宜就买，觉得自己买到就是赚到，这就是大学生的想法，但是却很少有人会去反思这件商品自己是否真的需要，所以通常出现的状况就是抢了低价商品，但是却发现它们一直躺在寝室，并没有什么用处，这时候才发现，原来自己不需要它。这就是商家充分利用了大学生想要节约，却不知道如何节约，从哪里节约的心理。

同时，也涉及微观经济学上的专业词汇“消费者剩余”，指的是消费者会

根据自己的剩余资金决定自己会不会继续买商品，但是消费者剩余在很大程度上又会直接受到物价的影响。也就是说，大学生虽然会根据自己剩余的减少在一定减少支出，但是低价又会继续“剥削”消费者剩余，这时候低价的网购就是很好的选择。网购的出现，就可以看作是对大学生“消费者剩余”的一种应对。因此会有很多大学生发现，虽然随着生活费的减少自己会选择购买低价格的商品，却很少会意识到低价格会造成一种“花不了多少钱”的错觉，因此会在不知不觉中增加购买的数量，剩余依然以很快的速度减少。

八、传媒类学生和普通工科类学生消费观的比较

张琪和张佩蓉为文化传播学院传播学的学生，于是我们决定从本专业出发，分析一些大家比较容易忽略的问题，即以传媒大学类的学生与普通工科大学的学生的消费观的异同点为代表，以此比较不同人群的消费观念。

1. 普通工科类学生的父母大多是一月给一次生活费，极少为生活费没了就给。但在传媒类学院中，可能由于艺术类院校本就花费较高，普遍存在没了就给的情况，而每月给的则是少数。从这个问题可以看出，传媒类学生相比较于理工科学生消费更加自由无约束力。

2. 在普通工科学校的学生对食物没有特定的要求，一般一天三餐的总费用为 20－30 元，10 元以下和 30－50 元的几乎没有。但在传媒类学校由于存在对形象有非常重要的要求，所以很多人在食物方面会要求品质，以达到维持形象的目的。因为传媒类学生普遍生活档次较高，所以会出现每天三餐费用特别高的现象。从这个问题可以看出传媒类学生相比较于理工科的学生追求更高的生活品质。

3. 大多数普通工科学校的学生网购频率为几周一次，而传媒类学校的学生大多数为一周一次，网购频率相对较高。据了解，网购物品大多为服装。从这个问题可以看出传媒类学生相比较于理工科类学生更加注重自我包装，这也是消费明显上升的重要原因。

4. 传媒类学生普遍存在的消费问题是各种聚餐聚会等社交活动太多。普通理工科学校的学生普遍存在的消费问题是在游戏、娱乐上的支出太多。从

这个问题可以看出，传媒类学生艺术气息较浓，社交圈相对较大，所以比普通理工科学生多了一些支出。

站在本专业的角度上，我们想对传媒类学生进行一个简短的分析：

1. 生活习惯与行为方式的特点：注重自我，个性彰显，协作精神团体观念等有待加强。传媒类学生具有较强的自主自由性，受情绪支配，努力追求他们心中的艺术家风度。不喜欢常规的生活方式，追求浪漫高雅的生活方式。传媒类学生接触较多的也为艺术类课程，接触的人群也稍显不同，所以其生活习惯和生活方式也和普通高校的学生有很大的不同。

2. 文化素质与学习方式的特点：传媒类学生专业情结浓厚，重专业课轻文化课现象严重。

3. 思维观念和思维方式的特点：思想活跃，情感丰富。但考虑问题易带感情色彩，而理性相对不足。

综上，根据对传媒类学生的分析，我们可以大致地理解为何其与理工学生的消费观有如此大的不同之处。再论，我们将其延伸到一个大的层面，那就是不同的消费人群，他们的消费观就有所不同，比如上班族和学生就不一样，比如青年和中老年不一样，比如男人和女人不一样……据我们的市场调查，不仅是学生层次的消费观存在一定问题，其他每个层次的人群都存在问题，所以我们认为本次的实践报告非常具有时代意义。

九、解决方法

根据上述分析，我们提出以下几点解决方法：

1. 教育学生要树立艰苦奋斗、勤俭节约、科学的消费意识。学校和家长要引导大学生在考虑个人消费时科学规划安排，使自己的消费水平与家庭的收入水平相适应。如果不考虑个人经济状况和支付能力，盲目追求奢侈的消费模式是十分有害的。学校和家长要引导学生形成积极的心态，不依赖父母而进行奢侈消费而应该自强、自立地做一个清醒的消费者。

2. 减少网上购物，尽量少去淘宝网上浏览，避免不必要的消费。

3. 树立经济的独立意识与储蓄观念。大学生作为接受先进知识，随时走上社会的专业人才，很有必要在大学期间就尝试经济上的独立，培养一定的投资理念，并发展属于自己的科学的储蓄观念。这对于将来管理自己的生活都是十分有意义的做法。不仅能够降低家庭的负担，让父母减少对于自己的担心，更能锻炼自己的投资意识与自我控制的能力。

4. 拒绝奢侈品的消费。目前有的家庭收入很高，对学生的经济供给也较多，构成这部分大学生消费的一种比较奢侈的格局，主要表现在旅游、娱乐以及电子产品等方面的消费上。这点在我们对浙江传媒学院学生的调查中也得以反映。可见，大学生的消费结构需要调整，当然这种情况的发生也是与我国当前剧烈转型的社会大背景的必然性有一定联系。作为一个学生我们应该为自己、为家庭负责，减少那些只为虚荣心而存在的不良消费。

通过这次调查，我们基本掌握了当代大学生消费心理趋势及现状。大学生的基本生活消费大体上是现实的、合理的。但同时也存在着诸多的问题，如攀比心理、不合理消费、不理性消费，这主要是生源来自全国各地，由于家庭情况的不同和消费习惯的差异造成的。大学生中，培养独立的理财能力、科学的价值观应是当务之急。我们有理由相信，在社会各方面的共同努力下，中国当代大学生一定会形成一种更合理，更现实的消费观。

【附录】

大学生消费情况及消费观念调查问卷

亲爱的同学：您好！首先非常感谢您配合我们的调查研究工作。这是一份专门针对当今在校大学生消费观念的调查问卷，请您根据自身的实际情况回答，谢谢！

1. 您的性别？［单选题］［必答题］

 ○男 ○女

2. 您所在的年级？［单选题］［必答题］

 ○大一 ○大二 ○大三 ○大四 ○研究生

3. 您所在的学院及专业［填空题］

 ____

4. 父母给生活费的时间？［单选题］［必答题］

 ○每月 ○一学期 ○一学年 ○没了就给 ○其他

5. 您的消费来源除了父母以外还有以下哪些？（可多选）［多选题］［必答题］

 □奖学金 □兼职 □恋人 □家中其他亲戚

 □除父母提供外无其他来源

6. 拿到生活费时，你一般会有怎样的安排？［单选题］［必答题］

 ○A. 先存起一部分的钱，剩余的再做生活费

 ○B. 进行该时期的预算，做好消费打算

 ○C. 马上去买或者马上想去买自己想要的东西

 ○D. 没什么安排，想到怎么用就怎么用

7. 您对自己的生活费的态度是？［单选题］［必答题］

 ○太多了 ○绰绰有余 ○刚好够用 ○不够消费

8. 平时上课期间，一天三餐的总费用大约是？［单选题］［必答题］

 ○10 元以下 ○10－20 元 ○20－30 元 ○30－50 元

 ○50 元以上

9. 您和朋友一起外出或聚餐时通常采取的买单方式是？［单选题］［必答题］

○AA 制　○有人请客　○我请客　○视情况而定

10. 您的网购频率是［单选题］［必答题］

○几乎每天　○每周三次左右　○每周一次　○几周一次

○次数更多　○从不网购

11. 您的生活费的最主要用途［单选题］［必答题］

○伙食　○学习　○娱乐　○服装饰品

○日用品　○通讯和交通　○其他

12. 你在消费时最注重的是什么？［单选题］［必答题］

○价格　○质量　○品牌　○外观　○其他

13. 你花钱的原则是什么？［单选题］［必答题］

○能省则省，不会多花　○有计划地花钱

○毫不在乎，想花就花　○有意识要节约，但很难做到

14. 当你想买某样东西，发现钱不够了，你会？［单选题］［必答题］

○马上向父母要钱　○自己存钱过段时间再买

○向别人借钱先买再慢慢还　○放弃购买

○要求其他亲朋好友购买　○其他

15. 你有没有记账的习惯？［单选题］［必答题］

○有，每一项支出都清楚地记录　○只记录一些大笔的支出

○偶尔心血来潮记账　○基本没有记账的习惯

16. 你认为你现在的消费安排合理吗？［单选题］［必答题］

○非常合理　○比较合理　○不怎么合理　○不合理

17. 当你作为一个成年人，还用着父母的钱，你有什么想法？［单选题］［必答题］

○理所应当　○觉得愧对父母尽量减少支出

○以后报答父母　○没什么想法

○现阶段已经不需要父母的经济支持

18. 你觉得大学生在消费方面存在哪些问题？（可多选）［多选题］［必答题］

□有男女朋友的人消费高，乱花钱

□存在盲目攀比的现象，缺少预算

□没有规划，追求名牌，盲目消费

□各种聚餐聚会等社交活动太多太多

□在娱乐上的支出太多

19. 对于下列社会一般的消费倾向，你比较赞同哪一种？[单选题][必答题]

○以经济实惠为主　　○兼顾实惠和高品质

○消费就是享受，要满足自己　　○没有明确的消费倾向

20. 请你说说对超前消费的看法：[填空题]

____

15 级经贸 2 班：姚伊甸　15 级传播学 2 班：张琪、张佩蓉

指导教师：王继全

新媒体及微信对大众思想道德观念的影响

面对科学技术日新月异迅速发展的时代，新媒体（微信、微博……）进入了人类生活的每一个角落无处不在，对人们思想道德素质的形成也产生了越来越大的影响。新媒体改变了人们行为和活动的方式，大幅度扩展了道德活动的范围，引发了人们价值观念和交往关系的变革。同时，新媒体还改变了人际交往的方式方法，使人与人之间的交流变成了人与机器之间的交谈，人与人之间的交流空间化，于是人与人之间的相互依存关系不断地被人们对新媒体的依赖关系所取代。

一、新媒体对大众思想道德的影响

（一）新媒体的种类及简析

新媒体种类很多，主要有门户网站、电子邮箱、搜索引擎、虚拟社区、网络游戏、博客、维客、播客、手机短信、手机电视、网络电视、数字电视、手机报、网络杂志等。它们之中有的属于新的媒体形态、有的属于新的媒体软件、新的媒体硬件和新的媒体服务方式。

新媒体是相对于传统媒体而言的，是在报刊、广播、电视等传统媒体之后发展起来的新媒体形态，是利用数字技术、网络技术，通过互联网、无线通信网、卫星等渠道，以及电脑、手机、数字电视机等终端，向用户提供信息和娱乐服务的传播形态。

新媒体传播有四个特点：每个人都可以进行大众传播；信息与意义无关；

受众的主动性大大加强；大众传播的小众化。新媒体的方式方法，具体包括：头条内容、微信公众号内容、视频直播、朋友圈事件、微信、门户网、新闻、论坛、博客、各类搜索引擎展示等。

（二）新媒体兴起的原因及其发展

新媒体的产生与发展，是时代进步的表现。新媒体的对于各类新闻的报道和传播要比电视新闻速度快，让公众能够第一时间获知世界各地的新闻信息。网络新媒体是新媒体中的主导，它存在于人们的生活中，并将持续地影响着社会的发展。新媒体的快速发展，对于电视新闻的收视率以及广告传播的影响是不可避免的，如何应对这一问题将是个挑战。如果不想办法改革、创新，依然走老路子，必然将会被新媒体所取代。

新媒体的第一个特点就是它的消解力量，消解传统媒体之间的边界；消解国家和国家之间，社群之间，产业之间边界；消解信息发送者与接受者之间的边界等。新媒体可以与受众之间建立直接关系，同时他还具有交互性和跨时空的特点，同时，新媒体给媒体行业带来了许多新的理念和模式，节目的专业化越来越强，卖方市场转向买方市场等。

有研究者表明：新媒体的信息发布，对受众多为免费，这对传统媒体的新闻制作造成挑战，例如：伦敦爆炸案就体现出了新媒体的多媒体整合态势，市民用手机拍摄照片，在朋友的博客上以图片直播的方式报道了这场灾难的现场。这些照片很快流入了各大电视网的新闻头条。在这次报道中，手机、博客、互联网以及播客密切配合，将第一时间、第一现场权利牢牢抓在手中，新的媒体形式和媒体工具的结合，显示出了巨大的威力。

新媒体具有隐蔽性，新媒体的形式隐藏于日常环境的各种空间，物体中，它最低限度的减少了与受众的抵触性，让广告同娱乐结合地更为紧密。还有它的分众性，可以更有效的针对目标消费群，找到每个人的单独时间，通过这些零碎的时间，得到传统广告难以获取的好环境。最后是它的高科性，使新媒体具有鲜明的时代个性，与广泛的应用性，适合于不同场所，产生更好的视觉效果，具有生动性和真实感。

二、新媒体环境影响下的广告受众变革

在新媒体时代的今天，受众在广告传播中的地位有了前所未有的提升。因此，企业要想在竞争中立于不败之地，就必须研究新媒体时代的广告受众，从而制定有针对性的营销传播策略。新媒体对广告受众的影响，体现在如下方面：

（一）广告受众行为的转变

随着新媒体技术进步，尤其是诸如百度、谷歌之类的搜索引擎发展，使得受众对广告信息的索取也更加便捷，更加具有针对性和计划性。他们可以自由地利用 RSS 技术进行个性化的信息定制，利用搜索关键词进行信息的精确筛选。豆瓣网、youtube 之类的 web2.0 网站，一些商品的论坛、官网、QQ 群也将会成为他们获取商品信息的渠道。总之，他们对于广告信息的认知度达到了一个前所未有的程度。像以往亿万人民同看一张报纸的时代已经一去不复返了。现在的受众根据各自的利益与兴趣选择不同的媒介，并形成相对稳定的关系。

受众的兴趣多元化表现除了与自己利益切身相关之外，还有一种就是喜爱和情感的需要。例如，为什么一些社会新闻、体育新闻、文艺新闻等并不十分与群众密切相关的内容同样也有一定的受众群呢？这里就出现了“窄”受众分类，他们也具有分散性、多样性和匿名性，但同时在某一方面显示出共同的接受倾向，即选择信息的某种共性。如歌迷、球迷、收藏爱好者、经纪人、政治家等，对信息的关注和追逐，无不与各自群体特定的兴趣、需求有关。电视台会根据其受众服务对象整合专业频道，各家电视台对电视内容进行不断的细分，从频道到栏目到单个节目，实现单纯化、风格化、个性化，使观众快速识别，以形成分类收视群体的社会意识。出现了数千种专门报纸，体育类、音乐类、电脑类、娱乐类……种类越分越细，供受众各取所需。

三、网络新媒体的发展及对社会的影响

互联网正以飞快的速度向上飙升，并被誉为21世纪最耀眼的传播媒体。联合国新闻委员会召开的年会正式宣布，互联网被称为继报刊、广播、电视等传统大众之后新兴的第四媒体。新媒体集文字、声音、影像等多种形式于一体。首先，从传播技术来看，以互联网为核心的各种高新技术孕育了网络媒体的诞生，并伴随其成长。没有全球范围的互联网，没有高速运转的芯片，没有迅速扩展的宽带，没有成熟的数字压缩技术和存储、检索技术，便没有第四媒体的产生。

其次，从传播方式看，第四媒体不仅融合了以往各种大众传媒的优势，能从文字、图像、声音同时发送信息，而且还具有了各种大众传媒所不具备的特点：如跨时空性、可检索性、超文本性、和交互性等。过去，人们只能读报纸、听广播、看电视，现如今在电脑面前人们既可以读，也可以听，还可以看，特别感兴趣的信息，点击鼠标，就可以下载、录音、录像，还可以进行存储、整理、评说、复制、裁剪，并可以自由地调用和发送信息，更加接近自然的人际传播，使传媒带来的传播距离感大大减小。从第四媒体传播的功能看，它能使信息传播具有高速、高质、超量、多样化、超时空、超文本的特征，既可同步传输，也可异步传输，由于它的出现，打破了传统传媒受时空限制的因素，变得随时随地都可以接收。网民可以通过网上大量的超文本链接，对阅读的进程方向和结果进行选择，也可以从网上存储的浩如烟海的信息中，根据自己的需要，随意查询，从而彻底改变传统的阅读方式。这些是传统传播传媒无法比拟的。从传播的方向和机制看，第四媒体突破了以往大众传媒单向传播的模式，能使信息传播具有双向传播的特性。传统的三大媒体，无论形式如何多样，与受众之间也只是一种单向联系，受众只能看、听，最多可以通过电话交流，而互联网媒体则可以上网交流，同步发表意见、看法。这种“交互性”是第四媒体最独特的特点之一。

除此，第四媒体还突破了大众传媒使受众被动接收信息的局限，实现了受众驱动式传播，网民将在信息传播系统中逐渐占主导地位，网络多媒体必

须千方百计地围绕网民的需求，因此有人自豪地说，第四媒体给予网民前所未有的主动权。

四、新媒体的发展是利还是弊

（一）新媒体发展的“利”

在这个信息化的社会，无线网络的普遍，各个方面只要能跟别人相互共享的信息，不论是横向还是纵向都是可以得到尽可能大的扩散，比如通过观看新闻、电视、广告、听收音机，当然还有最离不开的微信、微博、QQ……我们可以坐在家中看遍全世界，通过这些新媒体领略各地的风情，还可以关注到世界各国的情况等。

经济全球化的浪潮以及信息技术革命的兴起，形成新媒体的强大影响力。新媒体信息量大，无所不包，凡是人类生活所涉及的内容，几乎都可以在新媒体交互平台上找到，为人们的思想道德素质形成提供了丰富的内容。新媒体涉及各种术语、知识和信息的传递、教育时间与空间的组织安排，正改变着教育过程的结构。因此，传统的思想道德教育形式，如报告会、演讲赛、墙报、专刊等，需要充分利用新媒体进行创新。

新媒体形象化的特点，为人们思想道德素质的培养开辟新方式。新媒体栏目多样、形式活泼、图文并茂、音视一体、传输速度快、形象直观、引人入胜，易使受教育者变被动接受为主动学习汲取。新媒体穿插着生动健康的娱乐形式，打造鲜明清晰的视觉印象，使受教育者在十分放松的心情下，自由地、松弛有度地选择浏览对象，在生动的探索和寻找新的视觉内容的过程中，潜移默化地接受教育者的观点，寓教于乐。这是新媒体所拥有的而其他思想教育载体不能比拟的特点。

新媒体不仅是人们汲取知识信息的理想场所，而利用好新媒体也是对他们进行思想道德教育的途径与手段。这种手段具有以下效能：收集处理德育信息手段的现代化；存储和探索德育信息的现代化；德育信息传播的现代化；德育环境和场所建设手段的现代化；教学过程中利用声、文、图等形式，体现教学内容的现代化。新媒体技术的普及为加强和改进思想道德教育开辟了新的途径，提供了新的方式和手段。因此，新媒体可以增强道德建设的灵活性，更加关注人们的个人特点，及时解决现实社会中各种问题，培养人们的多种才能，促进其全面发展。

新媒体平等互动性的特点，为人们思想道德素质培养提供广阔的空间。新媒体的一个最显著的特点，是多边平等性和直接交互性。新媒体是开放的，相互以多边形式实现连接，不同的用户不管他们的社会角色如何，均可以参与到他们感兴趣的话题中，实现平等的对话和直接交流。由于有共同情感做基础，双方互动、易沟通，为人们的思想道德素质的培养提供了更广阔的空间。人们通过新媒体，既能了解现实生活世界，又能了解不同国家的各种社会现象、思想观点、文化思潮、学术流派，使得人们思想教育的社会化程度大大提高。

（二）新媒体发展的“弊”

我们都说网络是双刃剑，网络的信息一哄而来，很多时候我们都来不及分辨它的好坏就已经被它吸引，对我们生活并没有太大的作用，反而更多是在浪费精力。

新媒体信息多元化，各种价值观都蜂拥而至，对人们的思想道德观念的形成会造成一定影响。年轻人的情感丰富而强烈，但辨别能力还较差，新媒体原始信息良莠不分，势必影响人们，会动摇传统的思想道德观念和行为准则。新媒体的另一个重要特点是具有共享性、匿名性、自由性和开放性，使得各种不同的文化、观念在新媒体平台上交汇。在传播人类文明成果的同时，一些黄色、迷信、赌博等文化糟粕也接踵而来。这些文化糟粕，污染了社会文明，会使人们受到一定程度的毒害。

新媒体虚拟性的特点，弱化了人们现实交往的能力。网络是个“虚拟世界”，缺乏很多重要的现实要素，掩盖了很多真实的事情。虽然新媒体能将人与人之间的距离大大缩短，不论天涯海角，都能轻松地畅谈，但是，周围人际的交往和接触减小了，弱化了学生现实交往的能力，并助长了对虚拟成就感的追求。新媒体使得人与人之间的依赖关系被人对新媒体的依赖关系所取代。个人终日与新媒体打交道，容易导致人与人之间关系的疏远，减少和阻碍人们与外界真实的情感交往，使一些人趋向于孤立、自私、冷漠和非社会化，对现实生活中他人的幸福和社会发展漠不关心。

总之，新媒体本身具有极大的诱惑性，一方面丰富了人们的业余生活，另一方面也让小部分自控力差的人们陷入新媒体的深渊而无法自拔。同时，由于新媒体交往的虚拟性，往往难以形成真实可信和安全的人际关系，于是人们在新媒体交往中一旦受骗上当就容易对现实产生怀疑、悲观甚至敌意。

五、总结

互联网媒体拥有人际媒体和大众媒体的优点：完全个性化的信息可以同时送达几乎无数的人；每个参与者，不论是出版者、传播者、还是消费者，对内容拥有对等和相互的控制。又免除了人际媒体和大众媒体的缺点：当传播者想向每个接受者个性化地交流独特的信息时，不再受一次只能针对一人的限制。新媒体的辐射影响，已经几乎涵盖了人们生活和工作的所有环节，其形式众多，有手机媒体、数字电视、移动电视、宽带电视 IPTV、动画、网络游戏、博客、户外新媒体等。随着新技术的创新应用和广告人的创意开发，新媒体产品形式还将层出不穷地不断发展。所以，我们对新媒体的使用更多的是助力而不是阻力，随着网络的兴起，当下的媒体格局正在发生着翻天覆地的变化。

网络媒体和新媒体虽然对传统媒体形成一定冲击，但也在新闻传播中发挥了巨大作用。可以说，新媒体是一把“双刃剑”，如果用好了，会为社会传递出正能量，如果使用不好它，则会造成一些比较消极的社会影响。因此，在当前形势下，多元化媒体格局的形成对主流媒体提出了新的挑战，更应在多元化的舆论格局下保持舆论引导作用，积极传递正能量。

结合日常的工作，我们认为应从以下几点做起。第一，坚持主流意识形态，坚定自己的立场。只有以马克思主义的指导思想、中国特色社会主义的共同理想、爱国主义为核心的民族精神、社会主义的荣辱观为工作准则，才能让新媒体健康发展，传递出更多的正能量。现在个别网站内容杂乱，社会负面新闻较多，以此来吸引眼球，这些都造成了一定的消极影响。因此，在新媒体传播中，无论何时我们应以传播正能量为目标，抵御网络负面对人们思想道德观念的影响。第二，新媒体的互动性强，社会影响力大，因此，我们在工作中更应抱着谨慎小心的态度，严谨处理每一条消息，坚持新闻真实性，注重审查，避免新闻失实。尽量做到不跟风，在发布时应考虑到社会效果，坚持传播主流思想。第三，改变宣传语态，打赢受众战。应针对新媒体受众改变我们传统的宣传语态，不再用“假大空”去宣传理论，而是用百姓的话讲百姓的事，在报道语言上应遵循受众心理与需求，在新媒体平台上多使用符合新媒体的语言。

服装与服饰设计（中美合作）（2）班：茹蔚、黄燕、沈媛、叶子
工管3班：多吉欧珠
指导教师：苏丽辉

在杭高校的大学生精神风貌问卷调查报告与分析

在这个科技与经济发展迅速的年代，大学生的思想受到来自不同方面信息的影响，精神也随之会受到各种程度的冲击；从追求物质享受逐渐走向更多地精神需求，从生活简单节俭走向追求奢侈，用一句网络用语来说就是从“拼爹的时代”变成“这是个看脸的时代”；那么究竟是什么原因导致这些变化的？

一、调查目的

还记得刚到大学时，一位老师用幽默的口气跟我们说：“对于你们来说高考后就是登上人生的巅峰时刻，而进大学就开始走下坡路了。”最初大家都还不以为然，但是随着时间的推移大家认识到这位老师话语中的含义了。我们小组仔细分析了一下这位老师的话，为什么高考结束后我们就登上了人生的巅峰而进大学后反而会走下坡路呢？经过讨论后大家一致认为：从小学到高三，所有学生的生活是努力学习考一个好大学，直到考上大学完成梦想，达到了人生的巅峰。但是为什么说大学后大部分人开始从巅峰开始跌落呢？大多数学生应该不会去思考为什么会这样？

二、调查的意义

了解大学生的学习状态和精神风貌与对其三观的分析，从而更好地去了解目前大学生对社会甚至国家的认知情况。在调查的过程中可以使大学生审视自己，不断调整自己的生活状态树立正确的三观，到社会上去能够更好地对社会进行贡献。

在做问卷调查的过程中对于一些生活状态与精神风貌不太好的大学生，我们小组成员可以适当对他们做出一些健康引导或者提出一些改善大学生活的建议，从而使这些学生能够更好地体验大学生活。

三、调查群体

主要为杭州各大高校学生，共 225 名，范围包括大一到研究生，具体数据如图 1 所示。其中男生占 33. 3%，女生占 66. 67%。发放纸质调查问卷 100 份，其中有效问卷 100 份。网络发放问卷 115 份，有效问卷 115 份。

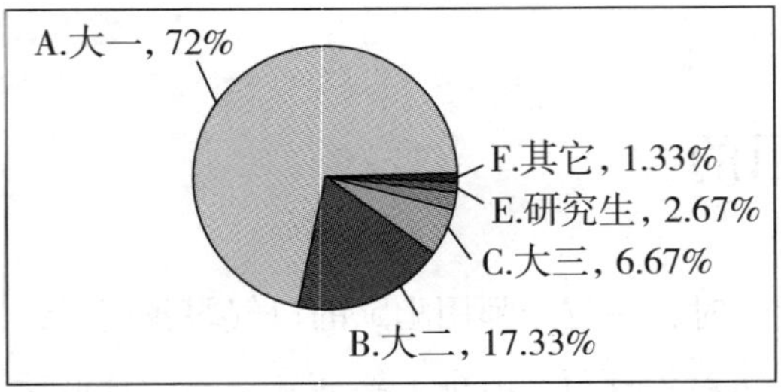

图 1

四、调查结果分析

1. 在杭高校大学生在大学的学习状况

如图 2 所示，三分之二的大学生都对自己的学习状况不太满意。这也是应验了之前那位老师说的话，学生在经历高考并考上大学后，逐渐失去了奋斗的目标，不知道每天该干什么，也不知道自己以后该如何面对社会，这样迷茫的生活其实很不利于大学生的学习与成长。因此，老师应该正确的引导让大学生，使他们能更快得找到自己未来要走的路，然后朝着这个目标奋斗，专心地学习。而大学生自身也需要调整状态，多向学习状态与生活状态好的同学去学习、请教，有不懂或者做得不够好的也应该多向老师或者同学讨论，去发现自己不足的地方并加以改正与完善。

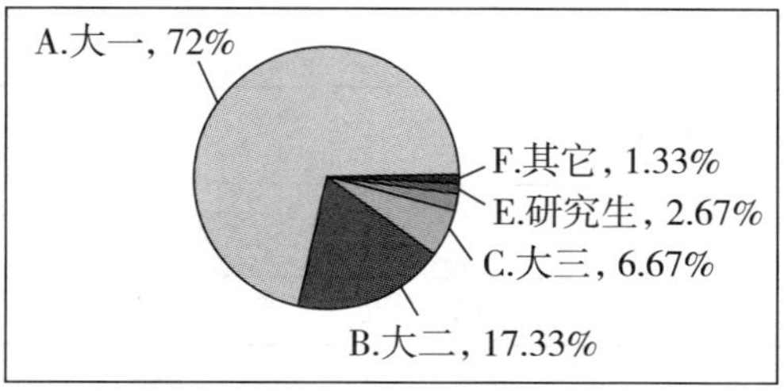

图 2

2. 大学生在学校的消费情况

根据图 3 数据显示，大学生的经济来源中父母给予的占了 94. 67%，社会资助的占 2. 67%，勤工俭学的占 16%，其他占 6. 67%。我们可以了解到多数的大学生还是非常依赖父母的，只有少部分大学生能够经济独立自己养活自己，这部分大学生是值得我们大家学习的。根据图 4 与图 5 的数据显示，每月生活费在 800 元左右的占 8%，在 800 元～1000 元之间的占 12%，1000 元～1500 元的占 38. 67%，而 1500 元以上的占 43. 33%。因此根据以上数据分析，在杭高校的大多数大学生家庭条件都是不错的，消费水平相对较高。这部分学生可以充分利用自己的经济条件创造更好的学习环境和提高生活的品质。

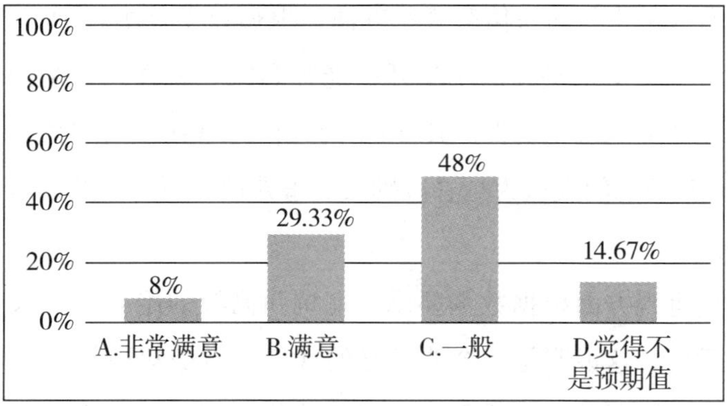

图 3

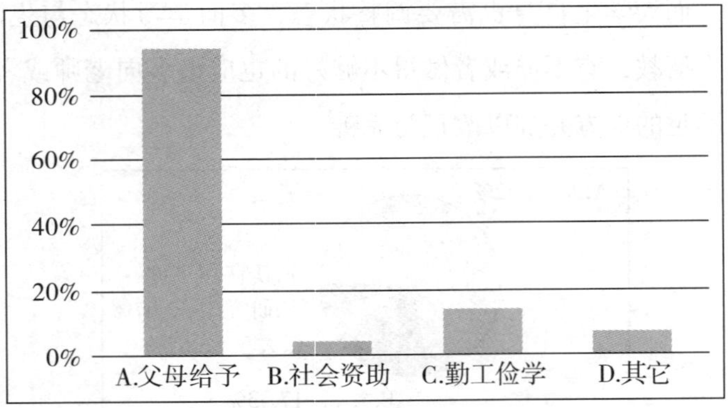

图 4

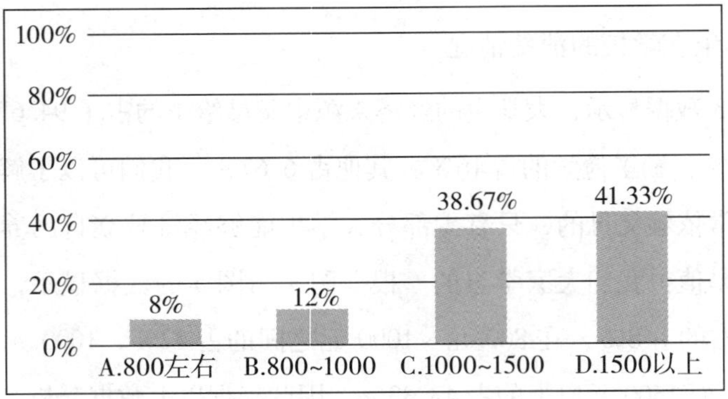

图 5

3. 大学生对诚信观的认识

首先看看大学生认为诚信有哪些方面，根据数据显示，70.67%的大学生认为是在学习上实事求是，从小学开始老师和家长就强调这个问题；72%的人认为是在工作中的认真负责，81.33%的人认为是在生活中待人真诚、恪守诚信。还有45.33%的人认为是答应别人的事即使力所不能及或违反规定，也要设法做到。

而对诚信重视方面根据数据显示，在杭州高校的绝大多数大学生们都觉得诚信非常重要，这说明是一个非常好的现象，但是却还是有2.66%的大学生认识诚信无关紧要甚至不重要。在我们小组看来，一个人他可以没有什么能力或者家庭条件不好这些都没什么关系，但是如果不重视诚信，那么这是非常可怕的事情了，如果连做人基本的诚信都没有了那还怎么谈其他的？所以这小部分不重视诚信的同学还是要正确地认识到诚信的重要性，诚实的与人交往才是正确的、健康的。

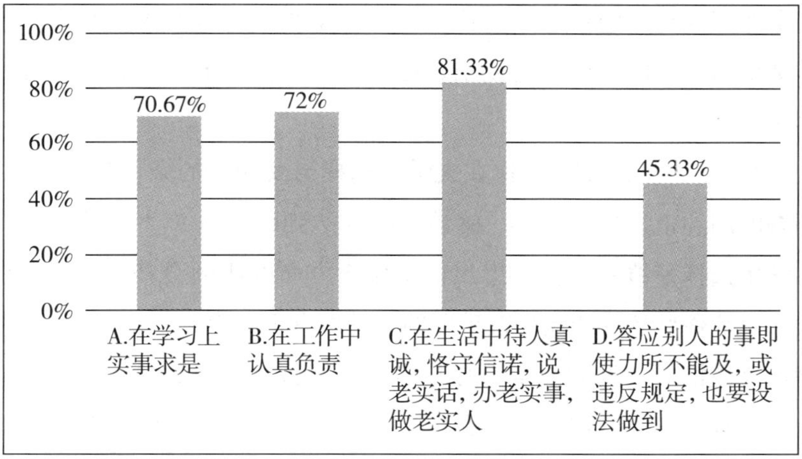

图 6

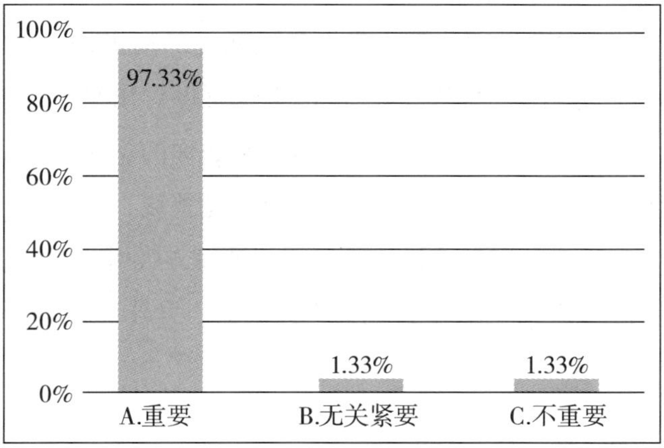

图 7

4. 大学生的爱情观分析

根据图 8 “你想信大学里的爱情吗?” 这一问题的数据来看，有 32% 的同学是相信的，61. 33% 的同学选择的是看情况而定，还有 6. 67% 的同学选择不相信大学爱情。从这一调查数据我们可以分析出，大学生对待爱情有自身的看法，32% 的同学认为大学里的爱情是美好的、可信任的、纯粹的，所以自己对待爱情的看法也是选择相信爱情。而 61. 33% 的同学则认为大学爱情的选择应该要论情况而定，这种看法是理智的。还有6.67%的同学选择不相信爱情，这些同学觉得大学生多少有些不成熟，无论是在年龄还是思想方面，还不是完全能够为自己的行为负责任，也不能承受住一些心灵的打击。还有一些同学则认为自己已经经历过爱情，已经被伤害的伤痕累累，所以选择不相信大学爱情。

我们的第二个问题是，“你在大学里选择男女朋友的条件是什么?”在我们所调查的问卷中，性格特点、感情共鸣都达到了80%以上，从这点上可以看出大学生选择爱情的角度在思想情感层次方面的比例会多一点，追求聊得来的伙伴、性格好的伙伴还是蛮重要的。其次有77.33%的同学认为有共同爱好也是选择爱情的一重大因素，有共同的爱好就有共同的语言，也就能引起情感上的共鸣。在我们调查的问卷中，外貌仪表、思想品德都占了66.67%，说明大学里，思想道德品行和颜值还是很重要的。大学学习专业知识是一方面，学习做人做事也是更为重要的另一方面，两者缺一不可。

我们的第三个问题是，“你认为你大学里恋爱的动机是什么?”有66%的同学选择的是从对方身上学到东西。从这里也可以看出来，爱情在选择上是要有基础的，这个基础来自多方面的东西，例如你的学历、你的能力、你对未来的职业生涯规划等。所以大学四年一定不能荒废，学好专业，提高人格魅力。其次有61.33%的同学选择的是单纯的被对方吸引，反映出大学爱情的单纯，也能看出大学生在心智上可能会不太成熟。另外还有38.67%的同学认为是为了弥补内心的空虚。

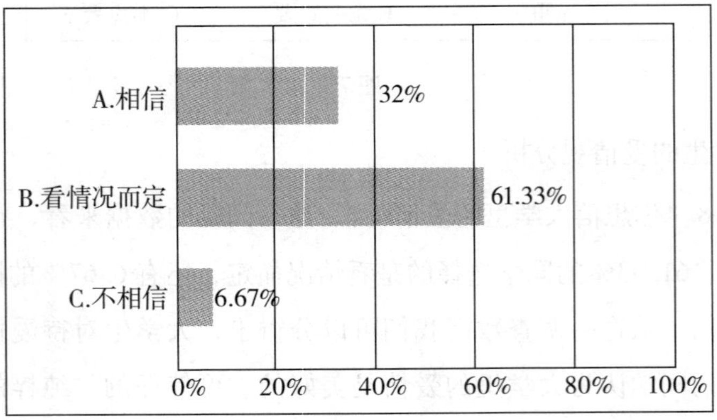

图8

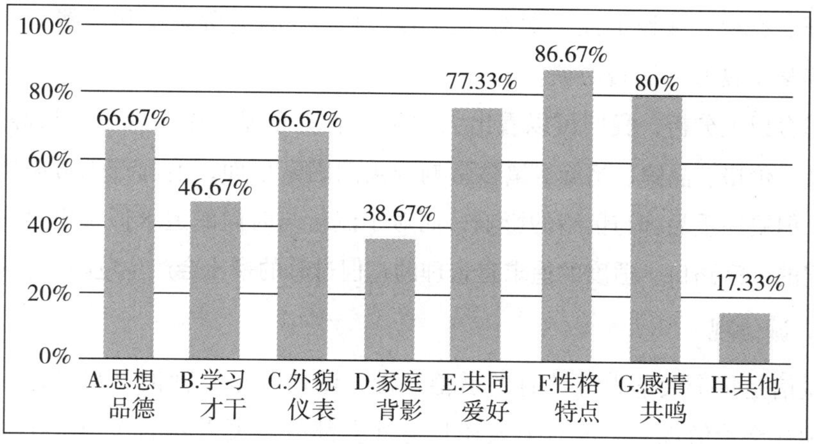

图 9

五、总结

1. 消费观

今天的大学生生活全方位地与社会接触，当某些大学生受到享乐主义、拜金主义、奢侈浪费等不良社会风气的侵袭时，如果没有及时得到学校老师和父母的正确引导，容易形成心理趋同的倾向，当学生所在家庭可以在经济上满足较高的消费条件时，这些思想就会在他们的消费行为上充分体现。父母在日常生活消费的原则立场是子女最初始的效仿对象。有些父母本身消费观念存在误区，又何以正确指导自己的孩子呢？

学校教育环境对学生消费观念培养的有着举足轻重的作用，但是高校思想政治教育对学生消费观还没有形成足够的重视。对大学生消费心理和行为研究不足，了解不够全面和客观以及课程设置等因素，与人生观、价值观等重要思想观念紧密相关的消费观的教育在思想品德修养课中没有充分开展，从而也难以达到真正的指导目的。

另外，校风建设范畴中普遍缺少倡导大学生勤俭节约生活消费观的内容。大学生的消费心理和行为除了在个人喜好、穿着打扮等较少方面比较注重突出个性以外，他们对于时尚品牌、基本生活用品、生活费用的额度等主要消费内容都具有群体从众心理。高校校风主要体现的正是学生的群体心理和行为特征。在校风建设上注重塑造和强化学生良好的消费意识和消费行为，从而培养学生良好的消费习惯。

综合以上分析，我们可以看出大学生的消费心理总体上处于成长健全期。在质量、价格、品牌、情绪等诸多影响购买的因素里面，他们首先考虑质量的因素，但更注重品牌与情绪的影响，而对于流行与时尚的追求似乎更是一个令人彷徨的十字路口。适度的追求是合理的，但过分的攀比会产生危险的影响。

2. 诚信观

诚信是每个大学生应该有的道德基础，诚信既是一种世界观又是一种道德观和社会价值观，无论对个人还是对社会都有至关重要的作用。在大学里不断地学习，以获得知识，增进知识，知识既是个人谋生的工具，也是为社会服务的手段，但是光靠知识是没有用的还必须有正确的价值观去指导。

3. 爱情观

虽然现在的大学生相对于中学时期比较成熟，但是在爱情方面还是比较单纯的。也许恋爱对于大部分学生来说就是因为大学有时候很空虚，找不到一个能够倾诉的人，或许又是由于其他的诱惑或者受到不同方面的影响；换句话说，在有感情生活的学生来看，爱情对于他们的影响是必不可少的，而对于暂时没有开始感情生活的学生来说，为爱情做铺垫的想法也在影响着他们的精神风貌。

六、实践过程

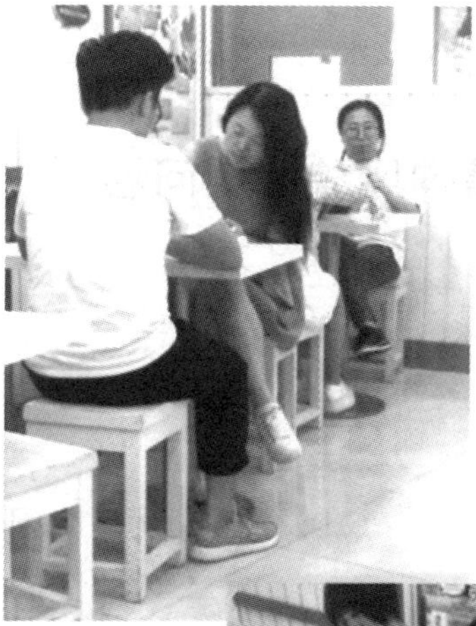

【附录】

在杭高校的大学生精神风貌调查问卷

1. 请问您的性别是？［单选题］［必答题］

○A. 男　○B. 女

2. 请问您的年级是？［单选题］［必答题］

○A. 大一　○B. 大二　○C. 大三　○D. 大四　○E. 研究生

○F. 其他

3. 请问您对自己现在的学习状况的评价？［单选题］［必答题］

○A. 非常满意　○B. 满意　○C. 一般　○D. 觉得不是预期值

4. 请问您现在消费的主要来源是？［多选题］［必答题］

□A. 父母给予　□B. 社会资助　□C. 勤工俭学　□D. 其他

5. 请问您现在每月的生活费大概是多少？［单选题］［必答题］

○A. 800 元左右　○B. 800～1000 元

○C. 1000～1500 元　○D. 1500 元以上

6. 请问您怎么看待你周边同学的消费情况？［单选题］［必答题］

○A. 很高　○B. 一般　○C. 没注意过

7. 您觉得日常生活的诚信重要吗？［单选题］［必答题］

○A. 重要　○B. 无关紧要　○C. 不重要

8. 请问您怎么看待校园中的诚信状况？［单选题］［必答题］

○A. 很好　○B. 一般　○C. 还行　○D. 不好

9. 您觉得大学校园里的诚信包括哪些方面？［多选题］［必答题］

□A. 在学习上实事求是

□B. 在工作中认真负责

□C. 在生活中待人真诚、恪守信诺、说老实话、办老实事、做老实人

□D. 答应别人的事即使力所不能及，或违反规定，也要设法做到

10. 您相信大学校园的爱情吗？［单选题］［必答题］

○A. 相信　○B. 看情况而定　○C. 不相信

11. 您认为大学里选择男女朋友的条件是什么？［多选题］［必答题］

□A. 思想品德　□B. 学习才干　□C. 外貌仪表　□D. 家庭背景

□E. 共同爱好　□F. 性格特点　□G. 感情共鸣　□H. 其他

12. 你认为大学爱情产生最显著的几点动机是？［多选题］［必答题］

□A. 弥补中学时代恋爱被禁止的遗憾

□B. 看到大家都有男女朋友自己也跟风

□C. 弥补内心的空虚寻找内心精神寄托

□D. 从对方身上学习某些东西

□E. 为了丰富恋爱的经验

□F. 单纯的被对方所吸引

□G. 其他

13. 你记得父母或其他亲人的生日吗？［单选题］［必答题］

○A. 记得　○B. 有些记得清有些记不清　○C. 不记得

14. 你曾经或现在有做过志愿者的经历吗？［单选题］［必答题］

○A. 有　○B. 没有

15 级艺术与设计学院设计学 6 班：高天宇、包静、胡英、陈兰亭、粟彦超

指导教师：王继全

大学生偶像观状况调查

在大学生这样一个个体趋向成熟化的集体中，多数人拥有偶像，而娱乐圈的明星依旧是大部分人的偶像选择。虽然在偶像的选择上大幅偏重娱乐圈明星，但大学生普遍认为自己对偶像的看重点是人格魅力和才华。大学生会去了解偶像的基本情况，但并不十分深入。这些偶像对大学生的各方面发展起着非常重要的作用，大部分大学生选择通过移动媒体频繁关注偶像动态，偶像不仅会影响兴趣爱好、社交范围以及生活状态，甚至还包括他们的人生观和价值观。

一、调查背景

偶像，作为我们在成长过程中的“精神伴侣”，影响着我们生活的方方面面。伴随着人生的进程，人们所崇拜的对象也在发生着变化。如今作为大学生的我们对偶像的理解早已经历了从单一化向多元化的转变过程，崇拜对象也涉及各个行业、阶层。

2016 年 4 月 27 日，青年作家刘同来到浙江理工大学，与书迷们畅聊青春的感动与迷茫。一个半小时的讲座分享活动顺利结束后，对于刘同的离场，现场的书迷们反应不一。有一些书迷直接转过身去试图和舞台上的刘同自拍“同框”，另有一些书迷试图跟随刘同进入后台索要签名，也有一些书迷带着满足的心情自行离开。这种情况不禁让我们产生好奇：如今大学生对偶像的态度到底如何？

二、调查问卷

为了更加深入的了解大学生偶像观的现状，我们选择了问卷调查形式进行调查研究。

1. 问卷调查目的

切实深入地了解在校大学生是否有偶像、选择偶像的准则以及偶像对自身的影响等，走近在校大学生的偶像观。

2. 问卷发放/回收情况

本次问卷调查面向浙江理工大学的在校大学生，问卷发放地点主要集中在校图书馆和2号教学楼，共发放问卷110份，回收106份，其中有效问卷100份。

3. 调研结果分析

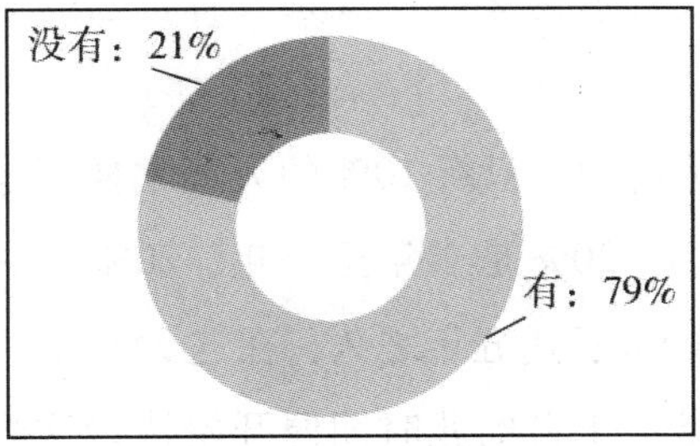

图1　是否有偶像

在收回的100份有效问卷中，79人有偶像，21人无偶像。而无偶像的21人中，囊括了从一至大四的不等人数，无明显差别。在这21人中，4人暂时没有找到偶像，1人没有时间关注这一问题，1人属于其他原因，15人表示不感兴趣。据进一步调查，一部分人心中确实有较为欣赏的一类人，但并没有达到偶像的程度；还有一部分人日常活动丰富，尚未静下心来正视“偶像”这个概念。

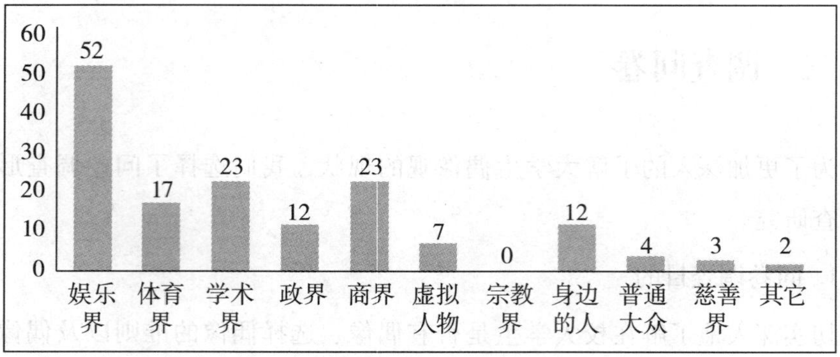

图2　偶像的类型

由图2可知，在有偶像的79人中，偶像的范围广泛，而由于近几年娱乐文化产业的迅速发展，占据大众视线的娱乐明星成为人们心中偶像的首选，因此，偶像中娱乐界占52%，有近几年大热的韩国明星宋仲基、郑容和、金宇彬等；也有中国老牌演艺明星成龙、范冰冰、胡歌等人；学术界和商界人士各占23%，刘同、马云、巴菲特皆榜上有名；还有12%的偶像来自身边的普通大众，或是在学校任教的老师，或是养育自己的父母；另有1位同学视自己为偶像。

在这些有偶像的人群中，只有10%的人经常换偶像。12%的人喜欢目前偶像的时间为半年以内，20%是半年至一年，20%是一年至三年，23%是三年至五年，还有25%的人长达五年之久，在这25%的人群中，偶像是虚拟人物的人占大多数，这是由于自幼儿时期便开始认识这些人物，且这些人物持续更新时间长。关于对偶像的关注频率，15%表示时时刻刻关注，这部分人通过微博、微信等公众社交平台关注偶像，时刻关注偶像的动态，并且一有空闲时间，便在浏览器上以偶像的名字为关键字进行搜索。15%是一周关注2－3次，23%的人选择视情况而定，以自我时间安排为准。

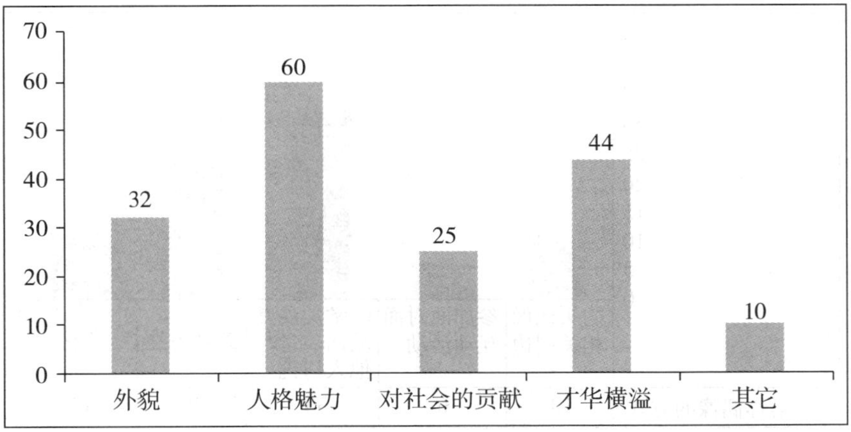

图 3　偶像吸引人的特质

有 60% 的人表示是被偶像的人格魅力所吸引，但显而易见，偶像的外貌也是一个重要参考因素。同时，上图还表明，人们对偶像的才华十分看重，也关注到了偶像是否对社会做出贡献。这种种迹象表明，在校大学生在对偶像进行选择时是深层而理性的，并非肤浅地看到了外在的美好，他们对一个人的思想品质和行为准则有着自我评判标准，体现了年轻一代的不狂热、不盲从。

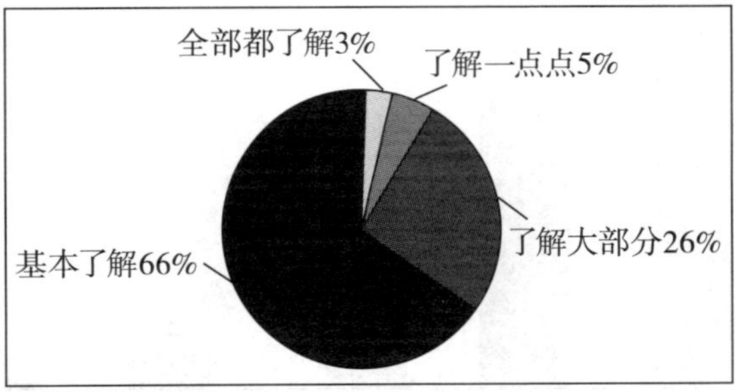

图 4　对偶像的了解度

由图 4 可以看出，大约有三分之一的人对自己偶像“基本了解”，而对自己偶像“了解一点点”和“全部都了解”的人只占了不到十分之一。进一步说明了，在校大学生对自己的偶像不仅仅只是表面的崇拜，也不是不是片面而泛泛的，而是较为全面地了解后的一种喜爱。但同时“了解大部分”的比例不到“基本了解”的半数，也说明了大学生对偶像的了解并不如表面那么深入，还有待发掘偶像更深层次的特质。

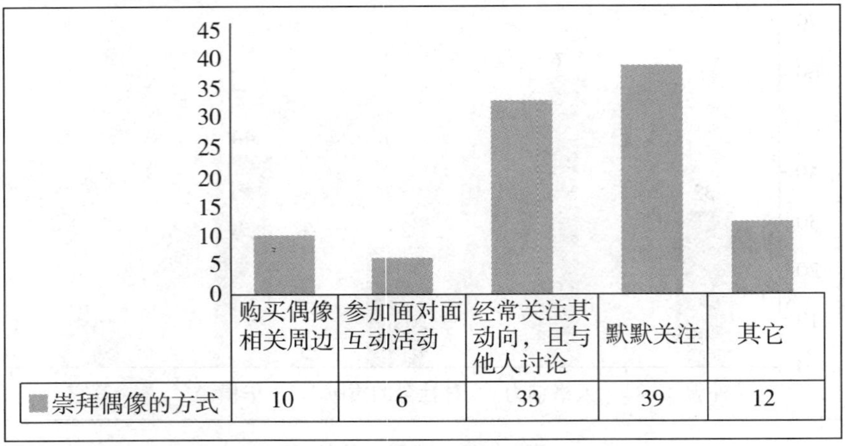

图5　崇拜偶像的方式

由图5可得出，大部分人崇拜偶像的方式以“经常关注其动向，且与他人讨论”“默默关注”为主，大约占了四分之三；只有少部分人选择“参与面对面互相活动”。由此可见，在校大学生中大多数人崇拜偶像的方式较为理性的，不是盲目追逐，只是默默关注。

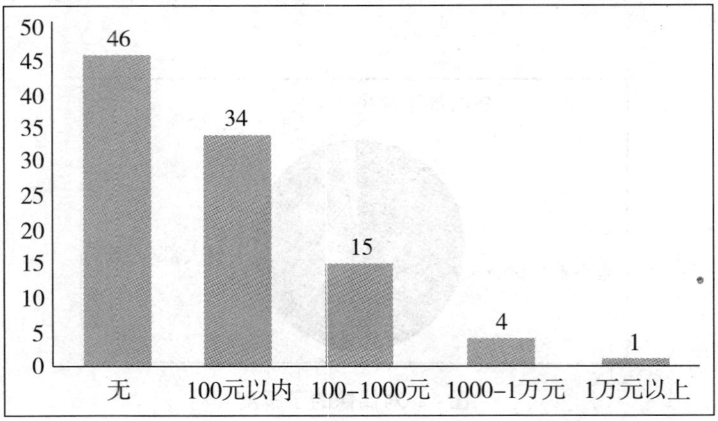

图6　与偶像相关的花费

从图6可知，有五分之四的人与偶像相关的花费是“无”或者是在“100元以内”，其中选择“无”的人占半数。而花费在一百元到一千元的人占了大约五分之一，只有百分之一的人在与偶像相关的花费上超过了一万元。由此可见，大多数人对于偶像更多是精神上的支持，不会花费或者只是花费一小部分去支持偶像，只有小部分人花费比较高的金额去支持偶像，例如参加偶像的见面会、演唱会等。

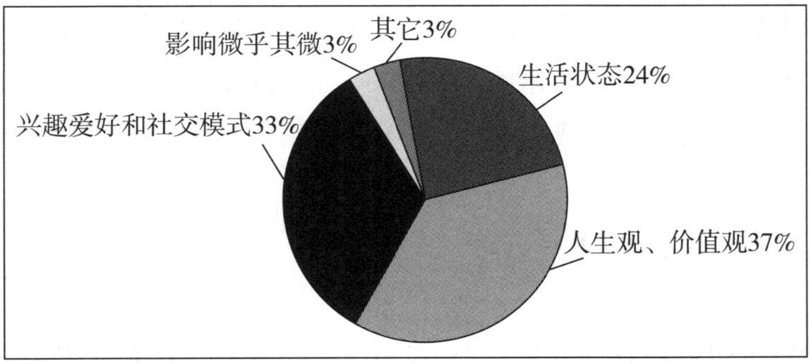

图 7　偶像对自身的影响

在偶像对自身的影响方面，只有 2% 的人认为影响微乎其微；24% 的人认为偶像在自身的生活状态方面产生了影响；33% 是偶像对自己的人生观、价值观方面的影响；34% 的人则认为在兴趣爱好和社交模式方面产生影响。由此可见，偶像对在校大学生产生的影响是方方面面的，他们所表露出来的思想情怀和精神状态会得到大众的追捧，甚至模仿。

为了寻求到更加理性的偶像观，我们采访了一位在我校教学武术的尹老师，他骄傲地向我们介绍了他的偶像。他在少时偶然看了李小龙主演的电影后就深深被武术所吸引，而他将李小龙作为自己的偶像已经 30 多年了。“我喜欢着我的偶像并且把他当作我生活的动力，你看我现在从事的就是跟武术有关的工作，李小龙沉着、冷静、勇敢、果断的内在气质，让我在无意识中被感染，当我遇到生活中的烦心事时，我也能够冷静面对。”面对现在所存在的一种“盲目追星”的现象，他回应了自己的观点：“不要光从一个人的外表就决定这个人是自己的偶像，我们应该从最本性、最本质的方面来寻找我们的偶像，要学习偶像身上最积极的方面。”

三、调查结果

通过以上的校园问卷调查，我们可以粗略的得出一个结论：在大学生这样一个刚刚离开中学、个体趋向成熟化的集体中，多数人拥有偶像，而娱乐圈的明星依旧是大部分人的偶像选择。虽然在偶像的选择上大幅偏重娱乐圈明星，但大学生普遍认为自己的看重点是人格魅力和才华。这些偶像对大学生的各方面发展起着非常重要的作用，大部分大学生选择通过移动媒体频繁关注偶像动态，偶像不仅会影响兴趣爱好、社交范围以及生活状态，甚至还包括他们的人生观和价值观，大部分大学生的偶像观还是较为理性的。

四、方案与建议

针对以上问卷和采访调查，我们经过讨论，得出以下建议方案。

1. 对于无偶像的大学生，我们建议加强大学生心理教育及校园论坛宣传，还有在班会课时加以深入辅导，促使这些同学正视并积极思考偶像的意义和作用，也可以推动一些认为“有欣赏的人但并未到达偶像程度”的同学全面认识自己欣赏的人，进一步学习他们的精神以促进同学们奋发向上。

2. 对于有偶像的大学生，我们建议学校广泛联系校内校外，以大力开展名人宣讲会、校友联络讲座等形式，让同学们认识到商界、学术界、体育界等娱乐圈以外领域的一些名人，发现他们的出色和优秀，促使同学们多多关注他们。学校也可以敦促校学生会、校团委等组织将“十佳歌手”、体育竞技等校园活动定期举办，吸引更多同学的关注。使大家对身边的文体擅长者有着更深入的了解，也可以将他们视为偶像，让自己和他们一起努力拼搏。另外还可以以寝室社区为单位，进行“说说你身边优秀的人”主题演讲，使更多的同学们发现身边同学的闪光点，并向他们学习，立志成为一个更好的自己。

3. 对于一些疯狂迷恋偶像、在偶像身上投入过量财产的同学，我们的建议是冷静。加强家校沟通，通过校园活动、身边人潜移默化影响等方式让这些同学认识到偶像并不是完美无缺的，在让同学了解偶像本质的同时辅以积极的心理教育，促进这些同学养成积极正确的偶像观。

五、总结

正如乔布斯曾说过，“我愿用我的全部科技来换取与苏格拉底一个下午的相处”。苏格拉底是古希腊哲学家，是真正意义上的哲学开山之人，他是乔布斯人生偶像名单上的第一名。乔布斯将苏格拉底、达·芬奇、哥白尼等称为“人类灵感的灯塔”，他鼓励人们“把苏格拉底的原则运用到生活、工作、学习以及人际关系上”。在他看来，这不只是关系到苏格拉底，更关系到自己，关系到如何创造更多的真、善、美。

我们之所以崇拜偶像，是因为偶像拥有我们羡慕向往的东西，但是这些东西不会因为我们崇拜偶像而使我们拥有。一部分大学生盲目崇拜偶像，强硬的要求自己实时关注偶像动态，甚至利用上课的时间刷微博、逛论坛，花费自己大部分的生活费来购买与偶像有关的商品，偶像的生活成了他们生活的中心。

我们要做的是将偶像作为我们的榜样，形成一种精神上的更高层次的向往。偶像也是人，他们并不是完美的，我们不可能复制偶像身上的所有经历来当作自身成长的模板，我们需要理性地看到偶像身上的不足和闪光点。学习他的闪光点，让偶像成为我们前进道路上的动力，助力我们去创造属于自己的人生；学习偶像身上好的品质，那么偶像能让我们渐渐明白，自己想要成为什么样的人。有偶像的指引，我们便不容易迷茫，有偶像作为激励，我们就不容易消沉。

将偶像作为榜样，帮助我们树立崇高的社会理想，为社会做出贡献、以偶像激励自我，树立正确的思想意识，不断奋发进取。我们的生活会因积极正确的偶像观增添不一样的光彩。

【附录】

关于在校大学生偶像观的问卷调查

亲爱的同学：您好，我们正在进行关于大学生偶像观的问卷调查，可否请您抽出几分钟的时间帮忙完成我们的问卷，非常感谢。（注：偶像的含义是广义的，并非仅局限于影视歌星）

一、选择题（含多选题）

1. 您的性别？

□男 □女

2. 您的年级？

□大一 □大二 □大三 □大四 □研究生

3. 请问您有偶像吗？

□有 □没有

（1）如果您有偶像，那么您认为您的偶像是以下哪类？（多选题）

□娱乐界 □体育界 □学术界 □政界 □商界
□虚拟人物 □宗教界 □身边的人 □普通大众 □慈善界
□其他

（2）如果您没有偶像，那么请问您现在没有偶像的原因是？

□暂时没有找到 □不感兴趣 □没有时间关注 □其他

4. 您喜欢您的偶像有多久？

□半年以内 □半年到一年 □一年到三年
□三年到五年 □五年以上

5. 您关注偶像的频率？

□时时刻刻都在关注 □一周关注 2－3 次 □一个月一次
□视情况而定

6. 您认为偶像的哪些特质吸引了您？（多选题）

□外貌 □人格魅力 □对社会的贡献 □才华横溢 □其他

7. 您是否经常换偶像？

□是　□否

8. 您对自己的偶像了解多少？

□全部都了解　□了解大部分　□基本了解　□了解一点点

9. 您崇拜偶像的方式是？（多选题）

□购买偶像相关周边　□参加面对面互动活动

□经常关注其动向，且与他人讨论□默默关注　□其他

10. 您目前为止与偶像相关的花费有多少？

□无　□100 元以内　□100 ~ 1000 元　□1000 ~ 1 万元

□1 万元以上

11. 偶像对您的影响体现在哪些方面？（多选题）

□生活状态　□人生观、价值观　□兴趣爱好和社交模式

□影响微乎其微　□其他

二、简答题

如不介意，可否请您写下您偶像的名字和职业：

____

经济管理学院工商六班：林婷、帕提马·吐尔孙尼牙则

宋子倩、孙芮祺、陶怡帆

指导老师　王继全

对“人肉搜索”在法律与道德层面的研究

人肉搜索引擎，利用人工参与来提纯搜索引擎提供信息的一种机制，实际上就是通过其他人来搜索自己搜不到的东西，与知识搜索的概念差不多，只是更强调搜索过程的互动而已。人肉搜索是把双刃剑，一方面这可能是信息时代一把公民监督之剑，另一方面这也会侵犯公民人身权利。

一、调查背景

人肉搜索是如今社会较为关注的问题，人肉搜索既带给我们利处，又带给我们诸多弊端，甚至侵犯到我们的某一些隐私权、名誉权。另外网络信息的发达、迅速传播、真假性难辨，可能会很大程度上妨碍公众认识到事件的真实情况。我国政府对于网络这一部分的法规，基本处于摸索状态，管理还未完善，但是我们也不得不承认人肉搜索在某些方面确实替人们解决了很多问题。我们想通过这个调查，研究公众对于人肉搜索的看法。

我们正处于互联网迅速发展的一代，各种引擎搜索层出不穷，科技拼命发展，唯恐落人之后，各种信息爆炸般向受众“砸来”。尽管你足不出户，其他人也能靠搜索把你“人肉”出来，这就是我们处在的时代。这是一个可以让你不出门，便知天下事的年代。人肉搜索成了网络时代特有的社会现象。从2001年的微软陈自瑶事件，到2006年的“踩猫事件”“铜须门”事件，2007年的流氓外教案、华南虎事件，再到2008年的“天价头”事件等，人肉搜索在中国社会的各个方面展现出巨大的威力。人肉搜索引起了社会各方面的关注，甚至引起了国外媒体的报道。随着2008年“人肉搜索第一案”——

王菲、姜岩案的出现，人肉搜索标志性地成了一个法律事件，而法院则向工业和信息化部发出司法建议，建议该部对“人肉搜索”等新生网络事物进行引导。

我们组成员为法学专业学生，期以法律的角度去解读人肉搜索为公众带来的影响。

二、调查方式与结果

1. 问卷调查，调查本专业毕业生就业情况，就业单位，部门。通过发放调查问卷，了解调查对象对人肉搜索的看法，为实践报告提供材料参考依据。

2. 访谈，与相关人员进行交流。借此可对人肉搜索于当代社会从道德和法律两个方面进行更透彻的分析，从而为针对人肉搜索的弊处，提出关于整改措施的建议。

3. 网上文献资料查找。

4. 调查材料总结

本次调查共发放问卷 200 份，回收 200 份。其中，受访者中男性占比 26%，女性占比 74%。调查者年龄在 18 岁以下者占 6%，18 – 30 岁者占 88%，30 岁以上者占 6%。

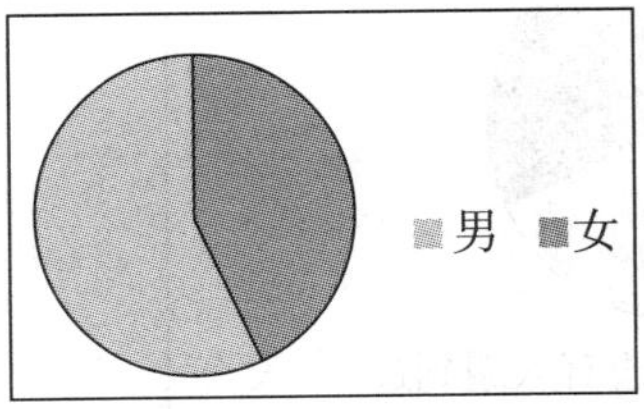

受调查者男女比例

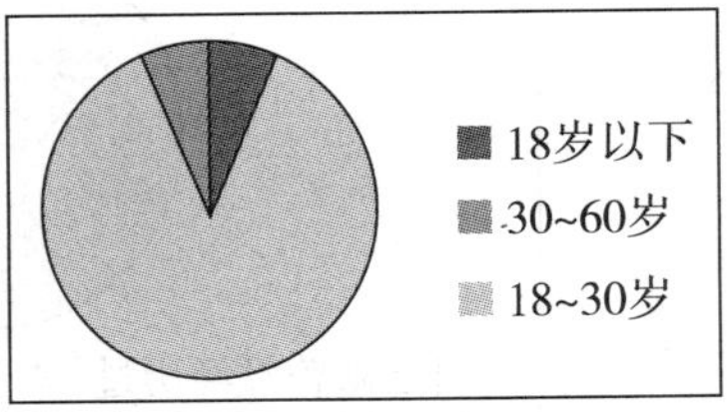

受调查者年龄情况

在你有没有听说过人肉搜索这个问题中，仅有 18% 的人表示没有听说过，28% 的人很少听说，而 54% 的人经常听说关于人肉搜索的话题。

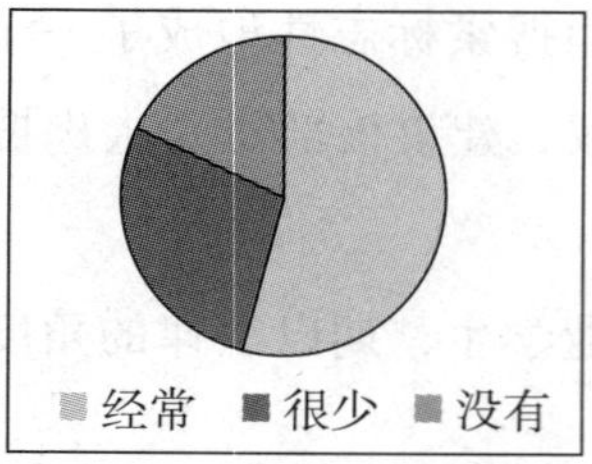

您有没有听说过人肉搜索

对于人肉搜索，46% 的人认为不能接受，44% 的人一般，没什么看法，另有 10% 的人认为很好玩，说明人们还是更加注重个人隐私，反对网络过度曝光。

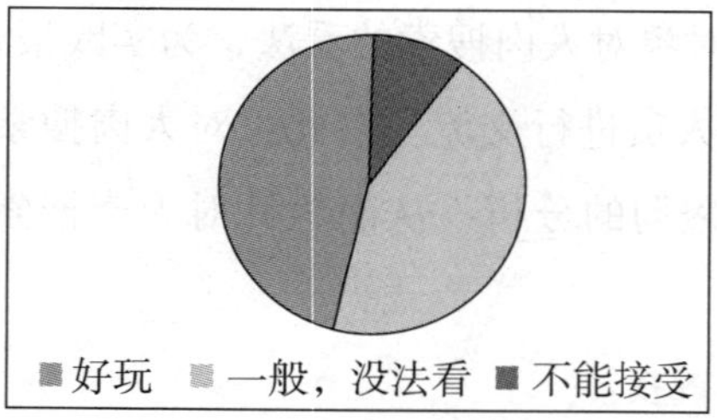

您对人肉搜索的态度

68% 的受调查者在身边并没有遇到过人肉搜索，18% 的人身边的人有遇到人肉搜索，14% 的受调查者表示自己就曾经受到过人肉搜索。

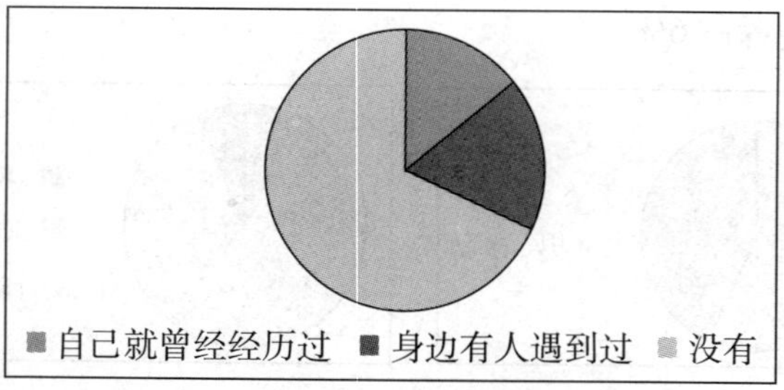

您身边有没有遇到过人肉搜索

在被调查者中，只有 6% 的人认为人肉搜索利大于弊，其中 32% 的受调查者认为利弊差不多，高达 62% 的受调查者认为弊大于利。从中可以看出大部分公民还是反对“人肉搜索”的，这已经扰乱了公民的个人生活。

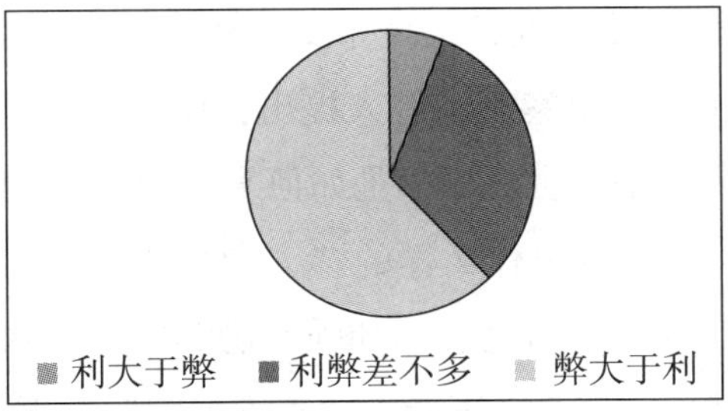

您认为“人肉搜索”是利是弊

有14%的受调查者认为人肉搜索对于他们在网上的言论影响非常大，48%的受调查者认为有一定影响，28%的受调查者认为基本没有影响，10%的调查者认为完全没有影响。这一调查结论可以看出人肉搜索在一定程度上会影响人们对这一事件的看法，让视线都落在当事人身上，而忽略了事件本身。

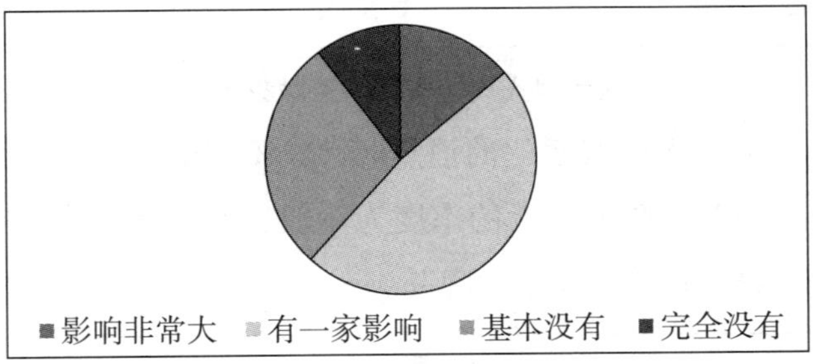

“人肉搜索”有没有影响您在网上的言论

高达66%的受调查者在自己的信息被公开是感到很不开心，14%的受调查者认为自己成名了而感到开心，20%的受调查者觉得无所谓。

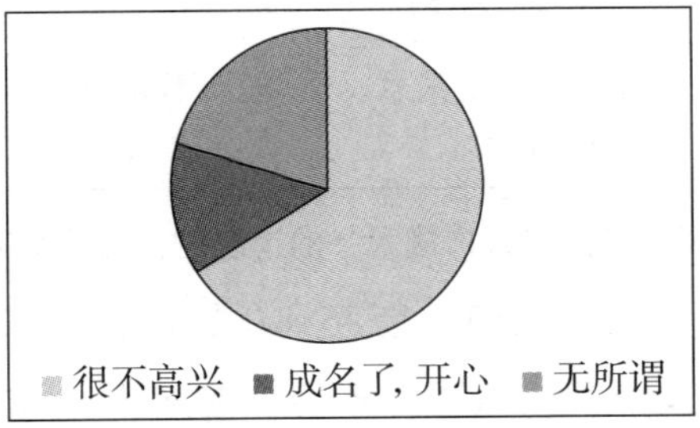

假如您的信息被人公开，您的反应

仅有28%的受调查者清楚人肉搜索触犯了法律并清楚是什么罪，60%的受调查者虽然知道触犯了法律但是并不清楚触犯的具体罪名。10%的受调查者表示并不清楚。2%的受调查者认为并没有触犯法律。全国人大常委会在分组审议刑法修正案（七）草案时，有人提出，保护公民个人信息，需要追究网络“人肉搜索”者的刑事责任。但是如何来区分“人肉搜索”中正当舆论监督与侵犯隐私呢？刑法打击什么样的“人肉搜索”？在这些问题解决之前，不宜将“人肉搜索”入罪，而是应当加强对隐私权的立法，界定隐私权的范围与边界。在这些基础完善后，再考虑“人肉搜索”入罪的问题。

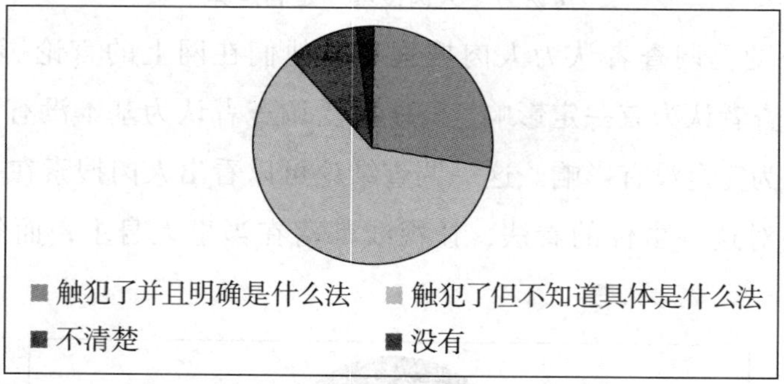

您认为“人肉搜索”是否触犯了法律

在阅读到有关“人肉搜索”的消息时，26%的受调查者感到好奇，喜欢阅读此类消息，58%的受调查者的态度为一般，不会特别注意或反感，16%的受调查者则选择了反感，不愿意阅读。

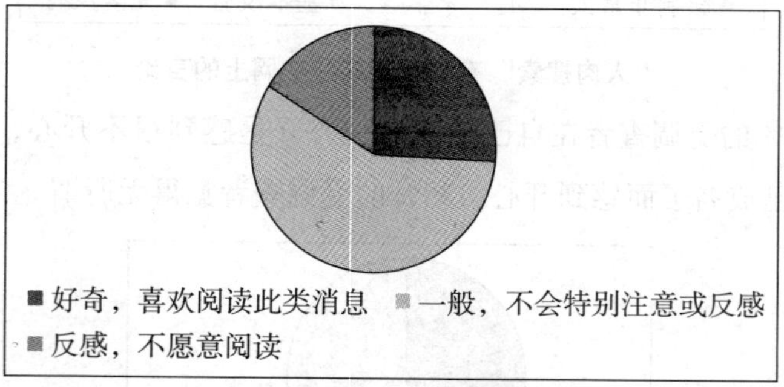

阅读有关“人肉搜索”的消息时，您的态度

64%的受调查者认为“人肉”能起到惩罚法律无法惩罚到的一些问题，36%的受调查者持相反意见，认为并不能。在网上，人人都能当警察？复旦大学社会学教授于海认为，“越来越多的‘人肉搜索’事件正在向私刑的性质发展，亟待接受法律的规范。”“人人都可以做道德评价，但是不能人人都来当警察。”更多来自法律界、社会学界、互联网领域的专家呼吁，提供“人肉搜索”功能的网站应当自我约束，并承担起保护每一个上网公民隐私权的法律责任。

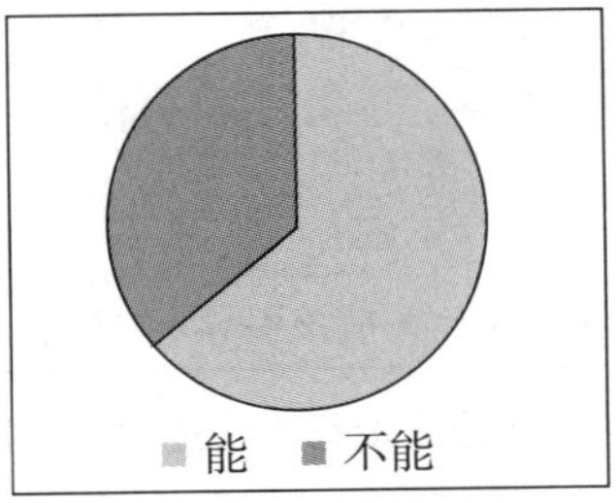

您是否认为“人肉”能起到惩罚法律无法惩罚到的一些问题

16%的受调查者非常同意“人肉”能够更多地帮助人们了解事情真相，57%的较为同意，另外有27%的不同意这个观点。

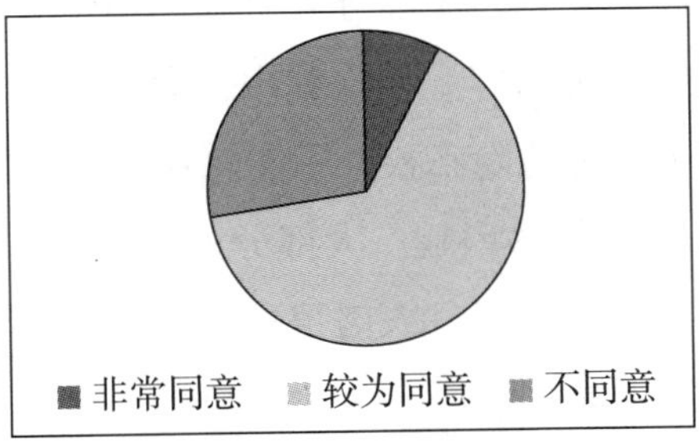

您是否认为“人肉”能够更多地帮助人们了解事情真相

4%的受调查者表示愿意协助别人或者独立进行人肉调查，表示看情况和不愿意的比例均为48%。

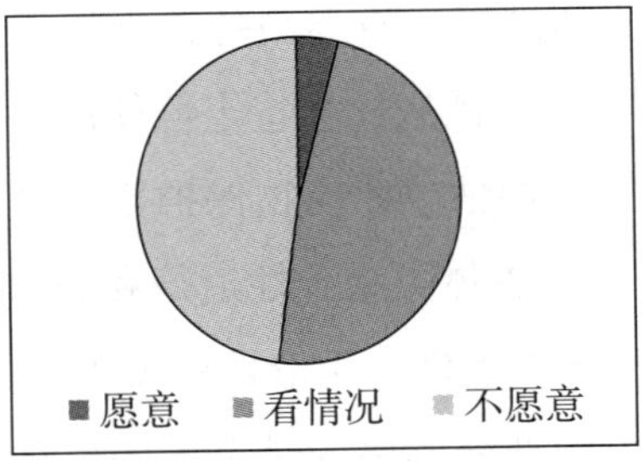

您愿意协助别人或者独立进行人肉调查吗

被调查的人中8%的受调查者认为必须制止人肉搜索这种行为，80%的受调查者则认为加强引导最重要，12%的受调查者认为无须制止。

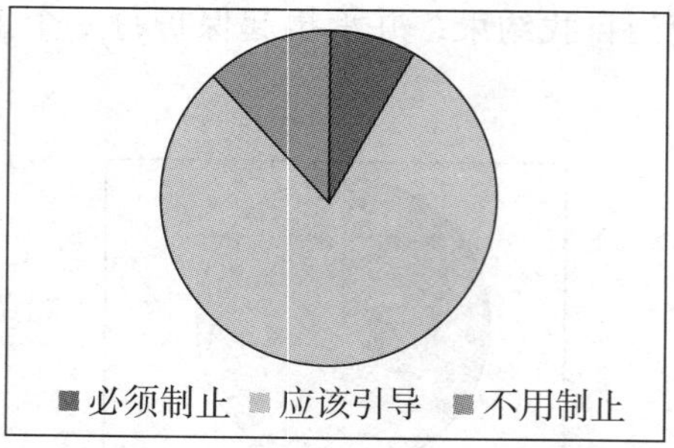

您是否认为应采取行为制止“人肉搜索”

四、调查结果分析

在本次调查中，我们发现，大部分人对人肉搜索并不陌生，超过半数的人经常能听说人肉搜索相关内容。在这其中，大约半数的人认为人肉搜索的行为无法忍受，侵犯了公民的隐私权。不能忽视的是，仍有 10% 的受调查者认为人肉搜索非常好玩，很感兴趣。大部分的人认为人肉搜索离自己很远，仅有少部分人在自己身边就遇到过人肉搜索，这也从一方面造成了他们对人肉搜索的关注度了解度不高。

人肉搜索既是对被搜索人个人信息的披露，也是对被搜索人行为的惩罚。当前中国的人肉搜索事件大致可以分为两大类型。第一类涉及搜索官员以及公众人物为主；第二类是关社会道德问题，一般是网民对于侵犯其道德情感的人物及其行为进行搜索和谴责。该类型的人肉搜索又可以分为两种：（1）是以“虐猫事件”为代表的、挑战社会特定群体的人肉搜索事件，虐猫事件侵犯了动物保护主义者的道德情感，动物保护主义者的行为高度一致，紧追不舍；（2）中国人肉搜索的主体类型：性道德和婚姻道德问题。多为婚外情等涉及家庭安全和伦理道德的事件。无论是在司法判决还是在立法提议当中，对于人肉搜索的规制理由大部分诉诸的是个人的信息隐私权。在这种理解方式当中，人肉搜索非法披露了被搜索人的个人信息，极大地侵害了被搜索人的隐私权。但是，支持人肉搜索的人们则诉诸另外一项公民基本权利——即言论自由权，人肉搜索被认为是公民在互联网上行使言论自由的宪法权利的体现。

从言论自由的角度来看，人肉搜索在某种意义上是公民行使其言论权和监督权的体现。人肉搜索问题很容易被看作是法律与道德之间的冲突：在涉及婚外情以及性道德的案件当中，被搜索方一般诉诸隐私权这一法律理由，搜索方似乎只能诉诸法律无法容纳的道德主张和伦理义愤。从法律文化角度来看，隐私权实际上是个舶来品。作为一个法律概念，隐私权的概念起源于1890年美国学者在《哈佛法律评论》（Harvard Law Review）的一篇文章。在那篇奠基性的文章当中，两位作者认为："由于技术的进步和都市报纸的窥私癖，有必要为隐私提供新的法律保护。快速照相和报社已经侵犯了个人和公民生活的神圣领地，许多机械设备的使用使我们面临着这样的威胁，最亲近的人们之间说的悄悄话也将被从屋顶上宣扬出去。……隐私权之所以值得保护，是因为它体现了个人自决、自我控制、尊重个性和人格发展的价值，而这些最终源于对作为独立主体的人的尊重。"

五、存在的问题与解决方案

在本次调查研究中，存在着样本不合理的问题：受调查者人数较少，年龄层较集中，被调查对象中女性偏多，可能会对调查结果产生一定的偏差。问卷题目设定不够严谨科学，层层推进性不强。

在法律目前仍然处于致力于获得民众尊重和遵奉的中国，法律受到文化冲突的挑战则更大。如果政府规制和法院判决不能很好地考量多元社会的文化冲突的话，法律本身的权威甚至会受到极大的挑战，人肉搜索现象及其带来的相应法律问题凸显了这种规制的困境。搜索本身无可非议，关键的是"人肉搜索"已经不再局限于网络行为，而是实实在在地对人造成物质、精神上的伤害，这与传统的暴力事件性质接近，也就进入了法律监管的范畴。

本文分析所得出的结论显然不能够、也不试图解决法律如何面对文化冲突的问题，但希望本文的分析能够使得规制者和观察者透过法律形式上的权利冲突看到诸如人肉搜索等法律问题背后的实质争议，对于这些问题的法律处理需要建立在对于实质争议的理解和把握之上，还要对网络的健康发展产生良性的引导，兼顾法律效果与社会效果。

【附件】

关于“人肉搜索”的道德与法律分析的调查问卷

您好，我们是浙江理工大学法政学院15级学生，正在进行对“人肉搜索”的道德与法律分析的课题研究。抱歉打扰您宝贵的时间来完成这份问卷，祝您生活愉快，谢谢！

1. 您的性别？

A. 男　　B. 女

2. 您的年龄？

A. 18岁以下　　B. 18～30岁　　C. 30～60岁　　D. 60岁以上

3. 您有没有听说过人肉搜索？

A. 经常　　B. 很少　　C. 没有

4. 您对人肉搜索的态度是？

A. 好玩　　B. 一般，没看法　　C. 不能接受

5. 您的身边有没有遇到过人肉搜索？

A. 自己就曾经经历过　　B. 身边有人遇到过　　C. 没有

6. 您认为“人肉搜索”是利是弊？

A. 利大于弊　　B. 利弊差不多　　C. 弊大于利

7. “人肉搜索”有没有影响你在网上的言论？

A. 影响非常大　　B. 有一定影响　　C. 基本没有　　D. 完全没有

8. 假如你的信息被人公开，你的反应是？

A. 很不高兴　　B. 成名了，开心　　C. 无所谓

9. 您认为“人肉搜索”是否触犯了法律？

A. 触犯了，并且明确是什么法律

B. 触犯了，但不知道具体是什么法律

C. 不清楚　　D. 没有

10. 阅读到有关“人肉搜索”的消息时，您会怎么做？

A. 好奇，喜欢阅读此类消息

B. 一般，不会特别注意或反感

C. 反感，不愿意阅读

11. 您是否认为“人肉”能起到惩罚法律无法惩罚到的一些问题？

A. 能　　B. 不能

12. 您是否认为“人肉”能够更多地帮助人们了解事情真相

A. 非常同意　　B. 较为同意　　C. 不同意

13. 您愿意协助别人或者独立进行人肉调查吗

A. 愿意　　B. 看情况　　C. 不愿意

14. 您是否认为应该采取行为制止“人肉搜索”

A. 必须制止　　B. 应该引导　　C. 不用制止

15 级法政学院法学 3 班：罗松玲、黄家茵

15 级法政学院法学 1 班：周之婷

指导教师：王继全

关于个体户的生存、心理、价值观的调查分析
——基于杭州下沙60户个体户的问卷分析

自由是大多数个体户选择从事这一行业的主要原因。个体户自己的生存状况大多是满意的，其中家庭和睦、与朋友关系密切是大多数个体户生活的动力，在社会的压力下，这方面的建设也成为改善个体户生存状况的主要方向。经济仍然是目前最困扰个体户的因素，个体户对自身的状况、店面的规划、国家的政策与发展前景的概念比较模糊，引导他们更好地改善自己目前的状况，对提高这个群体的幸福感有重要的意义。

本次调查问卷在杭州下沙的物美、福雷德和百联奥特莱斯三个地方进行，共发放问卷60份，回收有效问卷60份。在发放问卷的过程中，我们努力选取有代表性的个体户，避免因为选取地点单一而造成结果的偶然性。礼貌对待每一位参与调查问卷的个体户，在他们的闲暇时间进行采访调查。

一、从事个体户行业的原因

根据我们的调查数据显示，有50%参与调查的店主是在有稳定工作之余，赚取更多的钱，进而改善生活；40%的人是因为可以自主安排时间，工作较为自由；还有10%的人是因为找不到理想的工作以及其他原因，暂时经营个体生意。

马斯洛的需求层次理论指出，人类需求像阶梯一样从低到高按层次分为五种，分别是：生理需求、安全需求、社交需求、尊重需求和自我实现需求，而占比重最大的赚钱改善生活，就属于安全需求。在较低层次的基本需求得

到满足后，最简单的温饱已经不再发挥原有的魅力，人们转而开始寻求更高层次的追求。而可以自主安排时间，工作自由，则体现出人们的民主意识越来越强，更加渴望一个相对自由、宽松、和谐的环境；更加强调拥有一个舒适的工作环境。由于找不到工作所以才从事个体户也从一个侧面反映出，当今社会人们的创业意识逐步增强，体现了就业形式的多样化。

二、个体户的生存状况

1. 附近同行业的竞争成为个体户的主要压力来源之一

调查个体户经营中的压力来源，其中 63% 的个体户表示压力来源于附近同行业；23% 的人表示压力来源于网商；12% 的人认为压力来源于附近外部势力竞争压力；只有 5% 的人表示没有感到竞争压力。

这反映出实体店的商户面临的主要压力来源于竞争对手，市场经济下行业竞争越来越大，个体户不仅仅需要提供优质的商品和服务，更需要知道如何在众多的商家里脱颖而出，进而转化为吸引顾客的资本，这就是店主面临的首要问题。而随着网络的不断普及和发展，网商给实体店带来的压力也同样不容小觑。网店往往省去了店面费，因而成本较低，所以商品价格也较低，这就给实体店面增强了竞争压力。但是从另一方面看，这也迫使实体店加快转型升级，不断增强自身的可竞争性。而各种大型企业得天独厚的优势，比如资金更充足，拥有资源更加丰富多样化，这些也在一定程度上对小微型实体经济的发展产生了或多或少的影响，从这些都可以看出个体户的生存环境即面临机遇同时也有挑战。

2. 高质量与低价格成为个体户吸引顾客的主要因素

个体户吸引客户的原因，70% 的店主更看重质量；65% 的店主也很注重服务；30% 的店主认为低廉的价格占了相当大的比例；15% 的店主看中方便快捷；13% 的店主注重店面的装修设计；5% 的店主认为还有其他因素。

显而易见，质量因素毫无疑问地成为店主也是顾客最关心的一个热点。市场中的商品之所以有供有需，就在于它拥有价值，质量较高的商品，能够更好地满足人们的需求。而且质量高往往会吸引更多的“回头客”，为店主积累顾客资源，有利于个体户的长远发展。仅次于质量的第二大因素就是服务，良好的服务态度以及贴心的后期服务都会给店家加分，顾客对其印象也会很好。质量好、服务好的地方大家自然就会多去几次，商户的营业额也会增加。随着实体经济的增加，人们的生活水平也得到了提高，在这种情况下，价格因素的影响有了一定程度的降低。而随着年轻一代逐渐成为消费的主流，店面的装修设计也成为店主心中一个很重要的因素，紧跟时代潮流，时尚化、个性化也表现得越来越明显。

3. 经济问题成为个体户面临的主要问题

个体户经营过程中的最大问题，33% 的店主认为是资金问题；32% 的店主认为是网络购物压力过大；20% 的店主认为是自己经营能力有限；分别有 18% 的店主认为是由于政策不够宽松以及对个体经济的发展缺乏信心；13% 是因为其他原因。

资金是一个店面运转的最基本也是最重要因素，而个体户在经营过程中遇到的最大问题也是资金问题。与这个因素几乎同等重要的，则是网络购物给实体店的压力过大，近几年网络的普及以及网商的迅速发展都给实体商户的生存增加了障碍，同时也有相当一部分店主认为政府政策不够宽松，这反映出个体户在经济社会中的优势与作用并没有得到充分发挥，个体户的市场还有待进一步的开发。而个体户的社会参与意识也在不断增强，这表现在个体户对经济关注的越来越多，对个体经济的发展缺乏信心。同时，店主对自身缺乏信心，这其实反映出个体户本身的能力有待进一步的加强，个体户仍需要对外不断学习，不断完善自己，增强自身的特色性、不可替代性。

4. 个体户在闲暇时候大都选择与朋友逛街

调查结果显示，在闲暇时，2% 的人选择看书，12% 的人选择运动，25% 的人选择和家人在一起，48% 的人选择逛街，12% 的人选择其他休闲方式。

近半数的人通过逛街娱乐自己，意外的是，其中男女占据了相近比重。从心理学角度分析，女性购物是享受过程，男性购物则是享受结果，可见对个体户而言，逛街无一例外的也是他们休闲娱乐的选择。而四分之一的人选择和家人在一起，这部分人比较看重家庭，因此，若家庭因素通过合理发挥，将成功刺激其工作生活上的进步发展。所谓偷得浮生半日闲，在繁忙的工作之余，个体户的娱乐方式确实在扮演着个体户生存发展必不可缺的角色，健康的消遣方式可有效缓解工作带来的压力，加快自我恢复，从而更快更高效地投身于未来的工作。

三、个体户的心理状况

1. 大多数个体户对目前的生存状况是满意的

据调查结果显示，对自己目前的工作是否满意这个问题，7% 的人选择非常满意，64% 的人对自己工作比较满意，27% 的人略有不满，仅有 2% 的人选择了非常不满。

工作状况是影响心理状况的一大因素，令人满意的工作会使人的内心感到满足，提高生活质量，差强人意的工作也将影响人们对生活的积极性与主动性，更不用说那些叫人不满意的工作对群体产生的负面影响。从超过半数的受访者满意于目前工作现状的结果可以看出，大部分个体户不存在生存方面的心理困扰。然而，仍有近三分之一的受访者不满意自己的工作，在社会中，这便是国家需要着重观察分析的现象。不良的工作状态将从心理上影响群众的生活态度、自我发展，从而影响社会稳定，这样的群体所占比例虽小，却不容忽视。

2. 家庭和睦和社会福利的保障仍然是个体户最关心的问题

调查结果显示，在面临对自己最重要的因素选择时，59% 的人选择家庭和睦，34% 的人选择收入增长，5% 的人选择获得他人认可，2% 的人选择社会福利完善。而对于最难以承受的压力这一问题时，45% 的人选择家庭不睦，20% 的人选择工作不顺，23% 的人选择社会问题，12% 的人选择人际交往问题。

家庭因素是对个体户的影响最为显著，其次才是工作收入。在个体户心中，传统家庭观念已经根深蒂固，家庭和睦无疑是自己专心于工作的重要后盾支撑，当家庭发生问题，个体户心理稳定遭到破坏，难免心烦意乱，从而影响工作顺利进行。对大部分看中收入状况的人来说，工作的整体状况是他们的生活重心，收入的增长可以激发他们的自我满足感，从而感受到自我价值的实现，这在一定程度上也有利于促进个体户的继续生存发展。另外，也有少部分人比较重视来自他人与社会的影响，其中社会压力占据了生活压力的大部分。目前，社会对个体户的福利还不够到位，个体户在如今网络化的市场中立足之地愈加狭隘，他们希望政府能采取行之有效的措施来调节个体户的生存现状，保障他们的未来发展。

3. 面对负面情绪，个体户往往选择向朋友倾诉

调查结果显示，当面对事情无法顺利进行的时候，大部分的受访者选择找朋友倾诉这一途径排解情绪，在他们心中，友情是生活的重要组成部分，他们依赖于友谊带来的安全感。而选择独自承受的人数仅次于前，这类人性格比较独立，遇事自我排解消化。对于乐观的人，这种做法确实行之有效，可对于消极的人，日积月累的压力将逐渐将其打垮，危害其身心健康，需要及时得以纠正。

四、个体商户在经营过程中遇到的困难

1. 对政府政策了解不足

据调查显示，10%的个体户对政府的政策有较全面的了解；50%的个体户对政府政策的了解是微弱的，甚至只听说过，并不理解相关的内容；而40%的个体户则只了解和自己目前状况和经营有关的政策；10%一点都不了解。从以上数据可以看出我们所调查的个体户经营者与政府的互动是极少甚至是没有关系的，在市场经济下，虽然主要的经营活动由市场自身调节，但是政府与市场的联系、互动也是必不可少的，经营者只有时常关注国家的政策、发展方向以及各种方针，才可能进一步规划店面的发展情况、计划方向与目标，才能在知形式、看趋势的条件下进行下一步的工作。

2. 忽视管理模式的作用

50%的个体户认为他们的管理、经营模式与市场同步；20%的则认为比较落后但不知怎么调整；20%认为管理模式的形式对他们的发展没有影响，还有10%的个体户甚至没有考虑管理模式这个名词。从这些数据以及个体户对于政府政策的了解情况可以看出个体户比较看重自己的当前的利益，并且希望未来有更好的提升，在市场经济中占领一定的地位，但是因为自身的局限性，并不知道如何正确地调整工作状态。

3. 工作的环境不是很理想

我们统计出60%的个体户更愿意在尽量没有竞争力的环境下工作，30%的商户选择竞争力一般的，只有10%的个体户愿意选择竞争力大的环境。随着社会的不断发展以及市场经济的冲击，个体户的发展越来越快，但是个体经济几乎都是家族式经营管理，绝大多数个体户的生产经营活动主要是为了求生存，其经营规模普遍弱小，所以更希望自己的经营的店能安安稳稳的，最好没有压力。

4. 对自身发展规划不足

对于个体户是否规划过所经营的店的年限和规划的时间，50%定在1年内，20%预计在1－5内，30%则规划大的是10年以上，但有的个体户并没有规划过自己经营的时间，他们认为“走一步看一步”，经营时间与自身的绩效有关，如果发展前景乐观，就有可能会经营更久。

5. 网购的冲击

在网络迅速发达的今天，网购冲击着实体店的销售量，实体店面临着巨大的挑战，所以就这种情景我们通过问卷对个体户看待网购的普遍性及对自身的影响的问题进行分析，25%的个体户认为网购对自己影响非常大但不知采取怎样的措施；50%的人已经拥有危机感并正在采取各种措施；只有25%的个体户则认为对自身的影响不大；还有10%的个体户认为无所谓。

在社会主义市场经济条件下，个体户竞争加剧的原因是多方面的，从社会经济环境来看，上世纪90年代中期以来中国社会发生了新的演变趋势，其中一个重要的方面就是由生活必需品时代逐渐步进入消费品时代，这个重要的转变导致了经济增长模式和条件的根本性变化。而绝大多数个体户由于资金少、规模小、实力有限、经营耐用消费品有相当难度，并且很多个体户都安于现状，追求眼前利益，只求安稳就行。要解决个体户的发展难题，除了从自身入手外，国家应该给个体户营造良好的经营环境，并给予他们更多地发展机会。

五、总结

目前，个体私人经济已经成为我国国民经济的重要组成部分。作为改革下的新生群体，个体户始终受到关注。最新研究成果表明，个体户已经十大社会阶层之一的一个独立阶层，在国家的生产生活中占据重要地位。因此，对这个群体的研究，有利于提高国民幸福指数，提升国家整体水平。

由于个体户竞争中的压力来源有相当大一部分是来自附近同行业，所以很多个体户都希望可以通过联合周边其他商户来提高自身生存状况，小型个体户之间的联合不仅可以提高竞争力，占领更大的市场份额，同时还可以一起抵御外部风险，推进长远发展。一部分个体户则希望政府加大资金扶持力度，这反映出市场经济条件下，政府的宏观调控仍然发挥着重要的作用。也有很多店主认为需要周边大企业的帮助。不过寄希望于外部环境总不是万全之策，所以归根到底还是需要个体户提高自身的实力，真正凭借自身的质量与服务开拓市场。

【附录】

关于个体户的生存、心理、价值观的调查问卷

您好！我们是浙江理工大学的学生，正在做对个体户的生存、心理和价值观进行调查，很感谢您能在百忙之中能抽出时间填写我们的问卷，以下内容我们承诺不涉及您的隐私并且严格保密，请放心填写。

1. 性别

   A. 男　　B. 女

2. 年龄

   A. 18－25 岁　　B. 26－40 年　　C. 41－50 岁　　D. 50 岁以上

3. 从事行业

   A. 餐饮　　B. 服装　　C. 百货　　D. 水果

4. 所处地点

   A. 繁华的街区　　B. 学校附近

5. 您对目前的整体工作状况（工作复杂度、工作时间、工作薪酬等）满意吗？

   A. 非常满意　　B. 比较满意　　C. 略有不满　　D. 非常不满

6. 当您在工作中产生负面情绪时会选择如何排解？

   A. 向家人倾诉　　B. 独自承受　　C. 找朋友倾诉

   D. 运动　　E. 看书

7. 您平时闲暇时喜欢做什么？

   A. 看书　　B. 运动　　C. 和家人在一起

   D. 逛街　　E. 其他

8. 您认为最难以承受的压力是？

   A. 家庭不睦　　B. 工作不顺　　C. 人际交往问题　　D. 社会压力

9. 对您来说下面哪项是最重要的？

   A. 收入增长　　B. 家庭和睦　　C. 获得他人认可　　D. 社会福利完善

10. 您从事个体经营的原因是什么？

A. 可以自主安排时间，工作自由

B. 在有稳定工作之余，赚取更多的钱，改善生活

C. 暂时找不到理想的工作，暂时经营个体生意

D. 继承上一代　　E. 其他

11. 您经营中的竞争压力主要来自？

A. 附近同行业　　B. 附近大型企业

C. 附近外部势力竞争压力　　D. 网商的压力

E. 没有竞争压力

12. 您认为您吸引客户的原因是？（多选）

A. 质量　　B. 服务　　C. 低廉的价格

D. 店面的装修设计　　E. 方便快捷　　F. 其他

13. 您觉得您在经营过程中遇到的最大问题是？（多选）

A. 资金问题　　B. 政策不够宽松　　C. 对个体经济的发展缺乏信心

D. 自己经营能力有限　　E. 网络压力过大　F. 其他

14. 您对提高个体户这一行业的生存状况有哪些建议？

A. 需要政府加大力度和资金扶持

B. 需要联合周边其他个体户来提高自身生存现状

C. 需要依靠周边大企业的帮助

D. 没有想过

15. 您对政府的政策了解吗？

A. 很了解　　B. 只了解和自己目前现状有关的

C. 不太了解，只听过　　D. 从不了解

16. 希望工作环境达到怎样的标准？

A. 竞争力很大的　　B. 竞争力一般的　　C. 尽量没有竞争力的

D. 无所谓，只要注重自己的质量问题就可以解决

17. 您对自己的店进行过最长的规划是多长？

A. 1 年以内　　B. 1－5 年　　C. 10 年

D. 10 年以上　　E. 从没有想过

18. 怎样看待网购的普遍性及对自身的影响？

A. 网购太普遍对自己影响很大但不知道怎么做.

B. 影响不大

C. 有影响但正在采取措施

D. 无所谓

19. 您觉得你的管理模式怎样？

A. 紧跟市场经济脚步

B. 比较落后的管理模式但不知怎样调整

C. 不觉得管理模式对自身的发展有什么影响

D. 没有考虑过

15 公共管理（2）班：刘伟红、吕伟利、张青、高翔

指导教师：林贵长

数字化校园如何更进一步？

——关于校园一卡通科技创新的调查研究

随着校园的数字化、信息化建设的逐步深入，校园内的各种信息资源整合已经进入了全面规划和实施阶段，校园一卡通是一项学校正在进行的结合统一身份认证、人事、学工等 MIS 和应用系统等数字化信息建设。通过共同的身份认证机制，实现数据管理的集成与共享，使校园一卡通系统成为校园信息化建设有机的组成部分。本次调查研究立足于校园一卡通的现况发展，从科技层面探讨校园一卡通更好的运用前景。

一、调查研究概况

1. 调查形式：线上问卷派发
2. 调查主题：校园一卡通
3. 调查目的：通过调查校园一卡通的现况发展以及大家对其所持态度研究为进一步实现数字化校园提供合理化的科技创新方法
4. 调查对象：学生（截至 2017 年 5 月 12 日晚，共收 165 份问卷调查反馈，其中 160 人 18 –26 岁，5 人 18 岁以下）

二、校园一卡通的概况与优势

校园一卡通是以 IC 卡为信息载体，适用于校园消费和管理的网络系统。IC 卡取代了学校管理和生活中所使用的各种个人证件和现金支付手段，在一张小小的 IC 卡上实现生活消费、学籍管理、身份认证、网上交费等多种功能。校园 IC 卡与银行联网，可以在校内外银行网点和指定商户圈存、圈提、取现、消费，真正做到一卡通用。

校园一卡通系统实现了“一卡在手，走遍校园”，同时带动学校各单位、各部门信息化、规范化管理的进程。此种管理模式代替了传统的消费管理模式，为学校的管理带来了高效、方便与安全。一卡通系统是数字化校园建设的重要组成部分，是为校园信息化提供信息采集的基础工程之一，具有学校管理决策支持系统的部分功能。

信息时代的校园，当然离不开信息化的管理。校园一卡通将智能 IC 卡的强大功能与计算机网络的数字化理念融入校园，将学校各个系统连为一体，动态掌握每一持卡人情况，极大提高学校的管理水平。校园 IC 卡的推广使用将极大方便学生、教工的生活，减轻携带各种证件的烦恼，并与学校其他信息基础设施相配合，促进校园信息化管理水平的提高。

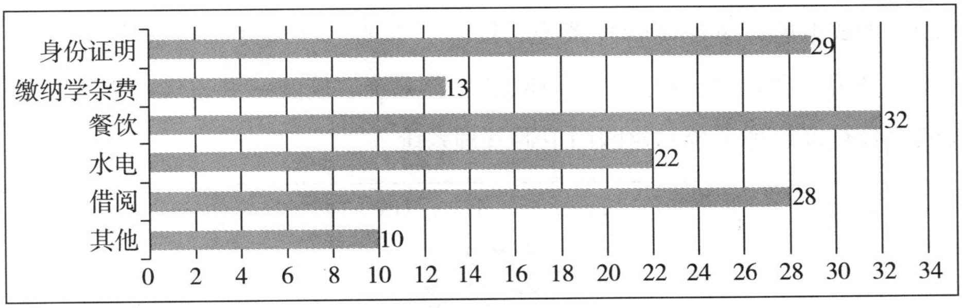

您觉得校园一卡通能做些什么？（多选）

真正的“一卡通”并不是简单的消费卡，而是能实现校园管理中各方面的用途。校园一卡通具有校园管理功能，它有校内消费结算和身份识别两方面的用途，可取代餐饮卡、借书证、上机证、考试证等校内证件。学校赋予校园卡以校园内唯一的电子钱包消费结算手段，也是校园内信息管理系统中电子身份识别的唯一介质。它还具有金融服务功能，学生持由银行特制的借记卡，可以实现银行卡的各种服务，包括取款，在设有银联标志的场所的 POS 机上消费。学生及其家长可充分利用银行业全国通存通兑的服务，将学生的生活费、学杂费等直接在异地存入校园卡中。除此以外，学校师生还可通过校园卡的基本存款账户办理水电费、学费、管理费、奖学金、助学金等代收代付业务。它也具有自助查询的功能，在多媒体自助查询终端，可完成有关校园卡账户余额、交易明细、奖贷学金、借书等综合信息的自助查询真正实现一卡在手，即可完成校园内各个场所消费、转账、查询、充值等诸多功能，大大提高校园生活质量。

校园一卡通普遍具有以下六个特点：（1）同数字化校园相辅相成，其身份部分要大于数字化校园，是对数字化校园的一个补充，且解决数字化校园无法解决的交易问题；（2）系统普遍采用三层架构；（3）遵循中国人民银行 PBOC2.0 标准；（4）兼容 CPU 卡、MifareOne 卡终端设备；（5）支持电子钱包应用；（6）具有完善的系统账务平衡管理。

校园一卡通已连接的系统有：一卡通平台系统、身份认证识别系统、第三方接入系统、门禁管理系统、考勤管理系统、无障碍通道管理系统、指纹认证系统、会议签到系统、校园综合收费管理系统、校园餐饮收费管理系统、无线校际班车收费系统、校园浴室和开水房管理系统、预付费水电管理系统、智能集中式电能计量控制管理系统、校园一卡通考试监管管理系统、校园一卡通图书馆管理系统、校园一卡通网络计费系统、校园一卡通机房管理系统、校园综合查询管理系统和校园门卫通管理系统。

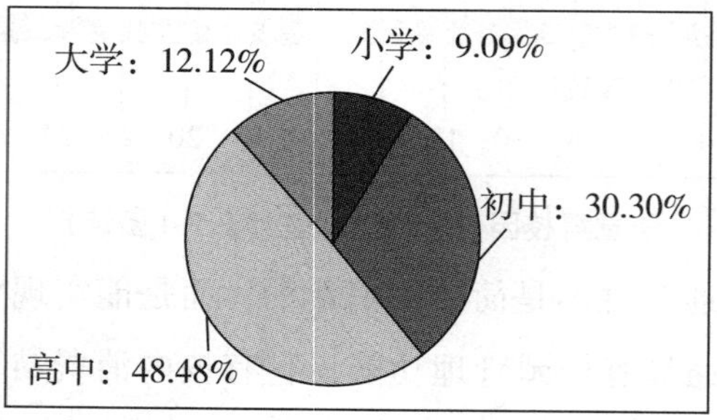

您从什么时候开始使用校园一卡通？

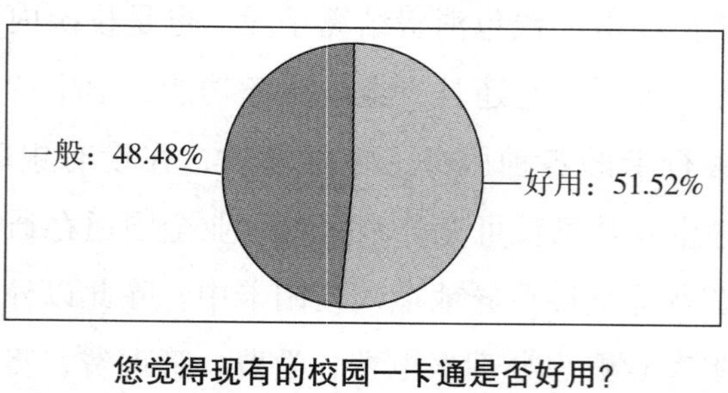

您觉得现有的校园一卡通是否好用？

调查数据显示，很多同学在初中甚至有些同学在小学就已经接触到校园一卡通。同时有超过半数的同学觉得校园一卡通是好用的，并没有人不好用，这表明绝大多数学生能够认可一卡通，但其中也存在着一些弊端。它的各个功能为我们在校期间的生活提供便捷，它的多功能性和通用性简化了校园生活中繁琐的程序。

校园一卡通为数字化校园提供重要数据决策信息，通过共同的身份认证机制，实现数据管理的集成与共享，这样的有机结合，可以避免重复投入，提高建设进度，为系统间的资源共享、各子系统数据互联互通打下基础。

三、校园一卡通的不足与缺陷

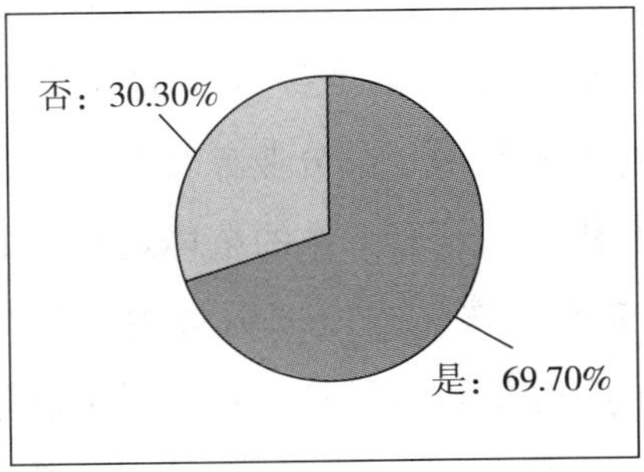

您的校园一卡通是否丢过？

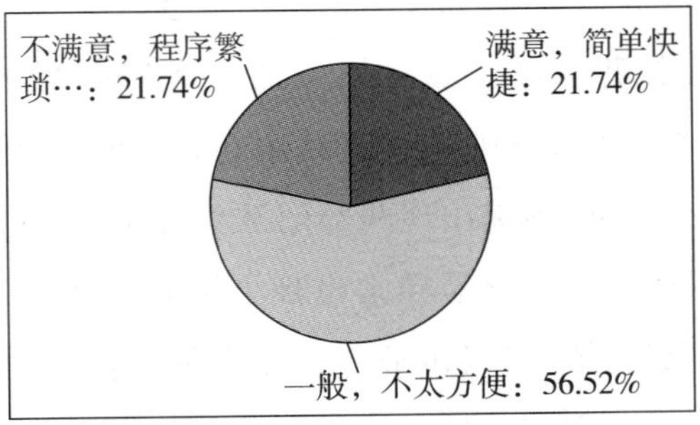

您觉得现有的补办程序是否满意？

调查数据显示，受访学生大多数有过的丢失一卡通的经历。而在补办过程中，超过半数的同学认为补办程序一般，不方便，更有一部分同学对补办过程不满意，认为补办过程太繁琐。就我校而言，丢失饭卡后补办需先到后勤大楼的机器处选择补办，然后 48 小时后再到人工处出示学生证领取，这个流程耗时长且不能一步到位。

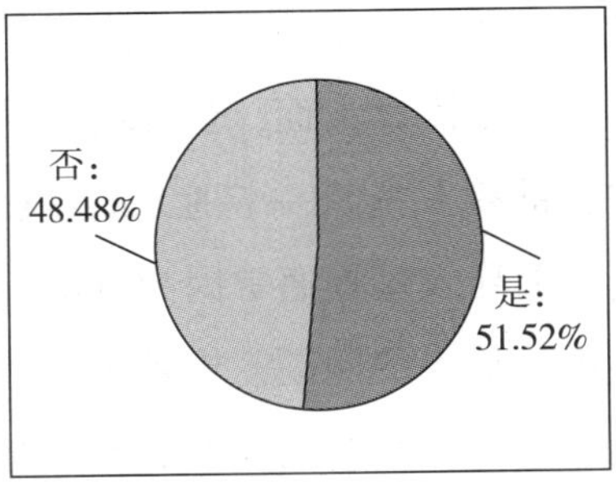

您的校园一卡通是否有绑定银行卡？

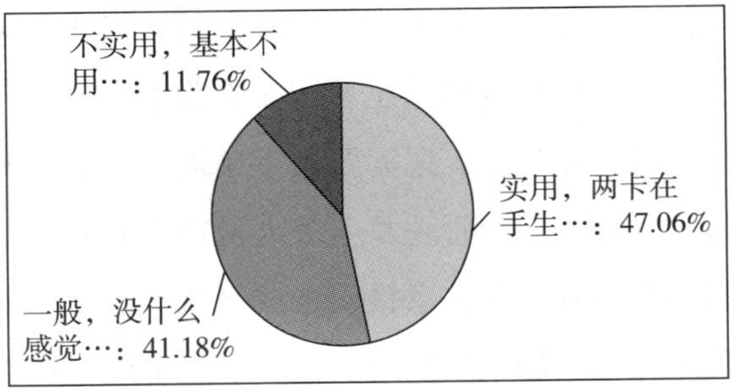

您认为绑定银行卡是否实用？

对于是否绑定了银行卡这一问题，半数同学选择了绑定，其中又有半数同学认为绑定银行卡十分好用，一部分同学觉得一般，对于是否绑定没有感觉；极少数同学认为绑定银行卡不实用。绑定银行卡便于一卡通的及时充值，但在其他方面收效甚微，并没有太大优势。

除此之外，一卡通还存在多部门监管不利于一卡通工作的整体运行、圈存转账不方便，毕业生账户存在成为系统垃圾等问题。

1. 多部门监管

大部分高校有专职的一卡通管理中心负责校园一卡通所有业务，其归属部门有计财处、网络中心、后勤、党政办等，也有的高校一卡通中心属于独立部门。一些高校的一卡通业务以“钱”为标识被划分为两部分，充值、圈存补助等与“钱”相关的业务归财务处，系统与设备维护等不直接涉及“钱”的业务归信息网络中心。这种功能分配直接导致了部分业务管理的空白区，同时容易出现两部门互相推诿现象，不利于一卡通工作的整体运行。如某学生由于交易异常出现卡账户“冻结”现象，该工作既非财务主管的与“钱”直接相关的业务，又非网络中心主管的系统和设备维护工作，属于业务管理空白区；又如某学生充值后出现非人为因素的账户余额异常，该错误与“钱”和系统维护均相关，查找原因时两部门容易和对方主管业务相关而相互推诿。

2. 圈存转账问题

主要涉及两方面。一是银行转账问题，通过圈存转账机将银行卡中的金额自动转入校园卡中，此功能如果利用好，可大大缓解人工充值压力，但实际运行中经常出现银行卡中的金额被转出却未转入校园卡中的情况，究竟是操作原因还是网络系统原因至今没有定论；二是补助圈存方面，当补助通过后台存入账户后，还需要人工领取过程方可把补助存入校园一卡通，此过程极大增加了后台管理及卡务人员的工作量，且补助导入过程通常因为各部门提供学号姓名等信息错误造成导入失败或者补助给他人的问题，给各个环节的工作都增加了相应的负担，学生也经常因为无法及时领取到补助而疲于奔波于各个部门寻找原因，怨声载道。

3. 毕业生账户成为冗余

毕业生的一卡通账户及账户余额没有强制销户的规定，日积月累，导致系统内积存很多未被销户的毕业生和离职人员信息，大部分账户内都有数额不等的余额，成为数据库中的数据冗余，占用存储空间，影响系统效率。

四、校园一卡通的发展与未来

关于高校校园一卡通系统的发展历程，可以大致归纳、概括出三个阶段：单一系统——统一集成——扩展提升（面向服务）。而现阶段的校园一卡通正处于发展的第三阶段。具体来说：

第一阶段，是单一系统的应用阶段，即部门级功能卡应用阶段：学校中系统独立，各自为战，多卡并存，不互联互通。

第二阶段，是统一集成的应用阶段，即校园一卡通建设阶段：在信息化的实践中，从各系统清晰总结出统一身份认证和统一结算两个公共服务，于是校园卡系统出现了。校园卡平台系统包含身份识别和电子支付两大模块，为“以卡代证”和“以卡代币”提供支持，从形式上包括数据中心和延伸在校内各个区域的人工服务网点（卡务中心、办卡中心）和自助服务设施（圈存机、触摸屏、网站、电话、短信等），成为贯穿学校信息化建设各系统的纽带。

第三阶段，是扩展提升（面向服务）的应用阶段，即全局性深入应用阶段：校园卡系统更加强调对学校人、财、物的资源整合与共享，更加关注对学校管理者和终端持卡人服务价值的体现。随着数字化校园建设进程加快，学校服务观念加强，校园卡应用已经扩展到学校教学、科研、管理和服务的各个领域，用户对校园卡系统的人性化、智能化、多样化应用提出了新的需求。

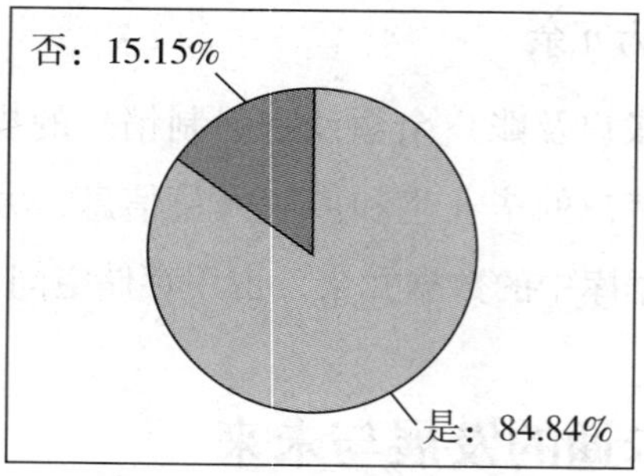

您是否希望校园一卡通电子化？

调查数据显示，绝大多数同学赞成校园一卡通电子化。校园一卡通电子化即校园卡不再以普通的磁卡形式存在，而是通过手机等终端，凭借 APP 或二维码等形式使用。在手机已经普及的当下，将校园一卡通与手机结合起来，不仅解决了携带问题，且不容易丢失，尤其现在的手机防盗功能日渐完善，电子化可以较有效地避免造成打的财产损失。我们认为，未来，校园一卡通电子化势在必行。

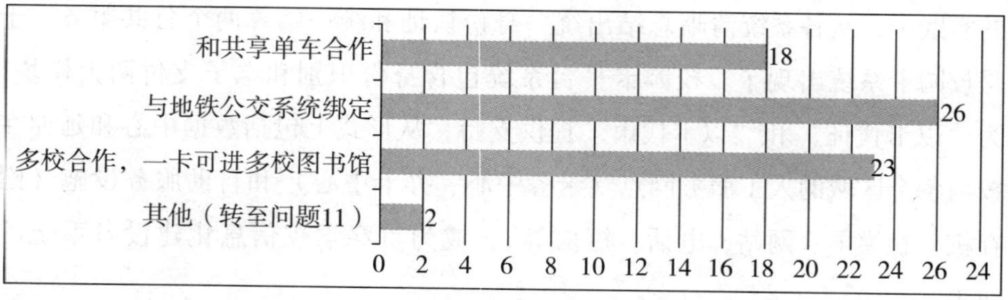

您希望校园一卡通还能有什么其他功能？（多选）

校园一卡通作为数字化校园的重要组成部分已经在各高校普及，随着技术的日益进步，学生对于校园卡的功能诉求也越来越多。根据调查数据可知，学生主要对于校园一卡通与共享单车，地铁公交等公共交通工具，各校图书馆等合作有着强烈的渴求。

随着前段时间共享单车的火速蹿红，在年轻人尤其是大学生群体中刮起了一阵单车出行的大风，几乎随时都可以在校园中看到大学生骑着共享单车的身影。但是共享单车的支付过程较为繁琐，且常被人为毁坏，造成了极大的不便。倘若校园一卡通可以与共享单车合作，即刷即停，不仅简化了支付程序，而且可以根据支付记录追查损坏单车的人。

虽然地铁卡、公交卡等已经被广泛普及使用，但卡片种类繁多，我们出行需要携带一堆各种用途的卡。如果地铁、公交等公共交通系统可以与校园一卡通合作，实现一卡化，那么至少在交通问题上只需要携带一张卡即可，极大地减轻了学生出行的负担。

现在各校的图书馆基本都是刷本校的校园卡进入，本意是避免社会上心术不正的人混入，但这同时也使其他学校的学生无法进入，造成资源无法得到充分的利用。实现多校合作，图书馆资源一卡化，就可以让学生有更多的图书资源利用，也促进了各高校之间的合作交流。

五、总结

校园一卡通已成为目前校方实现数字化、信息化校园的主要工具，从最初的身份证明到如今越来越丰富的功能性使用工具，它使“一卡在手，走遍校园”的梦想成为现实。毋庸置疑，这是科技发展带来的福音，但是它也尚存不少缺陷与不足。无论是丢失补办的繁琐手续，银校绑定的尴尬局面还是多部门监管不利于一卡通工作的整体运行、圈存转账不方便，毕业生账户存在成为系统垃圾等问题，都应该引起我们的重视，对此加以解决。总的来说，现在的校园一卡通应该朝着人性化、智能化、多样化应用发展，满足不断出现的新需求。我们小组通过调查研究，将目光主要聚焦于校园一卡通电子化及拓展合合作领域（如共享单车合作、公交一卡化、图书馆一卡化）的发展。我们希望，在未来可以借助科技创新的力量，让校园一卡通越来越好，惠及更多学子。

2016 计算机：陈欣、黎子维、刘琦、田学芹、丁俊豪

指导教师：陈书静、石俊华

当前大学教育现状细解及思考

本文通过对学生的问卷调查与对老师采访等形式，根据问卷提供的一些数据分析了大学教育带给当代大学生的改变，从而探索了大学教育的意义和目的。同时，针对问卷中反映的不足之处，例如大学教育中的师生关系发生了一些改变，教学课堂缺乏活力、过分重视学分绩点，而缺少人文情怀的碰撞等，提出了大学要同时发展专业教育、学科基础教育以及素质教育、对教学课堂进行改革创新并设立激励制度、坚守大学精神等建议，最后对大学教育未来的走向提出了期望。

一、大学教育的意义

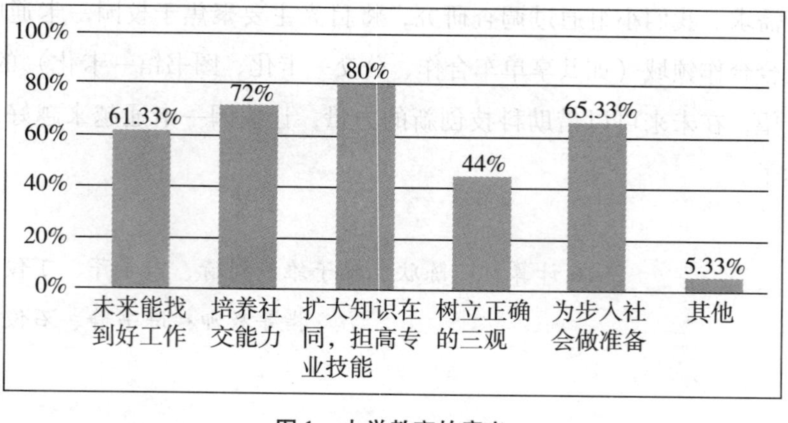

图1　大学教育的意义

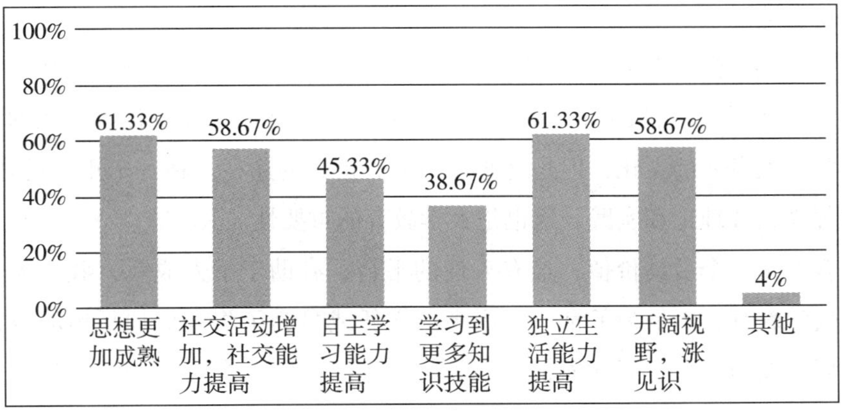

图 2　大学教育给你带的改变

从我们的调查中可以看出，同学们认为大学教育带来了知识的占了 80%。一个人大学毕业后，也许其所学的专业知识在现实生活和工作中用到的微乎其微，更有甚很多人今后从事的工作与所学专业并无任何联系。但是，正如被采访的浙江理工大学的一位高数老师张建明所说“一个人是否拥有知识，他是很不一样的，知识会影响一个人的说话、做事方式”。

在调查中也可以看出，58. 67% 的同学觉得进入大学使自己社交能力提高，61. 33% 的同学通过大学生活提高了独立生活能力，45. 33% 的同学自主学习能力提，58. 67% 的同学觉得大学教育是自己的视野更加开阔。这个结果也恰恰证明了从大学生活中学习的技能，如社交能力、必要的阅读写作能力、独立思考能力以及自主学习的能力等等，也对大学生未来步入社会，工作、生活打下十分坚实的基础。

大学教育同样可以帮助大学生陶冶情操，树立正确的理念。有 44% 的同学认为大学教育可以让自身有更正确的三观。在大学中，当置身于图书馆的浩瀚书海之中，会被各国不同的文明以及伟人们深奥的知识思想所打动；当和师生交谈，有时候一句话就能使人醍醐灌顶；当参加实践活动时，会对自己的存在感动由衷的满足……

梅贻琦曾引用儒家经典“大学之道，在于明德，在新民，在止于至善”来说明大学的目标，认为大学的教育核心是通才教育，通识、博学，在人才培养上他主张学生应具有自然、社会和人文三方面的知识，更重视人格养成与道德塑造。

“大学教育是完善生命的土壤、空气和水分，而不是那些施用的化肥、农药和添加剂。”我们从生下来，不断学习新的知识技能，以及传统文化的精华甚至整个大世界的文化，但是是通过一个非正式的途径。在一个正式的环境，由教师来教授理论和实践，这也是大学教育的重要性。

教育是一个最具价值，最有人性的平台，有助于个人成就自我。大学生接受大学教育，不是为了拿一个漂亮的文凭或是为了将来更加平坦的致富之路，而是成为一个有深度懂情趣会思考的人。大学教育会赋予大学生们足够的时间和实践去认真思考怎样的人生才是有意义的人生，大学生们也会在大学里树立价值观、人生观、世界观，有机会实现自己的理想。

大学教育的意义超过了言语可以描述的范围，“一千个人有一千个哈姆雷特”，每个人对于大学教育的意义的看法也更不相同。但不可否认的是，大学教育让我们受益匪浅，大学生活也给我们的人生带来了转变。

二、学生对大学教育存有的不足浅见

关于大学的理念，最早可追溯到古希腊时期，是以培养“有教养的人”（或“高贵的人”）为目标，实行贵族式的博雅教育。

中国现代教育体制和大学的建立，始于20世纪初。中国在清末引进西方教育和大学制度，源于提升国力、富国强兵的迫切需求，因此以科学教育为主，但在本质上还是西方的特色。新中国成立后，中国大学开始对苏联的高等教育模式进行照搬。就办学模式而言，大致分为前50年学习美国、日本，后40年模仿苏联。改革开放以来，中国的高等教育受到了新一轮的改革和冲击，这一时期是中国历史上高等院校发展最快、数量最多的时期。随着时代的发展，大学教育的功能在拓展和深化，向着成为公众服务的方向发展，所以当今大学具备了基本的教学、科学研究和社会服务三大职能。

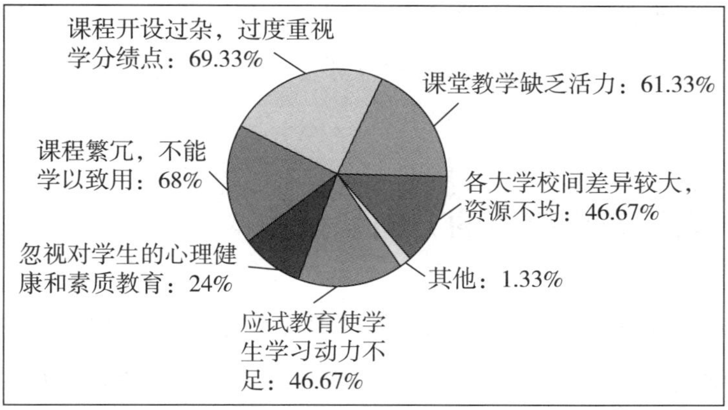

图3　大学教育中存在的不足之处

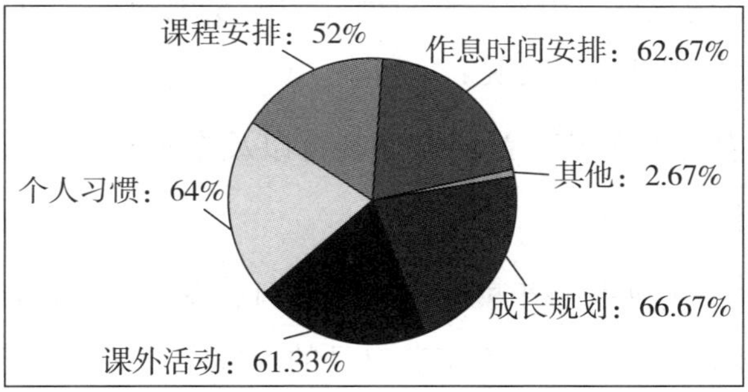

图4　对大学教育各部分改善的期待

大学“思想自由、兼容并包”，是进入社会前沿的象牙之塔，但从调查问卷中反映的大学生对大学教育的不满之处及改进方面的调查、统计，可以发现种种不能逃避的问题：

1. 大学规模急剧扩大，改变了传统的师生关系，那种源自苏格拉底和孔子时代的问答式、讨论式的教学，已经很少在大学课堂中看见了，所以大学生往往感觉教学课堂缺乏活力，无法激发出新创意。

2. 大学以期末成绩、学分绩点论成败，过于重视理论学习，使学生丧失了思想力和创造力。教学逐渐成为工具，学生则慢慢成为没有思想的机器，我们不禁发出这样的疑问：中国大学究竟是培养“人”，还是制造“机器”？

3. 大学教育有时过于崇尚学术追求，往往少了一份思想碰撞的人文情怀。当“大”不复存在，“学”渐被“术”取代时，人文积累和人文资源也就消失了。重“术”而薄“道”的倾向，已然造成了无法挽回的后果，如云南大学的“马加爵事件”，复旦大学“投毒案”，及亲手断送自己青春年华的一幕幕悲剧……究其内因，可能最重要的一环——大学教育，出现了难以忽视的问题。

三、大学教育改革的方向和措施

钱学森教授曾问过：“为什么我们的学校总是培养不出杰出人才?”随着老一代大师们的逝世，我们这代人似乎已经到了一个不断失去的年纪。尽管大学教育逐渐从精英教育转向大众教育，大学教育的质量在提高，但始终未能达到令人满意的程度。因此，针对问卷中所呈现的大学教育的一些缺点，我们小组提出以下几点浅陋之见：

1. 大学中的素质教育、学科基础教育以及专业教育必须同时发展，不可轻视三者中任何一个

有同学认为，专业和将来就业不一定对口，专业知识在将来的工作中运用到的机会并不多，因此只注重培养自己的人际交往能力，专注于活跃在各种学生组织或者文艺活动中；有同学则只注重自己的学习成绩，“两耳不闻窗外事，一心只读圣贤书”。这两类大学生的认识都是偏颇的，但是这两种问题往往也存在于大学对待专业教育、学科基础教育和素质教育的态度中。大学不能将素质教育、学科基础教育和专业教育割裂来看，应将致力于培养全方位、高层次的复合型人才作为目标。

（1）大学生首先是一个学生，因此大学教育应该把做学问放在首要位置，加大对学术研究或是竞赛方面的投入。大学校园内的学术氛围应该要浓厚，使学生懂得何为学问家品格，了解自己的主要任务依然是学习，并且学无止境。

（2）大学教育同样要培养大学生的品格，提高大学生的道德修养，因此素质教育是不可或缺的。蔡元培认为，大学教育的目的是育人而非制器。“教育是帮助被教育的人，给他能发展自己的能力，完成他的人格，于人类文化上能尽一分子责任；不是把被教育的人，造成一种特别器具。”如今大学生因琐碎矛盾而伤害室友或是承受不了压力自杀的新闻屡见不鲜，这也恰恰反映了开展较为完善的素质教育的迫切性。

2. 大学应对教师课堂授课方式进行改革创新，并设立激励制度

大学的教学内容较初高中更深奥晦涩，并且在大学课堂上，教学方式主要以教师讲，学生听的灌输式或填鸭式教学为主。因此为了激发大学生学习的积极性，大学课堂授课的方式的创新必不可少，创新甚至是大学教育的灵魂。

（1）教师需要改变原有的陈旧的教学观念，寓教于乐，在课堂中多多运用 PPT、视频等媒体设备以活跃课堂气氛，并且考虑学生不同的需求以及对课堂内容的理解能力，这样才能更容易提高大学生学习的积极性。

（2）同时，教师需要和学生在课堂上进行更多更有效的互动，并且严格维持课堂纪律。互动不仅仅是点名考勤或者请学生回答问题，更要鼓励学生主动提出问题，提出质疑，分享自己的观点，或者是让学生站到讲台上进行自我能力的展示。维持纪律更是大学课堂上必须重视的部分。现在走进大学课堂，随时可以见到“低头族”聊天、玩游戏，更有甚者戴着耳机看视频，而大部分老师只是偶尔提醒，并没有严格维持课堂纪律。因此提高教育质量，让学生放下手机专注于课堂也是极其重要的。

（3）同样，大学对于教师的激励必不可少。学校应在每学期期末让学生对教师工作以及教学方式进行评分以及提出建议，以便于教师对教学方式进行相应的改革。学校可以积极开展评优、评创新、打造精品课堂等活动，可以鼓励老师进行探索并尝试不同的课堂教学方式方法，从而做出各个大学自己的特色。各校间也应加强交流，推广成功且成熟的经验。

3. 用大学精神拒绝商业精神和功利主义，把大学从商业化的浪潮中拯救出来

曾经的清华大学校长梅贻琦就说过：“所谓大学者，非谓有大楼之谓也，有大师之谓也。”但是早在 2012 年，一则“清华夺大学造富冠军”的新闻引起公众极大的争议，可谓是“一石激起千层浪”，更有人斥责“中国大学是否穷得只剩下钱了”。

如今“国内大学现有的管理模式很像官僚体系。”大学精神的关键应该在于追求真理、笃实学术，培养适合社会需要的人才，弘扬大学精神，而不是津津乐道于培养了多少富豪、多少官员。大学应该坚守教育的净土，“权力和金钱被大学的尊严拒之门外”。关于专业的设置，大学也不能被所谓的就业率或者社会需求牵着鼻子走，应该拒绝狭隘的商业精神和功利主义。

谷歌执行董事长埃里克·施密特坚信，大学教育的基石性作用永远无法代替，大学“非常值得上”，并且还是长期投资，不能以短期眼光看待它。

正如唯物辩证法的总观点即联系和发展的观点中所说：“事物发展是前进性和曲折性相统一，事物发展的道路则是迂回曲折的，但总趋势是前进的。”虽然大学教育改革“路漫漫其修远兮”，但“吾将上下而求索”。大学教育最后的走向，也会给所有人一个满意的答复。

【附录一】

关于大学教育的调查问卷

改革开放以来，中国的高等教育受到了新一轮的改革和冲击，这一时期是中国历史上高等院校发展最快、数量最多的时期，各类大学如雨后春笋般产生。尽管大学教育逐渐从精英教育转向大众教育，大学教育的质量在提高，但始终未能达到令人满意的程度。大学教育的意义超过了言语可以描述的范围，“一千个读者有一千个哈姆雷特”，每个人对于大学教育的意义的看法也更不相同。因此，我们想通过本次调查问卷了解大学师生对目前大学制度的看法，分析当前大学教育的不足，并提出未来大学教育改进的几点建议。

一、您的信息

1. 您的性别：［单选题］［必答题］

A. 男　　　　B. 女

选项	小计	比例
男	31	41.33%
女	44	58.67%
本题有效填写人次	75	

2. 您的年级［单选题］［必答题］

A. 大一　　　　B. 大二　　　　C. 大三及以上

选项	小计	比例
大一	63	84%
大二	7	9.33%
大三及以上	5	6.67%
本题有效填写人次	75	

二、大学教育

3. 您认为大学教育的意义是什么？［多选题］［必答题］

A. 未来能找到好工作　　　　B. 培养社交能力

C. 扩大知识面，提高专业技能　　　　D. 树立正确的三观
E. 为步入社会做准备　　　　F. 其他________

4. 您对大学生活现状满意吗？［单选题］［必答题］
A. 非常满意　　B. 满意　　C. 一般　　D. 不满意

选项	小计	比例
非常满意	2	2.67%
满意	15	20%
一般	51	68%
不满意	7	9.33%
本题有效填写人次	75	

5. 您认为哪些方面需要改进？［多选题］［必答题］
A. 作息时间安排　　B. 课程安排　　C. 个人习惯
D. 课外活动　　E. 成长规划　　F. 其他________

选项	小计	比例
作息时间安排	47	62.67%
课程安排	39	52%
个人习惯	48	64%
课外活动	46	61.33%
成长规划	50	66.67%
其他	2	2.67%
本题有效填写人次	75	

6. 您认为大学教育的不足之处［多选题］［必答题］
A. 课堂教学缺乏活力
B. 课程开设过杂，过度重视学分绩点
C. 课程繁冗，不能学以致用
D. 忽视对学生的心理健康和素质教育
E. 应试教育使学生学习动力不足
F. 各大学校间差异较大，资源不均
G. 其他________

选项	小计	比例
课堂教学缺乏活力	46	61.33%
课程开设过杂，过度重视学分绩点	52	69.33%
课程繁冗，不能学以致用	51	68%
忽视对学生的心理健康和素质教育	18	24%
应试教育使学生学习动力不足	35	46.67%
各大学校间差异较大，资源不均	35	46.67%
其他	1	1.33%
本题有效填写人次	75	

7. 通过大学教育，你发生了什么改变？［多选题］［必答题］

A. 思想更加成熟

B. 社交活动增加，社交能力提高

C. 自主学习能力提高

D. 学习到更多知识技能

E. 独立生活能力提高

F. 开阔视野，长见识

G. 其他________

选项	小计	比例
思想更加成熟	46	61.33%
社交活动增加，社交能力提高	44	58.67%
自主学习能力提高	34	45.33%
学习到更多知识技能	29	38.67%
独立生活能力提高	46	61.33%
开阔视野，长见识	44	58.67%
其他	3	4%
本题有效填写人次	75	

【附录二】

对浙江理工大学高数教师张建明的采访

问：学分制体制虽然有弊端，但改变需要相当长的一段时间，面对这一不能变更的事实，您认为现在的学生应该如何做？

答：高校改革不是一朝一夕的事情，可能是几代人的共同努力。现在的学生，只能靠自觉在自由选课的时候选一些和自己专业相关的有真实内容的课程，另外就是，课后多读书。现在大学时间相对来说很自由，学分制度又不能马上改变，所以只能靠学生自己把握。

问：请您谈谈对现在大学学分制考核制度的看法。

答：学分制度是把双刃剑，好处就是学生可以自由选课，绩点学分到了就可以毕业，弊端就是选课自由。但是选课对他们获取专业知识技能上面是否有用还是个问题。

问：您觉得现在大学教育对学生心理健康方面的培养够吗，您有什么看法与建议？

答：大学生心理健康问题它可能不只是学校和学生间存在的问题，它可能还是一个社会的问题，现在的大学生大部分都是独生子女，家长们对他们的子女肯定是呵护备至的，那么他们的抗挫折能力比起上一代人肯定是有差距的。

问：目前大学里有很多的心理讲座和讲台但对大学生的心理健康收效甚微，您觉得现在的大学应该以怎样的姿态去做好学生的心里健康工作？

答：心理健康讲座虽然有可能在短时间内对一个人产生触动，但人的心理变化是一个漫长的过程，特别是到了大学这个阶段，很多人的性格已经成型，他很难因为你的一个两个讲座就改变了。

问：我们讨论的时候就在想大学上课的形式可能比较单一，师生互动比较少，同学们也缺少创新点子，另外课程学得冗杂，在您眼中这是学生自己的问题还是谁的问题？

答：从客观的角度看，师生两方面都有问题。我们现在上的一般都是大堂课，之前看过一篇新闻，标题是“清华大学和耶鲁大学的区别在哪”。现在我们上课一群人来上，人数选的少甚至连课也不开。而耶鲁大学，即使只有一个学生也有老师给他上。现在可以看出，在学分制制服下，总体趋势来看学风是在滑坡的，这不仅是学生的问题也有老师的问题，而且从整个社会来看，社会的风气是下降的。老师也是有感情的人，他可能会受到各种因素的影响导致他与学生间的互动不多。以往的大学招生少而且学生都有早晚自习，大家都能自主自觉地去学习，而这个现象在现在看来是很罕见的。

问：说到学习的这回事，不禁想到前段时间发出的江西农业大学安排得满满当当的学习时间表，这种严格的甚至是半军事化管理的制度适不适用于现在大部分的高校？

答：我觉得这种制度可能会受到一部分人的抨击，因为这和他们认为的大学自由的想法是相违背的，但是我认为这确实是适合中国的大学生的，因为大部分学生都不能很好地安排好自己的时间。我认为从大一到大四，晚自习是有必要存在的，另外学校应该对学生选课的范围有所限制。现在大学生是对学生的管理是相对松散的，在大学扩招后以往的精英教育却发生了改变。以往招的学生大部分都能管住自己学校管理得比较严，而现在扩招后学生的素质参差不齐反而大学却放松对学生的管理。

问：面对就业与专业不对口的情况，好学生容易陷入迷茫，学习效果没能有相应的回报，对于这类学生您有什么看法和联系吗？

答：我觉得一个人是否拥有知识，他是很不一样的，知识影响一个人的做事方式和说话方式等等。所以我觉得只以专业不对口来质疑学习的必要性还是眼界没有放开。

问：中国目前扩招主要目的是需要大批的技术性人才以应对日新月异的发展对人才的渴求程度，然事实上能把技术学好的人确实十分的少，这不是与扩招的目的相矛盾吗？

答：确实是的，德国重视职业技能教育，他们的产品口碑在世界上来看也是首屈一指的，所以中国以后的发展把很多的大学合并转型突出技能教育是必然的趋势。

15 轻化 1 班：尚轲、王懿婷、许舒婷　15 纺织 5 班：王艺蓉

指导教师：肖香龙

关于青年学生思想困惑的调查研究

当今社会，青年学生具有思想困惑是一个非常普遍的现象。为了更加深刻地了解青年学生的思想困惑，得到更多事实和数据的支持，本问卷分别从青年学生感到困惑的频率和原因来进行调查研究，并具体研究和分析青年学生在学业、情感、人际交往、经济、家庭、未来发展和其他方面的困惑。旨在剖析当代青年学生的思想困惑现状和原因，并进行归纳总结，得出相应的困惑程度。给当代青年学生在思想上不断纠正自我和调整自我提供事实依据，使之能有更好的发展。

青年大学生是站在多元文化和新思潮接触最前沿的社会群体，作为青春有活力的代表，像热情的向日葵恣意地行走在大学校园里，向光的一面是自信与骄傲，但有一个小小的角落，存在着困惑和迷惘，虽然这一些小迷惘小困惑可以促进我们思考一些深刻的问题，从而形成完善的人生观、价值观和世界观，但如果不能正确的处理，它们也可能成为我们成长过程中的障碍，所以我们小组就从青年学生多样性中的共性——困惑这一方面进行探讨。

一、青年学生思想困惑的表现及原因

在有效填写问卷的 147 人中，70% 以上的人都会偶尔感到思想困惑，18% 以上的人会经常感到困惑，其中感到困惑的原因最主要的是学业方面以及自己的未来发展情况，其次是感情方面和人际交往方面，经济方面、家庭方面和其他方面的困惑占少数。其具体情况如下图：

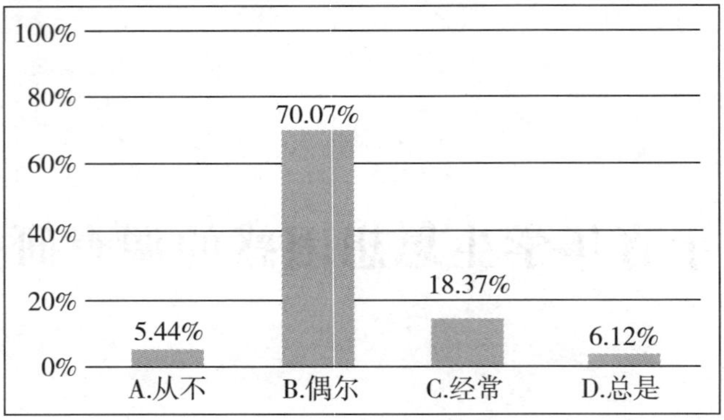

您最近是否感到困惑

这个数据表明当代大学生思想容易受到周围环境的影响，如同学、学长、家长、老师等的影响，从众心理以及排他心理在大学生中是最常见的心理困惑，现今社会环境变化迅速，人们的经济生活、价值观念、思维方式、人际关系等都发生了很大变化，尽管这加大了毕业生选择工作的自由性和灵活性，但是市场人才需求的多样化、精英化也大大加大了大学生的心理压力，产生对自身未来发展的困惑也是正常的现象。

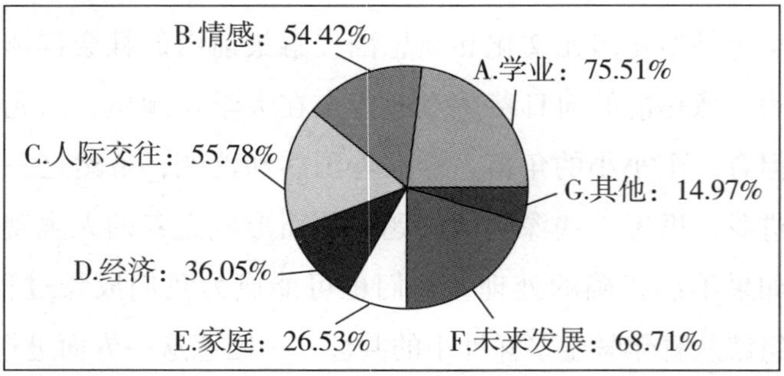

使您感到困惑的原因

大学生仍处于对情感的摸索阶段，这个时期自然而然地就会对爱情产生向往，也希望自己能够拓展人际关系，找到属于自己的真挚的友谊以及爱情，大学生因恋爱产生的情感危机也是诱导心理疾病产生的重要因素，恋爱失败往往可能导致大学生心理变异，产生偏执的心理，进而失去了人际交往的乐趣，忽略了亲情和友情的重要性，甚至走向极端。大学生应加深对爱情的涵义的理解，不能是仅仅停留在你情我愿的层面上。家庭和经济方面的困惑在当下已经是比较少见，但同样这也是极其重要的一部分，家庭对于一个人的影响是深入骨髓的，同样也是很难改变的，家庭是每一个人的根蒂，也是归宿。

大学生产生困惑是极其正常的现象但如果不对其加以控制，不对大学生进行教育和开导，很容易演变为抑郁、自闭、偏执、强迫、精神分裂等精神疾病，产生不可控的后果，除了学校的教育，大学生自己也要保持积极乐观的心态，培养自信心，做一个优秀的大学生。

二、青年学生在学业上的困惑

我们调查了关于当代大学生在学业上的困惑，调查显示：觉得自己挂科或有很多弱科难以提升的学生有 59 人，占总人数的 40.14%，觉得自己在课堂中没有学到干货的学生有 58 人，占总人数的 39.46%，有 91 位学生对专业方向的选择感到困惑，对专业完全没概念，感到十分迷茫，占总人数的 61.9%，还有 42 位同学对于是继续学习考研还是毕业就业感到纠结，占总人数的 28.57%。

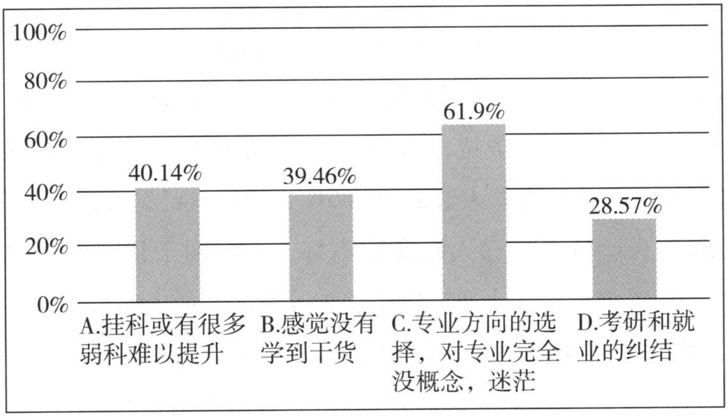

您在学业上的困惑是

虽然我们这次调查的主要范围是大一学生，但是也有部分学长学姐提到了自己的在学业上的困惑，作为大一学生，我们在学业上最大的困惑，可能就是对于专业的理解和学习的内容，可能有些同学会说有些明明不是自己专业的课程，比如明明是理科专业，而我们还有《马克思主义基本原理概论》，许多同学对于这点都不太理解，而我们觉得，大学里需要学的不仅仅是专业知识，更重要的是人格培养，而这个就是多方面的学习形成的。作为大一学生，我们有这些困惑是普遍的，超过半数的学生都对专业的方向感到迷茫，也可能就是自己一时兴起选了这个方向，这种困惑可能会伴随我们整个大学生活，未来是未知的，尽自己最大努力去生活。

三、青年学生在人际关系上的困惑

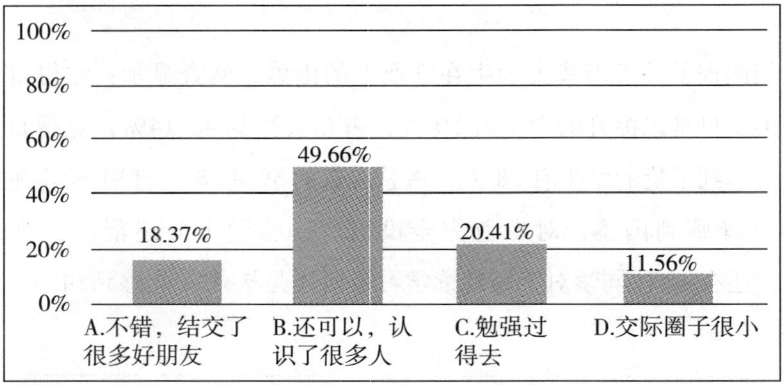

您觉得自己的人际关系如何

我们调查了关于大学生对于人际关系的判断，调查显示：觉得自己人缘不错，交了很多朋友的有 27 位，占 18. 37%，觉得自己人际交往还行，认识很多人的同学有 73 位，占总人数的 49. 66%，觉得自己勉强过得去的有 30 位同学，占 20. 41%，觉得自己人际交往不好，交际圈子很小的同学有 17 位，占总人数 11. 56%。大学是一个可以见识到五湖四海的人的地方，多数同学还是觉得自己的交际圈子还可以，觉得自己在大学里还是有一些知心朋友的，这些人对于人际交往这方面的困惑可能相对少一些，而那些对于自己交际能力不太自信的同学来讲，可能困惑会比较严重一点，也许是性格太腼腆，不敢主动和陌生人打交道，也可能是对于陌生人的搭讪不知所措，所以他们的交际圈子只有那些同班同学，部门同事等有特定关系的同学。当然，我相信朋友多的同学对于如果处理朋友之间的关系有时候也会有困惑，而这些人际关系若是处理不好可能也会让你失去朋友。所以在人际关系这方面，困惑是时常有的，我们能做的就是当有这方面困惑产生时，找到你自己觉得舒服的方式去解决。

四、青年学生在经济上的困惑

在大学阶段，很多人会逐渐学会独立，但学是一个过程，不可能一蹴而就，因而我们在大学免不了需要父母的资助。

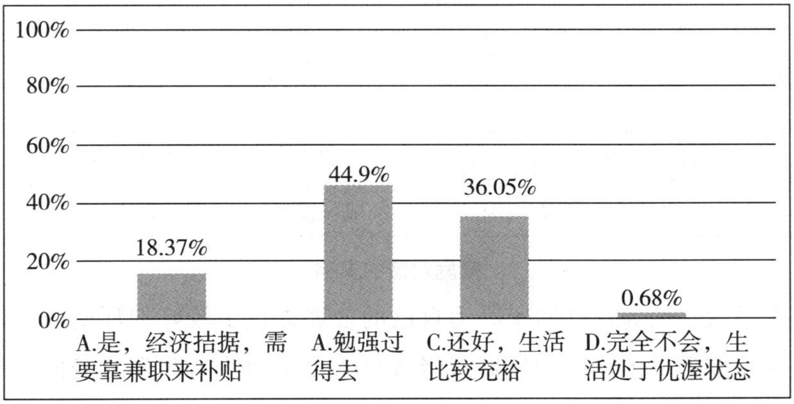

您是否受到经济的困扰

在我们的调查中，大学生还是存有对经济的困惑的。很多大学生认为自己拥有的生活费只是可以让自己勉强过日子，还有一部分人认为自己的生活已经算是比较富足了，另外一小部分人认为自己生活拮据，必须通过自己努力赚钱补贴生活，基本没有人觉得自己完全没有经济困惑。

在大学生心目中，经济困惑也是存在的，这是一段大学生学会独立的时期，大家对自己的经济状况有了认识，开始学会算计着花钱，人在异地，父母对自身的掌控变少了，自我约束变得尤为重要。当有一段时间自己花钱超支时，必然会迎来一段窘迫的节约时光。从实践中明白自己的不足，在后来再进行改正，会让自己心中的困惑减少。综上所述，大学生逐渐开始对金钱有了比较明确的概念，心中开始存有困惑，但存有困惑却并非坏事，大学生在生活中会逐渐学会在做事前先计划，以提高自己所做事情的成功率。

五、青年学生在家庭上的困惑

家庭在任何时期都会对个人产生影响，在大学期间也不意外。

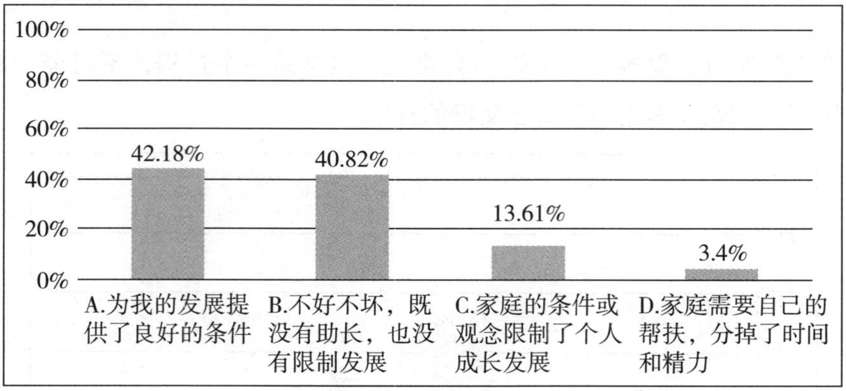

家庭对您的影响

大多数人，认为自己的家庭为自己的发展提供了较好的环境或一般的环境，认为家庭促进了自己的发展或者既没有促进也没有阻碍自身的发展，但也有一部分人认为自己的家庭限制了自己的发展，给自己造成了压力。对大多数人而言，家庭并没有对自身造成很大的困扰，并且帮助了自身的发展，为自己减少了困惑。但也有一小部分人认为，自己的家庭并没有为自己提供足够的条件支持，限制了自身的发展，分散了自己的时间和精力。

这些状况很多都是与生俱来的，是自己不可控的，当代大学生应该对自己的家庭环境具有足够的适应性，通过自己的努力来解决家庭层面的问题，减少自己心中的困惑。甚至可以在将来，通过自己的努力来改变家庭现状，以一种积极乐观的态度拼搏，化心中的困惑为前行的动力，合理分配自己的时间，尽量少的怨天尤人，用自己的实际行动来减少自己心中的困惑。

六、青年学生在情感状况上的困惑

我们统计了目前大学生的情感状况，该项情况还是十分明朗的。约半数参与调查的同学未恋爱，并认为感情这种事还是得随缘。12. 24% 的同学更多地将精力放在学习上。当然也有 17.01% 的人正在努力寻找并会有困惑和担心。而正在恋爱中的占全部人数的 20.41%，其中大部分感情状况还是良好的，并享受着恋爱。仅有极少数同学感情将就抑或需要花很大精力去维系。

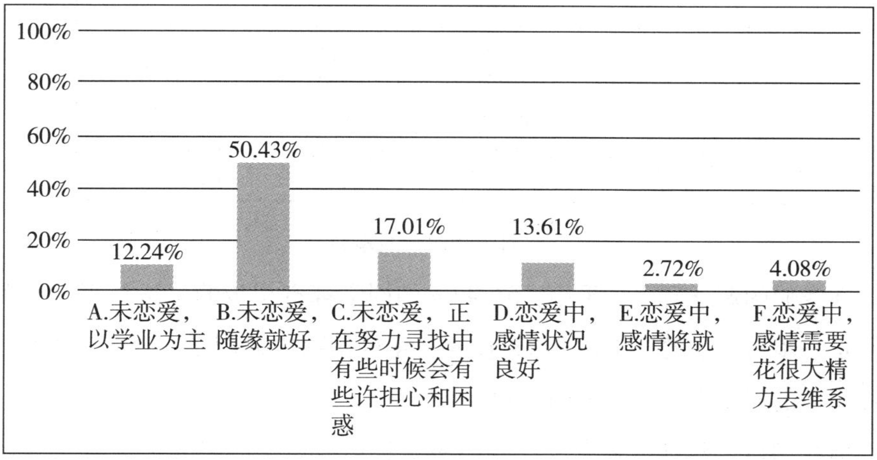

您的情感状况是

我认为，无论是哪种状态，只要好好把握当下，把此时此刻的自己过得最好，就都值得。谈了恋爱的同学，会有他们自己的苦恼。如何维系两人的关系是很大的一个课题。有时候到了该谈恋爱的年纪才会想自己情商为什么那么低。目前正积极寻觅爱情或者认为随缘的同学也可能会存在对找男女朋友的一些困惑和担心。选择自己喜欢的还是选择喜欢自己的都是大多数人面临的问题，毕竟不是人人都会遇到一见钟情的情况。无论是自身因素还是外部压力，很多事都阻碍了两个人的关系发展。或许当有了抉择之后，现实情况又不容乐观。性格、三观等等问题的磨合也不是一朝一夕。因此，我想，我们都做好把握好此时此刻，那么幸福就会降临，总有人发现你的魅力。

七、青年学生在生涯规划和发展前景上的困惑

作为一个大学生，我们拥有了更多自主权的同时也意味着要做出一些决定，而这些抉择的后果都将由自己承担。因此，对自己的大学生涯规划也是极其重要的一项内容。

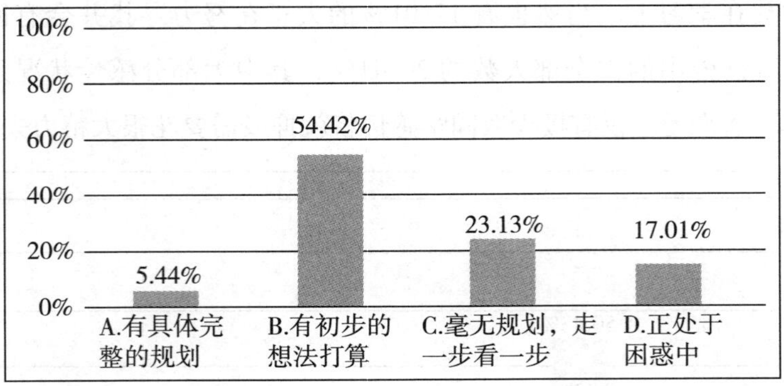

您对大学四年的规划

在我们的调查研究结果中，54. 42%的同学都有初步的想法打算。毫无计划、走一步看一步的同学占比23. 13%，正处困惑中的同学占比17. 01%。仅有极少数的同学有具体完整的规划。

但我们也曾看过很多实验，他们用了长达数十年的时间记录有无规划的人分别在未来职业生涯中的实际情况，同时了解他们的生活质量水平。结果发现，对自己的大学生活有明确规划的人更好地找到自己的目标，他们的生活水平普遍高于规划不明确的人。当然，毫无计划的人在职业生涯中大多依旧迷惘，生活无节奏。因而，我们即使不能马上做好决定，也要有这样的一个规划，慢慢去完善，直到做到自己最擅长最完美的一面。

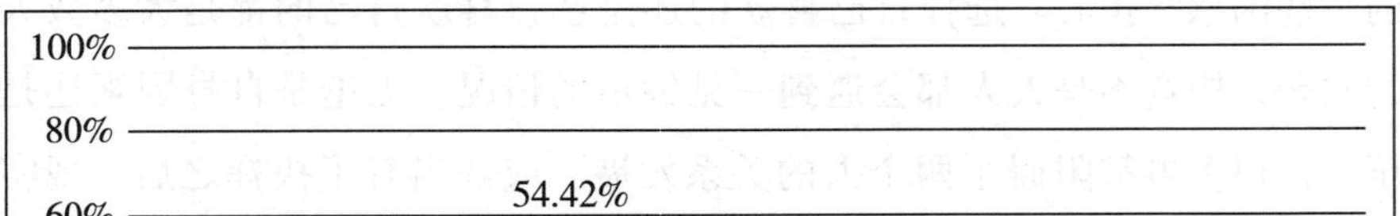

您对自己发展前景的看法

就对未来的发展前景问题，不同的同学有各自的计划与看法，在填写问卷有效的同学中有超过一半的人觉得不能确定，认为周围的环境变动太大，无法规划自己的未来。

我觉得这可能是大多数人的想法了，毕竟社会太动荡，的确，在日趋复杂的社会背景里，我们对于自己的未来的确会产生迷茫感，不知道该如何设定目标，甚至会慌张。

只有 11.56% 的人觉得对于未来的发展没什么概念，顺其自然，这种人大多数是对生活没什么追求的，不太善于竞争，觉得得过且过，平淡地过大学生活就可以了，做自己想做的；有 17.59% 的人对未来深感焦虑，不知道该如何发展，我觉得这种人可能心理承受能力不是特别强，遇到挫折或者困难时很容易慌张着急，其实，对于未来，我们也不能确定，但可以确定一个又一个特定的短期目标来达成；剩下的 15.33% 的人是明明确确地对未来定下了目标，并在不断的努力朝向它进步发展的，这种人还是很少的也是很成功的，至少他们的大学过得很有意义，一直在清晰中度过。

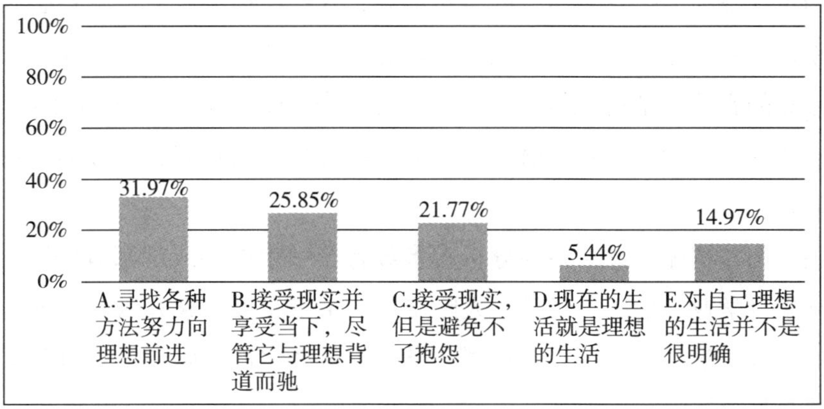

您如何对待理想与现实生活的偏差

八、青年学生对理想与现实生活的困惑

对于理想与现实的偏差看法，有 14.97% 的人觉得自己的未来生活毫无目标，一点儿也不明确，这种得过且过的心态是当下大多数人的生活方式；但与此相对的 31.97% 的人有着明确的目标，想尽各种办法用尽所有努力在朝它

前进，每天活在清晰的生活中，这才能清晰地看清未来，成为最好的自己；另外，有25.65%的人认为人就应该活在当下，尽管与自己预想的生活背道而驰，毕竟理想和现实是有差距的，达不到的时候大部分人会转换目标学会放下；还有21.77%的人在默默地过着抱怨且安逸的生活，淡然地接受了现在的一切，这样庸庸碌碌的生活是过得最累的，不知道该做什么，却每天都在忙，不知道该确确实实做什么；只有5.44%的人是绝对的乐天派，认为现在拥有的就是最好的了，表示很享受现在的生活，也是很多人想放下去追求的却没办法做到的一种乐观心态。

九、总结

近年来有关青年学生的思想困惑这一方面的关注度越来越高，各大高校也纷纷采取不同的方法进行调查研究。

为了详细的了解青年学生的思想动态，其中我们小组主要从：感到困惑的频率，感到困惑的原因、学业上的困惑、人际关系上的困惑、经济上的困惑、家庭的影响、情感状况、对大学四年的规划、对自己发展前景的看法、如何对待理想与现实生活的偏差等几个比较常见而又具有普遍性的问题进行问卷调查。

根据调查情况和对结果的分析大多数青年学生或多或少都有些困惑，这些困惑来自学业、情感、经济、人际交往、未来发展、家庭以及其他各个方面。面对青年学生诸多的思想困惑，学校、家庭、社会以及学生自身都应该努力地寻找合适的解决途径。

首先，对于学业方面的困惑不容小觑，做好学生的本职工作对于青年学生来说尤为重要。同时学校也应该加强对学生的监督与引导，保证学生的学习环境优良、学习氛围浓厚、学习动力强大、学习资源丰富等。最重要的是开展有关思想教育的课程可以深入的了解学生的思想动态，并加以正确的引导。其次，人际关系、情感方面的困惑最主要的是要求青年学生自身丰富自己的人生阅历、增长见识，从生活中的一点一滴做起，努力提高自己的情商和交际能力，做一个具有较高人格魅力的人。相信这是一个循序渐进的过程，大家不必烦恼困惑。再者，在经济与家庭方面的困惑可能很难使青年学生消除。随着经济发展水平的提高，我国发展得越来越繁荣富强，从助学金、奖学金、学费减免、校内兼职等诸多途径对困难生实施相应的补助。大大缓解了部分困难生的压力。最后，未来发展是一个大方向。如果青年学生在各方面打好牢固的基础，明确个人规划，并详细地去执行，保持积极活跃的思想态度，相信，每个人都会有比较广阔的发展前景，会收获自己理想的人生。

人非生而知之者，孰能无惑?

作为具有创新精神的当代青年学生，我们不应该回避困惑，而是要敢于直面它，并在实践中寻求解决的方法，摄取经验教训，为自己未来的发展添砖加瓦。人生的发展就如高屋建瓴，只要我们一步一步脚踏实地地去面对，去积累，去创造，那么，我们一定能站在高处，我们一定能等到“会当凌绝顶，一览众山小”的那一天。

收拾好你的困惑，青春路上，天色正好，太阳正晴!

15 纺织五班：楼洁茹　15 轻化四班：崔中兰、杜春晓、高孟月
计菲怡、孔婧尧、杨萱、张译文
指导教师：肖香龙

大学生闲暇时间分配的研究报告

时代在发展，大学生作为当今社会的主力军，他们的闲暇时间规划则成了大众关注的话题。而作为特殊的群体，大学生如果能积极有效地对闲暇时间进行科学管理和合理规划，则有利于提高自身的素质与能力。生活水平在提高，互联网越来越融入大众生活，学生们对于自己生活方式的追求也越来越趋向多样化。在这样的时代条件下，大学生中，却存在着对自身闲暇时间放任自流的现象，于是，深入调查和研究大学生闲暇时间分配的必要性就凸显了出来。

一、研究概述

闲暇时间一般是指人们每天除了必要的工作时间，满足生理的需要（睡眠和休息），家务劳动和上下班的往返时间之外，可供自己支配的时间。而闲暇时间及其在闲暇时间里的文化活动是人们的社会生活和生活方式的重要组成部分。21 世纪以来，我国人民的生活面貌发生了巨大的变化。随着经济、科学技术的发展，人们的闲暇时间在增多，如何提高闲暇时间的生活质量则又成为令人关注的话题。而大学生作为推动当今时代发展的主力军，对于其闲暇时间的研究就显得更为重要。

二、研究方法

我们于 2016 年 11 月 18 日到 11 月 20 日期间，对浙江理工大学在校学生进行了网络问卷调查。调查采用随机抽样的方式，共发放问卷 130 份，回收问卷 126 份，回收率为 96.92%，有效问卷为 120 份，有效率为 100%，符合模型分析的样本数量。问卷在设计过程中，根据现有理论模型建立调查表，针对不同目标群体进行预设计，选取范围包括学历、性别、闲暇时间长短等，反复调查研究后不断改善问卷的内容和选项，以保证问卷的内容有效。问卷在数据处理过程中，预先对原始数据进行一定的分析，得出能够反映主体特征真实度的结论。

三、研究结果与分析

（一）样本描述性统计结果分析

表 1　被调查者基本情况统计表（单位:%）

性别		年级				专业	
男（54 人）	女（72 人）	大一（99 人）	大二（16 人）	大三（9 人）	大四（2 人）	理科生（75 人）	文科生（51 人）
42.86%	57.14%	78.57%	12.70%	7.14%	1.59%	59.52%	40.48%

被调查者均为本科生，总人数为 126 人，其中大一学生占比最大，为 78.57%，大二占 12.70%，大三、大四学生总占比 8.73%。性别比例则较为平衡，其中男生有 54 人，占 42.86%，女生 72 人，占 57.14%。在专业方面，理科生较多，有 75 人，占 59.52%，文科生较少，有 52 人，占比 40.48%。

表 2　被调查者闲暇情况和定义闲暇时间情况表（单位:%）

每天平均有几节课				如何定义闲暇时间		
1 – 2 节（5 人）	3 – 4 节（38 人）	5 – 6 节（40 人）	7 节及以上（43 人）	没压力，放松的时候（56 人）	不清楚，没事情干的时候（33 人）	干一些自己觉得有意义的事（73 人）
3.97%	30.16%	31.75%	34.13%	44.44%	26.19%	57.92%

被调查者有 43 人平均每天有 7 节及 7 节以上的课，占比 34.13%；40 人平均每天 5 – 6 节课，占比 31.75%；38 人平均每天 3 – 4 节课，占比 30.16%；而 1 – 2 节课的被调查者则较少，有 5 人，占比 3.97%。被调查者大多数人处于上课时间较多和很多的阶段，即相对的闲暇时间较少。而被调

查者对于如何定义闲暇时间则有 57.92% 的人认为闲暇时间即“干一些自己觉得有意义的事”；有 44.44% 的人认为闲暇时间即“没压力，放松的时候”；而认为“不清楚，没事干的时候”为闲暇时间的则占比人数较少，只有 26.19%。从这可以看出我校大学生对于闲暇时间的认知存在一定的偏差性，有学生对于闲暇时间的意义不是很清晰。

表 3　被调查者闲暇时间活动情况表（单位:%）

闲暇时间主要从事哪些方面的活动								
学习	上网	逛街	谈恋爱	兼职	社团活动或校园活动	运动	志愿者活动	其他
59.52%	74.6%	38.89%	10.32%	13.49%	68.25%	36.51%	30.95%	19.05%

课余时间上网或者用电脑的目的						
学习	聊天，收发邮件	玩游戏	看视频，听音乐	了解实事新闻	做部门任务	其他
75.40%	55.56%	34.13%	67.46%	26.19%	61.11%	12.70%

兼职及兼职时间占用情况				每周用于锻炼身体运动的课余时间				
没有（93 人）	有 20% 一下（22 人）	有 20% 到 30%（8 人）	在 30% 以上（3 人）	没有（24 人）	2 小时以下（47 人）	2－4 小时（40 人）	4－6 小时（3 人）	6 小时以上（12 人）
74%	19.05%	37.30%	31.75%	19.05%	37.30%	31.75%	2.38%	9.52%

被调查者在闲暇时间从事的活动方面，多数人的课余时间主要进行上网（74.6%），学习（59.52%），逛街聚餐（38.89%），运动（36.51%），志愿者活动（30.95%）或者其他（19.05%）等活动。从而看出，我校的大学生闲暇时间安排活动比较丰富。而以上网和学习尤其占据了较大比例，可以从中看出：在互联网发达的现在，网络已经成为学生生活中不可缺少的一部分，而我校学生也较为注重学习，在学习方面投入了较多的精力。

被调查者在闲暇时间用电脑的目的主要为：学习，占比 75.70%；听音乐，看视频，占比 67.46%；做部门任务，占比 61.11%；聊天，发邮件，占比 55.56%。可以从上述数据看出：学习仍占据上网的主要时间，可见被调查者都较为注重学习。而听音乐，看视频和做部门任务占比紧随其后，分析得许多大学生的上网娱乐通过听音乐，看视频来实现。而也有很多同学上网为了查找各类资料，努力完成部门任务。学生中也有玩游戏的娱乐方式，占被调查者比例的34.13%；了解时事政治，占比较少，为26.19%。

根据兼职情况，可以得出被调查者中大多数人（74%）不存在兼职的情况，而有兼职的学生也尽量将兼职时间控制在30%以下，占比56.35%，而将兼职时间安排在30%以上的被调查者占比31.75%。

分析被调查者每周用于锻炼身体的时间统计数据，不难看出，大部分被调查者的运动时间在两小时以下，人数占比37.30%，还有19.05%的人没有进行体育锻炼。可见在闲暇时间内，绝大多数的被调查者对于日常的体育锻炼不太重视，在参与体育活动的范畴内投入的时间也过少。这无疑成为影响现代大学生体格发展的一大限制性潜在因素。缺乏长期的体育锻炼，对于当前时常熬夜的大学生来说，无疑是不利于健康的。在这一方面上，可以得出我校很多大学生的运动量都明显不足，这方面有待重视。

从上述不同的方面可以看出，许多被调查者的闲暇时间活动种类丰富，但较多时候却会局限于纯粹的娱乐放松，对于自身的兴趣培养类的活动安排较少，体育锻炼时间过短，对网络的利用方式有待改进，对于闲暇时间的利用率不高。

表4　被调查者闲暇时间理想安排与实际的区别（单位:%）

理想中规划闲暇时间从事哪些方面的活动								
学习	上网	逛街	谈恋爱	兼职	社团活动或校园活动	运动	志愿者活动	其他
72.22%	41.27%	46.03%	32.54%	34.92%	52.38%	50.79%	46.83%	16.67%
闲暇时间主要从事哪些方面的活动								
学习	上网	逛街	谈恋爱	兼职	社团活动或校园活动	运动	志愿者活动	其他
59.52%	74.6%	38.89%	10.32%	13.49%	68.25%	36.51%	30.95%	19.05%

被调查者被调查闲暇时间规划的理想安排学习事项的占比72.22%，社团活动或校园活动占比52.38%，志愿者活动占比46.83%，依次减少。分析数据可知被调查者都比较注重学习和各类活动以及志愿者活动的开展。也有41.27%的人选择上网，46.03%的人选择逛街。可以得出，互联网已经深入大学生们的生活，一些人愿意通过出去逛街的娱乐活动来度过闲暇时间。同时也有32.54%的人想要谈恋爱，34.92%的人想要做兼职。50.79%的被调查

者希望运动。

而与实际度过进行比较可以看出一些数据上的落差。可以看见理想中的学习不再占据最大的比例，取而代之的是上网。将理想与实际数据进行比较，可以发现理想的活动占比在实际践行的时候，除了上网与参与社团活动或校园活动、其他三类互动，其他比例均呈现下降的结果。这可以说明在学生们的实际生活中，很多同学都花了很长时间在上网与参与社团活动上，而在其他方面花的时间较少。被调查者在社团活动中投入较多的精力，是通过参与活动来提升自己的能力，而活动占据同学们的时间也较多。落差尤其大的是学习，被调查者在理想中安排了学习，却没有实际在学习方面花上预期设想的足够多的时间与精力。另一个落差也较大的是兼职，理想与实际数据占比相差 21.43%，可见许多学生都希望做兼职来培养自身能力，赚些生活费等等，但是在实际生活中却大多数没有践行。对于逛街与谈恋爱等放松性娱乐类的活动在实际过程中也较理想化的低，从这可以看出被调查者忙于活动，在上网上花费太多的时间的大致情况。

表 5　被调查者闲暇时间活动安排满意度（单位:%）

对目前闲暇时间度过方式满意程度			
满意（12 人）	比较满意（42 人）	不太满意（62 人）	不满意（10 人）
9.52%	33.33%	49.21%	7.94%

被调查者对于目前闲暇时间度过方式的满意度，总体呈现满意度较低的情况，有 62 人，占比 49.21% 的学生表示对于当前的情况不太满意，比较满意的学生 42 人，占比 33.33%。而不满意的个体数 10 人，占比 7.94%。满意的个体数 12 人，占比 9.52%。对于现阶段选择闲暇时间度过满意度的陈述，很多同学表示了不同的看法，大致可将被调查者分为四种类型：a. 生活忙碌充实，找到生活的目标；b. 生活忙碌但是漫无目的，不清楚生活的重心；c. 生活较为简单，但是自己可以合理地安排时间；d. 生活不忙碌但是不清楚可以进行什么活动来充实生活。被调查者大体可分为以上四种生活方式，呈现出 a、c 的满意度较高，b、d 的满意度较低的情况。

很多被调查者都在问卷中表示出对于自己满意度不高的看法，具体表现为：个人习惯问题，大学气氛问题，个人目标问题和态度问题。就个人习惯问题而言，例如：拖延症。很多同学表示在生活中都表现出不同程度的拖延症的症状。涉及大学气氛问题，大学是学生迈入社会的中转站，比较要求学生通过自我的控制来约束、管理自己，合理安排自己的闲暇时间。就个人目标问题，一些被调查者表示个人目标的不明确导致了闲暇时间的安排与践行的准确性不够，容易降低效率。本次调查中，被调查者以大一学生为主，体现了很多大一学生刚入大学所出现的问题，学习方面则是对于学习的态度较高中时变得轻率，未能很好地摆正学习在生活中的占比，合理的解决学习、工作与生活占比的平衡问题。

面对现有的状况，一些被调查者也表示想要对于目前的闲暇时间进行一定的调整，迫切地希望改变现有的度过方式，使自己的闲暇时间进行充分的利用，并好好地度过大学时光。

（二）分析样本得出特点

1. 对于闲暇时间安排的不合理性

闲暇时间作为大学生正常生活的部分，应该合理安排。而分析得出许多大学生将闲暇时间放在上网或者进行娱乐活动的方面，满足了自身放松的需要，难以发挥闲暇时间在兴趣爱好挖掘、个人素质培养方面的作用。

2. 对于闲暇时间实际与安排的偏差性

闲暇时间作为一个正常生活的重要组成部分，需要大学生能够自行进行安排并执行。然而很多大学生较为盲目，没有对闲暇时间进行安排，而即使已经进行安排的大学生也仍有会在实际中与自己理想中安排存在较大偏差性的情况。这些会导致闲暇时间失去安排的目的性，大大降低效率。

3. 对于现有闲暇时间度过的满意度不高

大学生对于本身闲暇时间度过的满意度总体不高，这主要取决自身度过的方式。一些大学生会对闲暇时间进行安排。而在实际践行的过程中却由于偏差性而导致闲暇时间功效丧失，使效率低下等一系列的弊病产生，这都会使降低大学生们的满意度。

4. 对于闲暇时间度过的功利性

大学生中许多都将闲暇时间安排用于学习，而面对当今社会的激烈竞争，许多同学为了考研、留学而将闲暇时间很多付诸学习。这体现了现代大学生根据社会需要而安排闲暇时间内容而不是为了个人兴趣发展和发展需要而支配。他们将大多数时间用于学习，为了增长专业知识、巩固课堂知识。这一切都使现代大学生的能力在一定程度上受到了限制，使其在毕业后发展空间缩小，不利于个人成长。大学生应该认清自己的兴趣爱好，然后在闲暇时间内规划出一段培养兴趣爱好的时间，更好地全面发展自己。

四、对策建议

一、学校起校正辅助作用。通过开展各种各样的活动，加强未来职业规划活动的开展力度。目前许多学生处于迷茫阶段，缺乏准确的目标，从而出现闲暇时间安排目标性不明确、效率低下的现象。这就需要学校施以引导。学校可通过各类活动的开展，鼓励学生们踊跃参与，从而达到充分挖掘学生的潜力，培养爱好的目的，让学生们树立目标的同时又予以他们一定的借鉴参考。学校可以邀请一些校友中的成功人士回访校园来给在校学生进行经验讲授和答疑解惑，让学生们充分地了解社会世态，树立成熟、现实、可行的未来目标，规划好自我的闲暇时间，有目的性地提升自身能力。

二、班级加强活动的多样性。以班级为单位开展相关的主题班会等各类活动来组织同学们共同参与。可通过观看视频，游戏环节，邀请学长学姐进行讲解等一系列的活动让学生们加深思考的深度，认真的考虑未来的职业规划。更早地树立目标并规划自己的闲暇时间。

三、支持学校相关专业心理辅导的组织和机构的设立。面对闲暇时间地度过，很多学生都存在拖延症等相关症状的表现，学校可通过设立相关的专业心理辅导组织和机构，给出现相关症状的学生及时进行心理沟通，让他们合理分配闲暇时间，提高闲暇时间活动的效率，提升闲暇时间度过的幸福感。

四、学生个人加强闲暇时间的计划性和健康娱乐性。个人培养正确的闲暇时间安排意识并提高自我管理能力。可通过参与各类大小活动来了解自身优势与短板，认识自我。从而提早进行一定的闲暇时间规划，对未来自我能力的提升有一定的方向性，通过闲暇时间来进行自己有兴趣或有目标性的活动。运用科学的方法，阅读相关书籍，了解普瑞马法则（如果把一件更难完成的事情放在比较容易完成的事情前面做。那更难完成的事情就可以成为比较容易完成的事情的强化刺激），克服自身的惰性，提升自我管理能力，在执行计划的时候有意识地支配自己，实现提高效率，自我升华的目标。

16 工商管理 1 班：竺楷英、周启超、吴静、罗东

指导教师：蒋海怒

关于大学生压力来源的实践报告

实践介绍：笔者一行于2016年4月20日～5月10日在浙江理工大学进行了一项关于当代大学生压力来源的调查问卷，问卷主要采用网上调查的方式。总共约有150余人参与调查，人数符合调查要求，能反映当代大学生的普遍现状，且男女比例接近一比一，比较符合事实，能准确地反映出存在的问题。通过对数据的分析得：当代大学生的压力主要来自学业、经济、人际交往、就业等方面。且各个方面所占比例都较大、并且同学们对自己的压力的排解方式比较令人担忧，大多数采取压在心底，令其自然消失的方式，这种方式不太科学。所以我等通过对问卷结果的调查分析得：当代大学生确实存在较大的压力，且压力的来源是多方面的，但是排解压力的方式欠佳。

当代大学生正处在一个社会变化迅速的时代，面对现代社会日益复杂的竞争大学生承受着巨大的压力，心理问题呈上升趋势。大学生心理是否健康，不仅会影响其在校学习和生活，还将影响其终身发展。大学生压力主要来自学业、经济、人际交往、就业等方面，且各个方面所占比例都较大。因此在高校学生工作中要坚持科学发展观，解决大学生的压力问题，就要“以学生为本”正确把握，分析和解决当道大学生的压力，从而促进和谐校园的建设。本篇论文将对当代大学生所面临的压力，压力来源进行深刻并且透彻的分析，并对其中的应对方式进行分析，从而想出更好的方法来缓解当代大学生的压力问题。

一、实践报告

见附录一的1、2两图这两图是对第1和2小题的结果分析，这两题主要确定了参与调查的同学们的基本个人信息情况。由于这是一个关于当代大学生压力来源的问卷调查，故因此分别调查了不同性别、不同年级的同学们的情况，并且参与者达到了142人，确保了该问卷调查结果的准确性、普遍性和一般性。同时结果表明，本次调查所得数据与实际相比相差甚小，且结果与实际情况的符合程度也较高，是一次比较成功的社会实践调查。根据调查数据显示，参与本次调查的大学生的男女比例分别为55.81%，44.19%，并且其中大一同学占了大多数，占了总调查人数的93.02%，大二，大三各占了一小部分，分别为4.65%，2.33%，并且本次调查者没有大四学长学姐。从本次调查结果来看，参与本次问卷调查的对象主要为大一同学，大二大三所占不多，无大四学长学姐。

见附录一的图三所示：当代大学生的主要压力来源于学习压力的占了很大的比重，为86.05%，次之为经济状况，占了69.77%，第三为人际关系，占了51.16%，最少的为就业压力，占了48.84%。从这些调查结果可见，当代大学生虽说被那种所谓的上了大学就轻松自由自在的观念影响，但仍有一大部分同学牵挂着学习成绩，学业成果，每天图书馆里人络绎不绝，其次经济状况也占了很大的比重，大学生经济来源主要来自家庭，家庭状况影响着经济状况，在后面是人际关系大学期间会接触到形形色色的人，需要你慢慢地学会和他们相处，提高自己的人际交往能力，最后相对所占比重最小的是就业压力，可能相对于其他的压力，大学期间虽说接近就业时期，但从上题可知，调查的对象主要是大一学生，因此就业压力相对来说并不是他们主要的压力。

就经济状况而言，大学生经济来源主要还是靠父母，当然不排除有部分勤工俭学的。那么大学生们认为自己的经济状况相对于周围的其他人而言，是出于何种状况呢？在接受此次调查的150多名大学生中有46.51%的大学生觉得自己的钱勉强够花，有44.19%的大学生觉得自己经济状况还算一般宽裕，另有 4. 65% 的大学生认为自己不够花，同样有 4. 65% 的大学生认为自己经济状况比较宽裕。总的来说此次调查的大学生对于自己的经济状况都是比较满意的，此次调查的对象主体是大一新生，对于刚踏上社会的他们而言，不会因为过于追求生活而导致开销过大。没有较大开销的大学生不太会被经济状况所困扰，故此我们认为经济状况给大学生带来的压力不大，但也不可忽略。

此次调查对象主要是大一学生，其中有 90. 79% 的大学生经济来源是父母给的生活费，这也是一种正常的现状，另外接近一成不到的大学生中 4. 65% 的大学生是靠兼职，2. 33% 的大学生依靠奖助学金还有 2. 33% 的大学生依靠助学贷款作为自己的经济来源，不得不说这一部分大学生是勤工俭学的榜样。有父母生活费做支持，外加自己打工领奖学金助学。因此经济状况对于大学生的压力效果才会显得不是很明显，虽不可忽视，但已经不能将其作为大学生主要心理压力。

人际交往是给大学生带来压力的主要因素之一，而此次调查显示，4. 65% 的大学生认为自己的人际交往状况非常好，44. 19% 的大学生认为自己的人际交往状况还不错，只有 6. 98% 的大学生认为自己的人际交往状况很不好，说明当代大学生人际交往能力还是可以的，但是有 44. 19% 的大学生认为自己的人际交往状况只是一般般，这说明人际交往是给大学生带来压力的一个因素。

那么事实是否如此呢？我们调查了 142 名大学生，他们是否认为人际交往状况对他们造成了压力，其中 4. 65% 的大学生觉得压力山大，37. 21% 的大学生觉得有压力但压力一般，46. 5% 的大学生认为自己对人际交往状况压力不大，还有 11. 63% 的大学生认为自己对于自己的人际交往状况毫无压力，也就是说有四成的大学生认为人际交往状况给自己带来了压力，这很好的体现出了题六所预测的结果。我们知道大学是一个小型的社会模型，在大学里大学生可以很好地学习社会经验，人际交往能力是重要的手段，面对形形色色的社会人物及大学同窗，人际交往状况自然而然地成为了大学生们心理压力的一大来源。

问题八是您认为影响人际交往的主要因素是什么？就针对这个问题同学

们的答案比较统一，约百分之九十七的同学都认为个人性格才是影响人际交往的主要因素，大学生走进校园，与天南海北的同学朝夕相处，不同的同学个性差异较大，于是，性格特点就成了影响大家人际交往的主要因素，这也比较符合实际情况，只有约百分之三的同学认为家庭背景是影响人际交往的主要因素，由此可见，同学们对家庭背景的在意程度并不是很大的。

问卷调查的题九是一个非常有意思的问题，调查显示有 6.98% 的大学生对自己的学校非常不满意，有 44.19% 的大学生对自己的学校不太满意，这意味着，超过一半的大学生对自己的学校不满意，仅有不到一半的大学生对自己所就读的学校感到满意。这是个很令人费解的结果。这其实也是就业压力的一种体现，当我们就业压力大时，我们首先想到的就是自己所接受的教育并质疑它，于是乎在极大的就业压力下，当代大学生不满与就读的大学。这其实是一种病态的心理。我们应该去思考自己的不足，自己的优缺点，而不是抱怨于客观环境。这是没有意义的。

鉴于大学生们对于自己就读学校的不满，我们对大学生是否满意于自己的就读专业又进行了深入调查，调查结果显示，4.65% 的大学生对自己的就读专业不满意，23.26% 的大学生对自己的就读专业不太满意，62.79% 的大学生对自己的就读专业满意，同时 9.3% 的大学生对自己的就读专业非常满意，总的来说，有七成的大学生对自己的就读专业感到满意。但是三成的大学生不满于自己的就读专业，从侧面体现出就业压力给当代大学生带来的困扰。

本题调查了大学生对自己专业就业前景的一些看法与态度。数据显示，有 16.28% 的大学生认为自己的专业就业前景非常好，有 74.42% 的大学生认为自己目前所学专业的就业前景一般，有 6.98% 的大学生认为自己的专业就业前景不太好，有 2.33% 的大学生认为自己的专业就业前景非常不好。从整体来看，有接近 75% 的大学生对自己所学专业的就业前景抱有一般的态度，说明在某种程度上，大学生对自己所学专业的认同感还是蛮高的。

如附录一的第 12 图所示：第 12 题的问题是您是否有挂科或者是重修的经历？从上面的分析结果分析以及我们的日常认知可得大学里的学业压力是大学生压力来源的一部分，而挂科或者是重修则是造成大学生心理恐慌的主要因素，所以此题关于大学生挂科或者是重修的调查是非常有必要的，从结果可得：约83.72%的大学生没有挂过科或者重修过，这与事实是非常相符的，这也说明大家的学业做得都挺好的，而表示挂过但很少的同学约占13.95%，这种现象也是比较可观的，因为挂科是造成大家有压力的一个重要原因，所以这也是挂科比较少的原因，仅有2.33%的同学表示自己经常挂科。

如附录一的第十三图：这道题的问题是您认为自己平常的心理状况是怎样的？正如大家所了解的那样：一个人的心理状况对一个人的工作学习生活以及身体状况都是至关重要的，良好的心态有利于一个人的身体健康，也能增强一个人的工作和学习效率，但是不好的心态则对一个人产生很大的负面影响。从我们的数据分析结果中可得：11.63%的同学认为自己压力山大，34.88%的同学认为自己很平静，34.88%的同学认为自己很无聊，但是只有11.63%的同学认为自己很快乐。良好的大学生活应该是充实而又快乐的，但从我们的调查分析结果中可以看到，只有很少的一部分人的心理状况是正常的，而其他的大多的同学的心理状态是处于亚健康状态的。由图可得34.88%的同学认为自己的心理状况是很无聊，这则反映出大学生活的同学们的状态，在平时可能比较无聊，无所事事，但是到了要考试的时候，却又充满压力，这虽然较为符合实际，但却是一种不好的状态。

如附录一的第十四图所示：此题是关于当代大学生如何排解内心的压力？压力人人会有，优秀的人通常会合理的排解内心的压力，从结果中可以看出：32.56%大学生会选择向他人诉说的方式排解内心的压力，11.63%的大学生选择通过运动的方式排解内心的压力，但是却有55.81%的大学生选择将压力压在心底，等在其自然消失的方式排解自己内心的压力。这种方式是非常不可取的，这也反映了当代大学生对压力排解方式和能力的欠缺。

二、总结

通过此次对于当代大学生的压力来源的社会实践，我们以问卷调查的形式开展，并且之后整理数据，分析结果。大一同学大多数仍在学习压力之下，忙于自己的学业以及应对每一次的考试；其次经济状况也占了很大的比重，由于每月生活费基本都来自父母给的，自己在学校开销较大，从而也形成了一大压力所在；对于一半以上的大学生来说，与他人进行交往沟通并没有产生太大的压力，并不会由于与人交往而使得自己产生太大的心理压力，与人交往很大程度上取决于你自己的性格与他人的性格是否接近，易于相处。通过对学校，专业以及自己的考试成绩的调查，情况并不是很严重，但普遍大学生会将压力压在心底，不与他人沟通，这就是一大问题所在。

通过此次社会实践，希望我们大学生多讲自己的压力同他人分享，缓解自己现当下的压力，学校方面也多开展各种活动以及讲座，宣传有关缓解压力的方法以及意义，减轻大学生的压力程度。

指导教师：蒋海怒

【附录一】

调查结果扇形图

1. 您的性别？

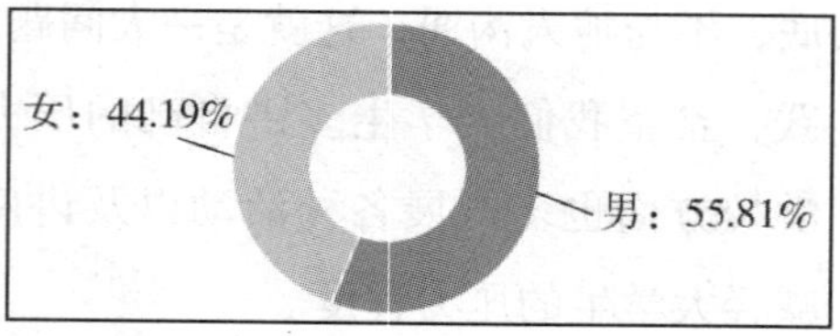

2. 您的年级？

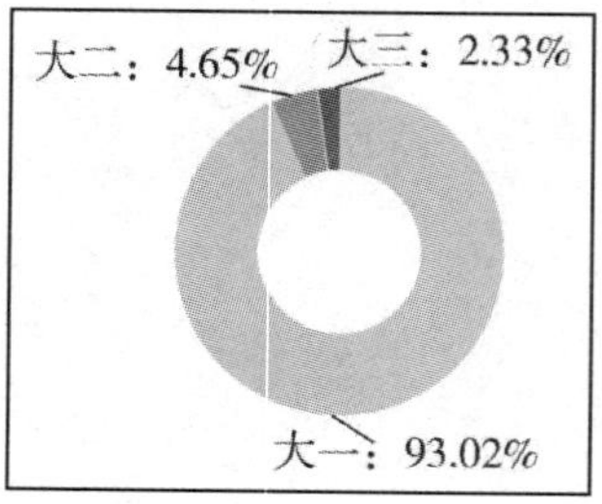

3. 您认为您的主要压力来自哪些方面？

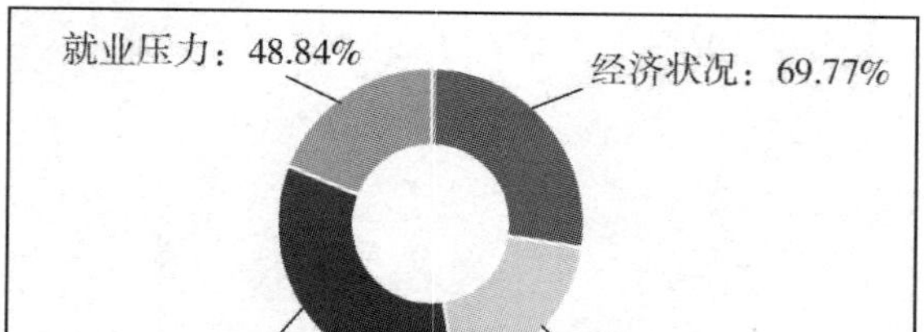

4. 您认为自己的经济状况相对于周围的其他人而言，是处于何种状况？

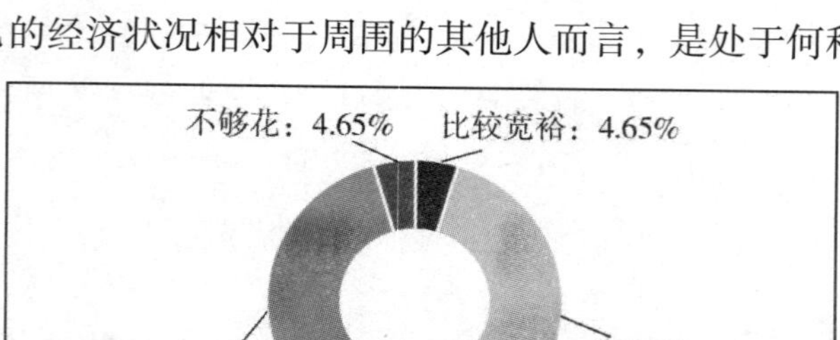

5. 您的经济来源主要是哪个方面？

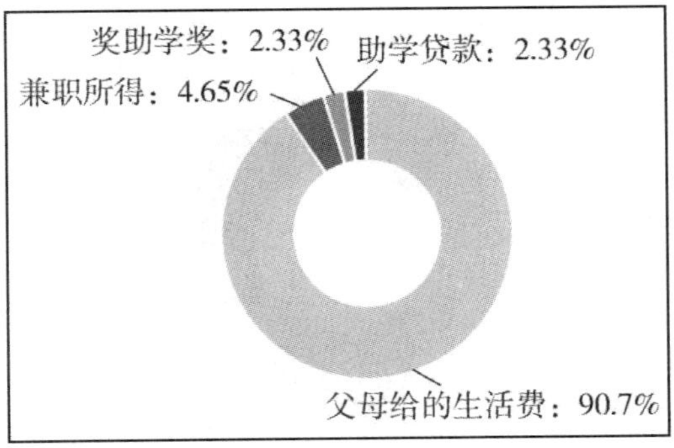

6. 您认为您的人际交往状况如何？

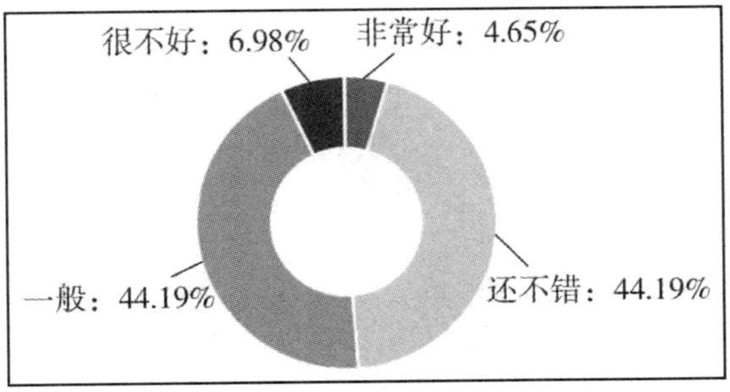

7. 您认为您的人际交往状况是否对你造成了心理压力？

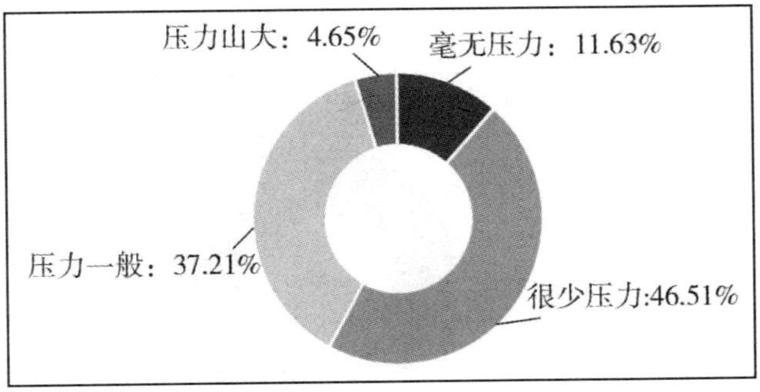

8. 您认为影响人际交往的主要因素是什么？

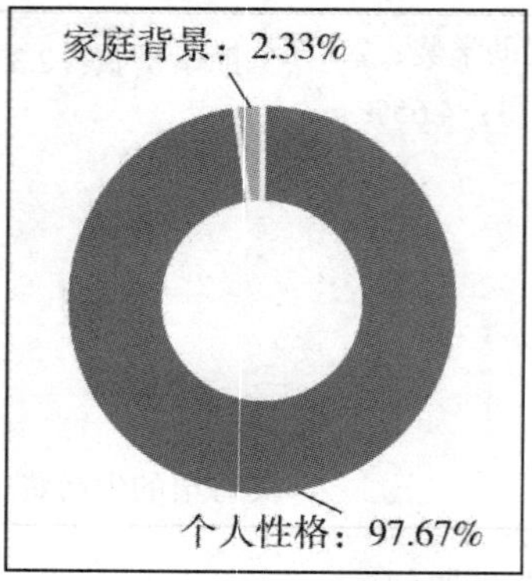

9. 您对于自己的学校是否满意？

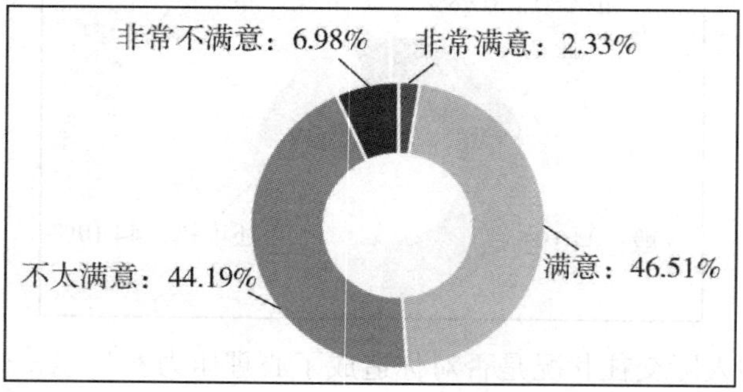

10. 您对自己的专业是否满意？

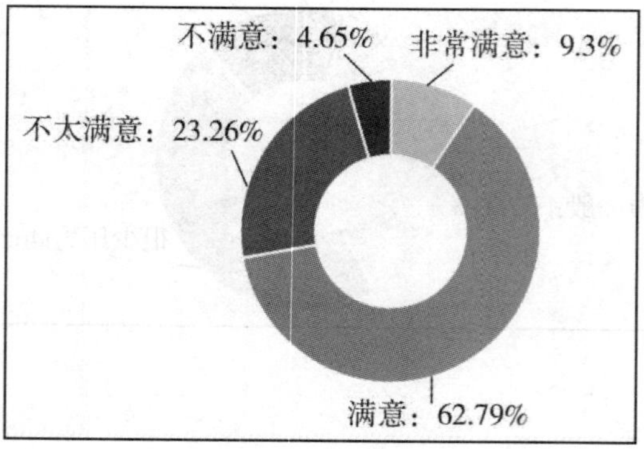

11. 您所在的专业就业前景如何?

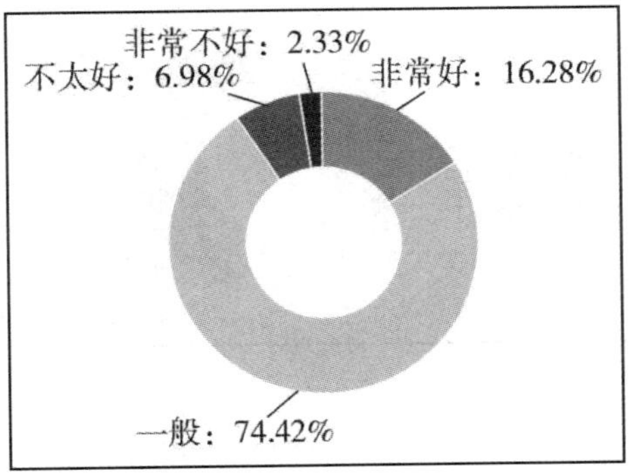

12. 您是否有挂科或者是重修的经历?

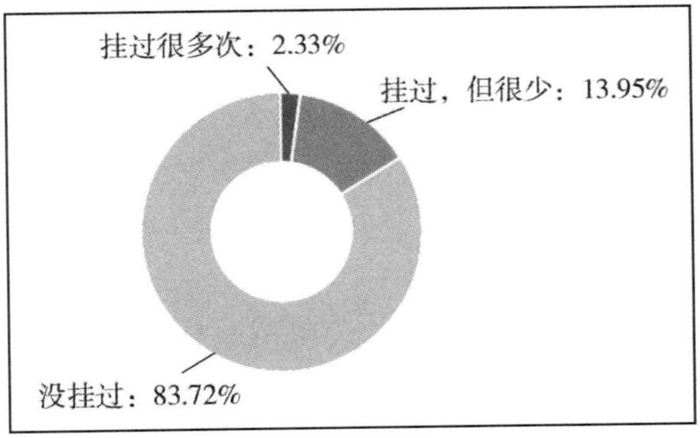

13. 您认为自己平常的心理状况是怎样的?

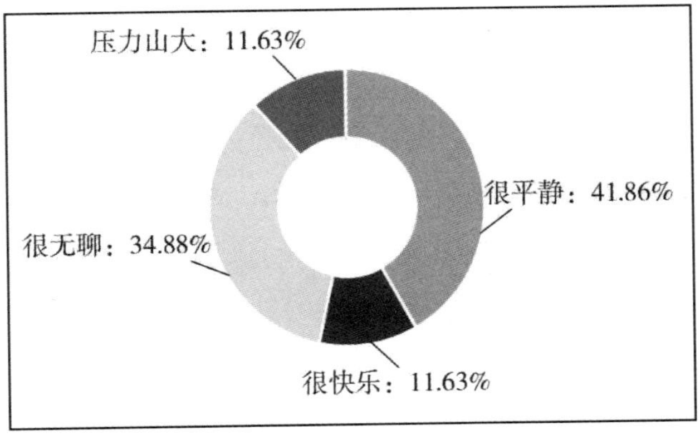

14. 您通常会通过何种途径排解自己内心的压力？

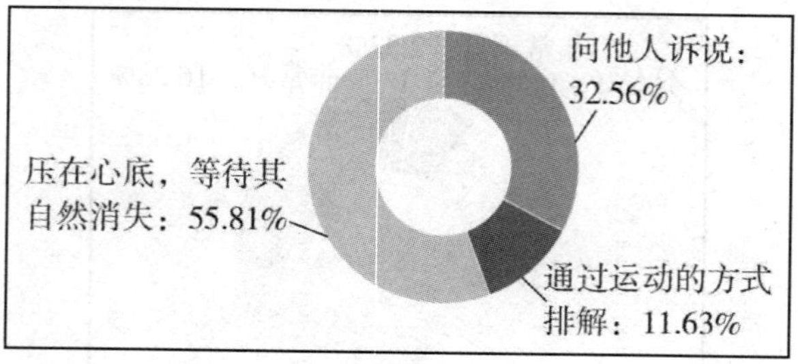

【附录二】

关于大学生压力来源的调查问卷

1. 您的性别？

A. 男　B. 女

2. 您的年级？

A. 大一　B. 大二　C. 大三　D. 大四

3. 您认为您的主要压力来自哪些方面？

A. 经济状况　B. 人际关系　C. 学习压力　D. 就业压力

4. 您认为自己的经济状况相对于周围的其他人而言，是处于何种状况？

A. 比较宽裕　B. 一般宽裕　C. 勉强够花　D. 不够花

5. 您的经济来源主要是哪个方面？

A. 父母给的生活费　B. 兼职所得

C. 奖助学金　D. 助学贷款

6. 您认为您的人际交往状况如何？

A. 非常好　B. 还不错　C. 一般　D. 不太好

7. 您认为您的人际交往状况是否对你造成了心理压力？

A. 毫无压力　B. 很少压力　C. 压力一般　D. 较大压力

8. 您认为影响人际交往的主要因素是什么？

A. 个人性格　B. 家庭背景　C. 经济状况　D. 受教育状况

9. 您对于自己的学校是否满意？

A. 很满意　B. 满意　C. 不太满意　D. 非常不满意

10. 您对自己的专业是否满意？

A. 很满意　B. 满意　C. 不太满意　D. 非常不满意

11. 您所在的专业就业前景如何？

A. 非常好　B. 还好　C. 一般　D. 非常不好

12. 您是否有挂科或者是重修的经历？

A. 挂过很多次　B. 挂过，但很少　C. 没挂过

13. 您认为自己平常的心理状况是怎样的？

A. 很平静　　B. 很快乐　　C. 很无聊　　D. 压力山大

14. 您通常会通过何种途径排解自己内心的压力？

A. 向他人诉说　　B. 通过运动的方式排解

C. 压在心底，等待其自然消失

16 电信实验班：高超飞、付前程、陈宣宇　电子 3 班：朱晨阳
指导教师：蒋海怒